新师范教师教育规划教材

化学教师
综合技能训练

曾懋华 主编

化学工业出版社
·北京·

《化学教师综合技能训练》是在我国新师范背景下，结合2017年最新高中化学课程标准，在化学师范专业认证要求的基础上，编制而成的师范专业核心技能训练用书。全书共分为10章，包括教师基本技能，化学课堂教学技能，化学教学设计技能，微格教学和片段教学技能，微课、慕课、私播课和翻转课堂与对分课堂技能，化学实验教学技能，化学说课技能，化学教学测量与评价技能，化学教学研究技能及化学科技活动技能。

《化学教师综合技能训练》可作为高等师范院校和教育学院化学师范专业的教材，也可作为普通中学、职业技术学院化学教育工作者和教育研究人员的继续教育教材或参考书。

图书在版编目（CIP）数据

化学教师综合技能训练/曾懋华主编. —北京：化学工业出版社，2018.10（2023.2重印）
ISBN 978-7-122-32777-2

Ⅰ.①化… Ⅱ.①曾… Ⅲ.①高中-中学化学课-教学研究-师范大学-教材 Ⅳ.①G633.82

中国版本图书馆CIP数据核字（2018）第174084号

责任编辑：宋林青　　　　　　　文字编辑：刘志茹
责任校对：边　涛　　　　　　　装帧设计：刘丽华

出版发行：化学工业出版社（北京市东城区青年湖南街13号　邮政编码100011）
印　　装：北京科印技术咨询服务有限公司数码印刷分部
787mm×1092mm　1/16　印张17¼　字数427千字　2023年2月北京第1版第3次印刷

购书咨询：010-64518888　　　　　　售后服务：010-64518899
网　　址：http://www.cip.com.cn
凡购买本书，如有缺损质量问题，本社销售中心负责调换。

定　价：39.80元　　　　　　　　　　　　　　　　　　　版权所有　违者必究

《化学教师综合技能训练》
编 写 组

主　编　曾懋华
副主编　夏加亮　唐斯萍　陈承声
参　编　王小兵　莫云燕　丘秀珍
　　　　龙来寿　刘一兵　毛芳芳

前言

为配合广东省精品资源共享课程《教师综合技能训练》（详见韶关学院广东省精品资源共享课程网站，http://demo2.ltpower.net/web/jsjn/index.html）和广东省中学化学卓越教师培养计划，我们以《普通高中化学课程标准（2017年版）》和《义务教育课程标准（2011年版）》为依据，结合基础教育新课程改革和新师范技能训练标准编写了《化学教师综合技能训练》。本书主要研究教学情境中教师引起、维持或促进学生在课堂学习的行为，构建一种具有特殊性的解释框架，提供特殊性的规定或处方，以指导师范生的中学化学课堂教学实践，重点培养师范生学会用化学教学的相关理论和原理，去探讨中学化学课堂的教与学方面的知识与技能，是理论与实践结合紧密、重在应用的一本规划教材。书中紧扣新师范教育和化学师范专业认证要求进行编写，设计了化学师范生必备的主要教师基本技能和教学综合技能训练，是研究中学化学各种教学技能、教学规律、教学方法及其应用的一本实用性教材，它对师范生的教师专业发展具有重要的指导作用。

本书是化学师范专业核心课程《教师综合技能训练》的配套用书，主要包括教师基本理论与能力、教师专业提升能力、教育研究与综合能力、教育实践能力四大部分共10章内容。在培养师范生的三笔字书写、板书技能、教姿教态和教师礼仪等基本技能的基础上，重点编写了教学设计、微格教学和片段教学、说课与评课、微课、慕课、私播课、翻转课堂与对分课堂、实验教学、化学教学测量与评价、中学化学科技活动、教育科学研究等教师综合技能训练内容和相关案例。通过本教材的学习，理解课程的主要概念、基本原理和策略，尤其是教学准备、教师礼仪、教学实施、教学评价等策略；掌握如何组织和实施中学化学教学；学会运用一些具体的教学策略与技术，如化学科学探究性实验和设计实验、科技活动的设计、教案和学案的编写要求和格式、说课的方法与评价、微课等声像策略、提问策略、活动指导策略、教师从事教学研究等，使师范生具有良好的中学化学教学意识和态度，能运用化学教育的相关理论指导教与学的实践，掌握教学设计的理论与方法，进行教学过程的设计、实施和评价，熟悉中学化学数字化教学资源的开发和利用，运用现代教育技术优化教与学过程，促进中学化学教学改革，使化学师范本科生的教学技能达到能独立开展教育实习，并能在今后的中学化学教学中独自完成教学任务。

本教材编写重在理论知识与实践训练的结合，提倡案例教学、任务驱动式教学和基于问题的学习，通过部分中学化学特级教师教学案例的呈现、点拨、分析，引导学生观察、思考，讲解本课程包含的理论知识，增强学生的感性认识。根据每个教学专题，设置问题，引导学生利用网络资源，结合书本知识，积极探究学习。每章后面都要求根据教学目标与教学内容，指导学生完成各类设计和实践任务，如教案、学案、实验探究方案、科技活动设计等，形成自己的设计作品，实现在做中学的教学理念。通过提供丰富的资源（如研究论文、中学化学特级教师教学设计案例、教案与学案实例、中考与高考案例、教学资源等），便于学生浏览、观摩、参考和学习，提高他们的信息素养。通过多种形式的教学策略，激发学生对教师综合技能训练课程的学习兴趣，更好地掌握中学化学教学综合技能。

  本教材的编写主要以快乐教学为宗旨。师范生在大学四年的学习与生活中，可能遇到各种喜怒哀乐的事情，无论发生什么，都要做到心中保持平衡，一定要努力拼搏、不断向上、积极进取！以快乐的方式品味人生，用心寻找快乐的方法来进行教学技能训练，才能真正成为一名优秀的师范毕业生。希望大家以本书为参考，进行严格的训练和快乐的学习，早日成为一名快乐的优秀的化学教师。

  本书由曾懋华主编，夏加亮、唐斯萍和陈承声为副主编，王小兵、莫云燕、丘秀珍、龙来寿、刘一兵、毛芳芳参编。编写过程中还得到了韶关学院、岭南师范学院、广东省第二师范学院和衡阳师范学院相关专家教授的大力支持和帮助，在此表示衷心的感谢！由于编者水平有限，书中遗漏、不足之处在所难免，敬请广大读者批评指正。

编 者

2018 年 7 月

目录

第一章 教师基本技能 / 001
- 第一节 三笔字技能 …………………………………………………………… 001
- 第二节 简笔画技能 …………………………………………………………… 005
- 第三节 普通话技能 …………………………………………………………… 006
- 第四节 语言技能 ……………………………………………………………… 007
- 第五节 板书技能 ……………………………………………………………… 011
- 第六节 教师礼仪 ……………………………………………………………… 014

第二章 化学课堂教学技能 / 020
- 第一节 课堂教学建议 ………………………………………………………… 020
- 第二节 课堂教学方法 ………………………………………………………… 025
- 第三节 课堂教学技能 ………………………………………………………… 030
- 第四节 课堂导入技能 ………………………………………………………… 035
- 第五节 课堂管理和调控技能 ………………………………………………… 037
- 第六节 听课和评课技能 ……………………………………………………… 040

第三章 化学教学设计技能 / 045
- 第一节 教学设计概述 ………………………………………………………… 045
- 第二节 教案设计 ……………………………………………………………… 047
- 第三节 学案设计 ……………………………………………………………… 050
- 第四节 教学设计案例 ………………………………………………………… 052
- 第五节 学案设计案例 ………………………………………………………… 087

第四章 微格教学和片段教学技能 / 096
- 第一节 微格教学的信息传递 ………………………………………………… 098
- 第二节 微格教学的设计模式 ………………………………………………… 101
- 第三节 微格教学的评价方法 ………………………………………………… 105
- 第四节 片段教学 ……………………………………………………………… 110

第五章 微课、慕课、私播课和翻转课堂与对分课堂技能 / 116
- 第一节 微课、慕课和私播课 ………………………………………………… 116

第二节	微课教学	117
第三节	快速制作和评价微课	122
第四节	翻转课堂	126
第五节	对分课堂	129

第六章 化学实验教学技能 / 133

第一节	化学实验教学概述	133
第二节	化学实验教学技能	135
第三节	化学实验教学中能力的培养技能	140
第四节	化学实验教学改革	143
第五节	化学实验操作考试	147
第六节	化学实验考试案例分析	150
第七节	常见化学实验试题	154

第七章 化学说课技能 / 165

第一节	说课概述	165
第二节	说课的量化评价	169
第三节	说课的方法	172
第四节	说课的原则	178
第五节	说课案例	179

第八章 化学教学测量与评价技能 / 200

第一节	化学教学测量与评价概述	200
第二节	化学命题方法	202
第三节	化学题型特点及功能	205
第四节	评定试题质量的重要参数与优化	206
第五节	初中学业水平考试	209
第六节	高中学业水平考试	214
第七节	中考案例	216
第八节	高考案例与分析	224

第九章 化学教学研究技能 / 234

第一节	化学教学研究概况	234
第二节	化学教学研究课题	235
第三节	化学教学研究文献	238
第四节	化学教学研究方法	240
第五节	化学教学论文写作	241

第十章 化学科技活动技能 / 245

| 第一节 | 科技活动的意义和要求 | 245 |

第二节　科技活动的方法……………………………………………………… 246
　　第三节　科技活动的内容及实施……………………………………………… 247
　　第四节　科技活动的形式……………………………………………………… 248
　　第五节　科技活动案例………………………………………………………… 250

附录 / 264
　　附录一　化学学科核心素养的水平划分……………………………………… 264
　　附录二　学业质量水平………………………………………………………… 265
　　附录三　学生必做实验索引…………………………………………………… 267

第一章

教师基本技能

第一节 三笔字技能

一、规范汉字的书写与三笔字教学

汉字是中国文化得以传承的重要载体，是中国文化的重要组成部分。在中国的历史长河中，汉字是信息传播的主要工具，汉字经历各种书体演变之后，在唐朝逐渐走向成熟，为北宋方块活字印刷奠定了基础。新中国成立后，汉字书写逐渐走向规范化。汉字的规范就是统一汉字的形体标准，每一种文字都有统一的形体标准。正字法就是指汉字的形体标准的使用规范，即使用文字的规范，也是汉字规范化的结果。汉字规范的标准是简化字，以1986年10月经国务院批准重新发表的《简化字总表》为准。该表共收简化字2235个，异体字中的选用字以1955年12月文化部和中国文字改稿委员会联合发布的《第一批异体字整理表》为准。该表实际淘汰异体字1027个。字形以1988年3月国家语委和新闻出版署联合发布的《现代汉语通用字表》为准，该表共收字7000个。推行规范汉字是国家的一项语言文字政策，有关汉字的各项规范标准都是由政府部门批准发布的。因此，每一个使用汉字的人都应遵照使用，合乎规范标准。

书写规范汉字与三笔字教学是为了准确地辨认和书写规范汉字，提高汉字的书写技能，学习和掌握汉字的笔画、结构和笔顺的基础知识。三笔字是研究规范毛笔、钢笔（包括圆珠笔）、粉笔三种常用工具的书写方法和技能。中国的书法艺术经过几千年的变化发展，各种书体各种风格、流派琳琅满目，看之令人目不暇接。所以，我们必须寻找一条符合教师特点，以实用为主并在较短时间内具有一定效果的三笔字书写方法。

毛笔字是改变我们平时的书写习惯，影响钢笔、粉笔书写风格和掌握书写技巧的关键所在。如果毛笔字书写过关，在掌握练习方法的基础上学习钢笔字就不困难了。粉笔字与钢笔字在书写技巧上没有太大的区别，如果钢笔字写得规范、美观，粉笔字自然会不相上下，这从大量的现实事例中可以得到证实。钢笔字的教学和毛笔字教学是紧密联系在一起的，可以同时进行，也可以先学毛笔字，待有一定基础之后，再学钢笔字，这样进步会更明显一些。虽然钢笔字从实用的角度看比毛笔字用途大得多，但由于毛笔字书写对钢笔字有借鉴作用，所以我们可以不把钢笔字的教学放在首要位置。粉笔字是教师常用的课堂教学用字。作为教师，都希望自己能写一手漂亮的粉笔字，因为在课堂上要唤起学生情感和知识上的共鸣，除了教师的分析讲解、举止表情以外，板书的优劣往往是一个不可忽视的因素。可以说，规范、工整、漂亮的板书是课堂教学中一个必不可少的环节，也是教师传授书写规范汉字中一个重要的环节。写好粉笔字是每一个教师不可推卸的责任和不可缺少的专业基本功。那么如何写好粉笔字也就显得尤为重要了。粉笔字和钢笔字在书写技法上的关系就更直接了。只要写好钢笔字，粉笔字就会水到渠成。所以在粉笔字书写中只介绍一些常识性的问题。

二、三笔字之间的关系

1. 三笔字书写技法的差异

三者书写技法的差异主要在于书写工具的不同和工具性能的差异，工具性能的不同必然导致它们书写技法上的差异。毛笔因为其性能软，用笔讲究轻重快慢、提按顿挫，点画用笔、结体取势、章法布局各方面都有一整套的技法和理论体系。钢笔因为其性能偏硬，在用笔的难度上相对而言就小多了，用笔的技巧上也不如毛笔那样复杂，在用笔轻重的处理、快慢节奏的处理、线条的美感表现处理、线条分割处理等方面有较大的区别。粉笔字在技法处理上只是执笔方法和姿势与钢笔字书写不同，其他方面基本一样。

2. 三笔字之间的联系

首先是书写媒介即书写对象的一致性。无论是毛笔、钢笔还是粉笔都可以书写各种文字，在中国基本上是以书写汉字为主。其次是表现功用的一致性。毛笔字、钢笔字、粉笔字都能加强教师写字用字的规范化和教学书写能力，提高教师的教学基本功，具有很强的实用性，都能在各自的特定环境里起重要作用。另一个功能就是都能在实用的基础上提高到艺术的高度，都同样具有审美功能，给人美的享受，丰富人们的精神文化生活，陶冶性情。在书法领域里，它们只有工具的差异，而较少审美的差异，只是反映的程度不同而已。这与硬笔书法在人们心目中所占的地位有很大关系。粉笔是特殊的工具而不应等同视之，但不可否定其审美功能和实用功能。

三、三笔字书写技能

教师是否能写一手规范工整而美观的汉字，直接影响到教学质量和教师的威望，学生有模仿老师书写的习惯，教师的书写不规范会对学生产生很大的不良影响。教师必须率先垂范，认真指导学生熟练掌握汉字的书写技能，才能达到培养学生的要求。因此，熟练掌握三笔字书写的技能是每一位教师必备的重要职业技能，更是师范生必须掌握的教学基本功。

1. 书写要求

笔画清晰，字形端正。在书写毛笔字、钢笔字或粉笔字的时候，每一笔都要书写清楚，合乎笔顺的规范，不能随意增减笔画或倒插笔画。避免把字形写得歪斜，应力求字形的端正。在书写汉字的时候要力求标准规范，工整匀称，不能任意变动笔画的组合搭接关系和位置，不能随意变动构件的位置。应当符合社会认可的规范，不能随心所欲。对字形的把握应该达到工稳的程度，而且对于汉字内部的构建要匀称排布，避免过挤或过于松垮。在工整的基础上达到熟练美观，和谐统一，熟练主要指对汉字常用字的书写要快速，且合乎规范，一些常用字要力求写得熟练快速而和谐统一。美观是从汉字书写的艺术性来讲，小到每个字，大到整篇或整版文字都要写得清晰、规范、和谐，符合大众的感官审美取向。

2. 书写姿势

毛笔的书写姿势主要有两种，一是坐书姿势，二是立书姿势。前者主要在书写小字和小幅作品时采用，后者一般用于书写较大的字和大幅作品时采用。正确的坐书姿势可以概括为四个方面：头正、身直、臂开、足安。头正是指头部端正，略向前俯。不能歪斜，以保证视角的适度，眼睛与纸面距离大致保持在30～40厘米。左手边按纸边调节纸的位置，使正在写的字始终在眼和手的最佳范围内。身直就是身子要尽量坐正、坐直，胸口离桌沿的距离在3寸左右（根据所写字的大小适当调节距离的远近），不可紧贴桌面或弯腰驼背。臂开的关键是两臂自然撑开，大小臂夹角至90°以外，使指、腕、肘、肩四关节能轻松和谐地配合，身体的力量可以畅通地传到笔尖。足安是指两脚自然平放，屈腿平落，两脚平行或略有前后，双腿不宜交叉。立书姿势是为了悬腕运转灵活，同时由于居高临下，视角开阔，便于统观全局，掌握章法布白。立书姿势的具体要求为两脚稍微分开，一脚略向前，保持好身体的平衡，上身略向前俯，腰微躬，距离不宜过远，左手按纸，右手悬腕悬肘书写。值得注意的是桌面不应太低，以免弯腰过度，容易疲劳。

3. 执笔方法

执笔是学习书法的基础，正确的执笔方法是由手的生理结构和运笔达意的书写原则决定的，要求执笔稳、运笔活。如果一开始就能正确执笔，可以少走弯路，达到事半功倍的效果。以写小字或五寸左右大小的字为例，历史上大家公认比较符合生理特点和利于运笔的是唐朝陆希声的擫、押、钩、格、抵五字执笔法。擫是用大拇指按的意思，拇指前端按住笔管。押是食指第一指节压的意思。钩是指中指弯曲如钩，用中指第一节指肚钩住笔管。格是挡住、外推的意思，用无名指甲肉相连处推挡笔管。抵是小指推、托无名指以加力。在上面执笔的基础上，同时竖掌，逐步做到腕平肩松，指实掌虚。通过五指协调配合，达到执笔稳、运笔活。如果说执笔主要靠手指的话，那么运笔则主要靠手腕。宋代姜夔说笔"执之在手，手不主运。运之在腕，腕不主执"。运腕的方式又分枕肘枕腕、枕肘悬腕、悬肘悬腕。枕肘枕腕是说肘部枕在桌面上，手腕下有所依托（一般是将左手枕在右腕下面），这种方式用于写小楷。枕肘悬腕则是指肘部枕在桌面上，手腕呈悬空状，写中、大楷或小行书用这种方式。悬肘悬腕是指肘部和手腕全部悬空，常用于写行、草或很大的楷书。总之习惯成自然，自己要找到适合于自己的轻松自然的执笔方法。

练字是思维活动和感觉器官的一种锻炼，是眼、脑、手并用形成的一种特殊技巧，从会写到熟练，必须经过反复的书写训练。三笔字技能主要通过自己阅读一些有关书籍后进行模仿和书写练习。重点是训练粉笔字和钢笔字的写作，有能力的学生适当进行一些毛笔字练习，学会书写一手好的三笔字特别是粉笔字，学会板书设计方法，为自己的教师教学生涯打下坚实的基础。

4. 临摹练习

虽然临摹是学习三笔书法的捷径之一，但临摹不是整篇誊抄，无论对整体还是局部，都需要仔细推敲慎重对待。临摹是通过手的描画，加深脑的印象，通过手、眼、脑的运动，把优美的形象刻在自己的心中。临摹的关键不在数量，而在于每临一遍都确有所得，若心无所动，就是浪费时间。通过临摹来理解、消化别人创作的书法形象。从形式上看，临摹是用自己的手写别人的字；从本质上看，这确实是训练形象感受能力的极好手段。临摹得越像，必定是琢磨得越透；观察得越细，说明感受能力越敏锐。两个字放在一起，稍有不同，便能一眼明辨，这样敏锐的眼力，应是每个师范生必具的基本素质。总之，临摹是一种思索、一种比较、一种记忆。

　　学好钢笔字和毛笔字必须在临摹好的书法帖、范字上下工夫，临摹字帖是唯一途径，是行之有效的方法。摹帖，就是把字帖放在比较透明的习字纸下，用笔照着字帖上透出来的字一点一画去描，要求描写的字笔迹不要越出字帖上字的笔画轨道。如果摹写的是毛笔字帖，则描写的笔画应走字帖上字的笔画中线；如果摹写的是钢笔字帖，则描写的笔画应与字帖上字的笔画完全重合。这样，久而久之，就可以学到字帖上字的行笔轨道和字形结构。先得"形似"，追求"形似"，对初学书法者有很重要的意义。形似虽然只是初级阶段，但基本上反映了字的外部形态，临摹书法帖如能达到初步形似，就具备了初步的形态美。因为供临写的书法帖，都是经过时间考验，被一致公认为形神兼备的好作品。如果临写不能达到形似，扭曲了对象所表现的美，变了形，就失去了字的真实性，美也就不存在了。不断地追求"形似"，可以深化对字的规律、技法的认识。临帖学书，起初是不会懂得书写规律的，也不会真正懂得用笔的方法，即使知道一些皮毛，也没有经过实践的验证，心中还是没数。只有在长期追求"形似"的实践中，才能一步步地领会其中的精神实质，熟练地掌握技法，并能鉴别优劣。至于从临写一种帖，扩展到临写多种帖，从求得对一种帖"形似"，到对多种帖"形似"，进而对各家有所扬弃，达到似又不似的独创程度。但是归根到底，这还是从"形似"的基础上发展而来的，老老实实地在"形似"上下苦功，切不可忽视这紧要的第一步。临帖当然要追求"神似"，但也只有做到了"形似"，才能进一步求得"神似"，不通过"形似"这座桥，是断然到不了"神似"的。"神似"反映的是字的内在、本质的东西，是活的传神点。在书法学习中，只能通过不断地提高"形似"，才有可能达到"神似"，"神似"是"形似"量的积累。为了求得"神似"，在书法临写中，必须经过长期的观察琢磨，在形态的细微处做到少失以致不失。这样就能逐渐地趋于"神似"。宋代画家文与可擅长画竹，他不但能画出竹子的生动形态，而且能画出竹子的神韵，他的体会就是"成竹在胸"。要做到这一点，必须具有仔细观察和刻苦练写的精神。所谓"神来之笔"，必然是这二者的结果，绝不可能从偶然中得来。

　　练字时还要特别强调"认真"二字。练字，必先心定气和，神入静界，做到静下心来慢慢写，看帖、看格写字，意在笔先，写一个对照一个，一个比一个写得好。初学写字时为了便于把握字的结构和字的大小，应该在画有格子的纸上练习，充分利用格线来认识和把握方块汉字的结构特点和结构类型。练字的途径，应以摹帖、临帖方法为主，在临摹过程中逐步掌握汉字的书写技巧。初学者平常不仅要注意单字的练习，还要重视整体谋篇。在单字重心处理的基础上，使字与字、行与行之间疏密得当、大小适宜、节奏和谐、呼应严谨。练字要经历一个反复训练，逐步提高和形成书写技巧的过程。在这个过程中，会感到枯燥无味，练习时间难以保证，效果不明显。这时，如果不具备良好的练字意志品质，就会出现弃笔停练、半途而废的现象。因此，必须加强练字意志品质的锻炼，用耐心、恒心、信心克服练习过程中遇到的困难，做到忙中抽闲，天天写、天天练，持之以恒。

　　中国的书法历史悠久，有独特的美学特征，它凝聚了自然之灵气，它创造了线条艺术美，但其中最重要的是书为心画——它是心灵的艺术。自然里的一切充满了生命运动的节奏，而古今的书法家们不断从大自然中寻求灵感，创造书法之美，抒发心中情感，形成了中国书法独特的美学特征。中国的书法不仅实用、还有独特的艺术价值，而书法有益于养心，还能陶冶人的情操和艺术修养，是师范生修身养性、培养师德、提高综合素质的好方法。

第二节　简笔画技能

教学简笔画是每位师范生都需要掌握的辅助化学学科教学的一种快捷演示，它的画面要与教学语言融合一体。在化学教学中，简笔画主要是用粉笔在黑板上快速画出常用的化学仪器，如试管、烧杯、铁架台、导气管、水槽等。简笔画是采用概括性的造型方法，在造型过程中运用点、线、形的组合。

简笔画有三大造型规律。首先是结合图形的排列组合，排列组合不能草率简单，要提炼复杂物象成为既简练又有特点的形象特征。其次是实实在在地提炼夸张，能表现出真实的情绪和动态，使作品生动富于感染力，栩栩如生。最后是抓取线条的描绘规律，动态线是对象身上最能体现动作特点的形体结构线，是形体运动的重要趋势线。

点是最小的造型要素，在视觉上有大小、方圆、三角和不规则等形状。线是最富有表现力和最活跃的语言，是画的筋骨、画的精髓，不同的线给人不同的感觉。各种线与线的组合构成不同的形，运用不同的形进行组合。点线有各种点、横线、竖线、斜线、折线、弧线、波浪线、锯齿线、螺旋线九类。表现上要求近大远小，近实远虚，点线的疏密、轻重、粗细能表达不同的含义。面主要指正方形、长方形、三角形、梯形、平行四边形、菱形、扇面形、鼓形、圆形、半圆形、椭圆形、梭子形12种基本形，其他不规则图形大都由这些基本形演变而来。为达到快速、简易，将上述内容提炼为"三形五线一点"的符号语言。三形是指代表方形或近似方形，三角形或近似三角形，圆形、椭圆形或近似圆形。五线中"一"代表直线、水平线、斜线等；"C"则代表弧线及组合弧线；"S"则代表曲线及各种组合曲线；"V"代表折线及组合折线；"e"代表旋转线；一点"."代表各种形态的点。

简笔画是一项基本的化学仪器绘画技能训练，要多看、多想、多练、多用。要想快速描绘出栩栩如生的画面，必须牢记以下四点。

1. 观察

生活是艺术的源泉，要注意在日常生活中多观察、比较、积累，收集各种物体的形状和特征，如鞋子、苹果、刺猬、熊猫等特征。化学师范生则应该更多观察化学实验仪器，如铁架台、酒精灯、试管、烧杯、集气瓶、各种不同类型的烧瓶、水槽、量筒、锥形瓶等。

2. 联想

头脑中必须要有图形的概念，特别是化学实验仪器装置图，再将具体的图形进行联想。例如以铁架台、试管、酒精灯、水槽、集气瓶、导气管、各种烧瓶的形状为主进行联想，组合为一整套实验室制备气体的装置图，并做到举一反三。

3. 记忆

通过观察、联想、记忆，注意积累。建议各位师范生熟记几种画法。如天上飞的、地上走的、水里游的、交通工具、建筑物、水果蔬菜草木、化学仪器等。

4. 实践

绘画没有捷径可走，学了方法就要练习，方可熟能生巧。

简笔画首先要选择恰当的表现角度。绘画表现经常选取正面45°角，而简笔画则经常选取正面或侧面。其次是提炼基本的符号语言，运用点线面的表现技巧并添加细节。再次是确定物体重要个性特征，通过夸张、变形、省略、简化等手法来确定，而对难以确定特征的物象，可通过认真观察后闭上眼睛来断定。最后要安排最简最快最美的运笔程序。简笔画是在各学科教学过程中临时发挥的一种辅助教学形式，而不应视为以教学生学绘画为目的，应以不影响学科教学进度为原则，如书法中草书一样，线条连贯、刚硬、流畅、奔放。在练习方法上不应强求同一种模式，使人心理上受到压抑，尽可能达到最简最快最美的效果。

例如，戏剧人物中不同脸谱代表不同人物：红脸（忠臣）、白脸（奸臣）、花脸（莽汉）、黑脸（忠厚）等，而骑马、划船等可通过动作表现。人体分为四大部分：头、身子、上肢、下肢。在简笔画中则用一个圆圈、几条直线便概括了。首先要分析动态的特点，这需要在日常生活中观察，记住各种动态的特征。作画时，先明确某一具体动作，确定运动方向。比方说要画的人是正面还是侧面，是什么动作。然后具体说明要画的人物左、右手和左、右脚的位置。头部的基本形状，头的大体形是椭圆形的。画好人物头部还必须先学习五官的位置（三庭五眼法）、头的透视变化。人物的表情，职业与服饰，服装与民族特点、经济文化和自然地理有很大的关系，要抓住最有特点的去画。不同职业的道具、服饰是特点的具体反映，关键在于多看多画。

学会人物简笔画后，各种化学实验仪器的简笔画就非常容易了，对照基本画法认真观察和联想各种化学仪器，并能记忆常见的基本仪器后，通过实践训练就能画出一手好的化学实验仪器简笔画。

第三节 普通话技能

普通话是教师的职业语言，能用普通话进行教育教学工作是合格教师的必备条件，教师的教育和教学工作都需要很好的普通话水平，因此高校师范生必须讲普通话，并按国家主管部门制定的《普通话水平测试标准》的要求通过测试。普通话技能也是口语表达技能的基础，普通话没有达到一定的水平就无法进行口语表达技能的训练。而在口语表达技能训练中，又能够进一步提高讲普通话的水平。只有普通话达到要求后，才能重点进行口语表达技能的训练。

一、普通话技能训练要求

通过训练，师范生的普通话水平要达到国家主管部门制定的《普通话水平测试标准》的二级甲等标准，即能用比较标准的普通话进行朗读、对话、交谈和讲课，能用比较标准的普通话从事一切教育教学活动。树立或加强推广普通话意识，了解普通话的形成和推广普通话的重要意义，了解国家推广普通话的方针、政策和任务。了解发音器官、发音部位和发音方法，掌握好《汉语拼音方案》，掌握普通话的声母、韵母、声调，掌握变调、轻声、儿化音等。熟练掌握现代汉语3500个常用字所组词语的标准读音，学习《汉语拼音正词法基本规则》，能直呼音节，正确拼写汉语词语。

二、训练方法和途径

首先是给学生准备学习普通话的材料、音像资料供学生上课或自学使用，并建立普通话学习中心，学生在这里可以看到资料，得到相关的指导。其次是各班设1名推广普通话的委员,在二级学院、系统一领导下开展各班级的推普工作。再次是建立普通话活动小组,培养推普骨干,以点带面。最后必须按国家主管部门制定的《普通话水平测试标准》对所有师范学生进行普通话测试,达标者发给证书,不达标者参加学习班学习和进一步训练,直到达标为止。最为关键的是每名师范生必须认真反复地进行普通话相关内容模拟训练,在练习过程中同桌或同宿舍之间进行相互帮助和测试,在发音不标准时相互提醒和纠正,共同快速提高普通话水平。

三、用普通话训练口语表达技能

师范学生口语表达技能训练的目的是形成较强的朗读、演讲、讲话,特别是讲课的能力。口语表达做到清晰、正确、得体,掌握教育、教学、交谈的口语特点,力求做到科学、简明、生动,并具有启发性。首先是学会用普通话进行朗读。朗读先要熟悉内容,明确目的,了解对象,并能正确、清楚、流畅,区别文体,恰当而充分地表达思想感情。掌握吐字归音、重音、停连、语调、节奏等朗读与朗诵的区别与联系,要求熟读 3 篇诗词,并基本达到朗读的各项要求。其次要学会用普通话进行演讲。演讲的特点是有鲜明的目的性、感人的艺术性、和谐的综合性,演讲的要求是内容正确感人,表达流畅生动,感情朴实真诚,态势自然得体。演讲的选材要典型,感情真实,事例新颖,语言优美。在演讲时要做到吐字清晰、声音洪亮,语调优美,仪表端庄,举止大方,表情丰富。每名师范生要做演讲 4 次,并基本达到用普通话演讲的各项要求。最后是学会用普通话进行上课,结合初中或高中化学的一节课内容,用以上演讲的要求上课,重点注意上课的节奏感,学会控制语音和语调的轻重缓急,至于上课时的语言技能与技巧方面如何进行训练,请继续学习第四节的相关内容。

第四节 语言技能

教师语言是教学信息的载体,是教师完成教学任务的主要工具,是教师与学生用于交流思想的工具,是教学目标得以实现的最主要方式。教学语言的场合及对象的规定性,确定了教学语言的思想交流是以教育教学目标的达成为主要内容的交流,这种思想交流体现了专业性的要求,它不同于一般意义上的语言。教学语言有着自己独特的分类和技能。教师的教学语言水平是影响学生学习水平和学习能力的重要因素,在引导学生学习,启发学生思维,实现教学目标等方面具有重要作用。教师在课堂上用来阐明教材、传授知识、组织练习,不断激发学生积极的学习情绪,完成教学任务所运用的语言,叫教学语言。教师的语言修养在极大的程度上决定着学生在课堂上的脑力劳动效率。苏霍姆林斯基认为,高度的语言修养是合理利用时间的重要条件。教师的语言表达形式是多种多样的,包括课堂口语、书面语言、体态语言等。课堂口语是课堂教学中语言表达的主要形式。

一、教学语言的目的

教学语言技能要保证准确、清晰地传递教学信息,以完成教育教学任务,这就要求教师具有良好的语言技能。教学语言技能要能使学生的智力得以发展,能力得到培养,这就要求教学语言形象生动,具有启发性。教学过程是学生发展的过程,学生的身心健康发展要求有一个良好的环境,教学环境应该是愉快和谐、启迪智慧、积极紧张的统一体,而这正是教师提供的，是教师运用完美的教学语言创设的。不断提高教学语言的水平，可以促进教师个人思维发展和能力的提高，语言是思维的工具，语言能力的提高必然会促进思维的发展。

苏霍姆林斯基提请教师关心语言在教学中的作用，"我们开始学习用语言来描述可以看到和可以观察到的东西，然后逐渐转到解释那些跟用感官不能直接感知的事物和现象有联系的概念。接着，我们转向深入地分析教科书的课文，确定逻辑顺序，找出因果联系、质的联系"。他发现，"备课和对教材的教学论加工——这首先是教师的逻辑思维和语言修养的统一"。这就生动地说明，教师教学语言技能的提高，同其思维发展和能力的提高是辩证统一的。

二、教学语言的构成

教学语言是由基本语言技能和特殊语言技能两方面因素构成。基本语言技能是在社会交际中，人人都必须具备的语言技能。它包括以下诸要素。

1. 基本教学语言

（1）语音和吐字　语音是语言的物质材料，是表达信息的符号。有了语音这一载体，才使得语言能以声音的形式发出和被感知。在交际中，特别是在教学中，对语音的基本要求是规范，即要用普通话语音来讲话，方言是交流的极大障碍。如有的教师对"多"和"独"的音区别不开，这位教师若不借助于板书，学生就很难听清楚。与语音相关的还有吐字问题，人形容吐字不清是"嘴里像含个热饺子"，使人听不清楚。造成吐字不正确的主要原因是发音器官（唇、齿、舌）在发相应的字音时不到位。这种问题，只要有意识地矫正，并且经常练习，养成习惯，如对照标准的普通话考试录音进行经常性练习、多听中央人民广播电台和电视台的广播与播音等，是完全可以解决的。

（2）音量和语速　音量是指声音的大小。音量大小和气息控制有关，声音小听不清楚，声音过大没必要，使人听起来会感到不舒服，时间长了也会伤害自己的喉咙。音量应控制在教室安静的情况下最后一排也能听清楚。要达到一定的音量，就要注意深呼吸，特别要注意有控制地用气，注意音量的保持，避免听清前半句，听不清后半句，要把每一句的最后一个字都清清楚楚地送进学生的耳朵。教师在授课过程中若能把握好音量，可收到事半功倍的效果。师范生必须明白讲课不是喊口号，声音不宜过大，否则给学生以声嘶力竭之感，但声音太低又很难听清，必然影响教学效果。

语速是指讲话的速度。耳朵有一定的承受力，超载就听不清。语速太快听不清，太慢内容可能讲不完，教师语速应适中，以每分钟200~250字为宜（播音员为350字/分钟，太快不适合教师）。

（3）语调和节奏　语调是指讲话时声音的高低升降、抑扬顿挫的变化。适度的语调，可以加强口语表达的生动性，语调控制要做到抑扬顿挫，重点和难点知识语调要扬或升高，非重点知识可以抑或降低，使自己上课时的语调更有起伏，学生听得更加舒服。

节奏是指讲话时的快慢变化。它和语速有联系但不是一回事，每个字音长音短时间并不一样，句中句间长短不一的停顿，句子与句子之间的连接时间长短也不相同，这种不一就是节奏。教师善于调节音程变化，形成和谐的节奏，同样可以加强口语表达的生动性。

（4）词汇和语法　没有词就没有语言。一个人只有具备一定词汇量并能正确、熟练地运用于口头表达中，才能算具有一定的口语技能。在课堂口语中，对词汇的要求是规范、准确和生动。要用普通话的语汇交流，用方言会有很大的障碍；表达一个意思、客观事物，要用恰当的词语，不走样；注意用词形象性、可感性，注意词的感情色彩，能启发想象、联想，激发人的感情。教师要注意语言必须符合语法，否则让人听不懂或费解，还要注意合乎逻辑规律，这是基本语言技能，是课堂口语的基础。

2. 特殊教学语言

特殊语言技能是在特定的交流中形成的语言技能，教师的课堂口语技能是在课堂教学的特殊环境中形成的。在课堂上，教师要从一定的教学目的、教学内容和对象出发来组织自己的语言，这就形成了课堂口语的特殊结构，就是课堂口语的引入、介入和评价的三个要素（三个阶段）。

（1）引入　教师用不同方式，使学生对所学内容做好心理准备，引入又有若干细节。界限标志：指明一个新话题或新要求的开始。点题、集中：指明新话题或新要求的目的。指名：指定学生作答。

（2）介入　教师用不同方式鼓励、诱发、提示学生做出正确回答，或正确执行教师的要求，又分为提示：为使学生做出正确回答，教师提示问题、提供知识、提示行为的依据。重复：对学生的回答做重复，目的是引起全体学生的重视以做出判断。追问：教师根据学生的答案（不完全正确或完全错误）提出问题，以引发思考，得出正确的回答。

（3）评价　评价时教师用不同的方式处理学生的回答。在评价要素中，又有若干细节，对学生的回答加以分析和评论。重复：教师重复学生的答案，以引起重视。更正：学生的答案依然不正确，教师予以分析、更正，并给正确答案。追问：教师根据学生的答案（不完全正确或完全正确）继续提出问题，以引起学生深入而广泛的思考。扩展、延伸：在已经得到正确回答的基础上，联系其他有关资料做分析，使学生对问题的认识更深入、更广泛。

3. 有声语言

在课堂教学中发出声音的语言叫有声语言。有声语言主要包括解释性语言、论证性语言、表演性语言和评价性语言四类。

解释性语言是指教师在教学中解说事物、剖析事理的语言，是对事物的成因、功能或相互之间的关系、演变等做清晰准确的解说和剖析，从而帮助学生加深理解，以便最终形成概念。解释性语言要明白无误、语言简练、注重启发和有针对性。论证性语言是指教师在课堂教学中用以证明论点或论题正确的语言。论证性语言要富有逻辑性、体现过程性、关注严密性。表演性语言要求教师以正确的情感、较好的语言表现力，准确表达教学内容，以情动人、以情导学，使学生更深地进入到学习情境中。表演性语言技能并不单纯指课文的诵读，更重要的是重音、停顿、语气和节奏等教学语言技能在课堂教学全过程的运用。如讲授重点知识时重音的使用，各知识点之间停顿的使用，提问与解答问题时语气的运用，结合学生的学习情况和教学环境时节奏的运用。评价性语言是指教师在课堂中对学生的问答、作业、演示、表现所作出的评价性语言，是对学生学习行为进行的勉励和鞭策。评价性语言应情真意切、饱含激励、幽默风趣。

4. 体态语言

体态语言又叫无声语言，是指教师在教学过程中用来传递信息、表达感情和态度的非言语的特定身体态势。体态语言主要包括目光、手势和表情等。检索的目光无疑是一种最重要的体态语言；教师恰当的手势、动作在课堂教学中也起着不可忽视的作用；教师的表情对课堂氛围起着极其重要的作用，且教师的表情在某种程度上决定着学生的心情，也影响着课堂教学效果。

三、语言的应用原则与要求

教师的语言表述要深入浅出、通俗易懂、简单明了、生动活泼，不允许故弄玄虚、重复啰唆、紊乱的语言。教师要加强口语的针对性，要加强业务修养和语言修养，深入研究学生，从学生实际出发来选择和组织自己的课堂语言。教师的语言应遵循以下 3 个原则。

1. 学科性和科学性原则

教学语言是学科的教学语言，因此必须应用本学科的专门用语——术语，如我们的化学学科则为化学用语。专业术语是学科范围内的共同语言，不用这些术语，不仅不利于交流，而且往往会产生不严密，缺乏科学性，甚至可能出现错误，在教学中不注意运用教学术语还会造成混乱，如元素、原子、分子与物质的组成与构成就很容易出现混乱。学科性还要求教师运用本学科的教学术语来进行教学，教学术语分别表示不同的特定意义，是教学中的共同语。如语文阅读教学中，分析课文、划分层次、归纳段意、概括中心等；化学教学中结构决定性质、性质决定用途的位构性关系等。

学科教学语言的科学性是指用词准确，必须合乎事物自身发展变化的规律，要合乎逻辑。教学语言的科学性是教学内容科学性的重要保证，而教学内容的科学性是教学中第一位的要求。如线段就不是直线，无色就不是白色，气体就不是气泡，无色气体看不到，而无色气泡则能观察到等。

2. 教育性和针对性原则

教师职业本身就使其教学语言具有一定的权威性（民族传统心理和学生学习的需要而产生的尊师心理），教学语言对学生的思想、情感、行为始终产生潜移默化的影响，年级越低影响越大，有时甚至是决定性的影响。教师必须十分清醒地认识到语言对学生的影响，注意教学语言的教育性。教师对学生尊重、鼓励、爱护的语言对密切师生关系，调动学生学习积极性，培养学生自尊、自爱的意识以及文明礼貌的语言教育都会起到积极的作用。教学语言的教育性的发挥，在很大程度上取决于教师的言行一致，教师在业务上精益求精，在思想、道德、情操等各方面全面提高自己的修养。

教师语言的针对性应从内容和表达两方面来研究。教师语言的内容必须是学生在已有的知识和经验范围内能够理解的，与学生思想感情相通的内容，不能超越学生的认识能力，也不可和学生的兴趣需要相悖。

3. 简明性和启发性原则

教师的语言不能太多，要做到一听就明白。就表达内容来说，一定是经过提炼和认真组织的，使用词语一定经过认真推敲，句式经过严格选择。简明的语言也包括留有余地以引起学生的思考。

启发性包括启发学生对学习目的意义的认识，激发他们的学习兴趣、热情和求知欲；启发学生联想、想象、分析、归纳、演绎等，激发学生积极思考；启发学生情绪和审美情趣，丰富学生思想感情。教学语言要体现出对学生的尊重态度，要饱含丰富的感情；要体现新旧知识的联系，要尽可能把抽象的概念具体化，使深奥的道理形象化；要能引起学生合乎逻辑的思考问题，这就要求教师的语言必须是逻辑性极强的语言。

总之，教师无论是在教育教学活动还是社交场合，均需要时时刻刻注意表达语言时的礼仪规范。教师语言礼仪要求表达准确到位、音量语速适中、忌"一言堂"、忌自我炫耀、忌挖苦谩骂。语言用词要适当，不能辱骂、谩骂学生，从语言中可以看出一个人的语气，语气不对容易让学生产生误会。教师讲课时要以讲台为主，组织教学活动时要不断调整好位置，学生小组讨论时要走到同学中间参与，与个别同学交谈时要距离适度。

四、语言的训练要求

教师语言技能训练主要是结合普通话和演讲与口才的要求，通过听取与观看部分录音和录像后进行练习，解决化学教学中作为教师的普通话和语言、演讲与口才技能。为了提高学习的参与性，结合任务特点可以采用视听模仿的策略，让学习者以小组形式围绕任务主题在网络中搜集各种语言技能和演讲与口才的录像与视频，并对相关案例进行比较分析，最后归纳整理形成自己规范的教师语言。对高等师范院校学生口语表达技能训练的要求是有较强的朗读、演讲和讲话能力，口语表达做到清晰、正确、得体，掌握教学、教育、交谈的口语特点，力求做到科学、简明、生动，有启发性。

教师语言技能训练的内容主要有朗读、演讲、交谈和教学口语4种。朗读是口语训练的重要途径，朗读要求正确、清楚、流畅、恰当充分地表达思想感情，还要求吐字归音、重音、停连、语调、节奏等。演讲时要选好演讲内容，选择自己熟悉和听者关注的内容，以加强针对性，还要写好讲稿，注意观点明确、材料丰富、逻辑严密、语言准确、生动，最后要进行充分的练习、准备，增强自信心。在演讲过程中，要注意开头与结尾、突出重点、条理清晰、临场应变，加上适当的手势、表情、姿态等技能。交谈分为偶然性交谈、约会性交谈、拜访性交谈、采访性交谈等种类。教师的交谈技能主要是体现在与学生的沟通和交流方面，如果担任班主任则有更多的机会与学生和家长交谈，更加要学会交谈技能。教学口语主要有复述、描述、概述、评述、解说等种类，而教育口语则有说服、评论指导等种类。

平时在训练朗读、演讲、交谈、教学口语、教育口语时多用音像资料进行模拟，由班级、学生会、共青团或其他社团经常组织学生进行朗诵比赛、演讲比赛，对朗诵和演讲好的优秀学生给予奖励。还可以组织演讲团、朗诵团、话剧团等，以此来培养和考查师范生的口语表达能力。

第五节　板书技能

一、板书设计

板书是在教学过程中教师利用黑板、白板、磁性板等教学板，以精练的文字和符号传递信息的行为方式。板书设计是课时教学方案的重要组成部分，是教师的基本功之一，是一种重要的教学手段，是课堂教学的有机组成部分。板书包括正板书和副板书2个部分。正板书为相对固定板书，体现教学意图，是一节课下来应该一直留下的重点和难点内容。副板书为临时性、多变性的板书，可以根据需要随时擦去，但也要做到有计划，保留时间恰当，整体板面布局合理。

板书内容主要包括课题名称；授课提纲，包括研究问题的思路、方法和程序，知识的系统结构等；教学要点和重点，包括定义、原理、规律、化学方程式、性质、制法等；补充材料和其他内容，包括图表、解决疑难而做出的文字解释等。板书的重点与详略因教学内容、教学方法、教学风格、学生的接受水平而异。板书的形式有提纲式、表解式、问答式、表格式、图示式。（用简笔画、示意图、框图或图像体现教学内容的板书）。板书的要求方面主要是内容准确，文字简要；条理清楚，层次分明；书写端正，符合规范；字体醒目，速度稍快；板书要与讲授和演示密切配合。

随着科学技术的发展，许多现代化的教学方法已经进入我们的教学世界，但作为传统教学的板书依然有其不可取代的作用。

二、板书的作用

1. 板书有长时间向学生传递信息的作用

板书首先是文字，它和文字的作用一样。当初，先民制造文字就是为了记录语言，传达信息。将语言和知识用文字记录下来才进行长时间的传递，如果我们没有文字，我们在教育学生时只能采用口传身授的办法。这样，我们的知识会越传越少，古圣贤的知识也不可能传到现在，科学也就难以发展，社会也就难以进步！

2. 板书具有与实物不同的直观作用

作为教师，在上课时用实物进行讲解，对学生来讲是非常直观的。如在讲英语单词"Pig"时，我们牵一头小猪，然后指着它，大喊一声"Pig"，这非常直观，学生也容易记住。我们嫌它不雅观，可在黑板上画一个，或用多媒体放映都可以。实物和多媒体虽然直观，但它缺少了学生的思维。如果在讲"Pig"时，在黑板上写一个"猪"字，学生看到这个字，大脑会通过间接的思维与"猪"的实物联系起来，即明白了单词的意思。在化学课上，我们用实验的方法讲解两种液体混合后的变化时，学生可以很直观地看到，当用板书把它们的原理描述出来时，学生也会通过思维，抽象而直观地感受到两种液体的变化。作为教师应培养学生的思维能力，而板书也担当了这种责任。

3. 板书具有较大的灵活性

使用多媒体辅助教学，如"原子和分子结构"、"燃烧和爆炸"，易于突出重点、突破难点。"空间网状结构"等展示了原子和分子的空间分布，解决了相当一部分同学空间想象能力不足的问题。但在使用过程中，我们也有很深的体会，准备一节课需要很长时间，即使使用现成的教学软件与自己的教学设计相结合也很费时，所以，使用多媒体辅助教学要恰到好处，不然可能会造成事倍功半的结果。另外，这些教学媒体有一个共同的缺陷：要按照别人预先设计的环节进行，无法根据学生的特点灵活处理教材，即使自己制作的软件，也有类似的不便，因为教学过程中会有突发事件发生，会出现教师意想不到的问题，此时利用板书具有较大的灵活性特点就能很容易解决这些问题。

4. 板书有示范和审美作用

课堂教学的艺术离不开具体生动、富有表达力的语言，离不开基于扎实的专业知识和不断锤炼出来的教学组织能力，也离不开直观、形象的优秀板书。板书会直接影响到学生的书写能力，因为学生的模仿能力很强，如果我们示范不到位，学生们学的也可能不到位。特别是初三学生，他们正处于心理叛逆阶段，教师的板书不好很容易引发学生的反感。我们的板书更应具有示范和引导作用，同时给学生以美的享受。精心设计的板书，能使学生赏心悦目、兴趣盎然，活化知识，对知识加深理解，加深记忆，是提高学生非智力因素的重要手段。

三、板书书写技法

1. 板书的书写姿势和字体大小

板书的书写姿势一般采用侧身书写的姿势,尽量不要正面对着黑板。板书字体的大小直接关系到板书的效果。字体太大,写不了几个字,影响板面的利用率;字体太小,学生看不清,失去板书的作用,一般认为,字体的大小,以后排学生能看清为标准。同时字体的使用要注意适应学生的特点,主要采取楷、行楷、行草等字体,整体不能太潦草,板书的字迹要正确、清晰。板书一定要认真书写,不能随意或凭兴趣发挥,课前一定要有板书的设计,书写速度要稍快。

2. 板位安排

板位安排就像规划报纸的版面一样,应精心设计,严谨布局,绝不可满板乱画,使板书杂乱无章。板位安排时要充分利用黑板的有效面积,主要应做到四周空间适当、分片书写和字距适当。在板位安排时,应当注意整体效果,合理布局。哪部分在左,哪部分在右,哪部分位上,哪部分位下,必须有一个全局安排,使之位次适当,措置有序,编排合理,给人以整体美感。一般来说,应将板面分出若干区域,譬如标题区、推演区、绘图区、便写区等。标题区比较重要,需要学生注意和记录。通常位于左侧上边,字写得比较庄重、醒目;推演区因内容较多,又要随写随擦,所以应单辟一区,以左右之中为宜。绘图区不一定太死板,可根据图的多少和难易而定,便写区是处理临时情况用的,通常靠右,以免干扰其他区。

在板位安排上要做到主次分明,不可主次不分,平面直推。应准确地把板书内容的主次在板位安排上体现出来,才能使学生明确重点,便于理解和记录。需要分层次时,应正确使用层次序号,如一、(一)、1、(1) 4个层次序号。

3. 板书行列

由于板书的书写是站立面对黑板而书,最常见的毛病是字行写不直,不是偏上,就是偏下,或者是曲曲弯弯,很不整齐,很不美观,既影响学生观察,也不便于板面的充分利用。因此,有必要对这个问题加以研究。行列不直的原因大体上有三个方面:一是意识的错位,主要表现是意识范围狭窄和意识分散;二是习惯动作的偏差;三是视区的狭小。

如何才能使行列写直?一是让自主意识参与调节;二是养成正确的书写习惯;三是不断调整和正确使用最佳书写区。最佳书写区的宽度在视平线上达到最大,距视平线越远,其宽度越窄,书写时,在视平线上每行最多只能写8个字,超过8个字就应当移动脚步,移动时两脚距离仍然保持不变。在视平线之外两行,每写6个字就要换一次;以此类推,视平线之外三行,则每写4个字就要换步一次⋯⋯有经验的教师在板书时,很注意时时换步,使自己始终在最佳书写区内书写,动作准确合理,有条不紊,带明显的程式化的特点,这正是教师应该具备的基本功。

4. 板书内容设计

板书内容构成直接影响板书质量和教学效果。因此,教师应对板书内容进行精心设计,使其达到科学、精练、好懂、易记的要求。对每堂课的板书内容设计,应根据教材的内容、教师的设计技巧和学生的适应程度而定,难以做统一的规定。因为即使同一教学内容,不同的教师、不同的对象,可以设计出不同的板书内容来,但无论如何都要将本节课的重点和难点作为板书的主要内容,如钠的教学板书设计如下。

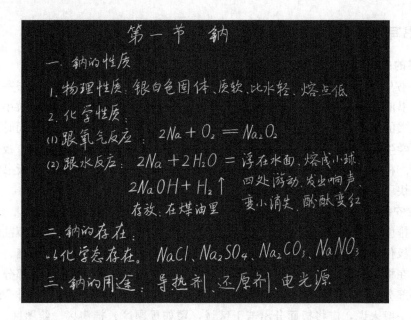

第六节　教师礼仪

本节主要解决教师常见的礼仪问题，从进入课室的走路姿势、手势、笑容到上讲台的基本方式方法进行全面训练，提高自己在教师礼仪方面的修养与素质，师范生平时可以通过自己阅读一些有关教师礼仪的书籍、观看部分录像进行自我训练。

正如《荀子·修养》中所说的那样："人无礼则不生，事无礼则不成，国无礼则不宁。"自古以来，礼仪无论对国家、社会还是个人而言，都是不可缺少的。当今世界，国家有大小之分，人口有多寡之别，社会形态也各不相同，但有一点是相同的，即文明民族都很注重礼仪。我们也往往把讲礼仪作为衡量一个国家和民族文明程度高低的重要标志。对个人而言，礼仪则是衡量道德水准高低和有无教养的尺度。党中央颁发的《公民道德建设实施纲要》中也明确指出："开展必要的礼仪、礼节、礼貌活动，对规范人们的言行举止有着重要的作用。"可见，礼仪是现代人必备的素养，是一个人立足社会，成就事业，获得美好人生的基础，更是师范生不可缺少的基本素质。

对于教师来说，礼仪更有它的特殊意义。所谓教师礼仪，是指教师在教育活动中应遵循的尊敬他人、讲究礼节的程序，是教育工作者必须掌握并娴熟运用的人际传播技能。礼仪即尊重别人，尊重自己，教师做好礼仪风范的基础就是相互尊重。在社交礼仪中交往是以对方为主的，在教师礼仪中也是如此，以学生为主。因为教师的劳动具有很强的示范性，他不仅是学生处理人世疑难的导师，也是学生为人处世的楷模。教师的一言一行都受到学生的关注，对他们起着潜移默化的影响。因此，教师的礼仪，不仅是教师个人的品质修养，而且直接影响着学生的思想行为，对学生的成长起着至关重要的作用。理者，敬人也，仪者，形式也。要成为一名优秀的教师，就要做好"一张笑脸、一声致谢、一声问候、一句道歉"的教师礼仪"四个一"工程，应从思想上认清自身肩负的责任，明白"教育无小事，教师无小节"的深刻内涵，意识到自己的品德情操、处世态度、一言一行都在影响着学生。

近年来，与教师礼仪相悖，缺乏礼仪常识的现象在教师队伍，尤其在青年教师身上还大量存在。比如不尊重学生，时常挖苦讽刺或冷漠疏远；对学生的提问、问候随便应付或干脆置若罔闻；上课时接听、拨打手机；在教室内吸烟、随地吐痰；形象举止过于随意或浓妆艳抹、过于修饰等。

一、教师礼仪失范的原因

1. 家庭教育阶段礼仪教育的欠缺

许多教师在自己的成长阶段中，家长对他们的教育往往也只重视智育、成绩，忽视了家庭教育的德育功能、礼仪培养，使他们逐渐养成"以我为中心""唯我独尊"的意识，而这种意识与礼仪的核心思想——尊重他人、关爱他人、严于律己格格不入。这种由于青少年时代缺乏礼仪教育而造成的礼仪意识的缺失，也容易出现在师范生身上，如果没有学习好教师礼仪，今后成为教师后又没有及时发现弥补，就可能转化成为现实的失礼行为。

2. 学校求学阶段礼仪教育的欠缺

由于整个社会大气候的影响，学校片面追求升学率，他们的精力几乎都用在应付小考、期中考、期末考、模拟考、会考直到决定"命运"的高考等铺天盖地的考试上，这种以分数为中心的教育，必然导致忽略、放松包括礼仪教育在内的道德品质及审美教育。问题的严重性还在于因为学生每天除去吃饭、睡眠外，其余时间基本都用在学习上，与他人、社会缺乏交往与接触，所以因不懂礼仪而造成的弊病就不易暴露和发现，自然也就不易引起人们的注意。当走上教师工作岗位，成为学生眼中的榜样和楷模时，自然就暴露出不少问题。又由于教科书中礼仪教育内容的缺乏，礼仪教育本应是学校教育的一个有机组成部分，学校教育离不开教科书，而教科书中关于礼仪教育方面内容所占的比重严重不足。不仅中学教材中没有礼仪教育专门知识的介绍，甚至在学生即将步入社会的大学师范教育阶段所用教材中也很少有这方面的知识。加上政治思想教育对礼仪教育的替代，有部分学校虽然意识到了礼仪教育的重要性，但也少有开展这方面的专门教育，一般就用政治思想教育来简单代替礼仪教育，学生仍然缺乏礼仪方面的基本知识。而礼仪知识的缺乏常常会让人以为"缺乏教养"，其实学生缺少的不是教养，而是必要的专门礼仪知识教育。

3. 工作阶段礼仪教育的欠缺

许多学校对教师的评价考核往往只重视教学水平、学生成绩，这就直接造成教师对自身礼仪素养提高的忽视。有些学校虽然注意到了教师的礼仪培养，也经常开展师德教育和礼仪教育学习，但由于繁重的教学、班主任工作已给他们造成很大的压力，往往无暇顾及自身礼仪的学习，自然没有达到预期的目的。

通过对教师礼仪失范原因的分析，我们不难看出对教师进行礼仪教育的重要性和紧迫性。学校和社会都有责任针对当前教师在礼仪上"先天不足，后天失调"的现状，选择适当的方法及时加以教育和弥补，特别是师范院校在开设教师综合技能训练方面更要增加教师礼仪训练，建立教师礼仪评价标准，强化教师礼仪考核与提升。

二、提升教师礼仪的方法

1. 加强自身学习

这里所说的学习，是指通过自励、自省、慎独，培养自觉的礼仪意识，达到为人师表的道德境界。师范生可以向前辈学习，中华民族是礼仪之邦，历来讲究"温良恭俭让"，即说话要"言语之美，穆穆皇皇"，仪表要"衣贵洁，不贵华"，仪态要"步从容立端正"。还主张在儿童入学初期就要"教以洒扫、应对进退之节，爱亲、敬长、隆师、亲友之道"等。我国历史上许多优秀的教育家在这方面也留下了宝贵的遗产，如孔子提出的"不学礼，无以立"，"非礼勿视，非礼勿听，非礼勿言，非礼勿动"等。同时要学习教师的职业道德，良好的师德对陶冶教师情操，转变教师礼仪，提高教师素质，激发教师的积极性都有着极其重要的作用。

自励就是通过肯定某种礼仪行为，并运用这些行为时时督促、鞭策和勉励自己。作为未来的人民教师，师范生应正视自身的礼仪水平，发掘自身的长处和闪光点，肯定并加强已有的好的礼仪行为，同时以陶行知、叶圣陶等德行兼备的教育家为榜样来激励自己在原有基础上进一步提高，从而达到更高的礼仪修养境界。自省就是自我反省、自我审视、自我批评，是在否定的意义上对自己身上不良礼仪行为进行克服和纠正的一种自我教育的方法。人生的修养过程，实质上就是不断地克服错误意识和行为，培养和树立正确高尚的道德品质的过程，是一切破旧立新、自我换新的过程。而师范生只有通过经常的自我反省，检查和解剖自己的一切言行，通过自己内心的一系列活动，才能促使自己树立起良好的礼仪，以达到道德修养的预期目的。慎独既是一种重要的道德修养方法，又是道德修养所要达到的一种极高的道德境界。教师礼仪的提高也要求师范生坚持在"隐"和"微"处下工夫。因为礼仪问题本身常常不是"显"的，而是"隐"的，也常常表现为细小的事情。教师由于职业的特殊性，工作中很多时候都可能处于"独处活动、无人监督"的情况下。如备课、出题、阅卷、做学生思想工作等。所以师范生应追求一种自觉恪守的境界，倡导从我做起，从小事做起，努力按照礼仪规范要求自己，使教师礼仪日臻完善。

2. 加强礼仪教育

重视教师礼仪的传承，在师范生进入大学之时就应该将教师礼仪传承给他们，要求大学教师在传授教学知识的同时，也要传授教师礼仪知识，促使师范生在学习知识的同时也提高自己的教师礼仪修养。可以通过请当地中学教学名师和师德模范到学校给师范生讲座等方式来传承教师礼仪。加强对教师礼仪的规范，要求师范生学会尊重学生，关爱学生，以学生为本。真正把学生摆在教育教学的中心，平等地对待学生，热情地关爱学生，真诚地为学生服务。尊重学生的个性特长、兴趣和爱好，关注学生创造性思维的培养，让学生在宽松的学习环境中发展个性，提高创造能力。同时，要求教师加强与学生的沟通和交流。教师不主动与学生沟通和交流不仅不符合教育教学的目的，也是一种礼仪欠缺的表现。教师应主动拉近与学生的距离，与学生建立朋友式的关系，在课堂上让学生参与讨论，变"一言堂"为"众言堂"，在课下更多关心学生的生活。

师范生要举止得体、语言文明。教师的目光应该是略微向下看，不可四处乱看，且眼神应坚定温柔。应注意坐、立、行的姿势和手势，举手投足都表现出教师应有的文明礼貌。教师从容自信的步履、端正自然的站姿、亲切关怀的目光、准确生动的手势等，都能给学生以美的感染，激发学生的学习兴趣，促使教与学形成良好的默契。而语言是人们交换思想、联络感情的工具和手段，也是教师工作的基本手段。因此，语言文明是教师职业道德的基本要求。外表是内心的自然延伸，一位举止得体、语言文明的教师多数情况下也肯定是一位治学严谨、修养良好的教师。教师的真才实学固然重要，但也不可忽视举止和语言的修养。

师范生要服饰得体，仪表端庄。服饰得体、仪表端庄的教师会对学生产生强烈的吸引力和感染力。整洁、得体、典雅、美观的着装和端庄的仪表，能更好地帮助教师完成教学工作。教师通过自己服饰和仪表形象的示范，实质是对学生进行礼仪美的熏陶。服饰礼仪美和心灵美的和谐统一，是当代教师自我礼仪形象塑造所追求的重要目标。

教师是学生的一面镜子，学生每时每刻都在进行对照。作为一名合格的教师，理应从思想上认清自身肩负的责任，明白"教育无小事，教师无小节"的深刻内涵，意识到自己的品德情操、处世态度、一言一行都在影响着学生。如果每一位将要踏上教师岗位的师范生，每一所承担着教育重任的师范院校都能从根本上认识到这一点，并且努力地提高、培养教师自身礼仪修养，必将对造就学生的良好道德品质，推动整个社会的道德建设，起着重大的意义和作用。事实证明，教师优雅大方、蓬勃洋溢的仪态，会带给学生有益的影响，会创造出充满生命活力的课堂。

三、教师常见礼仪要求

1. 教师的头发

头发处于人体的"制高点"，其整洁、大方与否往往学生一目了然，而且也是学生视线最关注的地方。留什么发型，得考虑年龄与脸型等特点，不管什么发型，均以整洁为前提，男教师不能留光头，头发不能太长，正常长度以不盖住耳朵为宜，不能烫发、染发与圈发。女教师尽量不要烫发，特别是不要有红色和绿色等深颜色的烫发与染发，圈发也不能太过于明显，尽量不要圈发。

2. 教师的化妆

对一般人来讲，化妆最实际的目的是为了对自己的容貌上的某些缺陷加以弥补，以期扬长避短，使自己更加美丽，更为光彩照人。现在，素面朝天的老师已不再是学生们崇拜的对象。那么，教师化妆时应遵守哪些礼仪规范呢？在工作时间、工作场合只能允许工作妆——淡妆。外出旅游或参加运动时，不要化浓妆。由于教学活动是近距离的交往活动，互相看得真切，妆容不可重，一定要恰如其分，自然大方。因此，教师在工作岗位上应化淡妆——"淡妆上岗"。淡妆的主要特征是简约、清丽、尔雅，具有鲜明的立体感，既要给人以深刻的印象，又不容许显得脂粉气十足。总的来说，就是要清淡而传神，其原则为自然、清新、优雅、整体协调。

3. 教师的着装

服饰被视为人的"第二肌肤"，既可以遮风、挡雨、防暑、御寒，发挥多重使用功能，又可以美化人体、扬长避短、展示个性、反映精神风貌、体现生活情况。着装具有反映社会分工，体现地位、身份差异的社会性功能。女性的服装比男性更具有个性特色，但女教师在校园中要注意自己的榜样和导向作用，不要穿着过于性感、艳丽、奢华的服装。服装价格不要求很贵，但要协调，合理搭配。女教师的职业服装主要有西装套裙、连衣裙、两件套裙等。社交服装主要是旗袍和便服等。女教师着装不能太暴露和衣服太薄，天气再热也不能使内衣、内裤、背心、文胸、文胸吊带等若隐若现，甚至一目了然。不要穿过紧过小或过大不合身的服装。参加社交活动穿旗袍时，应当佩戴精致的项链、耳坠、胸花等，要穿与旗袍颜色相近的高跟或半高跟皮鞋。

男教师的着装分为社交服装与职业服装。男教师的着装主要是西装或便装（也称休闲服）。着装要以整齐划一、简洁美观、实用大方为标准。男教师穿西装时，西装的袖长以达到手腕为宜，衬衫的袖长应比西装袖口长1.5厘米左右，衬衫的领口也应高出西装领口1.5厘米左右。领带是与西装配套的饰物，在正式场合要系领带，且领带下端应与腰带对齐。非特殊情况，不穿短裤、卷裤脚参加活动和上课。所穿的鞋、袜一般以深色为主。正规场合应该是三色原则，从上到下的着装颜色不能超过3种，如黑色西装配上白色衬衣、打上红色领带、则必须是黑色皮鞋。

4. 教师的教态

教师的教态主要包括站姿、坐姿、走姿和手势等。教师在教学过程中的站姿、坐姿、走姿和手势是否规范、优美，其感召力是不一样的。可以这么说，站姿、坐姿、走姿和手势在一定程度上反映了一个教师的精神面貌和对教学的投入程度。

(1) 教师的站姿　一个人气质、自信、涵养往往从他的姿态中就能表现出来。作为塑造人类灵魂工程师的老师，更要注意自己在各种场合的行为举止，做到大方、得体、自然、不虚假。从正面看，5 条线：双耳连线，双肩最高点连线，双侧髂前上棘连线，双膝连线，双踝连线，这 5 条线都与地面平行。从侧面看，内耳、肩峰、臀部中间、膝盖外侧、足底后 1/3 连线与地面垂直。这就是挺胸抬头，腿站直，双脚微开 60 度。抬头、双目向前平视，在讲课时由于老师是站着而学生坐着，故眼睛要略为向下看学生，面带微笑，躯干挺直，没有特殊情况不得坐着上课，身体不要挡住板书。教师站姿时应注意，忌长时间手撑桌面或靠支撑物而立、忌侧身或背向学生而站、忌在学生面前双手抱胸或背在身后而站、忌在课堂上站立时，重心移动太快或前后左右不停晃动，忌在课堂上手不停挥舞或指向学生等。

(2) 教师的坐姿　正确的坐姿除了遵循以下技巧摆放双腿外，还应时时保持上半身挺直的姿势，也就是颈、胸、腰都要保持平直。女士坐姿要坐正，上身挺直，两腿并拢，两脚同时向左或向右放，两手叠放，置于左腿或右腿上。入座时要轻而稳，走到座位前，转身后轻稳地坐下。女子入座时，若是裙装，应用手将裙摆稍稍拢一下，不要坐下后再站起来整理衣服。面带笑容，双目平视，嘴唇微闭，微收下颌。双肩平正放松，两臂自然弯曲放在膝上，也可放在椅子或沙发扶手上。立腰、挺胸、上体自然挺直。双膝自然并拢，双腿正放或侧放。起立时，右脚向后收半步尔后起立。谈话时，可以侧坐，此时上体与腿同时转向一侧。男教师坐四分之三的椅子，也可基本上坐满椅子，但不能背靠椅子；女教师只能坐二分之一到四分之三的椅子，双脚并排靠拢，身体略微向前，坐时先左脚向后退一小步再入座，起身时也应该是右脚先后退一小步才站立起来。教师坐姿时应注意，忌叉开双腿而坐、忌小腿架大腿而坐、忌脚放桌椅而坐、忌踏物而坐、忌坐时抖腿晃脚、忌坐时手触摸腿脚等。

(3) 教师的走姿　教师上课时身板要挺直，两肩要端正。教师在课堂中来回走动是不可缺少的，但不能过于频繁，走动时脚步要轻慢，不能弯腰曲背像个"病夫"，也不能东张西望，要双眼始终看着学生，与学生进行眼神的沟通与交流。女教师不能穿鞋跟上有铁钉或很尖的高跟鞋，因为这类鞋在教室走动时能发出刺耳的响声，会严重影响课堂教学。

(4) 教师的手势　手势是一种极其复杂的符号，能够表达一定的含义，有描述、强调、吸引注意力等作用，教师利用手的动作与姿势传递思想感情，组织教育教学，展示自身良好的精神风貌与职业修养。手势还可以反映人的修养和性格，对于增强教学效果具有十分重要的作用。作为教师，讲课时都需要配以适度的手势来强化讲课效果，但手势要得体、自然、恰如其分，要随着相关内容进行变换。通常情况下，人们通过手的接触或手的动作可以解读出对方的心理活动或心理状态，同时还可将自己的意图传达给对方。教师恰当运用手势，能够起到良好的沟通作用，也会使自己的形象更美，更有风度。比如，手掌向上提起表示请学生站立回答问题，向下压则表示请学生坐下等。研究表明，手势与表情结合可传导 40% 的信息。恰当的手势往往是在内心情感的催动下瞬间自然做出来的。教师一定要注意手势语言的运用幅度、次数、力度等技巧，在教学实践中以各种不同形态的造型手势，来描摹事物的复杂状态，传递潜在心声，显露教师心灵深处的情感体会与优雅举止。

教师的消极手势语主要有以下13种：

5. 教师的微笑

微笑是一个人的最大优点，是教师最基本的礼仪。对人微笑就是向人表明"我喜欢你，你使我快乐，我愿意见到你"。合乎礼仪的微笑应该是与口眼心相结合、与神情气相结合、与声音语言相结合、与仪表举止相结合。平时训练时可以口含筷子进行，以口中露出前面8颗牙齿为标准，对照镜子进行微笑训练。

思考与实践

1. 朗读一段初中化学绪论部分的教材，掌握语速、发音、语调、声音大小、抑扬顿挫、手势等技能。
2. 使用毛笔、钢笔，在规定时间内书写一首唐诗，主要观察坐姿和执笔方法正确与否。
3. 在黑板上用粉笔书写二十个汉字，观察控制汉字结构的能力和使用粉笔的方法。
4. 在黑板上用粉笔书写"氧气的性质"的板书设计。
5. 在黑板上用粉笔简笔画出常用的试管、酒精灯和铁架台等化学仪器。
6. 练习在讲台上的常见礼仪，特别是教师的微笑、站姿和手势等。

主要参考文献

[1] 谭学念. 高校师范生"三笔字"教学中的问题与应对策略. 湖南第一师范学院学报, 2014, (06).
[2] 管冬磊. 中职幼师专业简笔画的教学现状及其对策研究. 鲁东大学, 2015.
[3] 周德义, 杨志红. 师德修养论. 长沙: 湖南人民出版社, 2003.
[4] 教师礼仪. http://baike.baidu.com/view/691097.htm.
[5] 许海丽. 浅谈教师课堂教学礼仪. 职业, 2007, (06).
[6] 芦岳锋. 此时无声胜有声——谈化学课堂教学中的板书设计. 化学教学, 2012, (5).
[7] 万爱莲. 师范院校开设"教师礼仪"课程的必要性和途径. 湖北第二师范学院学报, 2011, (07).

化学课堂教学技能

随着教育理念的变革和中学化学新教材的实行,化学课堂教学活动的内容已发生变化,作为未来人民教师的师范生必备的教学技能也会发生变化,特别是 2017 年实行中学化学新的课程标准后,新编写的教材内容也将更好的体现中学生 5 大化学核心素养。为了适应新的基础教育课程改革的需要,本章着重对新的课堂教学技能进行讲解和训练。

第一节 课堂教学建议

化学知识是培养学生化学学科核心素养的重要载体,化学教学是落实化学课程目标、引导学生达成化学学业质量要求的基本途径;化学学习评价是化学教学评价的重要组成部分,对于学生化学学科核心素养具有诊断和发展功能。教师在化学教学与评价中应紧紧围绕"发展学生化学学科核心素养"这一主旨,优化教学过程,有效提高教学质量,发展素质教育,落实立德树人的根本任务。

一、深刻领会化学学科核心素养的内涵,科学制订化学教学目标

1. 深刻领会化学学科核心素养的内涵

"宏观辨识与微观探析"、"变化观念与平衡思想"、"证据推理与模型认知"、"科学探究与创新意识"、"科学态度与社会责任" 5 个方面,是从正确价值观念、必备品格和关键能力层面对化学学科核心素养内涵的揭示,是学生科学素养在"知识与技能"、"过程与方法"和"情感态度价值观" 3 个方面得到全面发展的综合表观。

化学学科核心素养构成要素之间具有内在的本质联系。"宏观辨识与微观探析"、"变化观念与平衡思想"和"证据推理与模型认知"分别是从学科观念和思维方式视角对化学科学思维进行描述。"科学探究与创新意识"是对化学科学实践的表征,"科学态度与社会责任"是对化学科学价值取向的刻画,是化学学科整体育人功能和价值的具体表现。

2. 科学制订化学教学目标

应统筹规划化学教学目标。学生化学学科核心素养的发展是一个持续进步的过程,因此,教师应依据化学学科核心素养的内涵及其发展水平、初中和高中化学课程目标、化学课程内容及学业质量要求(包括学业要求和学业质量水平),结合学生的已有经验,对学段、

模块或主题、单元和课时教学目标进行整体规划和设计。例如，结构决定性质是化学学科的核心观念，是宏观辨识与微观探析思维方式的具体表现形式。对于这一观念的学习，就可以整体设计为四个阶段：在必修阶段元素周期律的学习中，要求认识元素"位"、"构"、"性"之间的内在联系，能根据元素"位"、"构"的特点预测和解释元素的性质；在选择性必修课程化学键与物质的性质的学习中，要求能根据化学键的特点，解释和预测化合物的性质；在选择性必修课程分子间作用力与物质的性质的学习中，要求能解释和说明分子间作用力、氢键对物质性质的影响；在选择性必修课程"有机化学基础"模块的学习中，要求能根据有机化合物官能团的结构特点解释和预测有机化合物的性质。

应避免教学目标的制订流于形式。教师应根据具体教学内容的特点和学生的实际来确定化学教学目标，切忌生硬照搬化学学科核心素养的5个方面，防止教学目标制订的表面化和形式化。

二、准确把握学业质量标准，合理选择和组织化学教学内容

1. 整体规划化学教学内容的深广度

学业质量标准是对学生完成相应的课程内容学习时所应达到的化学学科核心素养水平的一种描述，用于检验和衡量学生化学学习的程度和水平。因此，它不仅仅对化学教学评价具有指导作用，同时，它也是教师选择化学教学内容的一个重要依据。为此，教师特别是师范生应仔细研读化学学业质量标准，明确化学教学内容在各学段的不同水平要求，整体规划不同学段化学教学内容的深广度。例如，化学反应与能量转化的内容，在不同学习阶段都有所涉及，但教学内容的深广度和学业质量要求是不一样的。在必修阶段，要求学生能基于具体的现象与事实描述和说明化学反应中的物质与能量转化；在选择性必修阶段，要求学生能基于化学反应的本质来解释和说明化学反应中的物质与能量转化，能从物质与能量变化的角度选择和评价燃料，从STSE角度认识化学反应中物质与能量变化的价值，形成全面节约资源，物能循环利用的意识。

2. 合理组织化学教学内容

化学教学内容的组织，应有利于促进学生从化学学科知识向化学学科核心素养的转化，而内容的结构化则是实现这种转化的关键。内容的结构化主要有以下三种形式。

（1）基于知识关联的结构化　它是按照化学学科知识之间的逻辑关系组织起来的，如化学键知识的结构化，化学键分为离子键和共价键，共价键又分为极性键和非极性键等。

（2）基于认识思路的结构化　它是从学科本原对物质及其变化的认识过程的一种概括，如元素"位"、"构"、"性"的关系（周期表中的位置决定它的结构，再由结构决定性质）。

（3）基于核心观念的结构化　它是对物质及其变化的本质和其认识过程的进一步抽象，以促使学生建构和形成化学学科的核心观念。例如，对元素"位"、"构"、"性"三者的关系，从学科本原可进一步概括出"结构决定性质，性质反映结构"这一化学学科的统摄性观念，这一观念是"宏观辨识与微观探析"等化学学科核心素养的具体体现。

教师在组织教学内容时应高度重视化学知识的结构化设计，充分认识知识结构化对于学生化学学科核心素养发展的重要性，尤其是应有目的、有计划地进行"认识思路"和"核心观念"的结构化设计，逐步提升学生的化学知识结构化水平，发展化学学科核心素养。

3. 贴近生活、社会实际，重视化学与其他学科的联系

化学科学与生产、生活和科学技术的发展有着密切的联系，对社会发展、科技进步和人

类生活质量的提高有着广泛而深刻的影响。在教学中，教师应重视 STSE 内容主题的选择和组织，紧密联系生产、生活实际，使学生认识到化学能够创造更多物质财富满足人民日益增长的美好生活需要；使学生能综合运用所学知识解释和解决有关的 STSE 问题。例如，在乙醇的教学中，教师可选择酒在人体内的转化途径、酒驾的检验、不同饮用酒中酒精的浓度、工业酒精和食用酒精的区别等内容，使学生充分认识化学科学的价值。

在化学教学中，教师还应重视跨学科内容主题的选择和组织，加强化学与物理学、生物学、地理学、材料科学和环境科学等学科的联系，引导学生在更宽广的学科背景下认识物质及其变化的规律，帮助学生拓宽视野，开阔思路，综合运用化学和其他学科的知识分析解决有关问题，发展学生的科学素养。例如，在氢键的教学中，可选择 DNA、蛋白质结构中的氢键，使学生认识氢键与生物体的密切关系。

三、充分认识化学实验的独特价值，精心设计实验探究活动

1. 充分认识化学实验的独特价值

以实验为基础是化学学科的重要特征之一，化学实验对于全面发展学生的化学学科核心素养有着极为重要的作用。化学实验有助于激发学生学习化学的兴趣，创设生动活泼的教学情境，帮助学生理解和掌握化学知识和技能，启迪学生的科学思维，训练学生的科学方法，培养学生的科学态度和价值观。在化学教学中，可以从以下几个方面发挥化学实验的教学功能。

引导学生通过实验探究活动学习化学。例如，可通过"催化剂对过氧化氢分解反应速率的影响"的实验探究活动，帮助学生了解催化剂是影响化学反应速率的一个重要因素。

重视通过典型的化学实验事实引导学生认识物质及其变化的本质和规律。例如，可通过具体实验数据引导学生讨论第三周期元素及其化合物的性质，以及性质变化规律。

利用化学实验史实引导学生了解化学概念、化学原理的形成和发展，认识实验在化学科学发展中的重要作用。引导学生综合运用所学的化学知识和技能，进行实验设计和实验操作，分析和解决与化学有关的实际问题。

教师应认真组织学生完成课程标准中要求的必做实验，重视培养学生物质的分离、提纯和检验等实验技能，树立安全意识，形成良好的实验室工作习惯。应根据学校实际情况合理地选择实验教学形式，有条件的学校尽可能多地为学生提供动手做实验的机会；条件有限的学校，可采取教师演示实验或利用替代品进行实验，鼓励实验的绿色化设计，开展微型实验；注重发挥现代信息技术的作用、积极探索现代信息技术与化学实验的深度融合、合理运用计算机模拟实验，但不能完全替代真实的化学实验。

2. 精心设计实验探究活动

实验探究是一种重要的科学实践活动，是化学学科核心素养的构成要素之一。教师应依据"科学探究与创新意识"素养发展水平和学业质量标准，结合学生的认知发展特点，精心设计实验探究活动、有效地组织和实施实验探究教学，增进学生对科学探究能力的理解，发展科学探究能力。

实验探究活动应紧密结合具体的化学知识的教学来进行。例如，"实验探究卤族元素的性质递变规律"、"实验探究维生素 C 的还原性"等，使化学知识的学习、科学探究能力的形成与化学学科核心素养的发展有机结合起来。

实验探究教学要讲究实效，不能为了探究而探究，应避免探究活动泛化、探究过程程式

化和表面化；应把握好探究的水平，避免浅尝辄止或随意提升知识难度的做法；应避免实验探究过程中教师包办代替或对学生放任自流的现象。

四、创设真实问题情境，促进学习方式转变

1. 创设真实且富有价值的问题情境

真实、具体的问题情境是学生化学学科核心素养形成和发展的重要平台，为学生化学学科核心素养提供了真实的表现机会。因此，教师在教学中应重视创设真实且富有价值的问题情境，促进学生化学学科核心素养的形成和发展。

真实的 STSE 问题和化学史实等，都是有价值的情境素材。例如，"氧化还原反应"的教学，教师可以提供有关"汽车尾气及其危害"的素材，使学生产生运用化学方法解决这一问题的欲望，提出"如何根据氧化还原原理对汽车尾气进行绿色化处理？"的问题。"什么是绿色化处理？"、"汽车尾气的主要成分有哪些？"、"如何将有害物质转化为无毒无害物质、如何转化、转化需要哪些条件？"等，这些具体的问题解决任务，能促使学生查阅文献、设计方案、实验探究等，正是在这样的问题解决过程中学生的化学学科核心素养得到了提升，生态文明的意识得到了增强。

2. 积极促进学生化学学习方式的转变

学生化学学科核心素养的发展是一个自我建构、不断提升的过程，教师要紧紧围绕化学学科核心素养发展的关键环节，引导学生积极开展建构学习、探究学习和问题解决学习，促进学生化学学习方式的转变。为此，教师应尽可能设计多样化的实验探究学习任务，应结合具体的化学教学内容的特点和学生的实际，引导学生开展分类与概括、证据与推理、模型与解释、符号与表征等具有学科特质的学习活动，应注意设计真实情境下不同复杂和陌生程度的问题解决活动，引导学生通过小组合作、实验探究、讨论交流等多样化方式解决问题。

五、实施"教、学、评"一体化，有效开展化学日常学习评价

化学学习评价包括化学日常学习评价和化学学业成就评价（主要有化学学业水平合格性考试和学业水平等级性考试，见"学业水平考试命题建议"）。应树立"素养为本"的化学学习评价观，紧紧围绕化学学科核心素养的发展水平和化学学业质量标准来确定化学学习评价目标，注重过程性评价和结果性评价的有机结合，灵活运用活动表现、纸笔测验和学习档案评价等多样化的评价方式，倡导学生自评、同伴互评与教师评价相结合，充分发挥评价促进学生化学学科核心素养全面发展的功能。

化学日常学习评价是化学教学不可或缺的有机组成部分，是化学学习评价的一种重要表现形式，是实施"教、学、评"一体化教学的重要链条。教师应充分认识化学日常学习评价对于促进学生化学学科核心素养发展的重要性，积极探索开展化学日常学习评价的有效途径、方式和策略。

提问与点评、练习与作业、复习与考试等是有效开展化学日常学习评价的基本途径和方法。

课堂提问的设计应有意识地关注化学学科核心素养达成情况的诊断。例如，"有哪些因素影响物质体积的大小？"这一问题的设计就具有素养诊断价值。有的学生只能基于"宏观"视角思考影响因素，有的学生只能基于"微观"视角思考影响因素，而有的学生却能基于"宏观辨识与微观探析"视角指出影响因素，并能给予解释。

课堂点评应有的放矢,增强促进学生化学学科核心素养发展的指导性。例如,教师可以设计学习任务:"用图示表示 0 价、+2 价和+3 价铁元素之间的相互转化关系",针对学生对"铁三角"转化关系认识模型的理解情况进行点评,通过追问进一步外显学生的思维过程,从素养发展的角度对学生给予指导。对于仅能列举出个别氧化剂和还原剂的学生,教师应启发学生进一步提升知识的概括化水平,指导学生从一类氧化剂和还原剂的角度进一步抽象"铁三角"转化关系认识模型。

教师应注意发挥课堂练习和课后作业对于学生化学学科核心素养的诊断与发展功能,依据课程内容各主题的学业要求,精心编制成精选课堂练习和课后作业题,使"教、学、评"活动有机结合,同步实施,形成合力,有效促进学生化学学科核心素养的形成与发展。

单元与模块复习应依据内容要求,围绕化学核心概念和观念的结构化来进行,通过提问或绘制概念图等策略,诊断学生化学核心概念和观念的结构化水平;对于处在"知识关联"水平的学生,应引导他们进一步概括核心概念的认识思路,形成基于"认识思路"的结构化,从而提升化学核心概念和观念的结构化水平,发展化学学科核心素养。

单元与模块考试应以学生化学学科核心素养的达成情况为考核重点,试题命制应以学业质量标准的要求为依据,题目应具有一定的情境性和综合性,为学生解决真实情境下不同复杂程度化学问题提供素养表观的机会。通过考试,教师可以较为准确地诊断出学生化学学科核心素养的发展水平和化学学业质量标准的达成情况,为有针对性地提出学生化学学科核心素养发展的改进建议提供依据。

六、增进化学学科理解,提升课堂教学能力

1. 增进化学学科理解

开展基于学生化学学科核心素养发展的课堂教学,对化学教师的专业素养提出了更高的要求,要求教师进一步增进化学学科理解。化学学科理解是指教师对化学学科知识及其思维方式和方法的一种本原性、结构化的认识,它不仅仅只是对化学知识的理解,还包括对具有化学学科特质的思维方式和方法的理解。

教师应注重通过多种途径和方法提高化学学科理解能力。应反思自身化学学科理解方面的不足,主动参加有关的学习和培训活动;应充分发挥化学教研组、备课组的作用,结合具体的教学内容,有针对性地开展所教内容的学科理解研讨;积极发挥区域教研的优势,通过"名师工作室"和"学科教研基地"等多种形式开展教研活动,使教师的化学学科理解能力得到相应的提高。

2. 提升课堂教学能力

发展学生的化学学科核心素养,要求教师积极开展"素养为本"的课堂教学实践,主动探索"素养为本"的有效课堂教学模式和策略。在化学教学设计和实施中,教师应科学制定具体可行、基于化学学科核心素养发展的教学目标,挖掘教学内容在化学学科核心素养发展方面的独特价值,设计和开展多种形式的实验探究活动,有目的、有计划地引导学生运用化学科学思维方式和方法学习化学知识,注重引导学生在化学知识结构化的自主建构中理解化学核心观念,设计基于真实情境的问题解决任务,使学生在解决问题的活动中逐步发展化学学科核心素养。

"素养为本"的化学课堂教学设计与实施,对教师来说是一个新的、富有挑战性的研究课题。教师要以改革的精神主动探索,积极开展"素养为本"的课堂教学行动研究,在行动

研究中总结和提炼发展学生化学学科核心素养的有效途径、方法和策略，提升自身开展"素养为本"的课堂教学能力。

第二节 课堂教学方法

化学课堂教学方法是指教师和学生为了完成教学任务、实现教学目标而采用的共同活动方式，是教师指导学生掌握知识技能、获得身心发展而共同活动的方法，是教师的施教活动、学生的学习活动，以及教师和学生相互作用和构建人际关系的活动，它关系到教学目标能否实现、教学任务能否完成以及完成的程度、质量和效率。目前，两种对立的教学方法是注入式和启发式。注入式是指教师从主观出发，将学生看成单纯接受知识的容器，向学生灌注知识，无视学生的主观能动性，老师仅仅是一个现成信息的负载者和传递者，学生仅能起到记忆器的作用。启发式则是指教师从学生的实际出发，采取有效的形式去调动学生的学习积极性，指导他们自己去学习的方法。启发式教学方法才是目前我们要求掌握的，特别是新的教学方法不断出现的互联网＋时代更是如此，在此基础上出现了两种典型的化学教学方法，即化学实验启发教学法和化学多媒体组合教学法，但在应用化学教学方法时一定要有针对性和多样化，在此基础上实现最优化的教学方法。

一、化学教学方法的分类

根据教学活动中学生的不同认知方式，将常用的教学方法分5大类，即以语言传递为主的教学方法、以直观感知为主的教学方法、以实际训练为主的教学方法、以引导探究为主的教学方法和以情感陶冶为主的教学方法。

1. **以语言传递为主的教学方法**

这类教学方法最为广泛，主要包括讲授法、谈话法、讨论法和读书指导法等。

（1）讲授法 指教师运用口头语言系统连贯地向学生传授知识、技能，发展学生智力的一种教学方法。可分为讲读、讲述、讲解和讲演4种。优点是可充分发挥教师的主导作用，在短时内获得大量系统的科学知识，并能结合知识传授进行思想品德教育。讲授法要求内容要有科学性、系统性和思想性，要认真组织、系统完整、层次分明、重点突出、语言精练。讲述可用于讲述化学史、陈述组成、结构、性质、变化等；讲解用于分析化学事实，解释和论证比较复杂的内容等；讲演用于对某个专题系统介绍等，比较适合高年级学生。

（2）谈话法 指教师和学生相互交谈，以引导学生根据已有的知识经验，通过独立思考去获取新知识的一种教学方法。优点是能照顾到每个学生的特点，充分激发学生的思维活动，有利于发展学生的语言表达能力，并使教师通过谈话直接了解学生的学习程度，检查自己的教学效果，从而提出一些补救措施来弥补学生知识的缺陷，开拓学生的思维，使学生保持注意和兴趣。教师要做好计划，对谈话中心、内容和问题做充分准备，问题要明确具体，善于诱导，结束前要进行小结。

（3）讨论法 指全班或小组成员在教师的指导下，围绕一个中心问题发表自己的看法和见解，相互学习的一种方法。学生要准备一定的基础知识、理解能力和独立思考能力。优点是能通过所学的内容讨论，学生之间可以集思广益、相互启发、加深理解、提高认识，激发学习热情，培养对问题的钻研精神、训练语言表达能力。教师主要是提出有吸引力的问题，明确具体要求，指导学生收集资料，引导学生围绕中心、结合实际自由发表，让每个学生有发言机会，结束前要小结并提出进一步思考的内容。

（4）读书指导法　指教师指导学生通过阅读教材和参考书，以获得和巩固知识，培养学生自学能力的一种方法。指导阅读教材时要学生预习，为上课打好基础，培养学生良好的阅读习惯。参考书阅读有精读和泛读2种。读书指导法对培养学生的阅读能力，教会学生学习、发挥学生的自学能力有独特的价值。教师要明确目标、要求，给出思考题，教会学生使用工具，帮助学生学会阅读方法并用多种方法指导学生阅读。

2. 以直观感知为主的教学方法

这种教学方法具有形象性、具体性、直接性和真实性的特点，主要有演示法和参观法2种。

（1）演示法　指教师通过展示实物、教具和示范实验来说明和验证某一事物和现象，使学生掌握新知识的一种教学方法。主要有实物、标本、模型、图片的演示；图表、示意图、地图等演示；电影、录像等演示。演示法体现了直观性和理论联系实际的教学原则。演示法要操作规范，引导学生集中注意力，发展学生的观察能力并分析归纳综合得出结论。

（2）参观法　又叫现场教学法。是教师根据教学目的和要求，组织学生进行实地考察和研究，使学生获得新知识，巩固、验证旧知识的一种教学方法。优点是能够使教学和实际生活生产联系起来，激发学生对知识的渴望和兴趣，扩大学生的视野，使学生直接接触社会，并从中受到教育和启发，同时培养观察事物的能力和习惯。参观前要根据教学目的和要求做好充分准备，参观时引导学生收集资料，做好记录，参观后组织学生总结。

3. 以实际训练为主的教学方法

实际训练为主的教学方法是指以形成技能技巧，培养行为习惯和发展学生能力为主的教学方法。《化学教师综合技能训练》教材就是典型的实际训练法。此法的特点是使学生通过实践活动达到动脑、动口、动手，提高学生分析问题和解决问题能力，并养成良好的行为习惯。主要有练习法、实验法、实习法、实践活动法4种。

（1）练习法　指学生在教师的指导下巩固知识，培养各种技能技巧的基本教学方法。包括说话练习、解答问题练习、绘画和制图练习、作文和创作练习、运动与文娱技能技巧练习等。优点是可以有效发展学生的各种技能技巧，对培养学生的意志品质有重要作用。此法主要是明确练习的目的要求，方式要多样，注意学生基础知识的积累和基本技能的提高，进行及时的检查和反馈评价，培养学生自我检查的习惯。

（2）实验法　指教师引导学生使用一定的仪器和设备，进行独立操作，引起某些事物和现象产生变化，从而使学生获得直接经验，培养学生技能技巧的教学方法。常用于自然科学的学科教学，如本教材的化学实验教学训练和科技活动训练部分。优点是可以将理论与实践相结合，有利于激发学生的求知欲、培养学生独立使用仪器进行科学实验的基本技能、严谨的科学态度和扎实的作风。此法要求认真编写实验计划，加强实验指导，做好实验报告批改和实验总结工作。

（3）实习法　指教师根据学科课程标准的要求，指导学生运用所学知识在课内和课外进行实践操作，将知识运用于实践的教学方法。如数学测量实习、化学教育实习等。优点是有利于理论与实践相结合，培养学生运用书本知识从事实际工作的能力，有重要现实意义。此法要求在教师指导下有目的、有计划、有组织的进行，教师要加强指导，实习结束后要指导学生写出实习报告并进行成绩评定。

（4）实践活动法　指让学生参加社会实践活动，培养学生解决实际问题的能力和多方面实践能力的教学方法。此法要严格遵守学生是中心，教师只是学生的参谋和顾问，教师要保证学生的主动参与，不能越俎代庖。

4. 以引导探究为主的教学方法

引导探究为主的教学方法是指教师组织和引导学生通过独立的探究和研究活动而获得知识的方法。此法主要叫发现法，又名探索或探究法、研究法。学生在教师指导下，对所提出的课题和提供的材料进行分析、综合、抽象和概括，自行发现并掌握相应的原理和结论。此法的特点是关注学习过程甚于关注学习结果，要求学生主动参与到知识的形成过程中。优点是能够使学生的独立性、探索能力、活动能力和创新能力在探索中得到高度发挥。教师或师范生要明确探究发现的课题和过程，严密组织教学，创造有利于学生发现的良好情境。

5. 以情感陶冶为主的教学方法

情感陶冶为主的教学方法是指教师根据一定的教学要求，有计划地使学生处于一种类似真实活动情境之中，利用其中的教学因素综合地对学生施加影响的一种教学方法。此法的优点是改变了传统教学只重视认知，忽视情感的弊端，对培养学生的学习动机，丰富生活体验，发展学生创造能力，培养学生高尚道德和审美情感都有重要作用。缺点是应用范围有限，更多是作为辅助性教学方法使用。分欣赏教学法（对自然、人生和艺术等的欣赏）和情境教学法（创设一定的情境，引起学生情感体验，生活展现、图画再现、实物演示、音乐渲染、言语描述等情境）。但化学新课标要求，今后在课堂教学中应该尽量从生活、生产和社会等方面去创设一定的情境进行教学。

二、化学教学方法应用注意事项

化学教学方法多种多样，但选择时必须要有针对性和多样化，要采用最优化原则，注意情境性与启发性。可以根据学习动机的激发方法（创设新奇情境、成功情境、说明学习意义、提出期望要求、利用有效评价等）来选择合适的教学方法。在教学活动的组织和实施过程中要注意个别教学、分组教学、团体教学的使用与把握。在组织方式上要分清课堂教学、实验教学、电化教学等不同的组织形式。还要按照学生接受—复现、复现—探索、自主探索的认知活动方式进行选择。在教学活动中，内部活动方式主要有分析、抽象、综合、概括、判断、推理、比较、归类、论证等。而外部活动方式则有陈述、谈话、讨论、阅读、展示、演示、参观、实验、练习、实习、其他活动等。在选择教学方法时一定要注意将内部活动和外部活动结合起来进行。

在使用教学方法时还必须进行教学活动的检查、反馈和调控。教学活动的检查方法主要有测验（口试、笔试、考试等）、观察（练习、作业、表情等）、调查（谈话、问卷、自陈等）三种方式。反馈方式主要有评定成绩、做出评论两种。控制方式主要有教师控制、教材控制、机器控制、学生自控。过去的教学方法仅仅是教学活动的组织与实施，如今是多层次、多维度和多类型的复杂体系，必须合理地选择和优化教学方法。

三、化学教学方法的选择、组合和优化

教学方法要根据教学目的和任务的要求、课程性质和特点而定；每节课的重点和难点、学生年龄特征、教学时间设备和条件、教师业务水平与实际经验和个性特点而定；还受到教学手段、教学环境等因素的制约，这就要求我们要全面、具体、综合地考虑各种关系，进行

权衡和取舍。选择化学教学方法时要看该方法是不是有利于完成既定的教学任务、达到预定的教学目的；是不是适合于教学内容，符合学科的研究方法；是不是适应学生个体以及学生集体的发展水平和心理等方面的需要，学生是否具有必要的学习准备；是不是具有相应的教学条件，如实验设备；是不是符合化学教学规律和教学原则；是不是有利于落实教学指导思想、教学策略和教学思路；教学方法本身的教育价值；教师对教学方法的了解、使用教学方法的经验和能力及教学风格等个人品质和个性特征。

教学方法运用的综合性是指根据教学任务和教学内容的需要，综合运用多种教学方法，而不要长期只使用一种教学方法。教学方法运用的灵活性是在实际应用中，要从实际出发，随时对其进行调整，以达到最佳教学效果。教学方法运用的创造性是指从教学实践出发，在把握现有的基础上进行教学方法的创新。如现在的对分课堂、翻转课堂、微课、慕课、私播课等教学方法运用等。

四、国内外教学方法的改革

国内目前教学方法的改革主要有愉快教学法、情境教学法、案例教学法、尝试教学法、成功教学法等。国外有代表的教学改革是美国心理学家布鲁纳倡导的发现法；美国教育家布卢姆的教育目标分类和掌握学习策略所形成的目标教学法；教育心理学家斯金纳的程序教学法；教育家沙塔洛夫的纲要信号图教学法；还有范例教学、暗示教学、非指导性教学法等。

（1）纲要信号图教学法（6步）　分别是按教材内容详细讲解教学内容；出示纲要信号图式进行第二次讲解来突出重点，分析难点，指出各部分之间的逻辑关系并加以概括；把小型图示发给学生进行消化；要求学生课后按图示复习；在下一次课上让学生根据记忆在各自练习本上画出图示；让学生在课堂上按图示回答问题等6步。

（2）暗示教学法　由保加利亚医学和心理学博士洛扎诺夫创立的一种教学方法。此法与传统的教学方法相反，上课如同做游戏和表演。如外语教学中每课有250个单词、一些新语法、一个主题对话（一种教学剧本，有生动的情境、有趣的情节、戏剧冲突等）。教材还有一套专门的练习，教学活动包括介绍情况、给每名学生取一个新名字、假设一个新职业，学生据此进行各种游戏和表演活动。这种教学方法学生可在6～7周内基本掌握一种新的语言。

（3）非指导性教学法　使学生通过自我反省活动及情感体验，在融洽的心理气氛中自由的表现自我、认识自我，最后达到改变自我、实现自我。传统的指导性教学以教师为中心，注重知识和技能，采取比较固定的步骤，非指导性教学则以学生为中心，不重视技术，只重视态度，主要是移情性理解，无条件尊重和真诚，重视个体的学生自己具有成长的可能，教师由指导者变成了促进者。极大依赖个体成长，强调情感因素，教学尽可能直接进入学生情感世界，强调人际接触和人际关系在教学中的地位。

五、主动学习法

主动学习作为一种强调口头表达、书面表达、参与式学习和"做中学"的创新教学法，几十年来已经在美国得到了广泛的应用，最近更是因为普渡大学主动学习中心的建成和麻省理工学院在其本科生物理导论课中全盘采用技术支持的主动学习而得到了全世界的瞩目。目前，国内教育不论是本科还是基础教育阶段，都越来越突出学生中心，注重激发学生的学习兴趣和潜能，创新形式、改革教法、强化实践。

那么，什么是主动学习？在教学中又该如何使用合适的策略来促进学生主动学习？

1. 主动学习与被动学习

主动学习其实并不是一个新鲜概念。它是指学生以口头表达、书面表达和动手实践的方式，而非被动地阅读、听讲和观摩教师演示来进行学习的一种创新的教学方法，从英国学者瑞吉内德瑞万提出至今，已经在全球不少学校，尤其是大学中被广泛应用。和被动学习相比，主动学习在知识留存率方面占有显著的优势。研究显示，对于阅读的内容，人们只能记住10%，对于听讲的部分，只能记住20%，观摩教师演示的部分，能记住30%，如果边听讲边观摩演示的话，知识留存率能达到50%，但所有这些都属于被动学习的方式，总体上来看，知识留存率都不理想。

而当人们使用主动学习方式时，他们能记住所说或所写内容的70%，以及动手实践过的内容的90%。对于学习来说，知识留存，或者说识记仅仅是最初级的一个阶段，那么，在更高级的部分，被动学习和主动学习的表现分别又是怎样的呢？不妨来对照一下布鲁姆的学习能力金字塔。很显然，和主动学习相比，听讲、阅读和观摩演示等被动学习方式对知识的理解、应用、分析和创造都是收效甚微的。因为在这种学习方式中，学生没有经过深度思考，不会创造和使用诸多联想或记忆的线索来将学习提升到高阶思维阶段。但在主动学习中，不管是角色扮演、辩论、研讨还是写作、动手实践，学生都更有可能领悟到人类千百年来知识探索的精髓和奥秘所在，更有可能对知识产生情感联系和"知其然，更知其所以然"的透彻理解，从而有助于他们在新的情境下或真实生活中对习得的知识进行迁移、整合和创造性应用。综合知识留存率和布鲁姆学习能力金字塔，我们可以得出一幅现实版的学习效果留存率图，当进行接受式学习时，比如听音频、视频讲座，阅读，或听讲，学习效果的留存率还不到20%；当进行参与式学习时，比如玩耍、练习、讨论或演示，学习效果的留存率可以达到20%~75%；而当学生在"做中学"时，比如和教师共同参与一项任务，比如知识讲授后得到即时的、针对性的训练，此时，学习效果的留存率高达75%以上。这里要说明的是，接受式学习相当于我们通常所说的被动学习，而参与式学习和"做中学"则都属于主动学习的范畴，但比起参与式学习来，"做中学"是更高层次的主动学习。还有一点，此处提到的学习效果留存率不仅指识记事实性知识，还包括对知识的理解、应用、分析、评估和创造。

2. 主动学习课堂操作策略

那么主动学习在课堂实践中都有哪些操作策略呢？

(1) **课堂讨论策略**　课堂讨论，该策略被广泛应用于不同班额、不同学科、不同授课方式的班级中，最佳实施时机是复习环节。当学生们对某个单元或某门课程的内容有了一定的了解和掌握，更有可能产生高质量的、富有成果的、充满智慧的课堂讨论。此外，实施课堂讨论时，教师的指导角色不可或缺，因为这是一项难度较高的学习任务，要求参与者能对所学内容进行批判性思考，能对同伴观点进行富有逻辑思辨力的评点、总结、回应和反驳，因此，需要教师对之进行预先辅导和随堂点拨。以"正义论"公开课而闻名的哈佛大学教授迈克尔桑德尔就是一个很好的例子。在整整19堂、每堂课45分钟的公开课上，迈克尔几乎没有超过5分钟的知识讲授，绝大多数时间里，都是学生之间或师生之间在进行机智的交锋和辩论，迈克尔进行及时的总结、点评和反馈。在他上课过程中，迈克尔的角色不像教师，而更像一名主持人。

(2) **思考-配对-分享策略**　该策略要求学生先花几分钟时间，对上堂课的内容做个小结，随后和一个或两个同伴讨论自己的小结，最后当着全班同学的面把它分享出去。这项任务对学生的要求很高,他们必须具备对学科内容一定深度的背景知识,才有可能对课堂内容做出精辟且恰当的小结。另外,他还必须拥有把自己的观点和同伴的观点进行对照和联系的能力,以充分吸纳同伴们在配对环节贡献的智慧,从而在分享环节提供有成果的洞见。当然,在这样高难度的任务中,教师作为点拨者对于复杂概念的廓清和关键原则的重申也是至关重要的,否则,思考-配对-分享就有可能变成一场无意义的教学。

(3) 学生二人组策略　这是一种学生成对进行提问、回答、讨论的学习策略。在预备环节,学生们必须先通读相同的材料,并写下自己的问题。随后,教师对学生进行随机配对,比如学生 A 和学生 B。学生 A 先提问,B 回答,然后他们就此问题展开讨论,B 再接着提问,A 回答,然后又是讨论。这一轮结束后,教师又随机抽取一对,比如学生 C 和学生 D,同样,C 先提一个问题(和 A、B 不同),D 回答,再讨论,随后 D 提问,C 回答……如此循环往复。在此之中,教师来回巡视,及时给予反馈和答疑。

(4) 一分钟论文策略　这是一种学生对所学内容进行总结、教师给予及时反馈的教学方式。不过,虽然被称为"一分钟论文",要求学生在极短时间里对给定内容做出简明、精确的总结,并以书面形式正确、流畅地表达出来并非易事,一般来说,学生都需要花上 10 分钟左右做准备和练习。

(5) 及时教学策略　这是一种课堂"预热"策略。在课程开始前,教师预先给学生们布置几个问题和共同的阅读材料,一方面引导他们进行预习和阅读,另一方面促使他们对本门课的目标进行反思,随后,将这几个问题在课堂上进行充分讨论。实施得当的及时教学,能对学生起到导读和导学的作用,并使他们对自己的学习更有目标感和掌控感。耶鲁大学哲学院院长、哲学和认知科学教授塔玛尔·甘德勒就在每堂课开始前布置指导练习,以问题的形式引导学生进行深入的、有的放矢的课前阅读,为有效课堂奠定了基础。

(6) 同伴互教策略　该策略要求某名学生就某个专题或某节课本内容展开深入研究,准备相关材料,并对全班同学进行讲授。通过这样的训练,作为"小老师"的学生会对所教内容理解得更加深入、掌握得更加精深,对于其他学生而言,由同伴来教,可能沟通交流和传授效果还会比老师更好。

(7) 工作室漫步策略　运用该策略时,教室被布置成一个工作室,工作室再划分成若干个讨论组,学生们可以在不同的讨论组之间"跳来窜去",贡献自己的意见和智慧。虽然形式灵活,但最终学生对于某个话题的见解必须以 PPT 演示的形式向全班同学呈现。

第三节　课堂教学技能

课堂教学(上课)是教师把精心设计好的教学设计(教案和学案)在课堂上实施,以取得预想的教学效果。上课必须要充分发挥教师的主导作用,调动学生的主体积极性,上课过程中要注意信息的及时反馈和调控,要严格控制教学时间,提高课堂教学效率。在教学过程中去培养学生的宏观辨识与微观探析、变化观念与平衡思想、证据推理与模型认知、实验探究与创新意识、科学精神与社会责任等 5 大化学核心素养。

一、教学语言技能

教学语言是教学信息的载体,是上课的必备条件。教学语言的基本要求是遵守语言的逻辑规律，化学语言应该准确、鲜明、生动，合乎语法，用词恰当等。教学语言还要适应教育教学要求，声音清晰、洪亮、流利，发音标准，声音抑扬顿挫，语速适当，语调要有节奏和变化等。教学语言必须符合化学学科特点，正确应用化学术语，确切表达化学概念，符合化学语言规范等。化学教师应该努力使自己的教学语言达到出口成章，每节课的教学语言记录下来就是一篇精彩的讲稿或文章。

教师用教学语言讲授时，应该做到内容完整、层次分明，富有逻辑性，既注意全面和系统，又抓住重点、难点和关键。讲授时必须语言准确、精练、生动，学生能听清、听懂，有感染力，能引起和保持学生的注意。讲授时还应注重启发性引导、分析、阐述和论证，注重激发学生积极思维，使师生活动协调、同步。在讲授的同时，能恰当运用板书、板画及表情、手势等手段来配合，注意收集讲授效果的反馈信息，能及时做出适当的调整。

二、指导学习活动技能

学生的化学学习活动主要有课堂上的听课、记笔记、观察、思考、实验、探究、讨论、自学、练习，以及课后的复习、作业、预习、阅读、收集资料、实践活动等。教师在教学中要不断地训练这些课内和课外学习活动，提高组织和指导学生进行学习活动的技能。

1. 指导听课技能

听课和记笔记是学生课堂上最重要的学习活动。在课堂教学中，教师要在上课前做好学习定向工作，使学生大概了解学习目标、方法和步骤，要重视做好每节课的小结工作，使知识结构化和系统化，帮助学生完成模型认知和知识建构。在讲课时，重点和难点内容要有必要的重复讲授，并利用停顿和提高语调，控制较慢的语速和配合板书，让学生能听清和看清，并配合使用积极的情感表达与丰富的副语言技能，充分调动学生的学习积极性，发挥学生的主体性，使学生自动自觉地想听课和要做笔记。课堂上教师还要指导学生合理分配注意力，善于用耳、眼、脑、手相互配合和协调使用，在老师上课停顿时抓紧记笔记，先将不理解的问题记下来，等课后再认真思考或请教老师与同学，记笔记时还要学会选择内容，主要记老师讲课的思路、内容提纲、疑难问题、教材中没有的重要补充内容和学习指导等，并要学会用简明扼要的文字、图表和符号做笔记，以便于节省时间。还可以组织班级优秀笔记展示和交流等活动，逐步提高对课堂笔记的要求，提高听课和记笔记的效率。

2. 指导讨论技能

讨论是在教师的组织和指导下，相互质疑和论辩、启发和补充、共同得到问题答案的一种集体学习活动。它要求学生具有一定的知识基础、思考能力和讨论习惯，也要求教师有较强的组织与管理能力和丰富的教学经验。教师组织和指导学生讨论的难点是控制讨论方向和时间，提高讨论效率和学生的积极性。首先，教师要围绕教学目标，精心设计讨论题，使其具有较好的思考性、论辩性，难度适中，最好配合化学实验、情境导入、课堂练习和作业等活动方式。其次是让学生理解讨论题及意义，给学生足够的思考时间，可以采取提前公布讨论题、引导学生复习有关知识、阅读教材和参考资料、收集资料和准备必要的发言稿等方法。再次是鼓励、要求学生在认真思考、准备的基础上各抒己见，积极大胆地发言，勇于坚持正确的意见、修改和放弃错误的意见，还要让学生在讨论中紧扣主题、相互切磋和学习。最后教师要及时帮助学生排除疑难、障碍和干扰，尽量让学生自己分辨是非、纠正错误，得出正确的结论，教师不轻易表态和包办，但更不能放任自流、袖手旁观，要注意掌握时机，积极引导，培养学生自己组织讨论的能力等。

3. 指导练习技能

练习是以巩固知识、形成技能和发展能力为目标的实践训练活动，是教学过程中的重要环节。通过练习可促进学生将学到的知识与实际相联，使学习进一步得到深化和提高，也是教师获得反馈信息的重要途径，但练习一定要防止陷入题海中，要力求精练和取得高效率。首先是针对学生发展的需要，精心选择、编制练习题，要有明确的练习目的，内容要在全面的基础上突出重点和难点，练习题还要有典型性、思考性、开放性和趣味性，化学练习要尽量联系生活和生产实践，难度和题量都要适当，要减少重复练习，保护和发展学生的学习兴趣。其次是引导学生复习有关知识，进行审题与解题指导，讲清要求与格式，对复杂的练习，按分步练习——完整连贯——熟练操作顺序分阶段组织练习。练习前教师要指导学生复习相关知识，进行审题和解题指导，讲清要求和格式，并进行例题示范，特别要讲清解题思路，注意一题多解和举一反三。再次是教师通过巡视检查及时收集教学反馈信息，实行分类指导，对完成较好的同学可以增加要求更高的补充练习；对出现错误和完成有困难的学生则进行指导和课后辅导；对普遍感到困难的题目则要补充讲解，如果有时间还可以抽学生上黑板演示练习过程，并组织全班学生观摩和评价。最后教师及时对学生的方法、过程和结果进行讲评、组织学生互评、自评。教师要做好练习总结，在学生有了实践体会的基础上，总结出审题、解题或操作的一些规律，加深并提高学生对相关知识的理解，并布置一些课后作业（家庭作业）让学生进一步练习，提高解题技巧。

4. 指导自学技能

化学课程的自学主要包括阅读、实验、思考、解决问题、课前预习、复习和表达等，而狭义的自学则专指学生独立阅读教科书。教师在组织和指导学生自学时，首先要引导学生认识学习是自学的首要任务，充分认识这对于适应学习型社会，增加自身发展潜力的重要意义。其次是通过教师自身的示范，让学生逐步学会收集、选择学习材料，自己确定学习任务、重点等。再次是让学生知道自学阅读不仅要动眼，还要动笔，摘录要点，及时记下心得、体会，整理和编写知识小结，作好阅读笔记。还要注意多动手练习来深化理解、学会应用和掌握知识，学会善于动脑，注意新旧知识的对比联系，发现问题后，通过独立思考或与同学讨论解决，注意进行概括和总结，抓住重点和精髓。最后学生要逐步掌握学习各类内容的规律，教师注意组织好自学成果的交流、讨论和示范活动。例如，对理论性知识要注意产生有关概念、原理和定义的事实依据，学会通过抽象、概括和推理，自己得出结论，了解有关知识的应用及其范围，并能具体举例；对元素化合物知识，要多联系实验现象，弄清物质的结构、性质、用途与制法之间的联系与规律，并形成概念图。

5. 指导合作技能

合作学习是以小组为单位，通过学生或学生群体间的合作性互动来促进学习，达到整体学习成绩最佳的学习组织形式。合作学习把个人之间的竞争转化为小组之间的竞争，力求通过组内合作，使学生尽其所能，达到最大程度的发展。教师在组织合作学习时，首先要明确个人责任，培养团体精神，鼓励每个成员发挥最大潜力，在独立思考的基础上，在平等民主的氛围中人人参与，各抒己见。重视小组成员间相互支持、鼓励和帮助，使每个成员达到预期目标。其次是合理组建学习小组，促进学生共同参与，精心设计合作学习内容，发挥小组各成员的作用。再次是把握合作学习时机，提高每个成员的参与欲望，由于合作学习方式不能每节课都采用，也不是整节课都使用，教师要把握恰当的时机组织小组合作学习，让学生带着迫切的愿望投入到合作学习中。最后是进行适时、合理的评价，调动参与者的学习积极性。在合作学习过程中，如果学生每一个有价值的问题、精彩的发言或成功的实验操作，都能得到组内其他成员的赞许，会使学生体验到合作学习的快乐，可有效激起他们继续合作的欲望。

6. 指导探究技能

探究式教学是由学生自己寻找问题答案的教学活动方式，它以学生独立自主学习为前提，给学生提供观察、调查、假设、实验、表达、质疑及讨论问题的机会，让学生将自己所学的知识应用于解决实际问题。探究式教学有利于开发学生的智力，发展学生的创造性思维，培养自学能力，有利于学生学习和掌握学习方法，培养学生的5大化学核心素养，为终身学习和工作打下坚实的基础。化学教师的作用就是调动学生的探究积极性，引导学生发现问题、提出问题、分析和解决问题，促使他们自己去获取知识，发展能力。教师在组织和指导探究教学时，首先要发掘蕴涵在教材中的探究因素，充分利用化学实验进行探究活动，不能只满足学生做实验，注意创设问题情境让学生自己设计实验，通过实验探究活动发展学生的发散思维和批评性思维，充分挖掘学生的创新意识与科学精神。其次是激发学生探究、思考的兴趣。教师要注意引导学生形成思考实验现象、发现问题、解决问题和探究原因的兴趣，引导学生质疑和创新，使学生主动进行探究活动。再次是教师要敢于放手，留给学生思考的空间。当学生在探究活动中遇到问题时，教师不能急于解释和给予帮助，要利用学生已有的知识去进一步引导，要留给学生思考的时间和空间，并注意启发学生去发现新问题，引导他们找出不同的方法和思路，鼓励学生自己设计实验方案，并亲自观察、尝试、探索、实践，还要允许学生出现错误，不能求全责备，使学生在自由、和谐的轻松氛围中去探究，充分表现自己的才华。最后是按照科学探究的过程规律，指导学生开展探究活动。要按科学探究的方法抓好情境创设、发现问题、明确问题、提出假设、收集资料、进行验证、形成结论和讨论交流等环节；并注意引导学生总结科学探究方法，重视科学精神和社会责任。

三、板书板画技能

板书是在课堂教学过程中教师利用黑板、白板、磁性板等，以精练的文字和化学符号传递信息的行为方式。板书是一种重要的课堂教学手段，是课堂教学的有机组成部分。板书设计是课时教学方案的重要组成部分，是教师的基本功之一。板书的具体要求见第一章第五节的板书技能。

板画主要指绘制常用化学实验仪器图及其装置图，是学生巩固和加深理解化学基础知识不可缺少的途径，板画要求按现行的中学化学课程标准执行。高中学生应初步学会描绘简单仪器及其装置图，通过板画，可使学生熟悉仪器的名称、性能、大小及连接方法，科学地掌握仪器装置的原理；同时板画可作直观教具，提高教学效果，激发学生的学习积极性。板画训练时要由简到繁，分步画出。绘制时要求形象正确，比例适当，条理清晰，重点醒目，以表现实验装置的要求，达到贴切美观的教学效果。

四、模型、图表和标本使用技能

标本是指经过挑选或加工，外观品质符合教学要求的化学实物。中学化学教学中常用的实物标本有矿物标本、重要化工产品标本、冶金产品标本、化学试剂标本和物质的晶体标本等。化学模型是以化学实物为原型，经过加工模拟制作的仿制品，是对化学实物三维表现的构造示意。有些实物不易得到，或因体积需要缩小或放大，都可以制成模型。常见的化学模型有化工生产的典型设备，如炼钢高炉模型等；化工生产流程，如接触法制硫酸简单流程模型等；物质结构模型，如电子云模型、有机物分子结构的球棍模型和比例模型等。图表是指化学教学中各种图和表。图是事物形象描述或理论关系的生动描述。常见的图表主要有化学实验图，如实验仪器装置图、基本操作图等；化工生产图，主要是典型设备构造示意图和工艺流程图；物质结构图，如电子云图、原子结构示意图等；物质相互关系图，如元素化合物及其相互关系图等；各种曲线图，如溶解度曲线图等。

这些模型、图表和标本在化学课堂教学中具有不可替代的作用。在"宏观辨识与微观探析"（如电子云图、原子结构示意图等）、"变化观念与平衡思想"（如物质相互关系图等）、"证据推理与模型认知"（如溶解度曲线图等）、"实验探究与创新意识"（如实验仪器装置图、工艺流程图等）、"科学态度与社会责任"（如炼钢高炉模型、各种化工和矿物标本等）5大化学核心素养的养成方面有重要作用。因此，我们在化学课堂教学中要充分利用学校的各种模型、图表和标本，在讲授相应知识模块时配合使用，真正发挥好这些辅助教学工具的作用，使课堂教学达到最佳效果。

五、作业和辅导技能

布置作业是课堂教学活动的组成部分，主要是告诉学生应进行哪些工作和完成这些工作的方法。作业的形式主要有阅读教科书和参考书、做练习题、进行调查、参观、绘制图表、实验（学生在家中可做一些简单的实验）等。布置作业时注意作业的内容要围绕重点，解决难点；内容表达要明白，作业的范围要确定；措辞要科学；要启发学生思维，养成学生分析及解决问题的能力；要启发学习动机，使学生认识作业的重要性；要重视指导进行作业的方法。对特殊困难的学生，最好另外进行个别辅导；要注意适度，如分量过重，学生不能完成，会降低学习兴趣，有些学生还会看成学习负担。批改作业可以采用全收全批与部分批改相结合，精批细改与典型批改相结合，集体批改与个别批改相结合等方法。

辅导是一种辅助性的教学组织形式，以弥补课堂教学的不足，便于了解学生学习上的问题和意见，研究学生的认识规律，做到教学相长，是提高教学质量的重要措施。辅导应有目的地进行，辅导重点在于指导学习方法，提高学生的能力，辅导要启发学生的自觉性，使其乐意参加，辅导时教师要循循善诱，满腔热情。

六、提问技能

提问主要是教师通过预先设计的一系列相互联系的问题启发、引导学生经过思考做出正确回答，以师生对话方式围绕课题的重点与难点展开的讨论。提问和解答问题要注意避免机械的一问一答方式，注意双向交流，要做到问题提得好，提出的问题既要使学生能回答上，又不能太过于简单，不加思考的就能回答出来。课堂问题主要分为导向性问题（探究性问题）、评价性问题和形成性问题，以及引导学生思考进行的反问、变换问题、有效追问等。提问时必须选择恰当的时机和对象、以恰当的方式提问，以引起学生注意，真正达到启发思考，培养学生的能力。问题提出后，教师还要鼓励学生大胆发言，并善于倾听学生的发言，依学生回答问题的情况，进行有效追问。师范生必须要训练和提高教师的提问艺术，不能用"是不是"或"对不对"等简单判断的方式进行提问，一定要进行灵活有效的深化、转问、反问、回问等高级提问技术的学习和训练。也不能只满足于少量学生烘托课堂氛围的回答问题，对沉默和边缘的学生要给予关注和适当的提问，并根据学生掌握的问题情况，采取强化和相应补救措施，提高课堂实效。

七、情感表达与副语言技能

教师的情感技能是提高课堂教学效率的有效手段，研究表明，52种教师特征中，有38种与情感有关。教师的情感技能中最重要的是使学生得到对教师态度倾向的感受和体会，教师的热情、信心、轻松若定、亲近、鼓励等都可以增强学生搞好学习的信心和驱动力。用于传递情感的副语言主要有各种面部表情、眼神、微笑、声调、头和手的动作，如点头、摇头、挥手、拍肩膀等。教学副语言以口头语言为基础、配合口头语言活动进行，没有形成独立的语言系统，不能叫语言，但在课堂教学中有重要作用，师范生一定要多学习和训练正确的情感表达与副语言技能。

第四节 课堂导入技能

课堂教学情境导入是指知识在其中得以存在和应用的环境背景或活动背景，学生所要学习的知识不但存在于其中，而且得以在其中应用，也可能含有社会性的人际交往。教学情境的特点和功能不仅在于可以激发和促进学生的情感活动、认知活动和实践活动，还能提供丰富的学习素材，有效地改善教与学。

一、教学情境导入的功能和特点

学习的过程不只是被动接受信息，更是理解、加工信息、主动建构知识的过程，认知需要情感，情感促进认知。适宜的教学情境不但可以提供生动、丰富的学习材料，还可以提供在实践中应用知识的机会，促进知识、技能与体验的连接，让学生理解所学的知识，进一步认识知识的本质，运用知识解决问题，发展能力。只有学习的内容被设置在该知识的社会和自然情境时，才能体会到学习情境的意义。课堂导入艺术的特点主要是针对性、启发性、新颖性和趣味性。针对性是指情境导入要满足学生听课的需要，针对性强；启发性则是情境导入能启发学生的思维能力；新颖性是指情境导入指向能吸引学生的注意；趣味性则是情境导入能激发学生学习的兴趣，提高学习效率。

二、课堂教学情境导入方法

课堂教学情境导入点主要有4个方面，从学科与生活的结合点入手，创设情境，如"盐的教学情境设计"为加工皮蛋的录像；从学科与社会的结合点入手，创设情境，如"食盐和纯碱的教学情境设计"为西部盐湖开发；利用问题探究创设情境，如"溶解度的教学情境设计"为食盐与硝酸钠比溶解能力强的对话；利用认知矛盾创设情境，如"原电池教学情境设计"为老师从意大利科学家伏打通过实验发现来设计情境等。下面是化学教师常见的9种情境导入方法。

1. 开门见山，平铺直叙

开门见山式导入，即在上课开始后，教师开门见山地介绍本节课的教学目标和要求、各个部分的教学内容、教学进程等，让学生了解本节课的学习内容或要解决的问题。当学习内容对学生来说是一类新知识或新领域，从学生原有认知结构中不易找到新知识的"生长点"，新知识的学习方法和学习程序又没有适当的范例供借鉴运用时，可选择直接导入法，但此法在化学教学中应该尽量少用或不用。

2. 温故知新，探求新知

这是一种常用的导入方法，其特点是以复习已经学过或学生日常生活中已经了解的知识为基础，将其发展和深化，引出新的教学内容。复习旧知识的导入方式重在恰到好处地选用与新授课内容关系密切的知识，达到温故知新的目的。

3. 巧设悬念，引人入胜

悬念式导入，它是指老师上课伊始，有意设置一些带有启发性的疑问，摆在学生面前，又不直接说出答案，使学生感到"山重水复疑无路"，迫使其去寻求"柳暗花明又一村"，从而进入学习新知识、解决新问题状态的一种导课方式。在化学课的教学中，有相当一部分内容缺乏趣味性，讲起来干瘪，学起来枯燥。对这些章节内容的教学，老师若能有意识地创设悬念，便能使学生产生一种探究问题奥妙所在的愿望，激发起学生学习化学的兴趣。如原电池导入案例：一天，满载着精选铜矿砂的货轮正在北太平洋航行，突然货轮响起了警报声，船员们惊喊船漏水了，坚硬的钢制船体为什么会突然漏水呢？是货轮与其他船只相撞还是触上了海底暗礁？都不是。究竟是什么原因呢？后经查验，原因在于船上的货物精铜矿砂。为什么精铜矿砂使铁板船只出现漏洞了呢？我们学习原电池的知识就可以解释这个问题。又如"香妃引蝶"视频导入分子的运动等。

4. 故事吸引，启迪思考

把课讲得生动形象，深入浅出，始终是衡量教师教学艺术水平的标准之一。寓意深刻而又幽默轻松的故事，加之铺陈渲染，绘声绘色的教学语言，是学生喜闻乐见的导课形式。如狗死洞的故事引入二氧化碳的性质等。采用故事导入方式应注意故事内容要与新课内容有紧密的联系；故事本身生动有趣，对学生具有启发性；同时讲故事时语言要精练，故事要短小精悍，用时不长，一般的故事引入有2～3分钟就可以了。

5. 直观演示，提供形象

直观演示是指老师上课之始，通过展示图片、动画、影像等直观教具，先让学生观察实物、模型、电视或实验等，引起学生对即将讲授内容的关注，然后提出问题，引导学生观察、思考、分析，从而使学生直接进入寻求新知识的一种导课方式。如讲授有机物的分子结构时，展示球棍模型和比例模型，让学生从模型认知中建构分子结构，再对模型进行重新组装和定位，让学生从宏观辨析中领悟有机物分子的微观结构及其变化。

6. 创设质疑，实验探究

为了培养学生勇于质疑、乐于发现、勇于创新的精神，突出以人为本的科学发展观，在教学时就必须创设质疑情境，把学生"机械接受"过程变为"主动探究"过程。以"SO_2的性质"为例，二氧化硫可以使红色的酚酞试液、品红试液和紫红色的高锰酸钾溶液分别褪色，很多教师在处理这一部分内容的时候，习惯于告诉学生结论，那就是在三个过程中，SO_2分别表现了酸性氧化物的性质、漂白性和还原性。但这样无疑只是让学生被动地接受知识，我们可以设计这样的质疑情境："SO_2能够使这三种有色试液褪色，那么它们的反应原理分别是什么呢？该怎样证明呢？"然后引导学生交流讨论，最后形成实验探究思路："向褪色后的酚酞溶液中加入NaOH等碱性物质，会看到溶液重新变红，从而证明使红色的酚酞褪色是因为SO_2与水反应生成亚硫酸，中和了溶液中的碱性物质；加热褪色后的品红溶液，品红溶液红色复现，证明使品红褪色是SO_2表现了漂白性（暂时性漂白）；而向褪色后的高锰酸钾溶液中加入 $BaCl_2$ 溶液，可以根据沉淀现象判断 SO_4^{2-} 的存在，证明 SO_2 表现了还原性"。这样先以质疑情境引发学生思考，再以实验场景验证学生的思维过程，不仅更加符合现代教学论的要求，对学生的学习效果也必然产生更积极的影响。

7. 联系实际，激发思考

在化学课上，教师以学生已有的实际经验，或是为学生提供的实例（可能是生产、生活、社会中的实际问题，也可能是新闻媒体的报道或历史上曾经发生过的事情等）出发，通过讲述、谈话或提问等方式，引导学生思考、激发学生学习新知识的兴趣和欲望，进入新课题的学习。例如"油脂"的导入，教师：传说在古埃及，有一次法老设宴招待贵宾。有位厨师不慎将一盆油打翻在热的炭灰里，他用手把沾有油脂的炭灰捧到外面，洗手时意外地发现手洗得特别干净。这种沾有油脂的炭灰大概就是最早的肥皂了。这节课我们就要学习和上面故事有关的问题。

8. 魔术引入，提高兴趣

魔术引入是指教师在上课前精心准备一个与本节课内容相关的化学魔术，略带神秘地表演给学生看，从而激发学生学习兴趣的一种特殊的化学实验引入方法。如讲解二价铁与三价铁的相互转换时做一个"茶水变色"的魔术；讲解氨气的性质时做"空杯生烟"的魔术；讲解过氧化钠的性质时表演"滴水生火"的魔术等。

9. 新闻事件，社会热点

要求教师上课前查找与本节课内容相关的新闻事件或社会热点问题，以图片、文字或视频的形式给学生展示，从而引起学生的共鸣，提高学生的科学精神和社会责任，并顺利引出新的教学内容。如利用"珠江水雷"事件、"天津港爆炸"事件等新闻，引出钠的化学性质。

三、课堂教学情境导入注意的问题

课堂教学情境导入时应该注意，情境导入作用的全面性，尽量使设置的情境包含整节课的主要教学内容；情境导入作用的全程性，尽量使设置的情境贯穿于整节课的全过程；情境导入作用的发展性，尽量使设置的情境是最新最近发生和发展的内容；情境导入作用的真实性，尽量使设置的情境真实可靠，不能道听途说，凭空设想；情境导入的可接受性，尽量使设置的情境能让学生接受，不能太极端和太过于暴力，设置的情境更不能对学生产生负面影响。

从以上所举实例可以看出，具有艺术性的课堂情境导入，在于教师创设的问题情境中问题恰当、情境生动、引人入胜，并且内容精练，就能在短时间内收到良好的教学效果，激起学生的学习动机和兴趣。当然，课堂导入应因时而变，因势而改，争取让化学课堂的导入如春天怒放的花朵，争奇斗艳，万紫千红。

第五节　课堂管理和调控技能

课堂管理和调控是保障教学活动达到既定目标，顺利完成教学任务的重要举措。教师在课堂教学中注意通过课堂观察等途径收集学生信息，在充分了解学生的基础上采取有效的管理和调控措施。

一、课堂观察技能

课堂观察是调控和管理的基础,是教师为了收集来自学生的信息而进行的觉察学生行为、个性和其他特点的过程。课堂观察可以向教师提供教学反馈信息,使教师能够对教学及时进行调整,还可以使教师增加对学生的了解,有利于进一步做好教学评价和今后的教学工作。

周密的计划是做好课堂观察的关键。首先教师要确定观察的重点内容,如学生对学习目标的了解、学习态度、学习结果、参与教学活动的积极性、兴趣和爱好、情绪和注意力、人际交往活动、思维品质、创造性、认知能力、表达能力、遵守纪律和规则等都是观察的内容。但每次重点观察的内容不能太多,要结合每节课的具体教学内容进行有重点的观察几项,但不能忽视偶发事件,最好对每节课和每项观察内容设计出观察指标。特别注意课堂观察要面向全体学生,可采用时间抽样法进行系统的观察,即按照一定的时间间隔和顺序有计划的轮流对不同的学生进行重点观察,并与全面扫描和搜寻特别现象相结合。还要做好观察记录表,教师要努力排除来自自身的各种干扰,如成见、先入为主、光环效应、标签效应、平均效应和趋同现象等,还要排除来自观察现场的各种干扰,对于一时难以弄清和作出判断的现象,可以课后多与学生接触,作进一步了解,以便准确的做出判断和评价。

二、课堂常规管理技能

课堂管理的常规内容主要包括空间与时间利用,纪律和秩序的维持等。

1. 空间利用技能

空间是教学地制约因素和重要资源。在化学教学的常规管理中必须重视对教学空间的结构设计和管理。由于教室的座位会影响学生的视力、学习成绩和心理健康成长,同样也会影响教学效果。为了促进学生的成长和发展,教师在空间上必须科学地安排学生座位。如果让不同气质和性格的学生在座位的空间分布上错开搭配,则更加有利于组织合作学习,也有利于学生形成比较完善的心理品质。当然,还要定期交换和调整学生座位,可促进学生更好地成长。另外,为了更好地组织探究教学,将传统的纵横矩阵式座位改进为弧线形或U形座位,可以减少来自教师上课时的监控压力和影响,克服刻板、不利于学生交往和合作学习的弊端。有条件的学校还应该尽量小班化教学,以便更好地组织和开展探究教学、实验研究和小组合作学习。

2. 时间利用技能

时间是学习过程中一个决定性因素。尽管课程计划、课程标准统一规定了各年级化学课程的总学时,但在实际教学中,由于不同的教学和管理方面因素的制约,实际上各个学校的教学时间,特别是有效的教学时间各不相同。研究表明,成绩优秀的学校由于学生或教师的缺勤、教学中断、学生注意力涣散、学校组织的各种活动等浪费20%左右的可利用教学时间,而成绩较差的学校更是失去了40%的时间。随意安排教学活动、满堂灌、重复练习、教学定向不清、教学环节衔接和过渡不良、教学进度和速度不当、学生被动学习等都会降低化学教学时间的有效利用率。所以,我们在教学过程中要做好教学设计,在各个教学环节中设置好时间,并严格管理和利用好教学时间,尽量使课堂高效,在课标规定的时间内向课堂要效益。学校在管理上也要强化时间观念,尽量在正常上课时间内少安排一些大型活动,尽量保障有效的教学时间。

3. 纪律管理技能

宽严适度的教学纪律是保证化学课堂教学顺利进行和搞好化学教学的重要条件。在教学过程中，教师要注意辩证地利用好纪律的强制因素、学生自身的自制因素和教师人格魅力的亲和性因素。

首先要建立和谐的师生关系。让学生自觉遵守纪律和维护纪律，尊重学生人格，尊重学生自尊心，不一味地制定班规和班纪。让学生通过演讲、表演、辩论、比赛等多种形式、多种活动提高其主人翁责任感、集体荣誉感，自觉维护纪律。在此基础上教师要多了解学生，面对学生个体，我们不能搞"一刀切"，学生父母的文化程度，对教育的认识，家庭成员的不同认识和理解都会影响学生的亲情感、同学情以及与老师的沟通程度。特别是单亲家庭和重男轻女家庭对学生身心都造成了或多或少的影响，换位思考，替学生多想一些，从不同的角度去了解和感化学生。凡是师生关系和谐的班级，都有良好的课堂纪律。

其次要针对班级的具体情况进行分析和教育。例如，有些班级的学生在上课时，出现问题马上就想讨论，课堂上出现一片嗡嗡声。此时就要抓住带头讨论的学生，并进行纪律教育，还要在班上做"勿以善小而不为，勿以恶小而为之"等相关纪律教育，使学生认识到课堂纪律的重要性，并自觉维护好课堂纪律。

最后要做到纪律管理的条款细致化。比如，对于上课的纪律要明确提出不说话、不在老师没有布置讨论问题时随便讨论、不做与学习无关的事情等。凡是违反了纪律的同学，要受到在全班同学面前背课文或写化学方程式等惩罚，促使学生认真遵守课堂纪律。

三、问题处理技能

首先要对出现的问题作出准确判断。在课堂教学过程中，常常会遇到各种各样难以预料的问题。其中有些问题如果不及时解决，就会影响教学的顺利进行。如上课时遇到学生睡觉、玩手机、做其他事情、吵架、打架等问题，教师必须准确判断是否需要马上解决？拖延会不会影响后续教学活动？问题属于什么类型、性质？（要分轻重），是如何产生的？原因是什么？怎样有效、迅速地解决问题？原因是否在于教师方面？能否发动学生解决？等等。

其次要善于处理偶发事件。偶发即不分时间、场合的突发事件。教师没有准备，学生在课堂上违规是"百花齐放"的，很多问题是始料不及的，对偶发事件的处理既能表现教师的人格魅力，又能表现出教师在学生心目中的形象。教师的语气、语态、体态都会影响对偶发事件的处理。处理偶发事件时要注意速度，要不急不慢，有理不在声高，引用一些听起来顺耳又能教育人的常用语言，如"年轻人，冷静点"，"请勿扰乱课堂"等，课后有理再说也不迟。不要对学生气势汹汹，要因人而异，因事而异，能让气氛缓和尽量缓和，事后再进行教育。教师在处理偶发事件时还要做到不偏心。特别要注意避免"先入为主"的心理，如果在处理问题时对学习好的偏心，那么这个老师在学生心目中的形象会大打折扣。一定要立场公正，处理事情要有一定的原则，奖惩分明，是非分明，不包庇成绩好的，对成绩差的不要有偏见，即注意这种"一好遮百丑"、"一丑遮百好"的心理。

最后要学会冷处理。对上课发生的一些小事件，教师不要急于处理，更不能急于发表意见，以免作出过敏和过激的反应，可以师生共同冷静思考几分钟，以免影响课堂教学。让学生心里有数，课后再进行处理，或让学生说出事情缘由，分析利害关系，分析自身优缺点等。不一定总让教师来说明情况，讲明道理，中学生具有一定的是非辨别能力，要让他们在成长中逐渐形成正确的价值观和人生观。

四、课堂调控技能

课堂调控是实现预定教学目的必要和有效的手段。课堂调控时教师要做到建立期望，让学生了解和接受学习目标和完成学习任务，了解教师的期望，促进学生主动学习。充分利用教学情境激发学习兴趣，并利用兴趣的迁移和发展来进行情感调控。通过学生自评、互评和教师评价，使学生及时得到自己学习情况的反馈信息并进行强化，评价时要以表扬和鼓励为主，让学生正确、全面和辩证地认识自己。

教师在课堂调控方面必须做好节奏控制。教学节奏是指某些教学参数在连续的教学过程中，时间分布上连续、交替和重复出现的规律性表现。这些参数主要有教学密度、速度、难度、强度、重点分布以及情绪强烈程度等。所以，在课堂教学中要力争教学过程张弛有度、亢奋合理，防止疲劳，提高教学效率。为了建立良好的教学节奏，教师要努力探究、把握好课堂的最佳教学时段，充分利用学生的最佳脑力状态和情绪状态，将短时注意与长时注意有效结合，适时的形成教学高潮，并要注意教师和学生活动的及时与适度的变化，以确保课堂教学的高效。

同时，对课堂上出现的问题要有灵活、果断与恰当的反应，并做到发现问题及时调控。在正常的教学过程中，遇到学生上课睡觉、玩手机，甚至打架和吵架等问题时，教师就要及时的调控课堂。例如，对于学生上课睡觉，可以走到学生面前轻轻地提醒或要同座的学生帮助推醒，课后可再找他问清楚睡觉的原因，只有找到原因后才能对症下药，较好地解决个别学生上课睡觉的问题。又如学生上课玩手机是目前经常见到的现象，教师可以在上课前放些不能玩手机的规定，在课室前面做些小袋子给学生存放手机，与学生签订何时使用手机的协议，还要发动学生一起想办法解决等。至于打架和吵架等极端情况发生时，则要立即解决，不能搁置处理。当学生学习积极性不高，参与程度降低，缺乏动力时，教师的调控方式就是调整教学方案，针对学生的兴趣，增加或调整学习活动任务。当学生上课疲劳和无精打采时，就要采用变换学习活动方式或内容进行调控。当学生注意力分散和受到干扰时，教师要掌握注意力分散的合理性，重在进行引导，给予适当和短暂的应激释放机会，然后通过让学生回忆被中断的学习活动，引导并提醒学生进入教学过程。

第六节 听课和评课技能

听课是向同行和前辈学习，快速提高自己教学水平的最好方法，也是师范生必须学会的核心教学技能。如何进行听课，听课前要做哪些准备，特别是如何对听课内容进行实事求是的量化评价，给上课教师一个科学合理的评价，是每一位听课教师必须具备的教学技能，特别是师范毕业生在今后从事教师工作中应该具备的核心能力。

一、听课技能

听课前应做好的准备工作主要有：①熟悉课程标准和教学大纲，充分把握教材，掌握一定的教育理论和教改信息，积累听课评课的相关材料；②应带好教科书和听课记录本，提前到达教室，铃声一响，马上进入听课状态；③精神饱满、集中精力听好课，切不可打瞌睡、接打电话或交头接耳。

听课时要做到听、看、想三者协同进行。听就是听教师怎么讲，重点是否突出，详略是否得当；听学生是否听懂，教学语言如何；听教师启发是否得当；听教师的范例或解题，听学生的答题情况。看就是看教师的精神状态，看教师的教态，看教师的板书，看教师使用教具，看教法的选择，看教师如何组织和指导实验，看教师怎样指导学生学习，看教师对学生出现问题的处理……一句话，就是看教师主导作用发挥得如何。还要看学生上课的气氛，看学生对教材的感知，看学生的举手发言、思考问题的情况，看学生特别是后进生的积极性是否调动起来……一句话，就是看学生主体作用发挥得如何。想就是透过现象分析思考它的实质，比如老师提出的某个问题，全班学生都举手，站起来的学生回答都正确。是不是说明全班同学都学得很好或者说学生本身的学习基础好呢？是不是事先准备好的？是不是站起来回答的都是好学生？是不是内容要求偏低了？等等。总之，要认真观察和思考，还可以对学生进行一些简单的调查了解，才能使听课的收益最大化。

听课时要做好记录，听课记录包括教学实录和教学点评两个方面。教学实录的形式主要有简录、详录和记实三种。简录就是简要记录教学步骤、方法、板书等；详录则是比较详细地把教学步骤都记下来；记实是把教师开始讲课，师生活动，直到下课都记录下来。师范生和初为人师者都要求听课记录以详细记录或记实为主，不能简录，只有达到一定的教学年限或教学水平后才能逐步进行听课简录。

二、评课技能

评课是一门科学，是一门艺术，同时也是一门技术。是科学就有规律可循，是技术就有要领可操作，我们要掌握的就是评课的要领。教学评价的两种形式：一是间评，把师生双边活动后所产生的反馈感应，随时记录下来。二是总评，就是对间评综合分析后所形成的意见或建议记在记录本上。

评课的标准主要有7个方面：①教学目的（体现目标意识）；②教学过程（体现主体意识）；③教学方法（体现训练意识）；④教育情感（体现情感意识）；⑤教学功底（体现技能意识）；⑥教学效果（体现效率意识）；⑦教学个性（体现特色意识）。

评课的方法主要有：综合评析法、单项评析法、寻找特点法、揭示规律法、教学诊断法等。但最常用和一定要求师范生学会的主要是综合评析法。综合评析法就是指评课者对一节课从整体上做出全面、系统、综合性的评价。综合评析包括以下9个方面的内容：①从教学目标上分析；②从教材处理上分析；③从教学程序上分析；④从教学方法上分析；⑤从教学手段上分析；⑥从教学功底上分析；⑦从教学效果上分析；⑧从教学个性上分析；⑨从教学思想上分析。并结合以上的9个标准进行综合评析。

具体评价方法如下：评教学目标；评教学内容；评教学原则与方法；评运用实验或多媒体教学的能力；评教态、语言和感情：如教态自然、语言简练、准确、科学、符合逻辑、生动、形象、感情充分、声音抑扬顿挫等；评教师的应变能力；评教学效果等。并通过自评、互评、专家点评来达到总结和提高的作用。

课堂教学评价细化：①教学目的与目标的评价（是否符合新课标的要求、是否切合实际、目标是否清晰具体等）；②教学内容的评价（对教学中的原理、定义、重点、难点、深度、是否符合学生的认知水平和知识结构等）；③学生参与教学活动的评价（教师是否充分调动学生的主动性和积极性、学生课堂气氛、回答问题等方面）；④教师对学生培养的评价（是否培养学生的创造力、发展学生的智力及科学态度等）；⑤教学方法的评价（是否结合本节课的具体目标优选教学方法、应用电化教学手段、实验教学效果、板书等内容）；⑥教学组织和管理的评价（师生交流、教学中的偶发事件、时间分配、教学结构是否合理等）；⑦教学语言、教态和仪表的评价（语言清晰、语速、语调、条理、教态亲切自然、仪表是否端庄等）。

三、评课案例分析

下面是一位老师对一节课的综合评价：从七个方面综合评述这节课。

① 从教学目标上看，本课突出了一个"明"字。即知识目标、能力目标、思想目标明确，符合大纲和课标的要求，符合教材和学生的实际，体现了循序渐进的教学规律，操作性强。

② 从教学内容上看，本课抓住了一个"准"字。即重点、难点的确立准确。教学思路清晰，先教重点，后教难点，由浅入深，步步推进，训练形式灵活多样，有表演，有竞赛夺标等，人均活动和次数多、练得到位、在大量的训练中突破了难点。

③ 从教学程序上看，本课体现了一个"清"字。各个环节紧密相连，过渡自然，严谨有序，清晰明了。

④ 从教学方法上看，本课呈现了一个"活"字。一是教师教法活，二是学生的学法活。教师教法活集中表现在充分利用电教手段及实物和图表等创设情境。学生学法活，如学生积极性高、兴趣浓、参与意识强。学生自制化学模型和道具，自编自演化学场景对话等，学生活动生龙活虎，丰富多彩。

⑤ 从教学技能方面看，本课体现了一个"强"字。教师自始至终显示了较强的教学基本功，驾驭课堂和教材的能力强。

⑥ 从教学效果上看，得出了一个"好"字。即课堂教学效果好，密度大，学生人均活动2次以上，课堂无死角。人人参与活动，真正体现了面向全体学生的教育思想。全面推行素质教育。

⑦ 从教学特色上看，本课展现了一个"谐"字。即师生双边关系和谐融洽，这点与第四点给我留下了最深刻的印象。教师笑容可掬、亲切自然、和颜悦色的面部体势语言，无疑为学生营造了轻松愉快、宽松祥和的气氛，而这种气氛的形成为师生的教与学这一双边活动的顺利完成打下了良好基础。

最后，谈一点建设性意见，供＊＊老师参考。如果课上适当纠正学生演示实验过程中的小错误，我想会更加有利于化学实验能力的培养。

四、师范院校听课综合评价量化表

师范院校听课综合评价量化表见表2-1。

表 2-1　师范院校听课综合评价量化表

院系（班级）				时间	
课题：					
		评　价　内　容	分值	得分	备注
教学目标	（一）目标意识 10分	1. 教学目标具体、明确，符合课程标准要求、教材和学生实际	5		
		2. 重点、难点的提出与处理得当，能抓住关键，以简驭繁，所教知识准确无误	5		

续表

		评价内容	分值	得分	备注
教学程序	(二)主体意识 30分	3. 教学过程思路清晰，课堂结构严谨，教学密度合理	5		
		4. 面向全体，体现差异，因材施教，全面提高学生素质	5		
		5. 传授知识的量、知识训练的度适中，突出重点，抓住关键	5		
		6. 师生共同创设学习环境，有讨论、质疑、探究、合作、交流的机会	5		
		7. 在传授知识的同时，指导学生学习方法，注重培养学生的实践、创新能力。问题设计体现层次性，符合学生认知规律	5		
		8. 体现知识形成过程，结论由学生自悟与发现	5		
教学方法	(三)训练意识 15分	9. 精讲精练，体现思维训练为重点，落实"双基"	5		
		10. 教学方法灵活多样，注重培养学生学会学习的能力	5		
		11. 教学信息多向交流，反馈、矫正及时	5		
情感教育	(四)情感意识 8分	12. 教学民主，尊重学生，师生平等、和谐，课堂气氛融洽	4		
		13. 注重培养和训练学生的学习动机、兴趣、习惯、信心等非智力因素	4		
教学基本功	(五)技能意识 20分	14. 用普通话教学，语言规范简洁，生动形象	5		
		15. 教态自然、端庄大方，有亲和力与凝聚力	5		
		16. 板书工整、美观，层次清楚、言简意赅，富有启迪性。适当运用多媒体教学，教案书写规范，内容详略得当	10		
教学效果	(六)效率意识 12分	17. 能完成教学目标，教学效果好	4		
		18. 学生会学，学习主动、灵活，课堂气氛活跃	4		
		19. 信息量适度，学生负担合理	4		
教学个性	(七)特色意识 5分	20. 教学有个性，形成特色与风格	5		
总 分					

五、单项评析法简介

单项评析法就是评课者从自己观察中体会最深，感触最大，认识最明显的，选择一个角度或侧面来进行评课，见表2-2。

表 2-2 听课单项评析法量化表

选择单项评析角度（一级）	选择更小角度评析（二级）
一、从处理教材角度分析	1. 从教学思路设计角度分析；2. 从知识处理科学性、准确性角度分析；3. 从突出重点，抓住关键角度分析；4. 从搞好铺垫，突破难点角度分析；5. 其他
二、从教学环节设计角度分析	1. 从导入设计角度上分析；2. 从讲授新课角度上分析；3. 从练习设计角度上分析；4. 从课堂小结角度上分析；5. 其他

续表

选择单项评析角度（一级）	选择更小角度评析（二级）
三、从教学手段运筹角度分析	1. 从课堂情境设计角度分析；2. 从课堂板书设计角度分析；3. 从课堂提问设计角度分析；4. 从运用电教手段角度上分析；5. 其他
四、从现代教育思想角度分析	1. 从发挥学生主体活动角度分析；2. 从重视思维训练、能力培养角度分析；3. 从重视学法指导角度分析；4. 从重视学生创新能力角度分；5. 其他

思考与实践

1. 选择一个初中化学课题，进行教学情境设计，训练课堂导入技能。

2. 选择一个高中化学必修教材中的某个课题，结合课堂教学建议内容，以新课程标准要求进行讲解和板书设计，训练课堂教学技能。

3. 请对多种化学教学方法进行对比，掌握常用的教学方法，选择1个初中化学章节内容，用适合自己的教学方法进行模拟上课训练。

4. 分组模拟中学化学课堂教学场景，训练课堂管理和调控技能。

5. 分组听取同学的模拟上课后进行评课，训练课堂听课和评课技能。

主要参考文献

[1] 中华人民共和国教育部. 普通高中化学课程标准(2017年版). 北京：人民教育出版社，2017.

[2] 中华人民共和国教育部. 全日制义务教育化学课程标准(2017年版). 北京：人民教育出版社，2017.

[3] 刘知新. 化学教学论. 第4版. 北京：高等教育出版社，2009.

[4] 傅道春. 教学行为的原理与技术. 北京：教育科学出版社，2001.

[5] 赵礼明. 高中化学课堂教学情境创建的多元策略. 现代中小学教育，2017，6(33)：50-53.

[6] 陈新华. 基于化学核心素养的学习情境创设. 课程教学研究，2017，12：80-83.

[7] 张莉娜. 国际大型测评的评价设计对我国中学化学教学评价的启示. 化学教育，2013，10：83-87.

[8] 贾金元. 以教学评价推动课堂教学改革. 甘肃教育，2018，01：66-67.

[9] 韦健. PBL教学法中的多元化评价设计探析. 广西教育，2018，1：104-108.

[10] 周静. 完善教学评价，打造高效课堂. 教师教育，2018，01：65.

[11] 翟柏丽，李细荣，马仲吉等. 从发展核心素养视角谈教学评价改革. 中国教育技术装备，2018，02：9-14.

第三章

化学教学设计技能

第一节 教学设计概述

一、化学教学设计

化学教学设计是通过特殊的认知活动形成具体的教学理念，并通过技术设计把具体的教学理念转化、物化成教学工作方案，是化学教学工作的关键环节。化学教学设计从教育技术性角度研究有关的工作步骤和规范，属于技术性研究；如果涉及教育教学理念和具体的教育教学内容，则属于认知——技术的综合性研究。化学教学设计是以获得优化的教学效果为目的，以学习理论、教学理论及传播理论为理论基础，运用系统方法分析教学问题，确定教学目标，设计解决教学问题的策略方案、试行方案、评价试行结果和修改方案的过程。研究教学设计是现代教育的需要，是新课程改革的需要，是提高教学质量的需要，是培养中学生5大化学核心素养的需要，是提高教师教研针对性的需要，也是促进教师专业发展的需要。

教学设计与教案的区别：将教案与教学设计进行比较，可以看出，从教案关注的"具体的教材教法的研究"转变为教学设计关注的"以促进学生学习的有效教学策略研究"，是从传统教案走向现代教学设计的根本转折点，只有弄清了二者的区别，才能够真正理解并掌握现代教学设计的理念和技术，在进行教学设计时不会将二者混淆。现代教学设计的"出发点"是脉络要"准"、"方向"是目标要"明"、"灵魂"是立意要"新"、"翅膀"是构思要"巧"、"表现形式"是方法要"活"、"综结点"是练习要"精"。

二、化学教学设计的理念

理念是行动的先导。化学教学设计的理念是以发展化学学科核心素养为主旨，立足于学生适应现代生活和未来发展的需要，充分发挥化学课程的整体育人功能，构建全面发展学生化学学科核心素养的课程目标体系。重视开展"素养为本"的教学设计，倡导真实问题情境的创设，开展以化学实验为主的多种探究活动，重视教学内容的结构化设计，激发学生学习化学的兴趣，促进学生学习方式的转变，培养他们的创新精神和实践能力。倡导基于化学学科核心素养的评价，依据化学学业质量标准，评价学生在不同学习阶段化学学科核心素养的达成情况，积极倡导"教、学、评"一体化，促进每个学生化学学科核心素养得到不同程度的发展。

同一教学内容，在不同理念的思想指导下就会有不同的设计结果。新课程理念下的化学教学设计的指导思想是①素质教育观：包括全面发展的教育目的观、面向全体的学生观、面向未来的人才观、学生主体的发展观。②现代学科教育观：包括现代学科观、现代学科学习观、现代学科教学观。③系统观：包括系统论、信息论、控制论。系统论认为，系统功能不等于各要素功能的总和，一个系统功能是否优良，不仅要看每一个要素的功能是否优良，还要看各要素之间的配合是否协调。若是，则整体功能大于各要素功能之和；否则，总体功能小于各要素之和。教学是一个系统，它由教师、学生、教学资源三要素组成，它们相互联系，形成一种结构，达到一个教学系统功能的有效组合与优化。

总之，化学教学设计的理念主要体现在：化学教学要面向全体学生，以培养人为主旨；要以提高学生的学科核心素养为重点，促进学生全面发展；要贴近生活、贴近社会，注意跟其他学科联系；要把转变学习方式放在重要位置，既重视学习结果，也重视学习过程；要努力培养学生终身学习的愿望和能力，让学生乐于学习，学会学习，增长发展潜能；教学评价要帮助学生增强发展的信心，追求更好的发展。在教学设计中主要体现出化学学科5大核心素养的理念，将化学知识与技能的学习、化学思想观念的建构、科学探究与问题解决能力的发展、创新意识和社会责任感的形成等多方面的要求融为一体，体现出化学课程在帮助学生形成未来发展需要的正确价值观念、必备品格和关键能力中所发挥的重要作用。

三、化学教学设计的模式和策略

化学教学设计模式主要有按结构、存在、制法、性质、用途等展开的系统陈述知识模式；解答问题模式（不利于激发学生思维）；验证知识模式；研究（解决）问题模式（时间多）；历史发展模式（按化学发展如何逐步认识，易被学生接受）5类。在构思教学方案时，先要对教学过程预先做整体的、概略性的谋划、思考。具有全局性和概要性、原则性和指导性、灵活性和巧妙性，它是一种思维形态，既有指令性程序的意义，又跟认知的知识和技能有关，其实现依赖于具体的教学方法和教学活动、教学思想、教学模式、教学思路、教学风格。

教学设计的书写可以是文本形式的，可以是表格形式的，也可以将文本和表格二者结合。教学设计的一般文本形式可以比较充分地表达思想和具体的内容，信息量大，但不易直观地反映教学结构中各要素之间的关系。而表格形式能够比较简洁、综合体现教学环节中教学诸因素的整合。教学设计书写形式不是一成不变的，可以根据具体的内容要求灵活展现，不拘一格，写出个性，写出创意，写出风采。教学设计内容和形式应该根据需要而定，如果为了同行间探讨、交流或竞赛等进行设计，则应选择较为详细的设计，并有较强的理论展现为主要内容和相应的形式；如果是教师本人为了作为上课前对课程的理解和策划，则可以相对淡化理论色彩并简化分析要素，更多地关注过程方法策略以及教学流程和板书的设计。教学反思评价和学生学习效果评价作为现代教学设计来说是一个必不可少的环节。

四、化学教学设计的层次与环节

化学教学设计的基本层次主要有课程教学设计（总体规划、教学计划）、学段（学期、学年）教学设计、单元（课题）教学设计、课时教学设计4个层次。重点是课时教学设计，课时教学设计的要求是：确定本课时的教学目标；构思教学过程、教学策略和方法；选择和设计教学媒体；准备课时教学评价和调控方案；编写教案（又叫教学计划或设计）和学案。

化学教学设计的基本环节主要有：课前准备，设计教学目标，设计教学策略和方法，设计教学过程，设计教学媒体，设计整合、应用和反馈环节，设计总成与编制方案。

第二节　教案设计

教案是依据对学习需求的分析和现代教学理论、学习理论，设计教学问题解决方案、检验方案的有效性并做出修改后的成果。规范化教案的撰写、实施与交流，是提高撰写人教师专业水平的有效途径，是教师们教学观念、教学技术交互作用的重要平台，是促进学生有效学习，提高教学质量的保证。

一、教案设计及撰写要求

1. 教学分析设计

（1）教材分析　从学科角度理清教学内容脉络（如保证教学内容的科学性，确定教学内容的地位和作用、产生背景、重点难点、深度广度等），从教育角度发掘教材中的教育因素（如知识与技能、过程与方法、情感态度价值观等方面的教育因素），拓展教学内容（如联系生活的、联系自然和社会的、联系生产和科学研究的教学内容）。

（2）学生分析　学习心理分析（如学习动机、学习兴趣、学习责任感、学习态度等），学习基础分析（如显性知识基础、经验知识基础、学科能力基础）。

（3）教学目标　有对学生学习过程和学习结果的预期规定，其结果性教学目标和体验性教学目标均与本节课教学内容和学生学习水平相融洽；学习过程与学习结果的表述均以学生为主体；尽可能具体可观测。

（4）教学媒体　现代教学媒体及传统教学媒体的选用合理，能发挥特有功效；列出清单，说明来源及选用意图。

（5）设计思想　阐明为实现教学目标，用问题或任务调动各层次学生进行自主学习活动的总体设想；阐明设计中对原教学有创造性改革的内容和认识；注意学习环境营造的设计；结合现代教育学的相关理论和原理去丰富自己的设计思想。

2. 教学实施设计

（1）教学环节　主要环节完整，各环节名称呈现逻辑联系；各环节的教学内容要有助于教学目标的逐步实现，并说明各个环节的设计意图；各环节时间分配合理。

（2）学生活动　有明确的核心问题或者核心任务调动学生活动；既有每个学生的独立活动又要有学生间及师生间的交互活动；注意恰当的学生活动搭配。

（3）观测预设　有教学现场观测的预设；有对现场新因素产生时机的预计。

（4）板书设计　既呈现知识脉络，又呈现思维路径或活动路径；既体现教学要点又体现学生思维要点。

（5）教学流程　教学中各要素间关系的递进显示流畅，表达符号规范。

3. 教学评价设计

（1）评价要求　化学教学评价应树立"素养为本"的化学学习评价观，紧紧围绕化学学科核心素养的发展水平和化学学业质量标准来确定评价目标，注重过程性评价和结果性评价的有机结合，倡导学生自评、同伴互评与教师评价相结合，充分发挥评价促进学生化学学科核心素养全面发展的功能。

（2）评价方法　提问与点评、练习与作业、实验、讨论、复习等是有效开展化学教学评价的基本途径和方法。

4. 教后反馈调整

（1）表现反映　有现场观测记录，有学生课后反映记录。

（2）反思改进　以学生现场表现反映及教学效果为依据，有教师自己的分析与判断，有改进措施的预设。

二、日常教案设计及撰写要求

1. 教学分析设计

在教案中有教材分析、学生分析、教学目标、教学媒体及设计思想五个项目，写日常教案时，教材分析、学生分析可以弱化，主要写出教学重点和教学难点；教学目标、教学媒体的撰写要求与交流（竞赛）教案相同；教学设计思想的撰写，可以弱化认识或理论阐述部分，主要说明是用什么问题或者任务来调动学生的学习活动，使其突出本节课的教学重点、突破本节课的教学难点。

2. 教学实施设计

在教案中有教学环节、学生活动、观测预设、板书设计、教学流程5个项目；要突出教学环节、学生活动的设计。

3. 教学评价设计

在新课标中，教案设计要有明确的教学评价设计。如诊断并发展学生化学实验探究的水平（定性水平还是定量水平），诊断并发展学生对化学反应本质的认识进阶（物质水平、元素水平、微粒水平），诊断并发展学生对化学反应认识思路的结构化水平，诊断并发展学生对化学价值的认识水平（学科价值视角、社会价值视角、学科和社会价值视角）等。

4. 教后反馈调整

在教案中有表现反映、反思改进两个项目的要求，写日常教案时，可将其合并，主要注意"以学论教"，以学生的现场表现及课后反映来分析判断教学的成效与问题所在，并由此提出自我改进意见。

实际撰写教案时，可根据教学内容的特点和自己的需要，将其中的某些项目合并，或者突出项目中的某个要求而弱化其他要求，使整个教案特点突出、逻辑清晰；防止机械地做填空题，把教案写得支离破碎、拖沓冗长，阅读后不得要领。

三、教案设计的内容和结构

教案设计如果没有特别指明课程或章节教案设计外，通常是指课时教案设计。要做好课时教案设计，还必须对课堂教学的基本类型和结构比较清楚，课堂教学的基本类型主要有传授新知识课、练习课、复习课、实验实训课、参观和讨论课等。课堂教学的基本结构主要包括5个组成部分。①课前准备，组织教学。②引入新课。引入新课的方法有复习引入（复习旧课）、直观引入（实验或教具）、问题引入（复习或练习来提出问题）、联系实际引入（密切联系生活实际）、故事引入、魔术引入、谜语引入等。③讲授新课。讲授新课一般以教师讲授为主,但从教学内容看,可以采用阅读法、课堂议论、课堂发问、课堂实验和课堂计算等形式。④巩固新课。巩固新课的形式主要有课堂练习和课堂总结。课堂练习的重点是教材内容的重点,特别是那些易忘、易错的概念,练习的题目一般是课本上的练习题,因为这些知识属于基础知识和基本技能,练习必须以课内为主,力争课内解决问题;而课堂总结是指讲完一节课后进行的小结。⑤布置作业。

四、教案设计的内容和方法

课时教案设计的内容主要有:课题、教学目标、教学重点和难点、课程类型(课型)、教学方法、教学用具、教学媒体、教学过程、板书计划等。总之,课时教学设计的内容要有适应性、超前性、选择性和创造性。

课时教案设计的关键是备课,备课也是教师的天职,任何教师都必须备课,它是整个教学过程的基础,也是教学成败的关键,师范生更是如此,并且要进行详细的备课。备课主要是对每堂课的教学准备或设计,由于知识本身是一个整体,每一知识点都是整个知识体系中的有机组成部分,因此要通读教材,了解课程标准对教材的要求,对教材进行全局性把握。备课并不是要把教材背熟,而是要设法让学生看到教师的思维过程,备课是强调学科素养,不是强化应试训练;备课是以过程为核心,不是以结论为核心;备课也是展示思维的过程,不只是传授知识结论。

1. 备课十问

在备课前,每名师范生的心中必须对以下10个问题进行认真思考。

① 本节课的教学目的、重点、难点、关键是什么?
② 为什么要学习新内容,其实际背景、与先前内容的联系是什么?
③ 学生要具备什么基础,可能有什么障碍,如何帮助学生克服?
④ 新内容中有哪些重要的思想方法,如何进行教学?
⑤ 如何激发学生的兴趣?
⑥ 何时提问学生,提问的目的是什么?如何进行有效的反问、转问、回问等高级提问?
⑦ 选用什么例题、习题、教具,目的是什么?
⑧ 提出什么拓展性的问题,让学生看什么参考资料或文献和网站?
⑨ 各个教学环节所需要的大致时间是多少?如何更加合理的安排时间?
⑩ 本节课应联系哪些章节进行练习巩固,应为后续的学习留下什么伏笔?

2. 备课的方法

① 钻研教材,分析教学内容。以九年级义务教育化学"氧气的性质"为例,a. 教材的地位和作用(本节教材在初中化学和本章中占有重要地位);b. 知识结构(本节教材分为物理性质、化学性质和用途三部分);c. 概念和知识的科学性(本节教材有化合反应、氧化反应等概念);d. 教学的重点和难点(重点:氧气的化学性质、化合反应和氧化反应;难点:氧化反应)。

② 分析学生的情况。向学校领导、年级组、班主任了解本班学生;多接触学生,通过课前课后、课堂教学、化学实验、作业、练习、个别辅导、问卷调查等方式去深入了解学生,掌握学生的心理状态和学习基础。

③ 确定教学目标与评价目标。备课的核心是确定教学目标。教学目标必须在深刻领会课程标准、教材内容和了解学生的基础上进行分析。它是一堂课教学质量的关键。化学教学

目标主要是认知领域、情感领域和动作技能领域。认知领域主要有知识、领会、运用、分析、综合、评价。情感领域主要有接受（注意）、反应、评价、组织、由价值或价值复合体形成的性格化。动作技能领域主要有知觉、行动的倾向与行动的组织、动作活动（知识与技能、过程与方法、情感态度与价值观的三维目标，新课程标准现已将三维目标进行了有效的整合，具体方法见第 4 节的案例分析）。评价目标是新课标的最大亮点，每个教学目标后面都对应一个教学评价目标，以此实现教学与评价一体化。

④ 组织教材，决策教学方案。必须注意逻辑系统并且要求突出重点；必须注意启发学生积极性和培养学生逻辑思维；必须注意联系旧知识；必须注意突出重点和突破难点。

⑤ 编写教案（方法见第 4 节教学设计实例）。

⑥ 准备教学媒体。

⑦ 熟悉教案。教案编写完成后，不等于备课的完成，更重要的是熟悉教案，以便运用自如。

第三节 学案设计

一、学案与教案的区别与联系

学案主要是为学生自主学习而设计。学案教学是以学案为载体，学生依据学案在老师指导下进行自主探究的教学活动。它的功能是通过引导学生自主学习、自主探究，确保学生学习中主体地位的落实，实现学生学习的最大效益，最大限度地为师生"互动—探究"提供课堂时空；教案是教师进行教学而设计。但教案和学案都是教师教学前的设计，主要是为完成高效的教学做准备。

学案设计可分为归理式学案和导学式学案。归理式学案指学完一些素材后，对其中的一些基本原理概括归类，是一条一条简洁的实用原理。采用表格式设计，设计要素主要由课题、学习的内容和素材、学习的规律和方法三部分组成。导学式学案则是教师用提纲的形式，将本节课或本章节的主要内容归类整理，以引导学生学习，主要用于学生自主学习，特别是用于翻转课堂的教学。

学案可以帮助学生系统全面地把握知识内容，克服盲目和片面，减少教材阅读和作业的难度，有利于准确理解教材，提高学习效率。对学习新课作用尤其明显。学案好比半个家庭教师，能提供及时、关键的指导和人性化的服务。教师可以方便、清楚地知道学生理解了什么，解决了哪些问题，不理解什么，存在什么问题和困难，从而使教学更具有针对性，效率更高。学案还可以为课堂教学提供丰富、具体的内容材料，师生互动的基础得以夯实，可操作性增强。通过自学后的学案能体现出来自学生的原味思想、观点、解释、解答、设计、作品、表现方式等，对提升教学生动性会产生可以预期的作用。学案有利于学生掌握研究性学习方法，提高研究性学习水平，培养良好的学习习惯。为评价学生学业成就和评价教学状况提供方便、有效的手段和方法。

二、学案导学教学模式的基本要求

学案设计可分为：学习目标、诊断补偿、学习导航、知识小结、当堂达标测试 5 个环节。学习过程设计是学案设计的重点，在把握课标和考纲、吃透教材的基础上，认真做好集体备课是设计出优秀学案的关键。学案有大有小，有长有短，有简有繁，教师可以按章节、按时间（周、月、学期）、按主题或专题、按课程的类型和需要来决定，过于频繁的操作只会适得其反，必须坚决避免。如果认为按章为单位设计和安排学案是比较合理和实际的话，以高一为例，教材共有 4 章，那么做 4 份学案就足够了。备课组的老师一起分担，每人承包一块，事情会容易得多。如果以节为单位进行学案设计，那就变成每人要完成一章中的若干个课时的学案设计，这样工作量就会明显增加，但由于每个学案内容较章为单位时少，并且重点和难点也比较分散，学生自学时更加轻松，学习效果会更好。学案教学模式是真实、理性的需求，不是权宜之计，而是务实、前瞻的行为，它没有理由也不会增加学生的课业负担。

1. 学习目标

目标的制定。要树立"一切为了学生发展"的新理念，针对本节的课程标准，制定出符合学生实际的学习目标。目标的制定要明确，具有可检测性，并与本节当堂达标题相对应。不可用"了解、理解、掌握"等模糊语言，而应用"能说出……"、"会运用……解决……问题"等明确语言给出学习目标。根据不同的知识内容，学习目标可采取课前投放式、分段投放式、总结投放式三种投放方式。

2. 诊断补偿

首先设置的题目重在诊断学生掌握和新知识有联系的旧知识的情况，目的是发现问题后进行补偿教学，为新知的学习扫清障碍，其次有利于导入新课，激发学生学习兴趣。可以以问题即思考题的形式出现，也可以以其他具体形式出现，比如填空题等。

3. 学习导航

设计思路是首先要树立"先学后教"理念，学案要以"学"为中心去预设。主要解决学什么、怎样学的问题。其次是教师在设计本部分内容时，要用学生的眼光看教材，用学生的认识经验去感知教材，用学生的思维去研究教材，充分考虑学生自学过程中可能遇到的思维问题。最后给学生充分的学习时间，每个知识点学完后，要配以适当的题目进行训练，使学生理解和掌握所学知识。

4. 知识总结

当堂形成知识网络，及时复习，力避遗忘，最好学生进行自我总结，总结时间不可太长，3、4 分钟即可。

5. 达标测试

达标测试要紧扣本节课的学习目标，选择能覆盖本节课所学内容的题目，对学生进行达标测试，以查看本节课学生的学习效果，并针对学生反馈情况及时进行补偿教学。达标测试难度不可太大，以考查知识的掌握及运用为主。

三、教师在设计学案时应注意的问题

帮助学生最有效地理解和掌握学科知识是学案教学模式的根本出发点。因此，学案一定要紧扣课程标准，与学科自身教学内容紧密相连，要避免舍近求远。学案指导必须具体、确切、周全、严谨、妥当和规范。学案内容设计上应更多地体现生活性、研究性、趣味性，基础与拓展兼顾。学案绝不是单纯的另一份额外的家庭作业，要防止把学案指导书（学案）搞成又一本"练习册"、"习题簿"。学案指导可以以口述、板书、印刷、多媒体投影、网络等形式下达给学生。其中，口述、板书和印刷三种形式是最实用、最方便的。

四、学案设计后的课堂教学组织形式和交流

学案的课堂教学组织形式主要分三种。①学生自学式，简单的适合学生自学的知识，教师设计出思考题，指导学生阅读课本自学完成，教师对重点内容进行强调。②师生共研式，对重点知识或学生自学有一定难度的知识，可采取师生之间、学生之间互动、研讨、交流的方式进行。学案在此部分可以设计出具有一定思维含量的问题，引导学生思考、讨论，或在教师的适时点拨下，自己得出结论。③教师讲授式，对学生无法自学或学生间、师生无法解决的问题，教师要采取讲解的方式，但教师的讲解并不是满堂灌，而应该配合以启发、点拨和诱导。

学案交流是学案教学模式中的重要环节，是课堂教学活动的重要组成部分。离开了交流，学案的功能就无法充分发挥和实现。但是教师一定要控制好交流的规模和频率，否则会给教学本身带来影响。学案交流切忌长篇大论，鼓励短小精悍，点明关键，直击结论，三言两语亦无不可。学案交流必须面向教室里所有的学生。声音一定要响亮，力争全体同学都能听清，这是发言者必备的基本素质。做不到这一点，效果肯定不会好。另一方面，认真倾听既是教学的需要，又是学生优良品德、学德、行为习惯的体现。即时点评，令其对同伴的发言做即兴评价，这一做法对教室里的所有学生形成了压力，迫使其认真倾听，学会尊重他人，从机制上确保全员参与。

从实际效果看，学生经过思考提出的学术性问题，教师设计的思考题（问题、习题）和探究活动，查阅的文献资料，调查结果和结论，实验结果、结论和解释，评论和评价，学习困难、要求和建议等内容比较适合用来进行课堂交流和互动。

第四节　教学设计案例

 案例1 "素养为本"的教学设计 "氧化还原反应"（必修）教学设计

"氧化还原反应"是高中化学必修课程中概念原理类的内容，是高中一年级全体学生都要学习的重点知识。该内容教学可安排两课时。第1课时的教学重点是：形成认识化学反应的微观视角，了解氧化还原反应本质的认识过程，建构氧化还原反应的认识模型。

一、教学与评价目标

1. 教学目标

（1）通过实验探究日常生活中存在的氧化还原现象。
（2）通过氧化还原反应本质的认识过程，初步建立氧化还原反应的认识模型。
（3）通过设计汽车尾气综合治理方案的活动，感受氧化还原反应的价值，初步形成绿色应用的意识，增强社会责任感。

2. 评价目标

（1）通过对食品脱氧剂作用的探究实验设计方案的交流和点评，诊断并发展学生实验探究的水平（定性水平、定量水平）。
（2）通过对具体氧化还原反应的判断和分析，诊断并发展学生对氧化还原本质的认识进

阶（物质水平、元素水平、微粒水平）和认识思路的结构化水平（视角水平、内涵水平）。

（3）通过对汽车尾气绿色化处理方案的讨论和点评，诊断并发展学生对化学价值的认识水平（学科价值视角、社会价值视角、学科和社会价值视角）。

二、教学与评价思路

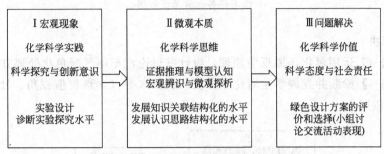

"氧化还原反应"教学与评价思路示意图

三、教学流程

1. 宏观现象

【学习任务1】实验探究食品脱氧剂的作用。

【评价任务1】诊断并发展学生化学实验探究的水平（定性水平还是定量水平）。

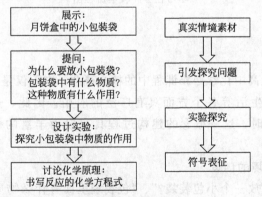

学习任务1教学流程图

2. 微观本质

【学习任务2】揭示氧化还原反应的本质。

【评价任务2】诊断并发展学生对氧化还原反应本质的认识进阶（物质水平、元素水平、微粒水平）。

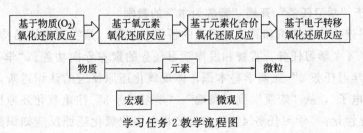

学习任务2教学流程图

【学习任务 3】建立氧化还原反应认识模型。
【评价任务 3】诊断并发展学生对氧化还原反应认识思路的结构化水平。

学习任务 3 教学流程图

3. 问题解决

【学习任务 4】运用氧化还原反应原理，设计并讨论汽车尾气绿色化处理方案。
【评价任务 4】诊断并发展学生对化学价值的认识水平（学科价值视角、社会价值视角、学科和社会价值视角）。

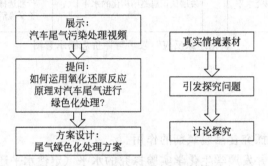

学习任务 4 教学流程图

四、案例说明

"氧化还原反应"是高中化学必修课程中的核心概念，它不仅是一种十分重要的化学反应类型，而且在生产、生活等各个方面具有广泛的应用。因此，这一概念具有重要的学科价值和社会价值。同时，这一概念的建构过程具有较为丰富的化学学科核心素养发展价值。

1. 注重真实问题情境的创设

"月饼盒中为什么要放一个小包装袋？"、"包装袋里面有什么物质？"、"这种物质能起怎样的作用？"，正是这些真实的问题，激发了学生的探究兴趣，迫切想通过实验进行探究，使学生从生活世界走进化学世界。"汽车尾气的主要成分有哪些？"、"如何将有毒有害物质转化为无毒无害物质？"、"运用氧化还原反应的原理如何解决这一问题？"，这些真实的问题促使学生查阅文献、设计方案和讨论交流，并在这一过程中体会化学科学的社会价值，增强学好化学造福人类的信念。

2. 注重基于"学习任务"开展"素养为本"的教学

学习任务是连接核心知识和具体知识点的桥梁和纽带，是实现知识结构化的重要环节。该教师共设计了 4 个学习任务，重视和发挥学习任务的素养导向功能。"学习任务 1"突出"实验探究"；"学习任务 2"强调学科本原，体现氧化还原反应的认识进阶，从"物质"到"元素"再到"电子"，从"宏观"到"微观"；"学习任务 3"注重氧化还原反应一般认识思路的结构化和显性化；"学习任务 4"从 STSE 视角强化氧化还原反应知识的社会价值，体现"绿色化学"理念,增强学生的社会责任感。

3. 注重认识思路的结构化和显性化

"结构化"是实现知识向素养转化的有效途径,"结构化"水平直接决定着素养发展水平。该教师对氧化还原反应的特征,引导学生从宏观(元素化合价)与微观(电子)、质(有化合价升降、有电子转移)与量(化合价升降或电子转移代数和为0)两个视角进行揭示,在此基础上提炼出氧化还原反应的一般认识思路,并用框图的形式对这一认识思路显性化,学生按此认识思路就能够进行迁移,对大量的氧化还原反应进行判断。

4. 注重"教、学、评"一体化

化学日常学习评价不能游离于化学教与学之外,应与化学教与学活动有机融合在一起。该教师紧紧围绕发展学生化学学科核心素养这一主旨,注重教学目标与评价目标、学习任务与评价任务、学习方式与评价方式的整体性、一致性设计,通过学生在实验探究、小组讨论、方案设计等活动中的表现,运用提问、点评等方式,对学生氧化还原反应的学习质量和化学学科核心素养的发展水平给予准确的把握,并给出进一步深化的建议,充分发挥了化学日常学习评价的诊断与发展功能。

案例2 "素养为本"的教学设计 "氯及其化合物"(必修)教学设计

"氯及其化合物"是高中化学必修课程中的核心内容之一,是高中一年级学生应学习的重点内容。氯元素是典型的非金属元素,氯气和含氯化合物在生产、生活中应用广泛。该内容可安排两课时的单元整体教学设计,通过学习,可以建立基于物质类别、元素价态和原子结构预测和检验物质性质的认识模型,发展物质性质和物质用途关联、化学物质及其变化的社会价值的认识水平,提高解决实际问题的水平。

一、教学与评价目标

1. 教学目标

(1) 通过实验探究氯气的主要化学性质,初步形成基于物质类别、元素价态和原子结构对物质的性质进行预测和检验的认识模型。

(2) 通过含氯物质及其转化关系的认识过程,建立物质性质与物质用途的关联。

(3) 通过设计氯气泄漏处理方案、自制家用含氯消毒剂等活动,感受化学物质及其变化的价值,进一步增强合理使用化学品的意识。

2. 评价目标

(1) 通过对学生在线学习与交流的信息数据分析,诊断学生实验探究物质性质的水平(基于经验水平、基于概念原理水平)和认识物质的水平(孤立水平、系统水平)。

(2) 通过对氯气与水反应实验设计方案的交流与点评,发展学生物质性质的实验探究设计的水平(孤立水平、系统水平)。

(3) 通过对含氯物质转化关系的讨论和点评,诊断并发展学生对物质及其转化思路的认识水平(孤立水平、系统水平)。

(4) 通过对氯气泄漏处理方案、自制家用含氯消毒剂的讨论和点评,诊断并发展学生解决实际问题的能力水平(孤立水平、系统水平)及其对化学价值的认识水平(学科价值视角、社会价值视角、学科和社会价值视角)。

二、教学与评价思路

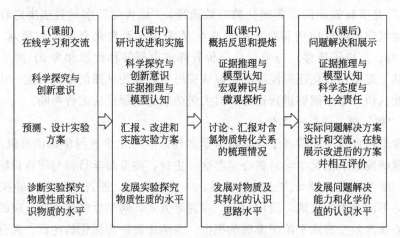

"氯及其化合物"教学与评价思路示意图

三、教学流程

1. 在线学习和交流

【学习任务1】课前,利用在线学习平台观看微视频,完成作业并提交,通过"工作坊"等交互空间在线提问和交流。

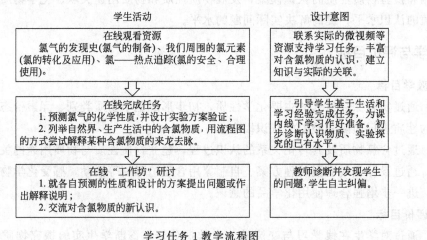

学习任务1教学流程图

【评价任务1】诊断学生实验探究物质性质的水平(基于经验水平、基于概念原理水平)和认识物质的水平(孤立水平、系统水平)。

2. 研讨改进和实施

【学习任务2】汇报、改进和实施实验方案。

【评价任务2】发展学生探究物质性质的能力水平(基于经验水平、基于概念原理水平、系统设计水平)。

学生活动	设计意图
交流研讨1 以"工作坊"为单位,对本组的氯气性质预测和实验方案进行解释说明,完善实验方案。	引导学生从基于经验事实预测到基于物质类别、元素价态预测;从基于实验经验设计方案到依据氧化还原思路设计方案。
↓	↓
交流研讨2 改进"探究氯气与水反应"的实验方案。	发展学生从孤立水平到系统水平,系统分析氯气与水反应的可能产物,完善对照实验,排除干扰。
↓	↓
实验实施 小组合作,完成氯气与水反应的实验,记录现象、得出结论。观察教师的演示实验,记录现象,得出结论。	发展学生分析实验现象,推论氯气性质思路的能力。

学习任务 2 教学流程图

3. 概括反思和提炼

【学习任务3】讨论、汇报对含氯物质转化关系的梳理情况。

【评价任务3】发展学生认识物质及其转化的思路水平(孤立水平、系统水平)。

学生活动	设计意图
梳理1 结合实验过程和结论,梳理本节课学习的氯气和部分含氯物质的性质,小组合作。用图示呈现梳理结果。组间汇报交流。	发展并诊断学生认识物质性质的结构化水平;从元素价态和物质类别两个视角加以梳理,并概括其性质。
↓	↓
梳理2 小组合作,利用性质图示,梳理从自然界中的氯到生活中的氯,再到环境中的氯的转化路径,讨论含氯物质的安全使用措施,组间汇报交流。	发展并诊断学生认识物质转化关系的水平;结合物质性质,从动态转化的视角对在真实情境中的元素转化关系进行整体分析和说明。

学习任务 3 教学流程图

4. 问题解决和展示

【学习任务4】真实问题解决方案的设计和交流,在线展示改进后的方案并相互评价。

【评价任务4】诊断并发展学生真实问题解决的能力水平(孤立水平、系统水平)及对化学价值的认识水平(学科价值视角、社会价值视角、学科和社会价值视角)。

学生活动	设计意图
课后在线作业 以"工作坊"为单位,完成在线学习任务(二者任选其一):1.设计罐车侧翻造成的氯气泄漏应急处理方案。2.制作一份家用含氯消毒剂的安全使用说明书(为走进社区进行宣传作准备)。用电子海报或视频形式呈现任务成果,上传至平台。	发展并诊断学生解决实际问题的能力和对化学价值的认识水平;自主调用认识物质性质及转化关系的思路方法,完成安全事故处理、化学品安全使用等真实任务,从安全、健康、环境、经济成本、操作便利等多角度研判、改进或评价问题解决的方案。
↓	
在线交流评价 浏览其他"工作坊"方案,概括方案亮点或提出问题和建议。回答同学的提问,完善方案。	

学习任务 4 教学流程图

四、案例说明

本案例为两课时的单元整体设计案例。"氯及其化合物"是高中化学必修课程中的核心内容之一。氯元素是典型的非金属元素，氯气和含氯化合物在生产、生活等各方面应用广泛。本单元的学习过程具有较为丰富的化学学科核心素养发展价值。

1. 线上线下结合，突破学习场域

本节课采用线上和线下相结合的教学方式。通过在线学习平台推送学习资源、发布学习任务、提供作业展示和交流空间。线上推送资源的内容围绕学习主题，包括教师制作的微视频、文献节选、公共事件链接等。学生根据需求，在规定时间内自主安排进行在线学习时间，提交学习成果，参与"工作坊"研讨。课前在线学习为课上学习活动作好准备，课后延伸学习使学习目标达成度提高。教师利用交互空间给予学生个性化指导，并通过课程平台上学生的学习数据，分析、诊断和提炼共性问题，在课堂上有针对性地组织学生活动，提高活动效果。上述线上线下结合的混合式学习过程丰富了学生的学习内容，延长了学习时间，拓展了交互空间，整体突破了学习的场域。

2. 单元整体设计，实现深度学习

本案例对目标—任务—活动进行了单元整体规划，包括线上线下的整体规划及两课时课堂教学的整体规划。学习过程中学科活动和实际应用活动融合交叉，学科活动主要是探究氯气的化学性质，实际应用活动主要是解决与含氯物质应用相关的实际问题。学生在实验探究的同时，概括物质性质、厘清认识物质及其转化关系的视角和路径。在实际应用问题的解决过程中不断迁移学科知识、认识思路和方法。有助于实现学生的深度学习。

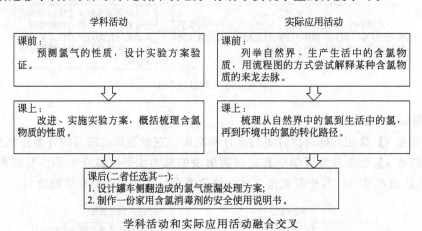

学科活动和实际应用活动融合交叉

3. 活动层层递进，发展核心素养

本案例包括 4 个学习任务，每个学习任务包括 2~3 个学习活动，活动的设计指向学生的能力进阶，即核心素养的表现水平进阶，学生在完成任务、经历活动的过程中实现化学学科核心素养的发展。以"科学探究与创新意识"的化学学科核心素养为例，在本案例中，学生通过氯气化学性质的探究任务，在物质性质类型的活动中获得探究能力、素养发展。在具体的活动中，将探究任务进一步分解成 4 个活动环节：①课前预测性质、设计方案，诊断学生已有的探究水平；②课上对预测的性质和设计的方案进行解释和说明，使学生从基于经验事实预测物质性质的水平发展到基于物质类别、元素价态预测物质性质的水平，从基于实验

经验设计方案的水平发展到依据氧化还原思路设计方案的水平;③改进氯气与水反应的实验探究方案,使学生在方案设计方面从孤立水平发展到系统水平;④实施实验并获得结论,发展学生依据实验现象推论反应实质的推理能力。

4. 思路方法外显,促进自主迁移

本案例中的学习任务需要学生通过线上、线下经历多次交流研讨和概括梳理活动,需要学生独立思考,或以"工作坊"为单位合作。用图示、海报等方式呈现任务完成的结果。上述结果实际上是学生认识物质及其转化关系、进行真实问题解决的思路方法的外显,这种外显的思路方法需要学生间的紧密合作、师生间的深入追问,通过对自身思维过程的深刻反思才能提炼出来。外显的思路方法有助于学生在面对陌生情境、陌生问题时迅速地进行情境关联、问题归类,从而实现自主迁移,利用已有的化学学科知识和认识思路与方法解决问题。

案例 3 《化学能与电能》教学设计——探究"充电宝"充电原理

课题	化学能与电能	课型	新授课
教材版本	人教版高中化学选修 4	章节	第四章第一节

一、指导思想与理论依据

新理念下的化学教学强调"以学生的发展为本",注重学生的可持续发展。建构主义理论认为"学习应是学习者以自身已有的知识和经验为基础的主动建构"。学习过程应该是学生对学习的主动探索,主动发现和对知识的主动获取。"基于问题式学习"是建构主义提倡的一种教学方式。

因此,本设计以层层递进的问题式教学为主,以探究"化学能与电能转化本质"的相关问题出发,辅助于实验、动画、讨论等手段,引领学生思考问题,在合作中探究解决问题,将所得知识进行应用,逐步学习体验科学探究的过程。

二、教材内容分析

1. 教材所处地位和作用

《化学能与电能》是新课标人教版高中化学选修 4 第四章《电化学基础》第一节的内容。

学生已学习了氧化还原反应、电化学腐蚀、电解质,以及化学反应的能量变化等知识,有一定的学习电化学知识的基础。本节课是中学化学的重要知识,对于指导日常生活有很大的作用。因此本节课通过探究教学的手段,通过生活中的实例创设问题情境,接着通过实验来为学生提供"实证性"材料,然后根据实验现象,得出结论。让学生认识到化学能与电能转化的实质。

2. 教学与评价目标

(1) 教学目标

① 通过实验探究自制充电宝能量转化的现象,培养学生实验探究及证据推理能力。

② 通过原电池中化学能与电能的转化本质的认识过程,初步建立从宏观现象到微观本质的认识模型。

③ 通过自制"充电宝",感受能量变化原理的价值,体会到化学给个人生活带来的积极作用,培养学生科学的态度。

(2) 评价目标

① 通过对自制充电宝的探究,诊断并发展学生实验探究的水平(定性水平),及对化学价值的认知水平(学科价值视角、社会价值视角、学科和社会价值视角)。

② 通过对具体能量转化本质的判断和分析,诊断并发展学生对原电池能量转化实质的认识进阶(物质水平、元素水平、微粒水平),认识思路的结构化水平(视角水平、内涵水平),及物质守恒与能量变化观念。

3. 教学重难点

重点:化学能与电能转化的本质。

难点:内电路离子流向的判断。

三、学情分析

1. 已有知识方面

学生已学习了氧化还原反应、电解质,以及化学反应的能量变化等知识,有一定的学习电化学知识的基础。

2. 已有技能方面

高二学生已具备了基本的实验技能,形成了一定的科学探究思维模式。

3. 不足与局限

高二学生有一定的实验探究能力和操作能力,但是缺乏用化学知识分析实际问题的能力。

四、教法与学法

1. 教法分析

（1）实物情境引入法：通过原电池在生活中的应用——移动充电进行引入，探究化学与生活的相互联系。

（2）实验探究法：通过"提出问题→作出假设→设计实验→实施实验→分析现象→归纳总结→应用"的科学探究方法探究充电宝提供电动势的工作原理。

2. 学法分析

以学生为课堂的主体，在教师的指引下，通过联系生活问题进行探究，收集证据再推理归纳。

五、教学与评价思路

Ⅰ 宏观现象	Ⅱ 微观本质	Ⅲ 问题解决
化学科学实践	化学科学思维	化学科学价值
实验探究与创新意识	证据推理与模型认知 宏观辨识与微观探析	科学态度与社会责任
自制"充电宝"	能量变化观念	自己选择充电宝材料
诊断实验探究水平	发展知识关联结构化的水平	诊断对化学价值的认知水平

六、教学用品

电教平台、透明一次性饭盒、柠檬汁、铜片、锌片、导线、充电接口元件。

七、教学过程

教学环节	教师活动	学生活动	设计意图
一、宏观现象			

【学习任务1】实验探究能量的转化现象；

【评价任务1】诊断并发展学生实验探究能力与创新意识。

教学环节	教师活动	学生活动	设计意图
1. 情境引入，提出问题	【讲述】现代人手机不离身，如果停电时手机没电，该怎么办呢？大家提到了充电宝，那没有充电宝的同学想过自己做一个充电宝吗？ 【展示】学生分组按导学案制作了"充电宝"。 【提问】你们知道自己制的充电宝是怎么工作的吗？那么请大家观察一下这充电宝里发生了什么变化。 【讲述】很好，大家把现象描述很全面1. 手机在充电；2. 铜片有气泡产生；3. 锌片溶解了。那么我们再从微观的角度来探析充电宝的工作原理。 【板书】画简易装置图，标明材料。 【再问】手机充电说明有电流通过了，那么结合物理知识，电流的产生原因是什么在转移？电流和电子流动方向是什么？	学生聆听，展示自己做的"充电宝"，观察实验现象，回答老师问题。	用充电宝引起学生的注意和好奇，并且教会学生自己制备充电宝来引导学生进一步的学习，同时培养了学生创新意识。

二、微观本质

【学习任务2】通过讨论探究，根据已有知识推理出化学能转化成电能的微观原理。

【评价任务2】诊断并发展学生证据推理能力及从宏观到微观的认知模型的建构水平，培养学生能量守恒观念。

教学环节	教师活动	学生活动	设计意图
2. 充电宝中化学能转化成电能的原理	【描述】连接一个电流计从指针可以看出电子从锌片流向了铜片，那么铜片是正极还是锌片是正极？ 【提问】我们回忆一下，有电子转移的是什么反应？ 【再问】那么发生了化学反应，产生了电流，这过程中能量的转移呢？ 【追问】既然发生了化学反应，那么是什么在反应呢？我们来看看"充电宝"里有什么物质？ 【讲述】有锌、铜还有酸，它们之间谁会发生反应呢？ 【学生回答时板书】锌和酸会反应： $Zn+2H^+ = Zn^{2+}+H_2\uparrow$（板书） 【追问】锌变成锌离子有什么转移？锌又作为什么极？它是失去电子还是得到电子？元素化合价升高发生了什么反应？	思考并回答老师问题	通过对已学知识的回忆，进而引出新的知识，循序递进，加深学生对充电宝工作原理的理解，培养学生证据推理与知识建构能力。

续表

	【学生回答时板书】Zn－2e⁻ ═══ Zn^{2+} 氧化反应 【提问】那么正极产生气泡是谁在反应？ 【学生回答时板书】$2H^+ + 2e^- $ ═══ $H_2\uparrow$ 还原反应 【提问】我们再将装置分成两部分来看，液面以上的叫外电路，外电路能导电是什么在移动？ 【追问】那么液面以下的内电路又有什么介质在导电呢？我们来分析一下，柠檬汁的主要成分是酸，而酸是电解质还是非电解质？ 【讲述】所以溶液中含有氢离子（H^+）和酸根离子（A^-），溶液是呈中性的，负极失去电子，周围呈正电性，正极得到电子，周围溶液呈负电性，为了中和电性，这里的氢离子将移向正极，酸根离子移向负极，从而联通了电路。 【总结】以上这个可以把化学能转化成电能的装置就叫原电池，能量转化的本质就是电子转移，也就是发生了氧化还原反应。		

三、问题解决

【学习任务3】通过讨论交流，思考还可以用什么材料自制充电宝。

【评价任务3】诊断并发展学生对本节课知识的建构水平，培养其科学态度与社会责任。

3. 回归情境，拓展知识	【问题讨论】 除了用柠檬汁和铜片锌片来做充电宝，你们能利用别的常见的材料自制充电宝吗？	思考生活中还有什么材料可以适用。	培养学生善于观察，利用已学知识探究生活常识的能力。
4. 总结归纳	失e⁻，沿导线传递，有电流产生 氧化反应 { 负极 → 阳离子 ← 正极 } 还原反应 $Zn-2e^- $ ═══ Zn^{2+}　阴离子　电解质溶液　阳离子　$2H^+ + 2e^-$ ═══ $H_2\uparrow$	小组讨论归纳。	培养学生语言表达能力，诊断对所学知识的建构水平。
5. 习题检测	1. 如图所示，两电极一为碳棒，另一为铁片，若电流表的指针发生偏转，且 a 极上有大量气泡生成，则以下叙述正确的是（　　）。 A. a 为负极，是铁片，烧杯中的溶液为硫酸 B. b 为负极，是铁片，烧杯中的溶液为硫酸铜溶液 C. a 为正极，是碳棒，烧杯中的溶液为硫酸 D. b 为正极，是碳棒，烧杯中的溶液为硫酸铜溶液 2. 将锌片和铜片用导线连接于同一稀硫酸溶液中。下列叙述正确的是（　　）。 A. 正极附近硫酸根离子浓度逐渐增大 B. 负极附近硫酸根离子浓度逐渐增大 C. 正极、负极硫酸根离子浓度基本不变 D. 正极附近硫酸根离子浓度渐减少	学生完成习题检测。	理解并巩固本节课的学习内容，提高教学效果。

6. 作业布置	查阅相关资料,完成以下任务: 1. 自然界有许多能量转化的例子,找出一例说说它的原理。 2. 查询充电宝的说明书,思考其所用材料是如何应用今天所学原理进行工作的?	完成作业。	巩固化学能转化为电能的原理,跨学科感受能量守恒观念,培养学生科学态度与科学探究精神。
四、板书设计	化学能与电能 氧化反应 负极Zn　　Cu 正极 还原反应 Zn−2e⁻ ══ Zn²⁺　　　　　　2H⁺+2e⁻ ══ H₂↑ H⁺　A⁻ Zn+2H⁺ ══ Zn²⁺+H₂↑ 原电池:能将化学能转化成电能的装置叫作原电池		

案例4 《氢氧化铝的化学性质》教学设计——探究斯达舒分散片的奥秘

课题	氢氧化铝的化学性质	课型	新授课
教材版本	人教版高中化学必修一	章节	第三章第二节

一、指导思想与理论依据

根据新课程标准的核心理念,发展学生的化学学科核心素养,强化指导性、可操作性,以落实"立德树人根本任务,发展素质教育"的要求。本节课的总体设计思路为:以真实问题创设情境,开展以实验为主的多种探究活动,激发学生学习化学的兴趣;另外,通过"教、学、评"一体化,促进每个学生化学学科核心素养得到不同程度的发展。不但让学生从中体验到科学探究的乐趣,而且养成善于发现问题、主动提出问题、积极解决问题的学习习惯。同时将学生分组进行讨论,注重在课堂教学中培养学生分析问题的能力和团结协作精神。

二、教材内容分析

1. 教材所处地位和作用

本节内容属于元素与化合物的知识范畴,是第一章"化学是以实验为基础的学科"理念的生动体现,也是第二章物质分类、离子反应、氧化还原反应等知识的具体应用,同时为化学必修二中物质的结构、元素周期表等理论打下坚实的基础,在整个教材中具有承上启下的过渡作用。

铝及其重要化合物因含量丰富、用途广泛、性质独特而在元素化合物中占有不可替代的显著地位,通过本节课的学习不仅能让学生掌握氢氧化铝的性质,也能让学生体会化学物质和化学反应的多样性。

2. 教学重难点

重点:氢氧化铝两性性质的探究及其实验室制法。

难点:氢氧化铝的两性性质探究。

三、学情分析

1. 已有知识方面

学生初中已学习了酸性氧化物和碱性氧化物的定义、常见的金属氧化物和金属氢氧化物的性质,刚学完物质分类和离子反应和氧化铝的性质等知识,有一定的学习两性氢氧化物的基础。

2. 已有技能方面

高一学生已具备了基本的实验技能,形成了一定的科学探究思维模式。

3. 不足与局限

高一学生有一定的实验探究能力和操作能力,但存在观察不仔细的现象以及缺乏用化学知识分析实际问题的能力

续表

四、教法与学法

1. 教法分析

（1）情境引入法：通过生活中常用的胃药——斯达舒分散片引入，探究化学与生活的相互联系。

（2）实验探究法：通过"提出问题→作出假设→设计实验→实施实验→分析现象→归纳总结→应用"的科学探究方法探究斯达舒分散片的治疗原理。

2. 学法分析

严格遵循"以学生为主体，教师为主导"的教学原则。通过联系生活问题进行探究，用实验现象分析化学理论，小组讨论交流得出结论，自主完成作业。

五、教学与评价目标

1. 教学目标

（1）通过实验探究掌握氢氧化铝的实验室制备方法和理解氢氧化铝的两性性质。

（2）通过小组实验探究学习、合作交流，培养学生合作的意识及语言表达能力。

（3）通过对斯达舒分散片治疗原理的学习，树立事物都有两面性及氢氧化铝与人类的生活是密切相关的价值观，并且进一步增强合理服用药物的意识。

2. 评价目标

（1）通过对氢氧化铝制取实验设计方案的交流与点评，诊断并发展学生物质性质的实验探究设计的水平。

（2）通过对斯达舒分散片治疗原理认识的判断和分析，诊断学生认识物质的水平。

（3）通过对斯达舒分散片治疗原理探究的讨论和点评，诊断并发展学生解决实际问题的能力水平及其对化学价值的认识水平。

六、教学与评价思路

Ⅰ 情景引入，提出问题	Ⅱ 实验探究，学习新知	Ⅲ 奥秘解析，辩证思考
宏观辨识与微观探析	科学探究与创新意识	科学态度与社会责任
联系生活、观察斯达舒分散片、阅读说明书。	小组探究实验、汇报情况、对比总结。	观察斯达舒原理探究实验，用辩证思想认识药物的两面性。
诊断对生活中的化学现象发现和认识水平。	诊断实验探究物质性质的水平。	发展问题解决能力与物质认识的水平。

七、教学用品

仪器：烧杯，容量瓶，试管，试管架，pH 试纸，胶头滴管等。

试剂：3mol·L^{-1}氨水，3mol·L^{-1}氢氧化钠溶液，0.1mol·L^{-1}盐酸，1mol·L^{-1}氯化铝溶液

八、教学过程

Ⅰ 情境引入，提出问题

【学习任务1】联系生活，思考生活中的化学现象。

【评价任务1】诊断学生对生活中的化学现象发现和认识水平。

小故事讲述：前段时间小海胃不舒服，去了诊所看医生，告知情况后，医生说他胃酸过多，然后就给了他一盒斯达舒分散片，吃了不久胃痛就好了。

↓

展示：斯达舒分散片及其说明书

↓

提问：斯达舒的主要成分是氢氧化铝，那它为什么能治好小海的胃痛呢？

↓

新课的学习

设计意图：用生活引入，创设情境，激发学生兴趣与学习热情，启发探究欲望。

续表

Ⅱ 实验探究，学习新知 【学习任务2】探究氢氧化铝的制备和两性性质。 【评价任务2】诊断学生实验探究物质性质的水平。		
	讲述：我们要探究氢氧化铝的性质，首先是不是要先得到这种物质？那么，回想一下初中学过的酸碱盐的知识，思考可以用什么物质制备氢氧化铝？ ↓ 展示：$3mol·L^{-1}$氨水、$3mol·L^{-1}$氢氧化钠溶液、$1mol·L^{-1}$氯化铝溶液、药品。 ↓ 设计实验方案：探究氢氧化铝的制备。 ↓ 讨论实验原理：写实验方程式。 ↓ 提问：上一节课我们已经学习了氧化铝，知道了氧化铝既能溶于酸也能溶于强碱，那么，氢氧化铝作为铝的另一种重要化合物，它是否也具有这样的性质？ ↓ 实验探究：探究氢氧化铝的两性性质 ↓ 讨论、归纳总结	设计意图：由小组讨论共同来确定实验方案，培养学生的合作意识；通过实验的探究，使他们从实验中得出用氯化铝溶液和氨水混合来制备氢氧化铝的结论；另外，根据同类物质具有相似的性质，引导学生学习运用"归类"的思想去分析、解决问题
Ⅲ 奥秘解析，辩证思考 【学习任务3】探究斯达舒分散片治疗胃痛的原理。 【评价任务3】诊断并发展问题解决能力与物质认识的水平。		
	实验演示：胃酸过多，吃药病好情景中原理的模拟 ↓ 讲述：我们看到加入斯达舒分散片的盐酸溶液pH值比不加时的大，结合刚才所学的氢氧化铝的性质，可知其利用了氢氧化钠碱性的性质，发生中和反应使胃酸浓度降低，这就是小海吃药后病好的原理。另外，$Al(OH)_3$碱性不强，不至于对胃壁产生强烈的刺激或腐蚀作用。 ↓ 提问：阅读说明书后，提问"说明书上为什么写本品连续使用不得超过7天，症状未缓解，请咨询医师或药师"。 ↓ 思考、讨论：药物的两面性 ↓ 讲述：氢氧化铝除了上面的性质外，它还具有不稳定性，加热时，氢氧化铝会分解成氧化铝和水。	设计意图：运用新学的知识解决生活中的问题，使学生从感性认识上升到理性认识，加深印象；同时，让学生从化学角度出发，认识药物的两面性，加强自身的安全意识。
Ⅳ 当堂练习	【练习】 1. 向下列溶液中滴加稀硫酸，一开始生成白色沉淀，继续滴加稀硫酸，沉淀又溶解的是（　　）。 A. $AlCl_3$溶液　　B. $NaAlO_2$溶液 C. $MgCl_2$溶液　　D. $BaCl_2$溶液	考察本节课的知识掌握程度。
Ⅴ 课后作业	1. 完成教材第63页的第3题。 2. 查阅相关资料，解释明矾净水的原理。	巩固加深，课后扩展。

续表

九、板书设计

> 氢氧化铝
>
> 一、制备：$AlCl_3 + 3NH_3·H_2O == Al(OH)_3\downarrow + 3NH_4Cl$
>
> 二、化学性质（两性氢氧化物）
>
> 1. 与强碱反应
>
> $Al(OH)_3 + NaOH == NaAlO_2 + 2H_2O$
>
> 2. 与酸反应
>
> $Al(OH)_3 + 3HCl == AlCl_3 + 3H_2O$
>
> 3. 不稳定性： $2Al(OH)_3 \stackrel{\triangle}{=\!=} Al_2O_3 + 3H_2O$

《氢氧化铝的化学性质》——探究斯达舒分散片的奥秘导学案

【学习任务】探究氢氧化铝的制备和两性性质

探究氢氧化铝的制备	
方案一： 试剂： 试剂滴加顺序： 现象：	方案二： 试剂： 试剂滴加顺序： 现象：
方案三： 试剂： 试剂滴加顺序： 现象：	方案四： 试剂： 试剂滴加顺序： 现象：
实验室制取氢氧化铝最佳方案是： 化学方程式：	
探究氢氧化铝的两性性质	
氢氧化铝和盐酸	氢氧化铝和氢氧化钠
现象： 化学方程式：	现象： 化学方程式：
结论：	
探究斯达舒分散片治疗胃酸过多的原理	
斯达舒分散片溶液和盐酸	
斯达舒分散片溶液　　pH=　　　　盐酸 pH=　　　　混合后 pH=	
结论：	

【当堂练习】

1. 向下列溶液中滴加稀硫酸，一开始生成白色沉淀，继续滴加稀硫酸，沉淀又溶解的是（　　）。

   A. $AlCl_3$ 溶液　　B. $NaAlO_2$ 溶液　　C. $MgCl_2$ 溶液　　D. $BaCl_2$ 溶液

【课后作业】

1. 完成教材第 63 页的第 3 题。
2. 查阅相关资料，解释明矾净水的原理。

案例 5 《过氧化钠的化学性质》教学设计——探究供氧设备的奥秘

课题	过氧化钠的化学性质	课型	新授课
教材版本	人教版高中化学必修一	章节	第三章第二节

一、指导思想与理论依据

根据新课程标准的核心理念,以促进学生发展为立足点,以增进学生兴趣、促进学生参与、激励学生进步、提高课堂效率为宗旨,突出科学探究的过程。本节课的总体设计思路为:想到的不如看到的,看到的不如做到的,通过观察、分析、推理和归纳,最终升华为系统的理论知识;通过实验,不但让学生从中体验到科学探究的乐趣,而且养成善于发现问题、主动提出问题、积极解决问题的学习习惯。同时将学生分组进行讨论,注重在课堂教学时培养学生分析总结与团结协作的能力。与此同时,养成学生以实验探究为主导贯穿整个教学流程,掌握相关的重要知识点。

二、教材内容分析

教材所处地位和作用

本节课是第三章第二节的第一堂课,钠的化合物是本章教材的重点之一,是继初中氯化钠与氢氧化钠的学习后又一学习内容。对于过氧化钠,重点介绍它与水反应,以及与二氧化碳的反应,同时,还简单介绍了过氧化钠的用途。在过氧化钠的教学中很重视实验教学,先通过实验给学生以感性知识,然后再通过对实验现象的观察和分析,引导学生共同得出有关结论。通过钠的化合物的学习,既可以巩固第三章第一节所学金属钠与氧气反应的知识,又为下面铝、铁的化合物的学习打下基础。同时为将来元素周期律的学习做好铺垫。故本节教材具有承上启下的作用。

教学目标

(1) 了解 Na_2O_2 的性质;能正确书写 Na_2O_2 与 H_2O、CO_2 反应的方程式,并准确地描述反应的现象,根据现象推导出反应的本质;能总结出 Na_2O_2 的用途;并将其用途联系到具体实际生活中。

(2) 通过揭示问题,讨论释疑,实验探究等科学探究方法认识到过氧化钠的氧化反应在生活中的体现。

(3) 培养学生乐于参与、勤于思考、善于合作、勇于探索、敢于质疑的学习习惯;掌握基本的科学方法;增强研究意识、问题意识,并将化学知识延伸到生活中。

教学重难点

重点:过氧化钠的化学性质及探究化学问题的过程与方法。

难点:掌握过氧化钠与 H_2O 和 CO_2 的化学反应原理和对应的化学方程式。

三、学情分析

1. 学生能力起点

高一学生已经掌握了不少化学学习方法和实验技能,具有一定的化学实验操作能力和小组合作的精神。

2. 学生心理特点

对新接触的事物充满好奇,有探究欲,渴望自己动手,自我意识强烈。

3. 学生知识起点

已学过氧气、碳及其化合物、金属钠及氧化钠等简单物质的性质以及溶液,也学习了过氧化钠的物理性质。

四、教法与学法

1. 教法分析

(1) 生活情境引入法:通过生活中供氧设备装置在航空、潜水等方面的应用升华到化学的理论知识上,从而展开本节课内容:过氧化钠的化学性质研究。

(2) 实验探究法:通过"提出问题→作出假设→设计实验→实施实验→分析现象→归纳总结→应用"的科学探究方法探究过氧化钠与 H_2O 和 CO_2 的化学反应原理。

2. 学法分析

严格遵循"以学生为主体,教师为主导的教学"原则。让学生们能通过教师的引导带动,养成独立思考,以及实验验证的学习习惯。

续表

五、教学设计思路

通过"氧立得"的小广告引出课题。视频引入，提出问题。	实验探究一：通过老师引导学生的思路，并展示改进后的实验装置验证实验一。	实验探究二：学生根据教师验证实验一的大致思路进行简单的验证实验二。	总结并归纳本节课知识点，再回归课题导入，延伸到生活应用。

六、教学用品

1. 仪器与用品：石棉网、脱脂棉、橡胶塞、三脚架、火柴等。
2. 试剂：过氧化钠，水，酚酞试液。

七、教学过程

教学环节	教师活动	学生活动	设计意图
1. 情境引入，提出问题	【视频】播放15秒视频之"氧立得"小广告，引出课题。 【提问】 1. 视频中主要讲的是什么？ 2. 它具有什么功能呢？ 【PPT展示】展示氧立得的照片，引出其反应原理。 【讲解】"氧立得"是家庭供氧气的产品，传统的氧立得是利用 Na_2O_2 固体压片和水在常温下反应生成氢氧化钠和氧气的原理制成的。	学生观看简短的视频，思考两个问题。	运用知识联系生活策略，用生活中常见的广告导入课题，激发学生的求知欲望，引起学生的兴趣，调动课堂气氛。
2. 氧化钠的化学性质1——氧立得的测试原理探究	【展示】为让学生更加深入了解氧立得的反应原理，由教师向学生展示课前准备好的模拟氧立得的装置。 【互动】请两名学生上台进行演示实验： 带火星的木条复燃	1. 一位同学推动装有水的注射器。 2. 另一位同学点燃火柴，用带火星的木条放在尖嘴管处。 3. 全体同学观察实验现象。 同学们进行小组讨论，并派出代表回答：是水与过氧化钠参与反应，产物是水。	展示改造后的装置，培养学生的创新精神。 培养学生的独立思考意识以及学会小组讨论。

			续表
3. 揭秘氧立得的反应原理，掌握过氧化钠的化学性质1	【提问】通过大家观察到的实验现象，大家能否猜想究竟是什么物质与过氧化钠参与反应了呢？反应产物又有什么呢？ 【小结】教师就学生的回答进行简单的小结，并适当延伸知识点。 【展示】揭秘模拟氧立得的反应原理。  反应前　　　反应后　　　滴加酚酞后 【提问】同学们根据实验和反应的产物及所观察实验现象可以得出什么结论？能否写出对应的化学反应方程式呢？ 【板书】 | 实验现象 | 结论 | |---|---| | 有大量气泡产生 | Na_2O_2 与水剧烈反应 | | 带火星的木条复燃 | 有氧气生成 | | 酚酞试液变红 | 有碱生成 | $$2Na_2O_2 + 2H_2O == 4NaOH + O_2\uparrow$$ 【提问】同学们，我们都知道氧立得是家庭常用的供氧设备，那请问出门在外的话，我们的供氧设备又是什么呢？ 【PPT展示】展示呼吸面具，同时引出过氧化钠的第二个化学性质。	同学们进行思考，并尝试写出反应方程式。 学生完成学案。 同学们边思考边完成学案的问题。	培养学生大胆猜想的意识。能够根据事实进行比较合理的猜想。
4. 实验探究2：Na_2O_2 与 CO_2 的反应	【提问】该如何检验呢？人体呼出的气体？ 【讲解】呼吸面具的原理：过氧化钠与人体呼出的气体反应，产生氧气。 【PPT展示】  供氧设备　→　过氧化钠　→　原理（利用人呼出的气体与过氧化钠反应产生氧气） 【展示】展示课前自制的简易供氧设备，并让学生上来演示。 【提问】人呼出的气体有哪些？是什么气体和过氧化钠反应呢？ 【提示】人体呼出的气体主要是氮气，其次是二氧化碳，但是仍含有氧气和水蒸气。为了避免水蒸气的干扰，我们可以加一个干燥管装置。 【实验】师生配合完成吹气实验。	学生进行思考并跟上老师的教学思路。 一名学生上来进行演示。其余学生在座位上观看。	培养学生的动手操作能力，深入到化学实验探究中。

续表

5. 归纳总结，巩固新知	【总结】证明：呼吸面具是利用二氧化碳与过氧化钠的反应制备氧气。 【引导】引导学生从氧化还原的角度正确书写反应的化学方程式。 【板书】$2Na_2O_2+2CO_2=\!=\!=2Na_2CO_3+O_2\uparrow$ 【总结】过氧化钠和水及二氧化碳反应均可生成氧气。	学生独立书写该反应的化学方程式。 根据教师的提示进行总结。	通过实验探究激发学生学习化学的兴趣，了解化学是一门以实验为主的学科。 培养学生总结归纳知识的能力和习惯。
6. 习题检测	【练习】 1. 关于 Na_2O 和 Na_2O_2 的叙述正确的是（　　）。 A. 都能与水反应生成强碱　　B. 是白色固体 C. 都是碱性氧化物　　　　　D. 二者不具有转化关系	学生完成习题检测。	考察本节课的知识掌握程度。
7. 作业布置	1. 导学练习68页的选择题。 2. 根据本节课的内容，自制一个简易的供氧设备。	完成作业	巩固加深 课后扩展

八、板书设计

```
过氧化钠的化学性质
1. 现象：脱脂棉剧烈燃烧、U形管温度上升
   方程式：2Na₂O₂＋2CO₂===2Na₂CO₃＋O₂↑
2. 与 H₂O 反应
   现象：木条复燃，酚酞变红、褪色
   方程式：2Na₂O₂＋2H₂O===4NaOH＋O₂↑
```

案例6 《铁的化合物及其性质》教学设计

【教学目标】

1. 知识与技能

（1）了解铁的重要化合物。

（2）掌握 Fe^{3+}、Fe^{2+} 的鉴别方法及 Fe^{3+}、Fe^{2+} 的相互转化关系。

2. 过程与方法

（1）通过学生实验探究，得出 Fe^{3+}、Fe^{2+} 的鉴别方法及 Fe^{3+}、Fe^{2+} 的相互转化关系。

（2）培养学生分析问题的方法，提高综合运用知识的能力。

（3）通过与之前学习内容的整合，提高学生综合归纳的能力。

3. 情感态度与价值观

（1）感受到实验是学习化学的重要科学方法。

（2）通过实验现象的观察和总结，培养学生实事求是的科学精神。

（3）感受到化学来源于生活，并广泛地运用于生活。

【教学方法】

学生探究，交流讨论，归纳总结。

【实验仪器和药品】

仪器：烧杯，试管，玻璃棒，滴管，药匙。

试剂：Fe 粉，$FeSO_4$（晶体），$FeCl_3$ 溶液，NaOH 溶液，盐酸，KSCN 溶液，稀 H_2SO_4，氯水，蒸馏水等。

【教学重点】

（1）学生探究能力和归纳总结能力的提高。

(2) Fe^{3+}、Fe^{2+}的鉴别方法及Fe^{3+}、Fe^{2+}的相互转化关系。

【教学难点】
(1) 如何为学生提供有效的实验素材，合理做到探究思维发散和知识整合的有利结合。
(2) Fe^{3+}、Fe^{2+}的鉴别方法及Fe^{3+}、Fe^{2+}的相互转化关系。

【教学过程】

教师活动	学生活动	设计意图
[引入]铁是一种活泼的金属，在自然界中大多数以化合物的形式存在，据你所知，铁有哪些化合物呢？（请同学们讨论后将结果填在学案上）	小组讨论，回忆一些熟悉的铁的化合物。《学生完成学案表一》	以熟悉的物质出发，引起学生的注意，激发学生的学习兴趣和求知欲。
[分享成果]组织学生交流与讨论，将铁的化合物分类。	学生交流，并按要求将铁的化合物分类。	引导学生从分类中发现问题，并能提出问题，逐步进入科学探究的一般过程。
[探究活动]我们对铁的性质比较熟悉，那么铁的化合物的性质又是怎样呢？引导学生从以上问题提出猜想，根据实验室提供的仪器和药品设计实验证明猜想（每组至少选择仪器和药品进行三个探究实验）。为了学生不至于因为问题太散，不能顺利达到探究的目的，1、2组探究Fe^{3+}、Fe^{2+}的鉴别方法；3、4组探究Fe^{3+}、Fe^{2+}的相互转化。并根据实验室提供的仪器和药品设计实验证明猜想。巡视并指导协助学生完成实验，对学生实验中出现的一些操作性错误予以纠正。	活动与探究 1.提出问题：今天我们从两个方面讨论：探究Fe^{3+}、Fe^{2+}的鉴别方法；探究Fe^{3+}、Fe^{2+}的相互转化。 2.猜想与假设 方案1：正二价铁的化合物的性质 方案2：正三价铁的化合物的性质 方案3：铁的氧化物的性质 方案4：铁的氢氧化物的性质 方案5：铁盐的性质 3.实验设计：学生利用实验室提供的几种药品和仪器，根据自己的猜想来搭配组合，设计进行实验探究。 4.收集处理证据：根据自己的设计完成实验后填写实验报告（学案中表格二）分析实验现象。 5.探究结果：通过对实验现象的分析，进行猜想科学事实。《学生实验并完成学案表二》	在我们传统的教学中往往是教师给出Fe^{3+}、Fe^{2+}的鉴别方法并加以验证，学生没有体验到凭借自己的实验探究得出科学结论的喜悦，而且对这个知识点往往只是靠死记硬背来掌握，效果不佳！通过学生根据自己的想法选择药品和仪器大胆的设计实验，充分发挥学生的自主能动性，培养学生积极探索的能力。培养学生的实验操作能力，培养学生观察和准确记录现象的能力，培养学生分析归纳的能力，并大大增强了学生学习化学的积极性。本节课既要达到学生发散思维的目的去探究实验，又要避免学生思维太散，难以得出有效结论，我把实验台上的药品特意做了挑选和限制［烧杯、试管、玻璃棒、滴管、药匙、Fe粉、$FeSO_4$（晶体）、$FeCl_3$溶液、NaOH溶液、盐酸、KSCN、H_2SO_4、氯水、蒸馏水］，这样更有利于达到教学目标。
教师安排不同学习小组内自由讨论后得出本小组的最佳探究方案。	各小组讨论	小组合作学习，培养学生的合作与探究精神。
[分享实验成果并验证实验结论] 1、2组与3、4组分别用对方探究和讨论后的方法加以验证是否可行，并得出的结论。请同学们小组探究并讨论后完成学案表格三。	1、2组与3、4组分别用对方的方法加以验证是否可行，并通过实验探究归纳出科学结论。	学生可以把Fe^{3+}、Fe^{2+}的鉴别方法与Fe^{3+}、Fe^{2+}的相互转化全部进行科学探究且没有浪费时间！让学生在讨论的过程中发现问题，并大胆地发表意见。培养学生的语言表达能力，使学生能用明确、简洁的语言表述现象、表达结论。

续表

教师活动	学生活动	设计意图
教师引导：同学们设计实验探究了不同类型的铁的化合物的性质，及铁盐的相互转化。同学们也观察到了很明显的实验现象，大家从这些不同的实验现象中又能发现什么问题呢？	学生思考讨论并提出问题：Fe^{2+}和Fe^{3+}之间相互转化条件是什么？这种转化又体现了它们什么性质？ 学生交流思考	培养学生发现问题，从自己的实验设计中反思并积极想办法来解决问题的能力。
教师评价和总结： 1. Fe^{2+}的化学性质——还原性。 2. Fe^{3+}的化学性质——氧化性。 3. Fe^{2+}和Fe^{3+}之间是否可以相互转化？如何实现铁及其化合物间的转化？ 教师布置学生完成学案中的【举一反三】	学生思考后作答	培养学生从实验中发现规律并进行总结的能力。 培养学生的分析总结和归纳能力，合作与交流的能力。 通过对实验中一些问题的探讨，可以加深学生对实验现象的理解和掌握程度，并对实验的原理也有了更深层次的了解。
教师评价和总结： 请同学们完成Fe^{2+}、Fe^{3+}与NaOH溶液的反应。 $Fe(OH)_2$很易被氧化，请思考：如何防止$Fe(OH)_2$被氧化？长时间保存$Fe(OH)_2$沉淀呢？ 请学生思考后完成【动脑思考】	学生交流思考： $Fe^{3+}+3OH^-\!=\!=\!=\!Fe(OH)_3\downarrow$（红褐色） $Fe^{2+}+2OH^-\!=\!=\!=\!Fe(OH)_2$（白色） 现象：白色→灰绿色→（红褐色）	有利于培养学生注意实验中的细节。 将实验进行了拓展延伸，培养了学生逐层深入分析和解决问题的能力。
布置[学以致用]一瓶未知溶液，如何鉴别它的阳离子是Fe^{2+}还是Fe^{3+}？（你有几种方法呢？） 随堂练习：布置学生完成学案上1～4题，教师随堂讲解。	交流与讨论，完成在学案上！ 学生随堂作答	加深学生对新知识的印象，达到巩固的目的。
作业：教材56页5～7题	学生课后独立完成	必不可少的教学环节

【评价与反思】

本节课以实验为载体，事实为依据，多次应用学生自学教师辅导的方法，突出学生为主体，培养学生的自学能力，比较、概括能力，分析、综合能力等；使学生各方面的素质都得以提高。同时广泛采用实验验证、实验探索的方法，提高学生的实验设计能力、观察能力和动手操作能力，并培养学生实事求是的科学态度。新课标教学理念要求我们把课堂还给学生，整节课的设计都是以学生为主体，完全打破了以前的常规教学。以往铁盐的讲授中往往是硬把Fe^{3+}、Fe^{2+}的鉴别方法及Fe^{3+}、Fe^{2+}的相互转化塞给学生，学生只能靠死记硬背来掌握，在本课中采用学生自己实验、自己得出结论、自己验证的方式把课堂还给学生。这次大胆的尝试符合新课标的要求，且有利于学生的认识发展。唯一的不足之处是，在探究实验中由于时间有限，学生不能完全放开探究，因在实验药品上做了控制，学生的所有猜想不能一一探究！在以后的教学中可以把更多一点的时间交给学生，发散他们的思维、提高他们分析问题、解决问题的能力!

案例7 金属的化学性质（第一课时）教学设计

一、指导思想与理论依据

1. 建构主义及人文主义思想

学习是学习者以自身已有的知识和经验为基础的主动的建构活动，学习者据此开展的合作学习可以使理解更加丰富和全面。教师应以人为本，激发学生的学习兴趣，努力创造适宜学生学习的环境，鼓励学生自己分析他们所观察到的东西，使他们能自主建构自己的知识。

2. 化学新课程的理念

① 激发学生学习化学的兴趣，积极探究化学变化的奥秘，增强学好化学的自信心。

② 让学生更加主动地体验探究过程，在知识的形成、联系、应用过程中养成科学的态度，获得科学的方法，逐步形成终身学习的意识和能力。

③ 从学生已有的经验出发，让他们在熟悉的生活情境中感受化学的重要性，了解化学与日常生活的密切关系，逐步学会分析和解决与化学有关的问题。

二、教材内容分析

1. 教材的地位与作用

金属钠是高中化学必修一第三章《金属及其化合物》第一节的内容，本节课不但是对初中知识的深化，还是对前几章所学的氧化还原反应及原子结构示意图的巩固，通过对"钠"这种代表性元素的学习，向学生介绍金属元素的学习方法，以便为以后金属知识的学习做铺垫。因此，本节内容具有承上启下的作用。

2. 新课程要求及教材编排

根据新课程要求全面地理解新课程的变化、辩证、灵活地处理教学与评价中的各种问题。将金属的化学性质编排在第三章讨论，是基于以下几点考虑。

① 初中化学教材中已初步介绍了一些金属和钠的化合物的知识，为钠的性质知识的介绍奠定了基础。

② 金属性质的学习较非金属简单容易些，减轻了学生在高中学习初期的不适应感。

③ 有利于第二章所学的氧化还原反应、离子反应等知识的理解和加深，并为必修二中元素周期律的学习提供了典型金属元素的感性认识，起到了承前启后的作用。

3. 教材的处理方法

立足于新课程改革理念的基础上，我将金属钠的物理化学性质归结为一个课时来讲，让学生自主探究课本的实验3-1、实验3-2和设计改进实验3-3，教师则进行探究指导来帮助学生解决问题。

4. 教学重点及依据

教学重点：从钠的原子结构特征认识金属钠的化学性质。

根据教材的分析与处理，在高中化学的知识建构中，学会如何通过利用物质的原子结构及特征来判断其活泼性与氧化还原性是至关重要的。

三、学生情况分析

1. 学生已有的知识和技能基础、能力状况

① 知识方面：学生在初中已经了解了金属活动性顺序以及前面的金属可以把后面的金属从其盐溶液中置换出来等相关知识，而且有必修一第二章中的理论基础知识作为基础。

② 技能和能力方面：学生初步具备了观察和实验能力，但是缺乏对知识进行主动探究和建构的能力。

2. 学习心理特征

学生喜欢从熟悉的事物入手学习新知识，对图片、实物感兴趣，喜欢自己动手实践。

3. 学生学习的困难之处

高中生的逻辑思维能力尚属经验型，观察能力和实验动手能力都有待于训练。尚没有形成通过实验现象来总结物质的物理化学性质的科学思维和探究精神。

4. 教学难点及依据

教学难点：根据实验现象得出金属钠的化学性质。

根据教材的分析与处理，帮助学生从错综复杂的现象中有选择地观察和进行认真思考，并利用富有启发性的问题，活跃学生思维，增强学生分析问题、总结问题的能力。

四、教学目标设计

1. 教学的三维目标

（1）知识与技能

① 掌握钠的重要性质，认识钠是一种活泼金属。

② 了解钠的存在及保存方法。

（2）过程与方法

① 采用学生自主实验探究法，按照思考、交流、实验、观察、分析、得出结论的方法进行启发式教学。

② 发挥学生主体作用，做好探究实验。

（3）情感态度与价值观

对学生进行节约和安全教育，培养学生的辩证唯物主义思想，培养学生的探究能力和实验技能。

2. 确立依据

立足于对教材内容的准确分析和细心处理，秉承着新课标 STSE 理念，教材规定了以知识与技能、过程与方法和情感态度与价值观的教学三维目标。

五、教学策略选择

（1）教学的指导思想

从实验出发，结合多媒体教学，通过实验探究引导学生大胆猜想、从现象入手、合作讨论、分析总结出钠的性质。这样设计由浅入深，循序渐进，符合学生的认知心理和认知规律。

（2）教学组织形式

分组实验探究教学。

(3) 教学方法
　　启发-引导式教学、实验探究、多媒体辅助教学。
　　(4) 教学手段
　　实物呈现、实验探究、多媒体辅助教学。
　　(5) 对学生学习的指导方式
　　① 实验探究、讨论交流、练习巩固。
　　② 教会学生通过实验现象来总结金属钠的物理化学性质。
　　③ 帮助学生建构知识网络，抓住重点和难点。
　　(6) 学习方式以及理论依据
　　以实验探究、讨论交流、练习巩固的方式，理论依据是本节课以实验探究为主要手段，着重引导学生学习科学方法，提高学生的科学探究能力，充分挖掘学生的潜能，发展他们的个性和特长。

六、教学仪器与药品

　　仪器：小刀，镊子，酒精灯，火柴，三脚架，泥三角，坩埚，烧杯，玻璃片，小试管，滤纸，三角漏斗，广口瓶，多媒体展示台。
　　药品：金属钠，蒸馏水，酚酞溶液。

七、教学过程设计

教学环节	教师活动	学生活动	设计意图
环节一：创设情境，引入新课	【视频】报道"珠江水雷"事件 【讲述】同学们是不是觉得很奇怪呢，到底是什么物质居然在水面上都能燃烧？只要大家认真学好本节的内容，你就会知道答案。那么大家知道本节要学的内容是什么吗？	仔细观察视频 听课并认真思考 【回答】金属钠。	利用学生的认知矛盾，培养学生提出问题的能力，激发学生对钠这一陌生元素的学习兴趣。
环节二：钠的物理性质及氧化反应的实验探究	【多媒体展示】钠和钠离子的原子结构示意图 【讲解】我们知道钠的原子序数是11，核外有一个电子，因而性质活泼，易失去一个电子。所以在自然界中，钠是以化合物形态分布的。 【展示】存放于煤油中的金属钠 【设疑】问题1：钠为什么不直接放置在空气中而是保存在煤油类物质里呢？ 问题2：根据钠的保存，试猜想钠可能具有哪些性质呢？ 【指导实验】钠的物理性质和氧化反应的探究：引导学生实验探究并注意观察：颜色、光泽、硬度。钠在空气中燃烧时火焰的颜色和生成物的色态(强调注意实验安全，只取一小块钠)。 【强调】实验所需要注意的事项 【多媒体展示】①金属钠为什么可以用刀切？②暴露在空气中，为什么它的颜色和光泽会发生变化？③加热生成的产物是什么？氧化钠？ 【师生互动】分组实验完后，请小组派代表上讲台说出实验现象，教师通过一系列问题引导：为什么钠在空气中颜色会变暗，而加热后变为淡黄色。	认真做笔记 积极思考 【回答】钠很活泼，能与空气中的氧气反应。 【学生分组实验探究】 【实验3-1与实验3-2结合】用镊子取一小块金属钠，用滤纸吸干表面的煤油，用小刀切去一端的表层，观察表面的颜色，其余钠放回原瓶；将其放置在空气中，观察表面颜色的变化。把这一小块钠放在坩埚里加热，观察现象。 仔细观察记录现象 【现象】切开的钠表面的银白色逐渐变暗；加热的金属钠剧烈燃烧，发出黄色火焰，生成淡黄色固体。	结合原子结构的知识，使学生形成物质的结构决定性质的观点。 通过设置问题激发学生思考。 由于实验较为简单，通过学生自主实验探究，让学生了解金属钠的物理性质和认识氧化钠和过氧化钠两种钠的化合物，锻炼学生的实验操作能力、观察总结能力和团队合作能力。

续表

教学环节	教师活动	学生活动	设计意图
环节三：金属钠与水的实验探究	【多媒体展示】实验现象图片 师生共同得出结论：与氧气反应 常温下：$4Na + O_2 == 2Na_2O$（灰白色） 加热时：$2Na + O_2 \xlongequal{加热} Na_2O_2$（淡黄色） 【说明】氧化钠中氧的价态为-2，而过氧化钠中氧的价态为-1 【设疑】从日常生活经验中我们知道，铁、铝等金属不仅常温下与水不反应，加热条件下也很难反应，但金属钠却能与冷水反应，有谁能解释这一实验事实的原因是什么呢？ 【多媒体展示】金属活动顺序表 【讲解】钾钙钠遇冷水即反应，镁遇冷水反应非常缓慢，但遇热水反应加快，铝锌遇沸水反应，而铁则遇水蒸气才反应。 【过渡】下面大家再来看这篇报道，从中提取出有关金属钠事故的相关信息。 【多媒体展示】 2001年7月，广州市珠江河段上惊现神秘"水雷"。早上10点多，漂在水面上的一个铝桶内突然蹿出亮黄色的火焰，紧接着一声巨响，蘑菇状的水柱冲天而起。直到中午，这个铝桶又连续爆炸了多次。爆炸腾起的白色烟雾近十米高。专家组紧急研究出方案，让消防队员利用箩筐将剩余3只没有爆炸的铁桶捞了上来，然后马上将它们放进了早已准备在旁边的塑料桶内，倒进了两桶煤油，危机总算过去了。 【引导】结合报道中所得信息，思考钠具有哪些性质，大胆猜测反应生成产物是什么，如何验证它们？既然钠在水中能剧烈燃烧，蹿出火焰，那是不是意味着钠与水的反应有产生一种支持它燃烧的可燃性气体呢？ 【讲解】其实我们可以通过氧化还原反应理论来思考这个问题，钠化合价是要升高，那么化合价降低是哪种元素？ 【评价】对的，所以可判断生成的是氢气。 【设疑】那么怎样收集氢气呢？ 一般用什么方法来检验氢气？ 【探究指导】大家开动脑筋，想下实验装置该怎么改进才能达到验证气体的目的？ 【指导】很好，就如上述装置图。 【多媒体】展示改进装置图 【指导】下面大家两人一组设计一个钠与水反应的实验并运用桌面上的实验仪器及药品自主进行探究性实验。 【探究指导】第一，边操作边观察、边记录实验现象，还要思考钠可能会有哪些性质；第二，该反应较快，希望大家按时间顺序观察，可以看下观察提纲，做到心中有数；小组两个人分工合作把这	【回答】钠表面呈银白色、质软、常温下易被氧化为氧化钠，加热氧化为过氧化钠。 【思考并回答】可能是钠比其他两种金属都活泼。 认真做笔记 【信息提取】 1. 漂在水面上。 2. 蹿出亮黄色的火焰。 3. 巨响，蘑菇状的水柱冲天而起，又连续爆炸了多次，白色烟雾。 4. 铁桶被装进筐内捞了上来后，放进装有煤油的塑料桶。 学生积极思考、讨论 【回答】产生氢气 【回答】氢元素 【回答】排水法或向上排空气法；点燃生成水或验纯。 【讨论】用漏斗盖住反应的烧杯或是广口瓶。 根据方案进行实验 在广口瓶中加入一些水，滴入几滴酚酞溶液，然后把一小块钠放入水中，赶紧用三角漏斗盖住，并用小试管收集气体。观察现象。最后验证气体，并记录实验现象。	进一步加深学生对钠的氧化反应的学习。 从生活中入手，引起学生的学习兴趣，激发学生思考。 培养学生学会提取信息和抓住关键点的能力。 回顾旧知识，与新知识进行衔接，解决问题。培养学生的创新思维能力，做到活学活用知识。 学生根据实验探究，产生好奇和疑惑、议论纷纷且探究热情高涨。通过自主设计探究实验、观察、分析、讨论，使学生获得感性认识，同时培养学生观察能力。

续表

教学环节	教师活动	学生活动	设计意图
	个实验做好，实验完成后派一个代表发言。注意实验所用金属钠不能太大，防止危险发生，一般绿豆粒大小即可。 【多媒体展示】实验观察提纲 【提问】大家观察到什么？请一个同学描述一下现象。那这些现象说明了什么呢？ 【师生共同探讨得出结论】 【多媒体展示】	【小组派代表回答】钠浮在水面上四处游动，发出嘶嘶响声，溶液变红。 【学生一起回答】	培养学生的归纳能力和语言表达能力。 利用谐音来帮助学生记忆钠与水反应的五个现象。
环节四： 总结提高， 巩固练习	现象 → 原因 浮 → 小于水的密度，0.97g·cm⁻³ 熔 → 反应放热，熔点低，97.81℃ 游 → 有气体产生 响 → 有气体产生（有爆鸣声） 红 → 有碱生成，NaOH 谐音："芙蓉又想红" 为了方便大家记忆，我们可以利用谐音，把它记为"芙蓉又想红" 【探讨】实验过程可能有同学验证不出爆鸣声？这是什么原因呢？ 【讲解】其实这个实验在操作规范、气密性较好的条件下可以成功检验出氢气的爆鸣声，这方面的实验操作，在以后的学习中会让大家加以锻炼。有兴趣的同学可以上网找钠与水反应改进方案的资料。 【讲述】通过以上的学习，我们了解了金属钠的物理、化学性质，想必大家已经知道前面报道的"珠江水雷"是怎么一回事了吧。钠着火以后能否用水来灭火呢？实验室钠着火应如何处理？ 【讲解】很好，因为可以隔绝空气 【小结】 【课堂练习】 1. 钠着火时，能用于灭火的物质是（　　）。 　A. 水　　B. 砂子　　C. 煤油　　D. 湿布 2. 如果将一小块金属钠（半粒米大小）投入到50mL左右的硫酸铜溶液中，有什么现象产生？解释现象产生的原因。 3. 2.3g钠投入97.7g水中，所得溶液中溶质的质量分数为（　　）。 　A. 2.3%　　　　　B. 4.0% 　C. 小于4.0%　　D. 大于4.0%	【讨论】气密性不好；钠的量不够，导致生成的氢气较少；实验操作问题。 【回答】不能，应该用干燥的沙土来灭火。	指出问题、探讨分析，进一步升华该实验。 引入贯穿整节课，前后呼应，深化主题。 基础题，考查学生对基本知识点的掌握程度。 巩固题，考查钠与水反应部分的知识运用。 提高题，考查学生联系旧知识解题的能力。

八、板书设计

金属钠的性质

一、钠的物理性质

银白色、质软、熔点低、$\rho_{水} > \rho_{Na} > \rho_{煤油}$。

二、化学性质

1. 与氧气反应

常温：$4Na+O_2 =\!=\!= 2Na_2O$ 加热：$2Na+O_2 \xrightarrow{加热} Na_2O_2$

2. 与水反应

$2Na+2H_2O =\!=\!= 2NaOH+H_2\uparrow$

现象：浮、熔、游、响、红

三、灭火：干燥的沙土

九、作业

1. 必做题：课本 53 页 1、2 题。

2. 选做题：将一小块金属钠长期露置于空气中，将发生哪些变化？最终将生成什么物质？试写出化学方程式。

十、教学反思

这节课突出"自主、合作、探究"的课堂教学理念。以学生进行课堂实验探究为主，并结合现象观察、发现问题、提出问题、合作讨论、解决问题。教师协助归纳总结为辅。由于学生实验多，我认为教师一定要强调实验的安全性、强调实验操作的规范性；合理安排时间、协助学生归纳教学内容的重、难点。布置好课后习题并做好知识点的巩固。这样才能圆满完成本节课的教学任务。

案例 8 《二氧化碳的化学性质》教学设计——探究汽水气泡的性质

课题	二氧化碳的化学性质	课型	新授课
教材版本	人教版初中化学上册	章节	第六章课题 3 第一节
一、指导思想与理论依据			
随着新课标的实施，化学课程倡导以"学生为中心，以学生的发展为中心"的自主、合作、探究为主的多样化改革。从而实现既能发挥教师的主导作用又能充分体现学生主体地位的教与学方式的转变。 本节课通过实验探究，充分调动学生的积极性，引领学生思考观察归纳，最终得出结论。鼓励学生分析观察，使他们能自主建构知识，突出学为主体，教为主导的思想。			
二、教材内容分析			
1. 教材所处地位和作用 从整个初中教学看，CO_2 是初中化学要求掌握的重要的化合物之一，安排在空气、氧气、水之后，金属以及酸碱盐之前，占有承上启下的地位。学好二氧化碳的性质有利于掌握学习元素、化合物知识的一般方法，也为以后的学习打好基础。 2. 教学目标 (1) 知识与技能目标：掌握 CO_2 的化学性质，并能书写反应方程式。 (2) 过程与方法目标：通过实验培养实验操作，观察分析能力和语言表达交流能力。 (3) 情感态度与价值观：通过自主探究实验，培养学生实事求是的科学态度以及严谨的科学素养，使学生在解决问题的过程中，体会到生活中处处有化学。 3. 教学重难点 重点：CO_2 的化学性质。 难点：CO_2 与水的反应			

续表

三、学情分析

1. 已有知识方面

初三的学生在生活中已经了解有关 CO_2 的知识,且已学习了 O_2、CO_2 的制法等知识。

2. 学习心理特征

学生刚接触化学,对化学尤其是实验感兴趣,喜欢自己动手实践。

3. 学习局限之处

学生的逻辑思维能力未成熟,观察、实验动手能力都有待于训练。

四、教法与学法

1. 教法分析

(1) 生活情境引入法:通过生活熟悉的场景引入引起学生兴趣。

(2) 实验探究法:创设问题的情境,按"提出问题→设计实验→实施实验→分析现象→归纳总结→应用"的模式教学,从而调动学生的积极性,促使学生主动去探索知识来突破难点。

2. 学法分析

以学生为课堂的主体,在教师的指引下,通过自主完成探究实验,对实验现象分析化学原理,完成导学案,自行总结知识,完成作业。

五、教学设计思路

通过生活实例引入,提出问题,让学生自主设计实验探究

↓

学生动手实验学习 CO_2 与水的反应和探究碳酸的不稳定性

↓

联系生活,用所学知识解答生活现象

六、教学用品

雪碧,导管,活塞,澄清石灰水,石蕊试液,酒精灯,试管,试管夹,烧杯,火柴,石蕊试纸,干燥管,无水硫酸铜。

七、教学过程

教学环节	教师活动	学生活动	设计意图
1. 情境引入	【引入】展示一瓶汽水。 【提问】为什么在天气炎热时喝雪碧这类碳酸型饮料可以解渴,喝完后会觉得很凉爽,舒服? 【板书】CO_2 的化学性质	学生思考,带着问题进入今天的学习。	通过生活例子引起学生的注意和好奇。
2. 设疑导学,设计实验	轻轻摇动雪碧,打开,让学生观察现象。 【设疑】出现的现象与原因。冒出的气泡是什么?请同学们设计一个实验检验冒出的气泡成分。	学生观察思考回答,并自己动手设计实验。	让学生回忆二氧化碳的检验方法。
	请同学说出设计这个实验的原理,有什么现象,结论。 【板书】1. $Ca(OH)_2 + CO_2 == H_2O + CaCO_3 \downarrow$ 现象: 【讲解】我们会看到澄清的石灰水变浑浊了,这是因为 CO_2 与氢氧化钙发生反应,生成了白色沉淀物——$CaCO_3$	学生回答,书写相应的化学方程式。	尽可能创造学生动手的机会,让学生感受实验过程,领悟实验原理,启发学生对简单实验进行设计,鼓励学生利用身边的物质进行实验。培养学生学会怎样去探究一种物质的能力。

续表

3. 二氧化碳与水反应的探究	【过渡】打开汽水为什么 CO_2 会冒出来呢？ 提示：CO_2 溶于水。阅读教材 118 页。 【讲解】生产汽水的原理。 【设疑】那么 CO_2 溶于水后，能否和水发生化学反应呢？请同学们分为三组，并根据实验方案进行探究。 	小组	实验步骤	实验现象	结论
1	把雪碧打开倒出一半，把带导管的活塞塞住雪碧瓶口，轻轻摇动雪碧，把导管插入装了事先用水喷湿的石蕊试纸的试管中	通入 CO_2 后纸花慢慢变成红色	CO_2 能与水反应生成酸性物质——碳酸，碳酸让石蕊试纸变红
2	把雪碧打开倒出一半，把连接导管和干燥装置的活塞塞住雪碧瓶口，轻轻摇动雪碧，把导管插入装了干燥石蕊试纸的试管中	没有现象	CO_2 不能让石蕊试纸变红
3	把雪碧打开，把带导管的活塞塞住雪碧瓶口，轻轻摇动雪碧，把导管插入到装有紫色石蕊溶液的试管中，观察现象后把溶液分为两份，对其中一份进行加热	通入 CO_2 溶液变为红色，加热的溶液红色褪去，变回紫色，没有加热的溶液无明显变化	CO_2 能与水反应生成酸性物质——碳酸，碳酸让石蕊试液变红，碳酸不稳定 | 【板书】 与水反应：$CO_2 + H_2O == H_2CO_3$。 碳酸不稳定易分解：$H_2CO_3 == H_2O + CO_2\uparrow$	学生回顾知识回答，思考。根据所给实验方案，进行实验探究，记录实验现象，并写出反应方程式。	引出二氧化碳与水的反应，进行探讨。 通过学生自主探究实验，培养学生的动手能力，并让学生在实验中学会分析思考问题。了解化学是一门以实验为主的学科。
4. 联系生活	【设疑】同学有没有发现喝完可乐之后会打嗝，这是为什么呢？ 【讲解】碳酸不稳定，会分解出二氧化碳，所以才会打嗝。	根据所学的知识解答生活现象，感受化学的魅力	培养学生联系生活的习惯，让学生知道化学与生活息息相关
5. 回归情境	【回归情境】碳酸饮料的发泡和刺激味道来自碳酸不稳定分解出的 CO_2，饮用时，由于温度增高，使 CO_2 汽化，产生刺激感并带走人体热量，所以给饮用者以清凉感。	根据所学的知识解释生活现象，感受化学的魅力	培养学生的学科兴趣，并学会运用
6. 归纳总结 巩固新知	【总结】鼓励学生从实验中自主总结出 CO_2 的化学性质，老师引导补充。	根据教师的提示进行总结	培养学生总结归纳知识的能力和习惯
7. 课堂习题	【练习】 1. CO_2 能使紫色石蕊试液变红是因为（　　）。 A. 密度比空气大 B. 可以溶解在水中 C. 与水发生化学反应生成碳酸 D. CO_2 可以与紫色石蕊试液直接反应	学生完成习题检测	考察本节课的知识掌握程度
8. 作业布置	【作业】 1. 教材 123 页第 1 题：(1) (2) (4) (6) (7) (9)； 2. 查阅资料，下节课对 CO_2 的功与过展开辩论。	完成作业	巩固提升

八、板书设计

CO_2 的化学性质

1. 与澄清石灰水：$Ca(OH)_2 + CO_2 == H_2O + CaCO_3\downarrow$
2. 与水反应：$CO_2 + H_2O == H_2CO_3$
3. 碳酸不稳定：$H_2CO_3 == H_2O + CO_2\uparrow$

续表

九、本节课的亮点

1. 情境引入

从学生熟悉的东西入手，吸引学生的注意力，引发学生学习兴趣，在知识讲解后，回归情境，根据所学的知识解答生活常见现象，无疑是巩固知识和培养学生知识迁移到生活的能力。

2. 实验生活化

用生活常见现象导入，在探究实验中以学生易得的雪碧为实验材料，取材简单，贴近生活，将化学与生活相联系，让学生知道生活处处有化学，也更好地激起学生学习化学的兴趣。

《二氧化碳的化学性质》——探究汽水气泡的性质导学案

初三_____班 第_____组 姓名_____ 组内评价_____ 教师评价_____

【学习目标】掌握二氧化碳的化学性质，能写出反应方程式。

【新知学习】

一、引入问题

在天气炎热的时候，我们经常会喝碳酸型饮料来解渴，喝完后会觉得很凉爽，为什么呢？

二、设计实验检验汽水中的气体

设计原理	实验步骤	实验现象	实验仪器	实验结论

三、实验探究

提供：雪碧，带活塞的导管，浑浊的石灰水，石蕊试液，酒精灯，试管，试管夹，烧杯，火柴。三位同学均把雪碧打开倒出一半后进行实验。

小组	实验步骤	实验现象	结论（方程式）
1	把带导管的活塞塞住雪碧瓶口，轻轻摇动雪碧，把导管插入装有湿润石蕊试纸的试管中。		
2	把连接导管和干燥装置的活塞塞住雪碧瓶口，轻轻摇动雪碧，把导管插入装有干燥石蕊试纸的试管中。		
3	把带导管的活塞塞住雪碧瓶口，轻轻摇动雪碧，把导管插入到有紫色石蕊试液的试管中，观察现象后把溶液分为两份，对其中一份进行加热。		

注：注意操作的安全性和规范性。

四、课堂小结

1. 与澄清石灰水反应：_____

2. 与水反应：_____

碳酸不稳定：_____

五、课堂习题

CO_2能使紫色石蕊试液变红是因（　　）。

A. 密度比空气大　　　　　　　B. 可以溶解在水里
C. 与水发生化学反应生成碳酸　　D. CO_2 可以与紫色石蕊试液直接反应

课后巩固：

1. 教材 123 页 第 1 题：(1)(2)(4)(6)(7)(9)。
2. 查阅资料，下节课对 CO_2 的功与过展开辩论。

案例9 《铁的吸氧腐蚀》教学设计——探究艾灸贴的发热原理

课题	金属电化学腐蚀	课型	新授课
教材版本	人教版高中化学选修 4	章节	第四章第四节

一、指导思想与理论依据

新理念下的化学教学强调"以学生的发展为本"，注重学生的可持续发展。建构主义理论认为"学习应是学习者以自身已有的知识和经验为基础的主动建构"。学习过程应该是学生对学习的主动探索，主动发现和对知识的主动获取。"基于问题式学习"是建构主义提倡的一种教学方式。

因此，本设计以层层递进的问题式教学为主，以探究"艾灸贴的发热原理"的相关问题出发，辅助于实验、幻灯片、讨论等手段，引领学生思考问题，在合作中探究解决问题，将所得知识进行应用，逐步学习体验科学探究的过程。

二、教材内容分析

1. 教材所处地位和作用

《铁的吸氧腐蚀》是新课标人教版高中化学选修 4 第四章《电化学基础》第四节的内容。

学生已学习了氧化还原反应，电化学腐蚀，原电池工作原理，以及化学反应的能量变化中化学能和电能等知识，有一定的学习电化学知识的基础。本节课是中学化学的重要知识，对于指导日常生活有很大的作用。因此本节课通过探究教学的手段，通过生活中的实例创设问题情境，接着通过实验来为学生提供"实证性"材料，然后根据实验现象，得出结论。让学生认识到原电池的反应实质—氧化还原反应。

2. 教学目标

(1) 理解铁吸氧腐蚀的电化学原理，掌握原电池的工作原理和电极反应，知道在生活中的用途。

(2) 通过揭示问题，讨论释疑，实验探究等科学探究方法认识到电化学腐蚀——原电池原理反映在生活中的体现。

(3) 通过学习交流加深对艾灸贴等方面的认识，体会化学来源于生活，服务于生活的科学思想。

3. 教学重难点

重点：铁吸氧腐蚀的电化学原理。

难点：用化学知识联系分析生活实际问题。

三、学情分析

1. 已有知识方面

学生已学习了氧化还原反应、电化学腐蚀、原电池工作原理以及化学反应的能量变化中化学能和电能等知识，有一定的学习电化学知识的基础。

2. 已有技能方面

高二学生已具备了基本的实验技能，形成了一定的科学探究思维模式。

3. 不足与局限

高二学生有一定的实验探究能力和操作能力，但是缺乏用化学知识分析实际问题的能力。

四、教法与学法

1. 教法分析

(1) 实物情境引入法：通过原电池在生活中的应用艾灸贴进行引入，探究化学与生活的相互联系。

(2) 实验探究法：通过"提出问题→作出假设→设计实验→实施实验→分析现象→归纳总结→应用"的科学探究方法探究电化学腐蚀的工作原理。

2. 学法分析

以学生为课堂的主导，在教师的指导下，通过联系生活问题自行探究，用实验数据分析化学理论，完成导学案，自行总结知识，完成作业。

五、教学设计思路

通过自制艾灸贴，激发学生的好奇心，结合说明书，探究制法。 → 分组探究艾灸贴的制法，引导学生思考其发热原理，进入本节课主题——铁的吸氧腐蚀。 → 利用动画揭示电化学腐蚀的原理，以及原电池中电极反应。 → 复习巩固，拓展知识，开阔学生视野。

六、教学用品

电教平台，铁粉，活性炭，氯化钠，药匙，烧杯，玻璃棒，湿巾。

七、教学过程

教学环节	教师活动	学生活动	设计意图
1. 情境引入，提出问题	【讲述】近来天气慢慢转凉，我脖子、腿关节也出了问题，我就自己做了一些艾灸贴，今天拿给大家试试效果，看我这个将来有没有市场。 【对比实验】根据说明书中发热层的成分主要为 Fe、C、NaCl。带领学生自制艾灸贴： **L.P Gentle herbal · 艾奥比** 【品名】艾灸贴热敷贴 【产品的性能及结构】由表层、发热层和隔离层组成。表层采用非织布复合聚乙烯（PE）薄膜制造；发热层采用铁粉、蛭石、碳粉、盐、高吸水树脂、水等材料制造；隔离层由PE塑料薄膜涂有黏合剂上面衬盖离型纸制造。 【使用方法】 1. 沿标识撕开产品的塑料包装袋，取下产品背面的隔离层上离型纸，将产品粘贴于需热敷部位上。20分钟内可提供40℃和10小时以上的连续温热。 2. 为保证热敷效果，产品应与热敷部位保持良好接触。 【注意事项】 1. 开放性创口、黏膜组织、出血倾向、急性炎症渗出期、化脓性感染炎症、早期急性挫伤血肿部位、皮肤感觉缺失或障碍部位禁用本品。 2. 高热患者、对温度变化不敏感的患者禁用。 3. 热敷部位，如皮肤出现红疹、瘙痒、灼痛等症状的请立即停止使用或征询医生的建议。 4. 使用时不要撕开内袋，以防内袋发热材料泄漏。 分组做对比实验： 		A组	B组	C组	D组	E组
---	---	---	---	---	---
实验材料	铁粉、水	活性炭、水	铁粉、活性炭、水	铁粉、盐、水	铁粉、盐、水
实验操作	将称量好的以上实验材料（放置于桌面），混合并搅拌均匀，加少量水搅拌至糊状，边搅拌边仔细观察现象，是否有温度变化				| 【提问】为什么只有 E 组的同学制作出的产品发热了呢？（板书：放热）他是怎么做出来的呢？我们请 E 组的同学分享他们的成功经验	学生聆听，并思考回答老师问题，在老师的指导下做对比实验，观察实验现象。	用艾灸贴引起学生的注意和好奇，并且教会学生自己制备艾灸贴来引导学生进一步的学习。

续表

2. 原电池应用—艾灸贴发热原理。	【追问】 经过E组同学的分享，我们发现只有Fe、C、NaCl一起存在的时候才能制作出艾灸贴。大家来一起想这是什么原理呢（引导学生对比得出：原电池可以加快反应）？ 【再问】 有同学说是构成了原电池，那在这三种材料里，正极、负极分别是哪些？你是根据什么得出这个结论呢？正极和负极分别发生了哪些反应（请同学到黑板写出反应方程式）？	回答问题，并写出方程式。	让学生学会铁吸氧腐蚀方程式的书写，并且培养学生思考并分析问题的能力。
3. 原电池工作原理—电极反应	【讲述】结合动画对电极发生的反应进行讲解。 C作为正极，发生还原反应，即 $O_2+2H_2O+4e^-=\!=\!=4OH^-$（板书）， Fe作为负极发生氧化反应，即 $Fe-2e^-=\!=\!=Fe^{2+}$（板书）。 原电池反应：$2Fe+O_2+2H_2O=\!=\!=2Fe(OH)_2$ 继续氧化：$4Fe(OH)_2+O_2+2H_2O=\!=\!=4Fe(OH)_3$ 脱水：$Fe(OH)_3 \longrightarrow Fe_2O_3 \cdot xH_2O+H_2O$	观看动画，思考。	通过对已学知识的回忆，进而引出新的知识，循序渐进，加深学生对原电池工作原理的理解。
4. 回归情境，拓展知识	【问题讨论】 为什么撕开艾灸贴的外膜就会发热？ 我们自制的艾灸贴跟市面上卖的产品有没有什么不同？	根据已学知识揭示艾灸贴的秘密。	培养学生善于观察，利用已学知识探究生活常识的能力。
5. 总结归纳	1. 吸氧腐蚀的定义 铁在酸性很弱或中性溶液里，空气里的氧气溶解于铁表面水膜中而发生的电化学腐蚀称为铁的吸氧腐蚀。 2. 吸氧腐蚀的原理 负极：$2Fe-4e^-=\!=\!=2Fe^{2+}$　正极：$2H_2O+O_2+4e^-=\!=\!=4OH^-$ 原电池反应：$2Fe+O_2+2H_2O=\!=\!=2Fe(OH)_2$ 继续氧化：$4Fe(OH)_2+O_2+2H_2O=\!=\!=4Fe(OH)_3$ 3. 吸氧腐蚀的条件 酸性很弱或中性的溶液		
6. 习题检测	1. 钢铁在锈蚀过程中，下列变化可能发生的是（　　）。 ①Fe由0价转化为+2价　②Fe由+2价转化为+3价 ③O_2被还原　④产生H_2　⑤杂质碳被氧化除去 A. ①②　　　　　　　　B. ③④ C. ①②③④⑤　　　　　D. ①②③ 2. 为探究钢铁的吸氧腐蚀原理设计了如图所示装置，下列有关说法中错误的是（　　）。 A. 正极的电极方程式为：$O_2+2H_2O+4e^-=\!=\!=4OH^-$ B. 将石墨电极改成Mg电极，难以观察到铁锈生成 C. 若向自来水中加入少量NaCl(s)，可较快地看到铁锈 D. 分别向铁、石墨电极附近吹入O_2，前者铁锈出现得快 石墨　　铁 自来水	学生完成习题检测。	理解并巩固本节课的学习内容，提高教学效果。

7. 作业布置	查阅相关资料，完成以下任务： 1. 铁的吸氧腐蚀在生活中有广泛应用，试举例说明其优缺点。 2. 艾灸贴可以治疗哪些疾病？广告中的医疗效果是真的吗？	完成作业。	巩固加深 课后扩展。
八、板书设计	铁的吸氧腐蚀 一、吸氧腐蚀的原理 　　负极（Fe）：$2Fe-4e^-=\!=\!=2Fe^{2+}$（氧化反应） 　　正极（C）：$O_2+4e^-+2H_2O=\!=\!=4OH^-$（还原反应） 　　总反应：$2Fe+2H_2O+O_2=\!=\!=2Fe(OH)_2$ 　　继续氧化：$4Fe(OH)_2+O_2+2H_2O=\!=\!=4Fe(OH)_3 \longrightarrow Fe_2O_3 \cdot xH_2O$ 二、吸氧腐蚀的条件 　　酸性很弱或中性的溶液		
九、本节课的亮点	实物引入：通过现场展示自制艾灸贴，可以活跃课堂气氛，吸引学生的注意力，以问题为线索，逐一解决，依次突破"原电池反应"的重点和难点。 制作铁生锈的动画：加深学生对电极反应以及铁在原电池中生锈过程的理解，动画展示有利于微观过程可视化。 3. 学生自制艾灸贴：让学生成为"生活小能手"，利用自制的艾灸贴现场体验。在化学小制作的过程中激发学生的创造力，培养学生的创新精神，体会艾灸的好处，激发学生的学习兴趣，活跃课堂气氛。 联系生活紧密：每个知识点都不脱离生活，从生活中引入化学，利用化学知识解决生活中的问题。让学生学有所得，学有所用。		

案例 10　金属资源的利用和保护《铁制品锈蚀的条件》教学设计

课题	金属资源的利用和保护	课型	新授课
教材版本	人教版九年级化学下册	章节	第八单元课题 3

一、指导思想与理论依据

根据新课程标准的核心理念，以促进学生发展为立足点，以增进学生兴趣、促进学生参与、激励学生进步、提高课堂效率为宗旨，突出化学学科 5 大核心素养。本节课的总体设计思路为：通过观察、分析、推理和归纳，最终升华为系统的理论知识；从生活走进化学，并且通过实验，不但让学生从中体验到科学探究的乐趣，而且养成善于发现问题、主动提出问题、积极解决问题的学习习惯。同时将学生分组进行讨论，注重在课堂教学时培养学生分析问题与团结协作的能力。与此同时，养成学生以实验探究为主导的习惯，贯穿整个教学流程，掌握相关的重要知识点。

二、教材内容分析

1. 教材所处地位和作用

《铁制品锈蚀的条件》是人教版九年级化学下册第八单元《金属和金属材料》课题 3 的内容。

本节课是中学化学的重要知识，对于指导日常生活有重要的作用。在学习本节课内容之前，学生已学习了氧化反应、几种重要的金属材料、金属的化学性质以及铁的冶炼等知识，对金属铁及其氧化物有一定的了解，这有助于学生认识铁制品锈蚀的条件，为总结化学变化的特征提供一个例子。同时，本节课内容为下节课将要学习的《金属资源保护》奠定了基础，因此，本节课起着承上启下的作用。

2. 教学重难点

重点：能区别铁和铁锈，掌握铁生锈的条件。

难点：设计完整实验验证猜想，并能根据现象得出结论。

三、学情分析

1. 已有知识起点

学生已学习了氧化反应、几种重要的金属材料、金属的化学性质以及铁的冶炼等知识，对金属铁及其氧化物有一定的了解，且具备了书写化学方程式的能力。

2. 学生能力起点

学生已经基本掌握化学学习方法和基础实验操作技能，具有小组合作探究的意识。

3. 学生心理特点

对日常生活中的事物出现在化学课堂充满兴趣，有强烈的求知、探究欲，渴望自己动手，自我意识强烈。

续表

四、教法与学法

1. 教法分析

（1）生活情境引入法：通过生活中糕点包装内的脱氧剂为切入点，引导学生通过对其成分的观察引申到其作用原理，升华到化学的理论知识上，从而展开本节课内容：铁制品锈蚀的条件。

（2）实验探究法：通过"提出问题→作出假设→设计实验→实施实验→分析现象→归纳总结→应用"的科学探究方法，探究铁制品锈蚀的条件。

2. 学法分析

严格遵循"以学生为主体，教师为主导教学"的原则。让学生们都能通过在教师的引导带动下，形成独立思考、小组合作探究以及实验验证的学习方法。

五、教学与评价目标

1. 教学目标

（1）通过实验探究日常生活中存在的铁锈蚀的现象。

（2）通过对铁制品锈蚀条件的探究过程，初步建立铁生锈的认识模型。

（3）通过设计体育馆运动器材防锈蚀方案的活动，学以致用，初步形成绿色应用的意识，增强社会责任感。

2. 评价目标

（1）通过对食品脱氧剂作用原理的探究实验设计方案的交流和点评，诊断并发展学生实验探究的定性水平。

（2）通过对具体铁锈蚀条件的判断和分析，诊断并发展学生对氧化还原本质的认识进阶和认识思路的结构化水平。

（3）通过对公共设施防锈蚀方案的讨论和点评，诊断并发展学生对化学社会价值的认识水平。

六、教学与评价思路

七、教学过程

1. 宏观现象

【学习任务1】实验探究食品脱氧剂的作用原理。

【评价任务1】诊断并发展学生实验探究的定性水平。

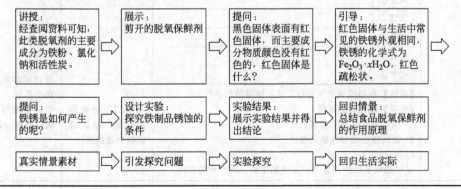

续表

		学生活动	设计意图
【学习任务1】 实验探究食品脱氧剂的作用原理	【展示】食品脱氧保鲜剂小包装袋。  【讲授】货架上美味的糕点保质期能长达几个月，是什么发挥如此强大的作用？老师在课前体验了一回福尔摩斯的乐趣，发现这强大的威力是来自于老师手上的食品脱氧剂，并且知道它的主要成分是：铁粉、氯化钠、活性炭。 【提问】那么，食品脱氧剂是如何起作用的呢？ 【板书】食品脱氧剂成分：铁粉、氯化钠、活性炭。 【展示】剪开脱氧剂包装，展示里面的成分。 【提问】脱氧剂的成分中没有红色的物质，刚刚观察到的黑色固体中夹杂着红色固体，该红色固体是什么呢？ 【引导】红色固体的外观与生活中常见的铁锈相同。铁锈的化学式为：$Fe_2O_3 \cdot xH_2O$，为红色疏松固体。 【提问】铁锈是如何产生的呢？ 【提示】根据"脱氧"一词以及铁锈的化学式进行猜想，并设计实验。 【引导】根据小组讨论的结果，引导学生设计实验，并分组进行实验验证。 设计五组实验： 	试管①	铁钉
试管②	铁钉+硅胶
试管③	铁钉部分浸没在蒸馏水中
试管④	铁钉完全浸没在煮沸后冷却的蒸馏水中（油液封）
试管⑤	铁钉部分浸没在食盐水中 | 【展示】教师展示提前做好的对比实验，让学生观察现象。 （因此反应需要较长时间，教师提前一周进行以上实验）。 实验现象： | 试管①	
试管②	
试管③	
试管④	
试管⑤	| 【总结】教师引导学生进行总结，铁锈蚀的条件。 【板书】铁锈蚀的条件： 1. 同时与氧气和水接触。 2. 盐的存在会加速铁的锈蚀。 【回归情境】总结脱氧剂的作用原理，说明氯化钠、活性炭的作用。	学生观察现象并思考老师的问题。 学生根据教师的引导，小组合作、讨论并大胆猜想。 学生根据引导进行小组合作设计实验，并进行实验验证。 同学们根据教师的引导，尝试总结铁锈蚀的条件。	培养学生大胆猜想的意识。能够根据事实进行比较合理的猜想。 培养学生的小组合作精神和科学探究精神以及实验操作能力。 通过实验现象推测理论依据，培养学生证据推理与模型认知的核心素养。

续表

2. 符号表征
【学习任务 2】揭示铁制品锈蚀的本质。
【评价任务 2】诊断并发展学生对铁锈蚀本质认识进阶的物质水平。

基于物质(铁锈) 氧化反应 ⟹ 符号表征 化学方程式

【学习任务 2】揭示铁制品锈蚀的本质	【引导】引导学生运用化学方程式书写的知识解答生活中常见物质的作用原理。 【板书】 $4Fe+3O_2+xH_2O = 2Fe_2O_3 \cdot xH_2O$	学生独立书写该反应的化学反应方程式	通过教师的引导书写化学方程式,促进学生认识进阶的发展。
3. 归纳总结,巩固新知	【总结】教师引导学生进行总结: 1. 铁制品锈蚀的条件是: (1) 同时与氧气和水接触。 (2) 盐的存在会加速铁的锈蚀。 2. 铁锈蚀给我们带来的不只有坏处,只要加以利用即可给我们生活带来便利,如食品脱氧剂的使用。	学生根据教师的提示进行总结	培养学生总结归纳知识的能力和习惯
4. 习题检测	【练习】 1. 铁钉在下列条件下,最容易生锈的是（ ）。 　A. 在干燥的空气中　　B. 在潮湿的空气中 　C. 浸没在食盐水中　　D. 浸没在植物油中	学生完成习题检测	考察本节课的知识掌握程度
5. 作业布置	1. 练习题第 1 题; 2. 以小组为单位,设计体育馆运动器材防锈蚀的方案。	完成作业	巩固加深 课后扩展

八、板书设计

铁制品锈蚀的条件
1. 食品脱氧剂成分：铁粉、氯化钠、活性炭。
2. 铁锈的化学式为：$Fe_2O_3 \cdot xH_2O$
3. 铁锈蚀的条件：
(1) 同时与氧气和水接触。
(2) 盐的存在会加速铁的锈蚀。
4. $4Fe+3O_2+xH_2O = 2Fe_2O_3 \cdot xH_2O$

第五节　学案设计案例

学案设计案例 1　奇妙的金属性质

【学习目标】
　　1. 了解金属的物理性质,认识同类物质既有通性又有各自的特性。
　　2. 能用置换反应解释一些有关的化学问题。
　　3. 能用金属活动性顺序对有关置换反应进行判断,并能解释与日常生活相关的一些现象。
【学习过程】
【课前热身】
　　1. 同学们,看看我们周围,你能列举出有什么金属制品？

2. 铁器使用久了会生锈，而铝不易生锈，这是什么原因？联合国卫生组织为什么推荐使用中国铁锅作为炊具？

3. 你猜想金属会有哪些性质呢？

4. 怎么知道这些猜想是对还是错呢？

【探究活动1】

1. 桌上放了铁丝、铝丝、铜丝，你如何把它们找出来？说出区分的依据_____
_____。

2. 用细砂分别打磨一块铁片、铝片、铜片，铁具有_____色，铝具有_____色，铜具有_____色，它们都具有_____光泽。相同大小的三种金属片_____最轻，说明_____最小。它们都可拉成细丝、打成薄片，说明它们都具有良好的_____性。

3. 用手拿一金属片在酒精灯火焰上灼烧，手会逐渐感觉发_____，说明金属具有良好的_____，所以常用_____制成各种餐具、炊具、散热器等。而我们炒菜用的锅大都是铁做的，不仅因为其具有_____，而且能在烹饪的食物中留有_____。

4. 测金属的导电性。取等粗、等长的铁丝、铝线、铜线分别接入带有小灯泡的电源上，小灯泡都发光，说明它们都具有_____，但小灯泡的亮度不同，最亮的是_____，最暗的是_____。银的导电性比铜好，为什么电线一般用铜制而不用银制？

5. 测试铁、铝、铜的磁性，发现_____具有导磁性，可以用磁铁制起重机。

【我能自学】

阅读169页，回答下列问题：

1. 金属的性质与用途的关系？金属有哪些共同的物理性质？金属哪些物理性质差异较大？化学是从_____来研究每类物质，从_____来研究每种物质的。金属是一大类物质，它们有共同的性质，而每一种金属又有各自的特性。

2. 看表完成讨论与交流。最难熔的金属是_____；最易熔的金属是_____；最重的金属是_____；最轻的金属是_____；最硬的金属是_____。为什么灯泡里的灯丝用钨制而不用锡制？如果用锡制会出现什么情况？

【思考1】

1. 饮料罐用铝做比用铁做更好，为什么？

2. 为什么铝具有优良的抗腐蚀性能？

3. 分析"真金不怕火炼"蕴含的科学原理。

4. 金属的用途不仅与它们的物理性质有关，而且与它们的_____性质有着密切的关系。

[回忆与再现]

【探究活动2】

1. 铁丝在空气中_____（填能或不能）燃烧；铁丝在氧气中燃烧的现象_____，该反应的化学方程式为？反应的类型为？

2. 常温下铝能跟空气中氧气反应生成一层致密的_____，从而防止铝进一步_____。该反应的化学方程式为？反应的类型为？铝粉在氧气中剧烈燃烧的化学方程式为？

3. 铜在常温下与空气中氧气反应很缓慢，但加热时反应较快，铜会由色变成色，反应的化学方程式为？反应的类型为？铜在潮湿的空气中能生成铜锈，表面会由_____色变为_____。

4. 镁在空气中燃烧的现象_____，该反应的化学方程式为？反应的类型为_____，镁带能在氧气中更剧烈燃烧吗？

5. 金属金常温下在空气中会和氧气反应吗？

【小结】

通过实验，你能推断出：铁、铝、铜、镁、金中，_____的化学性质最活泼，_____的化学性质最不活泼。判断活动性的方法_____。

【探究活动3】

铁、锌、镁、铜四种金属分别放入稀硫酸中看到_____、_____、_____的表面有气泡产生。_____的表面无气泡产生，写出反应的化学方程式_____、_____、_____。

【思考2】

1. 为什么铁、锌、镁能和稀酸反应产生氢气而铜不能呢？

2. 通过实验，你能推断出：铁、锌、镁、铜中，_____的化学性质最活泼，_____的化学性质最不活泼。判断活动性的方法_____。

【探究活动4】金属与金属化合物溶液的反应

1. 将锌片、铁丝、铜丝三种金属分别放入硫酸铜、硝酸银、氯化钠溶液中，观察并记录实验现象。

2. Zn、Fe、Cu在发生的反应中，加入盐溶液中的金属与盐中的金属在活动性的强弱上有何关系？

【自主学习】

1. 在金属活动性顺序中，位置在_____的金属可以把位于其_____的金属从它们的盐溶液中置换出来。位置在_____的金属不可以把位于其_____的金属从它们的盐溶液中置换出来（K、Ca、Na 除外）。

2. 结论：锌、铜、铁、钠、银的活动性顺序：_____。

3. 在金属活动性顺序里，金属的位置越_____，它的活动性就越强。

4. 通过探究活动2得出：在金属活动性顺序里，位于_____前面的金属能置换出盐酸、稀硫酸中的_____，生成_____。

【练习】

判断下列反应能否发生？能反应的写出化学方程式，不能反应的说明理由。①银和稀盐酸；②镁和硫酸铜溶液。完成【讨论与交流】，说一说什么是置换反应？

【总结】

1. 多数金属都能和氧气发生_____反应，生成_____。

2. _____金属可跟稀硫酸和稀盐酸一类的_____发生_____，放出_____。

3. _____金属可跟_____金属化合物的溶液发生_____反应，将_____金属置换出来。

学案设计案例2 元素周期表（第一课时）

【学习目标】

1. 了解元素周期表的结构以及周期、族等概念。

2. 了解周期、主族序数和原子结构的关系。

【学习重难点】周期、主族序数和原子结构的关系；周期表的结构。
【独立阅读与基础填空】
一、原子序数
1. 定义：按照元素在周期表中的_____给元素编号，得到原子序数。
2. 原子序数与元素的原子结构之间存在着如下关系：原子序数＝_____＝_____＝_____。

二、元素周期表
1. 编排规则：在元素周期表中，把_____相同的元素，按_____递增的顺序从左到右排成横行，再把不同横行中_____相同的元素，按递增的顺序从上而下排成纵行。
2. 元素周期表的结构：分析元素周期表中从ⅢB到ⅡB之间的元素名称，它们的偏旁均为"金"，说明它们均为_____元素周期表的中部从_____族到_____族_____个纵行，包括了_____系和_____系，通称为过渡元素。因为这些元素都是金属，所以又把它们叫做_____。

【各抒己见与互查互助】
1. （1）画出1～18号元素原子的结构示意图。（2）它们原子结构上有哪些相同点与不同点。（3）将上述1～18号元素排列成合理的元素周期表，说明你编排的理由。
2. 元素周期表中各横行数、纵行数、周期数、族序数等数字之间有何关系？在每一个纵行的上面，分别有罗马数字Ⅰ、Ⅱ、…及A、B、0等字样，它们分别表示什么意思呢？什么是主族、副族、零族？元素周期表中共有多少个主族？多少个副族？零族元素都是什么种类的元素？为什么把它们叫零族？

【合作学习与共同探究】
不看元素周期表，回答下面问题：（1）已知碳、镁和溴元素的原子结构示意图，它们分别位于第几周期？为什么？（2）已知某主族元素铷的原子结构示意图，判断其位于第几周期，第几族？

【归纳小结】
（1）元素周期表的编排原则是什么？
（2）七个周期（_____叫短周期；_____叫长周期；_____叫不完全周期）
类别　周期序数　起止元素　包括元素种数　核外电子层数
短周期：1 H—He, 2 Li—Ne, 3 Na—Ar；长周期：4 K—Kr, 5 Rb—Xe, 6 Cs—Rn；不完全周期：7 Fr—112号Cn

【当堂检测】
1. 关于碱金属元素的下列叙述中，错误的是（　　）。
A. 碱金属元素原子最外层都只有1个电子
B. Li、Na、K、Rb、Cs，单质熔沸点升高，密度增大
C. 随核电荷数递增，氢氧化物碱性增强
D. 随电子层数增加，原子半径增大，金属还原性增强
2. 关于钠和钾元素的比较中，不正确的是（　　）。
A. 钾原子失电子比钠原子容易
B. 钾离子氧化性比钠离子强
C. 钾与水反应比钠剧烈

D. KOH 碱性比 NaOH 强

3. 下列关于碱金属的叙述中，正确的是（　　）。

A. 碱金属单质与水反应都能生成碱和 H_2

B. 碱金属单质都是质软、熔点低、密度均小于 1 的轻金属

C. 碱金属元素随原子半径增大，原子核吸引最外层电子的能力增强

D. 碱金属单质在空气中燃烧都生成过氧化物

导学案设计案例 3　钠的重要化合物

一、教学目标

① 了解钠的重要化合物的化学式、俗名、物理性质及其用途；了解焰色反应及其应用。

② 掌握过氧化钠、碳酸钠和碳酸氢钠的化学性质。

③ 学生通过小组合作探究实验，培养学生操作、观察、推理、分析和解决化学问题的能力。

④ 让学生体会科学探究、团结协作、相互交流的乐趣，培养学生严谨求实的科学态度。

二、教学重点与难点

重点：过氧化钠的化学性质。

难点：碳酸钠和碳酸氢钠的性质。

三、教学过程

【新课导学】情境导入：播放 Na_2O_2 用途的影片，引入新课。

钠的重要化合物

1. 氧化钠和过氧化钠

【思考与交流】

① 回忆前面做过的实验，描述氧化钠和过氧化钠的颜色状态。氧化钠是_____色固体，过氧化钠是_____色固体。

② 氧化钠与水的反应和氧化钙与水的反应类似，请写出 Na_2O 与 H_2O、CO_2、盐酸反应的化学方程式。

_____、_____、_____。

③ Na_2O 是酸性氧化物还是碱性氧化物？有哪些性质呢？

碱性氧化物＋水→_____；碱性氧化物＋酸→_____；碱性氧化物＋酸性氧化物→_____。

【演示实验】"滴水生火"实验探究

【探寻新知】学生活动：探究过氧化钠的性质

实验过程：把水滴入盛有少量过氧化钠固体的试管中，立即把带火星的木条（木条用线香代替）放在试管口，检验生成的气体。用手轻轻摸一摸试管外壁，有什么感觉？然后向反应后的溶液中滴入酚酞溶液，有什么现象发生？

实验	实验现象	所得结论
Na$_2$O$_2$与水反应并加酚酞试液		

【设问】酚酞试液变红后褪色的原因是什么？
① Na$_2$O$_2$与H$_2$O的反应
化学方程式：_____；离子方程式：_____。
【实验探究】Na$_2$O$_2$的化学性质
课本拓展延伸实验："吹气生火"
②"吹气生火"：Na$_2$O$_2$与CO$_2$的反应
脱脂棉能燃烧的原因：_____；化学方程式：_____。
【设问】如果储存过氧化钠的仓库失火，我们应该如何灭火？
【设问】Na$_2$O$_2$能否与盐酸反应？若能反应试推测该反应的实验现象及其产物？
③ Na$_2$O$_2$与盐酸的反应：化学方程式：_____。
【思考】想一想：1. Na$_2$O$_2$是否是碱性氧化物？2. 过氧化钠有哪些用途？应该如何保存？
小结：氧化钠和过氧化钠的比较（自主完成）

比较内容	Na$_2$O	Na$_2$O$_2$
颜色、状态		
氧的化合价		
物质类别		
与水反应		
与CO$_2$反应		
与盐酸反应		
用途		
保存		

【思考】在面粉发酵和油条制作过程中，经常会用到发酵粉和食用碱，它们的主要成分是什么，俗称是什么？

2. 碳酸钠和碳酸氢钠

碳酸钠俗名叫_____，也叫_____，碳酸氢钠俗名叫_____。
碳酸钠晶体的化学式是_____，碳酸钠晶体在干燥的空气中容易失去_____变成碳酸钠粉末。
【科学探究】学生活动：碳酸钠和碳酸氢钠的性质
在2支试管里分别加入少量Na$_2$CO$_3$、NaHCO$_3$（各约1g）；
① 观察二者外观上的细小差别，分别滴入几滴水，振荡试管，观察现象，用手摸一摸试管底壁，有什么感觉？
② 继续向试管内加入约10mL水，用力振荡，有什么现象。
③ 分别向试管内滴入1~2滴酚酞溶液，各有什么现象？
④ 在下表中记录实验现象并得出初步结论。

探究二者在水中的溶解性差异及水溶液的酸碱性：

步骤	碳酸钠（约1g）	碳酸氢钠（约1g）
加约1mL水，手摸试管底部		
加约10mL水用力振荡		
滴入1~2滴酚酞溶液		
初步结论		

探究二者的热稳定性：

物质	现象	化学方程式	结论
碳酸钠	澄清石灰水：		
碳酸氢钠	澄清石灰水： 试管口部：		

探究二者与盐酸反应速率的快慢：

名称	碳酸钠	碳酸氢钠
反应现象		
化学方程式		
离子方程式		

问题思考：为什么碳酸氢钠与盐酸反应更剧烈，速率更快？

小结：碳酸钠与碳酸氢钠性质比较（自主完成）

名称		碳酸钠	碳酸氢钠
俗称			
化学式			
色、态			
水中溶解度的大小（同质量）		溶解度：_____>_____	
水溶液中碱性强弱（同浓度）		溶液的碱性：_____>_____	
热稳定性		热稳定性：_____>_____	
方程式			
与同浓度盐酸反应	快慢	速率：_____>_____	
	化学方程式		
	离子方程式		

化学中的"三苏"引导有兴趣的学生去了解、拓展学生的知识面。

【课后思考、讨论与交流】

(1) Na_2CO_3和$NaHCO_3$各有什么用途？

(2) 如何除去Na_2CO_3固体中的$NaHCO_3$？如何除去$NaHCO_3$溶液中的Na_2CO_3？

(3) 如何鉴别Na_2CO_3和$NaHCO_3$？（可以有多少种方法）

【课后拓展探究实验】让学生课后利用实验室开放时段到化学实验室完成，然后填写导学案

(1) Na_2CO_3、$NaHCO_3$与NaOH溶液、$Ca(OH)_2$溶液反应。

(2) Na_2CO_3、$NaHCO_3$与可溶性钙盐或钡盐（$CaCl_2$或$BaCl_2$）溶液反应。

(3) Na_2CO_3与$NaHCO_3$如何相互转化。

学生课后探究：与 NaOH 溶液反应

名称	碳酸钠	碳酸氢钠
反应现象		
化学方程式		
离子方程式		

学生课后探究：与 $Ca(OH)_2$ 溶液反应

名称	碳酸钠	碳酸氢钠
反应现象		
化学方程式		
离子方程式		

学生课后探究：与 $CaCl_2$ 溶液反应

名称	碳酸钠	碳酸氢钠
反应现象		
化学方程式		
离子方程式		

Na_2CO_3 与 $NaHCO_3$ 如何相互转化：

3. 焰色反应（认真阅读课本）

【问题思考】

(1) 铂丝为什么要用盐酸洗涤？

(2) 为什么要用蓝色钴玻璃观察钾的焰色？

定义：很多_____或它们的_____在灼烧时都会使火焰呈现特殊的颜色，这在化学上叫_____。

【实验步骤及现象】

① 将铂丝（或光洁无锈的_____）放在酒精灯（最好用煤气灯）_____里灼烧，至与原来的火焰颜色_____时为止。

② 用铂丝蘸取 Na_2CO_3 溶液，在外焰上灼烧，观察火焰颜色为_____色。

③ 将铂丝（或铁丝）用_____洗净后，在外焰上灼烧至没有颜色时，再蘸取 K_2CO_3 溶液做同样的实验，此时要透过_____观察火焰呈_____。

焰色反应步骤：烧、蘸、烧（观察焰色）、洗。

【注意】

① 无论是金属的单质还是化合物，其焰色都相同。

② 金属的化合物无论是溶液还是固体，其焰色相同。

【思考与交流】焰色反应是化学反应吗？焰色反应有什么用途呢？

【结论】焰色反应是_____，焰色反应是_____。

钠：_____；钾：_____（透过_____观察）。

【应用】常用于检验某些_____的存在，节日燃放的五彩缤纷的烟花，就是_____、_____以及_____等金属化合物焰色反应所呈现的各种艳丽色彩。

思考与实践

1. 选择一个高中化学必修课中某章节的课题，以新课程标准和竞赛要求进行教学设计，训练教学设计技能。

2. 选择一个初中化学教材中的某章节课题，以新课程标准和日常教学要求进行教案设计，训练教案设计技能。

3. 选择一个高中化学选择性必修课中某章节的课题，以新课程标准进行学案设计，训练学案设计技能。

4. 比较现代教学设计与教案、备课的区别与联系。

5. 阅读教学设计案例1与案例5，从教学理念、教学策略、核心素养、评价方法等角度比较2个设计方案的优劣。

主要参考文献

[1] 中华人民共和国教育部. 普通高中化学课程标准(2017年版). 北京：人民教育出版社，2017.

[2] 中华人民共和国教育部. 全日制义务教育化学课程标准(2017年版). 北京：人民教育出版社，2017.

[3] 刘知新. 化学教学论. 第4版. 北京：高等教育出版社，2009.

[4] 倪志刚. 化学平衡教学中的学生核心素养培育. 化学教学，2017，12：19-25.

[5] 陈益，孙夕礼. 促进学生认识发展的学科教学认识的构建. 化学教育，2018，39(1)：27-32.

[6] 丁河玉. 离子反应教学中怎么落实化学核心素养. 化学教育，2018，39(1)：14.

[7] 赵华. 化学教学设计应立足智慧的文本解读. 化学教学，2017，3：12-16.

[8] 郝春艳. 高效课堂背景下的高中化学教学设计. 中国校外教育上旬刊，2015，7：58.

[9] 周爱平. 基于课程标准的九年级化学教学设计——以"水的净化"为例. 桂林师范高等专科学校学报，2015，29(2)：184-187.

[10] 谢英剑. 新课程理念下的化学教学设计. 江苏理工学院学报，2014，20(6)：77-80.

[11] 侯巍，李学强. 西部农村高中化学学案设计的策略与反思. 读与写杂志，2017，14(7)：54.

第四章

微格教学和片段教学技能

我国著名科学家钱学森说过:"还原论的方法,即培根的科学研究哲学。这个方法是把一个问题进行分解,如果觉得还大,再分解,一点一点地分解下去,直到问题的解决。对于认识客观世界的许多层次的问题,是需要这样解决的"。我们的课堂教学能不能运用"科学家剖析分子的方法"将复杂的教育现象分解,在最基本的教学技能层次上(如导入技能、板书技能等)解决问题,再综合运用到宏观层次上,去解决更复杂的问题呢?将每次的课件做到小步调、目标明确、指导具体、可操作性强的学习目标和任务是比较容易完成的,微格教学就是这样一种方法。

什么是微格教学呢?微格教学是一个有控制的实践研究系统,它使教师有可能集中解决某一特定的教学行为,或在有控制的条件下进行教学,它是建立在控制论、还原论和现代技术基础上的系统训练教师教学技能的方法。

微格教学源于美国斯坦福大学。多年来,师范生在毕业前都要进行教学实习,要像教师一样到课堂上去授课,指导教师提出比较多的意见要求他们立即改正。由于师范生对教学没有直观感受,他们往往记不起自己上课的全过程,因而难以进行客观的自我表现评估和改进。斯坦福大学的爱伦和他的同事们经过多次反复实验,提出了由师范生自己选择教学内容、缩短教学时间,并用摄像机记录教学过程,以便课后对整个过程进行更细致地观察和研究的培训方法。微格教学由此产生。微格教学产生后,迅速在美国各地得到广泛推广、应用和研究。20世纪60年代末传入英国、德国等欧洲国家,20世纪70年代传入日本、澳大利亚、新加坡等国家和我国香港地区。八十年代初期传入我国大陆地区,经过三十多年的探索、研究与实践,已经不断地完善,渐趋成熟。微格教学自诞生以来,其独特、有效的微型化技能练训方法就受到国际教育界的认可和欢迎,它在理论和实践之间架起了具有可操作性的桥梁。

微格教学研究的核心是教学技能。教学技能必须是对教师课堂教学行为的描述。明确"做什么""怎么做""为什么要这样做",实现教学技能的可操作、可观察和可展现性。构成技能的教学行为应该是课堂教学中教师关于教学效果的有效行为。教学技能是对某一类教学行为的概括。从而使各项教学技能之间有比较明确的界定。教学技能操作的合理性由相关的教育教学理论来支撑,实现理论对实践的指导。每项教学技能应有明确的培训目标和可观察的评价标准。微格教学的另一个主要研究任务是有效的技能训练方法。教学技能中既包含动作技能,也包含心智技能。

微格教学的作用：在对课堂教学技能的研究中，微格教学填补了教学论和各学科教学法研究与训练链条中的空白，涉及学习论、教学过程、教学原则、学生非智力因素对教学的影响、教学测量与评价以及反馈与技能校正等。微格教学促进了教师培训工作。技能训练对于在职教师扎实地掌握教学基本功具有良好的作用。

微格教学的校本研究训练过程：微格教学将复杂的教学过程做了科学细分，并应用现代化的视听技术，对细分了的教学技能逐项进行训练，帮助师范生或在职教师掌握有关的教学技能，提高他们的教育教学能力。

在互联网＋时代的今天，如何运用现代教育理论的思想和方法丰富微格教学的内涵，使微格教学在新师范技能训练中发扬光大，是本章编著的目的。微格教学是在一个有控制、可循环增值的实践系统中，以现代教育理论、现代教育信息技术以及测量理论和反馈评价原理为基础，以现代教学媒体为手段，对准备成为教师的师范生进行教师职业技能训练，使其熟练掌握并灵活运用各种教学技能，提高课堂教学能力。微格教学理论体系的建立丰富了微格教学的内涵，由于训练过程不能处于自发状态，而是应建立在科学有序的训练模式上，为此，运用教育传播理论建立起微格教学的"循环增值"训练模式，采用类似于自然科学研究的规律和方法研究教师职业技能训练的规律和特点，促进了微格教学训练的科学规范化。

循环是指微格教学的程序，增值是指对师范生进行一个循环的训练所产生的效果，它追求的目标是每一次训练都比上一次有所进步。即每进行一个由"示范、角色扮演、评价、反馈"组成的训练循环，师范生的教师职业技能，就可以得到一定的提高，循环过程的控制有序化或循环次数的增多，训练效果就会提高，这就是循环增值的意义，其模式如图4-1所示。

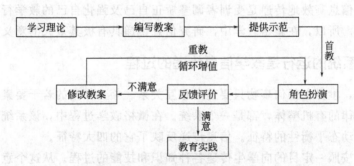

图4-1　微格教学的循环增值模式

微格教学能够对复杂的教育现象在技能分类方面找到突破口，同时，现代教学媒体的运用，更是对传统的教学技能训练方法的一个突破。其意义不仅在于方法的改变，更主要的是对旧教育观念、教学模式的一种冲击和改革。微格教学从师生相互作用的基本方式出发，改变了传统教学方法的古板模式，充分发挥师范生的主体作用，为各学科专业教学技能的训练开创了新路。由于教学技能分类精细，使传统的混沌一片的教学经验上升到理论高度，学生只需要进行几个阶段的分类技能训练和综合训练，加快了对教学技能的掌握。电教媒体的运用，改变了教师的中心地位，使教师更新了教育观念，现代教学手段的引进，起到了强化技能训练的作用。教学技能的定量分析和评价，改变了过去只有定性分析的状况，使教学评价手段进一步完善和科学化。大量书面与音像资料的存贮，为教学理论的探讨、教学技能的训练、教学能力的培养和提高，提供了丰富的可借鉴的第一手资料，同时也为教学评价和检查、教学档案的建立提供了极大的方便。

第一节　微格教学的信息传递

一、微格教学信息传递的意义

微格教学的创始人艾伦（W. Allen）说："微格教学是一个有控制的实习系统"。微格教学的研究认为：微格教学是师范教育教学微观研究的一门科学。它在一个有控制、可循环增值的实践系统中，以现代教育理论、现代教育信息技术以及测量理论和反馈评价原理为基础，以现代教学媒体为手段，对在职教师或准备成为教师的师范生进行教师职业技能训练，使其熟练掌握并灵活运用各种教学技能，提高课堂教学能力，从而成为一个更好的教师。在整个过程中，信息是控制的基础，信息反映了系统的重要特征，信息量的大小，反映了该系统组织化和复杂化程度的高低。

在微格教学训练过程中，从信息的输出到信息反馈，是一个完整的训练过程。信息传递渠道畅通、准确、及时，反映了该系统运行的性能，对改变教师教学行为有重要作用，符合控制论的原理。能使被训者对照训练目标，客观地分析和调整自己、有效地控制自己的教学行为，从而很快达到训练目的，若信息传递停滞或不及时准确，则系统失控，或运行效果不好。须继续对照目标，找出差距，通过调节、矫正，循环训练强化，逐渐完善，直至达到目标。

由此可见，信息高效地传递是受训者调整矫正自己及强化自己的教学行为，也是获得最大信息量的依据。所以，在微格教学中，研究信息传递具有极其重大的意义。

二、微格教学系统的运行是教学信息传递的过程

系统论认为，世界上任何事物只要是由相互关系、相互作用的若干要素组成的，具有特定功能和运动规律的有机整体，都是一个系统。在微格教学过程中，该系统具有相对性、整体性、可控性和动态平衡性的特征。信息传递反映了它的四大特征。

教学过程是按照一定目的向学生传递各种知识和技能的过程。从这个意义上来说，教学是一个有目的、有组织的人际传播活动。因此，把按照一定的教学目标，选定合适的教学信息，通过媒体传递给特定教育对象的活动过程称为教学信息传递过程（见图 4-2）。

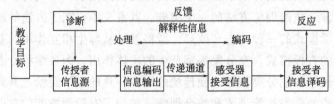

图 4-2　教学信息传递模式

从图 4-2 可以看出，传播者（教师）首先要准备所要传递的信息，并将这些信息进行编码。然后在教学过程中，把信息内容转换成可以传递的信号，如口头语言的声音、文字语言的板书、身体语言的动作等，或通过一定的媒体，如挂图、标本、模型、幻灯、投影、电视

等，通过一定的通道，如空气、光线、黑板等传递出去。各种信号作用于接受者（学生）的感官，如眼、耳等，最后达到他们的大脑。在这里，首先要进行译码，把接收到的信号还原为信息内容。然后理解这些内容，并进行编码纳入到自己的知识系统之中，从而完成一个单向的信息传递过程。

教学信息的传播不是单向的、直线的传递过程，要使教学达到预期的效果，必须使受传者参与到教学中来，让他们对所传的信息、内容作出反应，即反馈，形成一个闭环系统，以便及时检查教学效果，发现不足，进行矫正。

微格教学是一种闭环、可控、微型化的教学技能的学习和矫正系统。该系统的子系统是相互关系、相互制约、缺一不可的有机整体，它们直接影响着该系统运行的效率和效果，教学信息是否有效地传递取决于该系统运行的结果如何。若各子系统性能良好，教师高水平，师范生高质量，操作运行灵活，反馈及时、顺畅，则系统运行高质高效，信息传递有效。假如某几个子系统性能良好，而有一个出了问题，则系统无法正常运行，信息传递无效。系统运行的过程，事实上是信息处理、信息输入、储存、处理、输出的过程。在微格教学中，信息量非常大，传输方向复杂，通道多种多样。但现代视听技术的应用，使信息记录准确生动，信息传输及时可靠、有条不紊，为信息传递提供了可靠的保证。有了信息的准确、及时反馈，才能随时调整各子系统之间的协调，创造最佳运行效果，提高教学质量。

微格教学的反馈是双向的，如图4-3，信息输入有两条通道：指导教师的调控信息和师范生的作业（包括编写教案和角色扮演）的信息，这两类信息分别进入反馈子系统。反馈子系统自身运行的过程是：记录—测量—评价—输出。反馈子系统的信息输出有两个方向：指导教师和师范生。他们接受信息后分别做出反应。教和学两方面都能掌握进程，调整自己的教学行为，相互协调关系，优化系统运行。

微格教学系统运行的每一具体环节都是信息传递过程（见图4-4）。微格教学系统始终处于一种动态平衡之中。在系统运行之前，处于一种初始的平衡。系统开始运行后，就开始了信息的处理过程。经过理论学习、观摩示范、编写教案、角色扮演、师范生原来的知识技能结构被打破，产生了不平衡；经过评价反馈在新的水平上产生了新的平衡。在系统运行中，教师随时获取师范生的反馈信息，不断调整自己的教学计划；也处于不停的动态平衡之中。如此反复，信息的不断输出，直到反馈的整个循环，微格教学系统始终处于一种动态平衡之中。

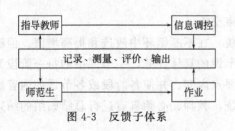

图4-3 反馈子体系

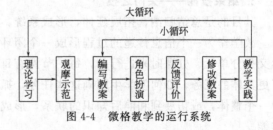

图4-4 微格教学的运行系统

三、传递在微格教学技能中的运用

教学技能分类的方法侧重于教学传播过程中师生的信息交流，以交流的意图方式为分类的依据。把交流过程中教师传递教学信息所采用的各种教学行为方式设定为不同的教学技能。

教师的课堂教学技能不但能被分解为不同的教学技巧，而且还能通过对每一种技能的学习、示范训练和评价，不断地改进和提高。微格教学将复杂的教学过程涉及的教学技能进行合理分类，针对受训者的不同情况，进行某种技能的训练。下面就信息传递在导入技能、讲解技能、结束技能中的运用进行阐述。

1. 导入技能——开门之技

它的目的是集中注意，激发动机，明确意图，进入交流。

课堂教学过程是一种有组织、有计划、目的性非常强的面对面的人际传播。要使这种传播有效，就必须使传授者和接受者双方同时进入传播情境。通过传授者和接受者双方的相互作用逐渐实现教学目标。在课堂教学中如何使信息的接受者（学生）较快地进入这个情境，信息的传播者（教师）在新的教学内容或活动的开始，应该有意识地运用各种导入的方法（化学常用9种导入方法），详见第二章第四节课堂导入技能。通过各种方式，考虑如何能引起学生对信息内容的注意、兴趣和积极性，导入的内容与新课的关键性和必然性，导入时间的恰当等，目标明确地把他们引导到特定的学习情境中。

2. 讲解技能——表达之技

其目的是形成概念，掌握规律，形成交流，促进学习。

讲解技能是教师系统地向学生传授知识、启发思路、温故知新的技能。也可以是教师运用语言及各种直观手段，引导学生对教学内容的基本概念、原理和规律等进行分析、综合、抽象、概括、巩固的行为方式。讲解在教学中占重要位置，是促进学习的主要因素。乔治·布郎说："讲解是教学的核心，也是学习的核心"。讲解的实质是通过语言对知识的剖析和提示，剖析其组成要素和过程程度，提示其内在联系，从而使学生把握其课文知识的实质和规律。

由于传播的信息内容是多方面的，有事实、过程、概念、原理、公式、法则等。针对学生的思维特点，教师在对概念、原理、法则、规律等的讲解过程中，一般都是从事实入手，通过例证、分析、综合、逻辑推理等过程得出结论。即从特殊到一般，从具体到抽象，然后再从抽象到具体去指导实践。在这个过程中，如何使学生对事实进行感知，如何分析、综合、推理、概括、认识事物的本质和规律，是教师应该掌握的一个最重要的技能。

可见，讲解技能是教师传递信息过程的最重要环节，也是学生接受信息，掌握信息的关键，是信息得到准确快速反馈的保证。

3. 结束技能——关门之技

其目的是总结归纳，拓展延伸，形成系统，结束交流。

教学作为一个信息传递的过程形成一个闭环系统，在不断循环中改进和提高增值。但教学又是分单元、分课时来进行的，每一节课有每一节课的具体任务，一节课中的每一阶段又有更具体的任务，如何使学生明确这些任务，抓住要点内容，并使各阶段或各节课的内容成为一个整体，或拓展到和前后知识的联系，形成系统，教师又必须具有进行总结归纳的结束技能。

四、微格教学中课堂教学分类体系

1. 基本教学技能

基本教学技能主要有教学语言技能——基本之技、提问技能——交流之技、板书技能——门面之技、演示技能——动手之技、变化技能——风格之技、强化技能——巩固之技

6 种。

2. 综合教学技能

综合教学技能主要有导入技能——开门之技、讲解技能——表达之技、结束技能——关门之技、组织技能——管理之技 4 种。

微格教学系统中每一种新教学技能的出现，即这种新信息的输入，使新的教学技能认识结构失去平衡，引发学生思维，使学生从原有的需要而转变为心理动力，通过"观摩示范——编写教案——角色扮演"等环节的努力，取得了一定的成绩，学生将新的知识和新的技能纳入自己的知识结构和能力体系，于是在新的水平上产生了"新的平衡"，满足了自身需要。但经过"反馈评议"，被训者又获得新的外部信息，使"新的平衡"又失去平衡，重新进行角色扮演，这样，周而复始，循环渐进，师范生的教学技能进一步得到提高。

总之，微格教学是一种闭环、可控、微型化的教学技能学习和矫正系统，该系统的运行过程即信息传递过程，各种教学技能以教学信息的传递为出发点，直至反馈形成闭路。在微格教学训练中通过这一闭路循环，从知识水平、教学能力、教态、声音等全方位地了解自己的优缺点、扬长避短，周而复始，循环渐进地提高教学水平，达到最佳效果。

第二节　微格教学的设计模式

在微格教学的训练过程中，师范生在学习完每一项教学技能之后，紧接着要通过一个简短的微型课对所学的教学技能进行实践训练，在实践中提高和完善各种教学技能。如何根据教学内容和技能训练目标，对微型课的教学方案和教学过程进行设计，将要训练的教学技能恰如其分地运用于课堂教学过程，这是微格教学训练中极其重要的工作，它贯穿微格教学训练的全过程。

一、微格教学的教学设计概述

微格教学的教学设计是根据课堂教学目标和教学技能训练目标，运用系统方法分析教学问题和需要，建立解决教学问题的教学策略微观方案、试行解决方案、评价试行结果和对方案进行修改的过程。它以优化教学效果和训练教学技能为目的，以学习理论、教学理论和传播理论为理论根据。

微格教学的教学设计与一般的课堂教学设计既有联系，又有区别。一般的课堂教学设计对象是一个完整的单元课，教学过程完整地包括导入、讲解、练习、总结评价等教学各阶段。而微格教学通常都是比较简短的，教学内容只是一节课的一部分，以便于对某种教学技能进行训练。因此，不能像课堂教学设计那样主要从宏观的结构要素来分析，而是要把一个事实、概念、原理或方法等当作一套过程来具体设计，让被训者逐渐熟练地掌握各种教学技能。但实际上，无论是哪一项教学技能的训练，都是运用这些技能和方法激发学生学习的内驱力，促进思维，从而实现教学目标，其过程是一个微观的课堂教学设计。因此，在教学技能训练的过程中就存在着两个教学目标，一是使被训者掌握教学技能的目标；二是通过技能的运用，实现中小学课堂教学目标。教学技能是实现教学目标的方法和措施，而课堂教学目标所达到的程度是对教学技能的检验和体现，二者紧密联系、互相依存。由此微格教学的教学设计既要遵循课堂教学设计的原理和方法，又要体现微格教学的教学技能训练特点。

二、微格教学的教学设计原理

微格教学将日常复杂的课堂教学进行分解和简化，并为训练教学技能而建构了科学的训练环境和方法，使受训者获得大量和及时的反馈信息。因此，微格教学的教学设计原理和方法具有下列明显特征。

1. 目标控制原理

教学目标制约着教学设计的方向，对教学活动的设计起着指导作用，是教学评价的主要依据。在进行微格教学训练时，训练任何一项教学技能，针对任何一项简短的教学内容都必须受到教学目标的控制。如前所述，微格教学的目标具有课堂教学和技能训练的双重目标。微格教学作为课堂教学的一部分，其目的是在实现课堂教学目标的前提下，灵活运用并掌握教学技能。微格教学的教学设计，必须以实现课堂教学目标为先导，教学技能训练目标为手段，进行教学策略的微观方案设计。若偏离了课堂教学目标，不管运用了什么样的教学技能都是无意义的。同时，为达到预定的教学目标，受训者又必须熟练掌握和灵活运用教学技能，明确教学技能的训练目标，才能更好地实现课堂教学目标。

2. 系统设计原理

微格教学包括了教师、学生、课程（教学信息要素）和教学条件（物质要素）四个最基本的教学系统构成性要素，涉及教学目标、教学内容、教学方法、教学媒体、教学组织形式、学习结果和评价等过程性要素及其相互关系，是包含各种教学要素的、复杂的、微观的课堂教学子系统。也就是说，微格教学是微观层次的教学系统，其教学设计的研究对象是微观的教学传播过程。因此，微格教学的教学设计过程应体现教学系统设计的思想和方法。在微格教学的系统设计过程中，通过系统分析技术（学习需要分析、学习内容分析、学习者分析）形成制定、选择教学策略的基础，通过解决问题的策略优化技术（教学策略的制定、教学媒体的选择）以及评价调控技术（试验、形成性评价、修改和总结性评价），逐步形成解决复杂教学问题的最优微观教学方案和最佳学习效果。

3. 优选决策原理

教学策略是对完成特定的教学目标而采用的教学活动的程序、方法、形式和媒体等因素的总体考虑。它具有指示性和灵活性，而不具有规定性和刻板性，可以较好地发挥教学理论具体化和教学活动方式概括化的作用。对于教学来说，没有任何单一的策略能够适用于所有的情况。最好的教学策略是在一定的情况下达到特定教学目标的最有效的方法论体系。为了达到特定教学目标，必须充分考虑多种不同的教学策略，包括选择和设计课堂教学过程和教学媒体等，优选出具有实际可操性的教学方案，力争使用最佳的教学策略于特定的教学情境。

4. 反馈评价原理

教育传播理论认为，反馈是教育传播过程中的重要因素，它可以使教育传播过程成为双向交流系统，使教育者了解到信息的传递效果，并对学生的学习状况作出及时准确的评价，对自身的传播行为作出改进。微格教学运用现代科技手段进行信息反馈。当微型课结束后，受训者可及时观看自己的授课记录，并与指导教师和同学进行讨论评价，从而获得广泛而深入的评价反馈信息，找出改进教学效果的方法和提高教学技能的对策。因此，进行微格教学的教学设计时，应充分利用教学设计的评价原理和方法，提高微格教学训练的教学效果。

三、微格教学的教学设计模式

根据教学设计的原理和方法，结合教学技能训练的特点，我们在系统分析的基础上，提出一个适合微格教学技能训练的教学设计模式。该模式以教学设计过程的一般模式作为设计的基本框架，充分考虑微格教学技能训练特点，体现了微格教学的教学设计一般步骤，如图4-5所示。

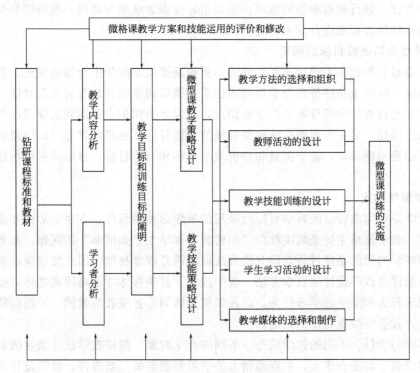

图 4-5　微格教学技能训练的教学设计模式

由图4-5可知，微格教学训练的教学设计模式包括三个阶段：第一阶段是前期分析，包括钻研课程标准和教材、教学内容分析、学习者分析、教学目标和训练目标的阐明；第二阶段是教学策略的确定，涉及课堂教学策略和教学技能策略的设计（其中包括了教学方法的选择和组织、教师活动的设计、教学技能训练的设计、学生学习活动的设计、教学媒体的选择和制作）；第三阶段是微型课的教学设计成果试行、评价、修改，也就是微型课的训练、微格课教学方案和技能运用的评价和修改。各设计步骤详述如下。

1. 钻研课程标准和教材

微格教学的技能训练，虽然只是通过某一简短的教学内容训练若干项教学技能，但这一简短的教学内容必须以教材内容为客观依据来组织。微格教学设计的优劣，取决于受训者结合课程标准要求，对教材的理解、分析和深入的研究。

2. 教学内容分析

教学内容分析，就是教师依据课程标准，结合学生的实际情况，在钻研课程标准和教材内容的基础上，确定学生所应掌握的知识体系结构，突出教学重点，明确教学难点，以使教学更有成效。微格教学训练的教学内容，虽然只是某个事实、概念、问题或过程，也必须明确这一简短教学内容在课程知识体系中的地位和关系,并分析这一教学内容的微观结构和内容组织。

3. 学习者分析

学习者分析是教学设计的一个重要步骤,它是分析教学起点,决定目标体系,选择教学策略,设计教学活动,制定评价方法和工具的重要依据。微格教学训练时的学习者由受训师范生的同伴来扮演,模拟训练课堂内存在着师生相互作用,学习者分析的重要性不亚于一般的课堂教学设计。进行微格教学训练时,主要引导受训者从学习者的一般特征和学习者原有知识与技能基础两方面来进行学习者分析。

4. 教学目标和训练目标的阐明

教学目标是教师和学生通过教和学的活动所预期要实现的学生行为的变化,是教学过程所依据的指标,同时也是评价教与学活动的依据。微型课技能训练有着双重目标,因此其目标阐明一方面是将教学内容分解为若干知识点,确定每个知识点要达到的学习水平等级并用行为动词加以描述,另一方面则是确定要训练的技能目标。在阐明目标时,应遵循教学目标和训练目标都要明确具体,便于测量和评价教学目标和训练目标,目标具有可行性,便于训练和操作。

5. 教学策略确定

教学策略是对完成特定的教学目标而采用的教学活动的程序、方法、形式和媒体等因素的总体考虑。教学策略主要是解决教师"如何教"和学生"如何学"的问题,是教学设计的重点。微型教学的目的是通过微观研究的方法训练课堂教学技能,因此微型课的教学策略除了要考虑一般课堂教学设计的教学方法、教学过程、教学媒体等策略因素之外,还要具体设计教师的教学行为和学生的学习行为,以及如何具体训练各项教学技能,才能促使受训者的思维和行为方式受到微观具体的训练。

针对不同的学科、不同的教学任务、不同的教学对象,微格教学设计制定的策略各有不同。但在课堂教学活动程序上,都应遵循人类学习和教学的一般规律。教学设计的一般原理和方法根据学与教的理论,认为各类学习(认知、态度和运动技能等)所共有的内部机制都可用加涅的"九种学习内部过程"解释,相应的课堂教学活动可划分为九个阶段:①引起注意;②告诉学生目标;③刺激对先前学习的回忆;④呈示刺激材料;⑤提供学习指导;⑥诱引行为;⑦提供反馈;⑧评定行为;⑨增强记忆与促进迁移。这九个阶段为微格教学最重要的综合技能——导入技能、讲解技能和结束技能的训练提供了有力的理论依据。导入技能的微型课教学活动策略,一般根据"引起注意,告诉学生目标,刺激对先前学习的回忆"这三个教学阶段规律展开设计。讲解技能的微型课则围绕着"呈示刺激材料,提供学习指导,诱引行为,提供反馈"的教学阶段规律进行教学策略设计。至于结束技能的微型课则要进行"评定行为,增强记忆与促进迁移"的教学活动设计。虽然微格教学分解了完整的课堂教学过程,但在训练各项教学技能时仍依据课堂教学的活动规律进行教学策略的设计,从而保证了教学技能微观训练和课堂教学能力培养的统一。

6. 微型课教学设计成果的试行、评价、修改

经前端分析和教学策略的制定,受训练者已设计和编写了微型教案,接下来就要在教学情境中进行教学方案的试行和教学技能的实际训练了,这也就是微型课教学设计成果的试行、评价和修改。它们既是教学设计过程中的主要环节,也是微格教学技能训练的中心环节。通过试行和评价,师范生以角色扮演的方式参与了教学训练的实践活动,在试讲之后又

通过录像反馈的方式与指导教师和学习伙伴进行讨论评价,从而获得微型课教案、试讲和教学技能训练的反馈信息。在试行和评价的基础上,受训者修改教案、反省自身的教学行为、筹划重教训练,教学设计能力和教学技能得以进一步地提高。

总之,运用微格教学的方法训练高等师范院校学生的课堂教学技能,是师范教育中很具特色和影响力的教学活动。建构并运用微格教学的教学设计模式,不仅丰富了微格教学的理论支持,而且促进了微格教学的实践训练与现代教与学的理论紧密结合。

第三节 微格教学的评价方法

在微格教学中,能否科学、客观、准确地评价师范生的教学技能和教学质量,存在着多方面的影响因素。如教材处理、教学思想、教学方法、文化素质、教学效果等。它们各自的表现程度和综合功能直接影响到微格教学的质量,要求教者必须具备"导演的素质,演员的技巧"。因为评价本身没有一个严格的界限,怎样综合评价微格教学技能是一个不断发展的过程。无论评价指标体系如何确定都无法用一个绝对精确的数值去刻画。应用模糊数学综合评价的原理,设计了应用于微格教学中教学质量和技能的评价方法,对这种受多种因素影响的复杂性及其评价对象进行综合评价,从而达到定量评价结果。它能汇总各类评价人员的评价意见,较全面地反映出评价对象的优劣程度,其评价结果具有客观性。

1. 建立综合评价指标体系和确定权重

根据各种教学技能的教学目的,建立指标体系和权重,制成一份定性评价单供听课者评价使用。如设计结束技能项目有七项,讲解技能有十项等。由于每一项内容在教学中所占据地位不同,应该区分轻重,因而确定各权重分的不同,每项权重分均为纯整数,其总量为100 分。各种教学技能的评价指标及权重分形成的评价表如下:

(1) 导入技能评价表

课题_____   年 月 日

角色扮演者		学科			测量目标	导入技能

请听课后对以下各项评价,在评价成绩记录处恰当的划"√"

教学技能的教学目标和评价标准	评价成绩记录			权重分
	好	中	差	
1. 导入能引起学生兴趣和学习积极性				20
2. 导入能自然引入课题,衔接恰当				15
3. 与新知识联系紧密,目的明确				15
4. 确实将学生带入了学习的情境				20
5. 说话情感充沛,语言清晰				10
6. 导入时要掌握得当,紧凑				10
7. 能面向全体学生				10

还有什么意见?请写在下面:

（2）讲解技能评价表

课题＿＿＿＿＿＿＿＿＿＿　　　　　　　　　　　　　　　　　　　年　　月　　日

角色扮演者		学科		测量目标	讲解技能

请听课后对以下各项评价，在评价成绩记录处恰当的划"√"

教学技能的教学目标和评价标准	评价成绩记录			权重分
	好	中	差	
1. 讲解包含重要的教学内容，突出重点、难点，有价值				10
2. 讲解时提供了所有内容丰富清晰的材料				10
3. 有逻辑或使用类比，使讲解条理清楚				10
4. 讲解内容、方法与学生认识阶段相当				10
5. 讲解用词确切，重点和关键词强调好				10
6. 讲解运用了相关说明的例子，使学生感兴趣				10
7. 运用提问、谈话与学生呼应作用好				10
8. 讲解声音洪亮，有感染力，速度恰当				10
9. 在讲解过程中，面向全体学生				10
10. 注意分析学生反应，帮助学生深化、巩固所讲内容				10

还有什么意见？请写在下面：

（3）结束技能评价表

课题＿＿＿＿＿＿＿＿＿＿　　　　　　　　　　　　　　　　　　　年　　月　　日

角色扮演者		学科		测量目标	结束技能

请听课后对以下各项评价，在评价成绩记录处恰当的划"√"

教学技能的教学目标和评价标准	评价成绩记录			权重分
	好	中	差	
1. 结束阶段有明确目的				20
2. 总结概括一节课的结构点				20
3. 强化了学生对课程的兴趣				10
4. 总结时使学生有新的收获				10
5. 总结时承上启下				20
6. 作业明确、适当				10
7. 时间掌握适当，不拖堂				10

还有什么意见？请写在下面：

（4）实验演示技能评价表

课题_____ 　　　　　　　　　　　　　　　　　　年　　月　　日

角色扮演者		学科			测量目标	演示技能

请听课后对以下各项评价，在评价成绩记录处恰当的划"√"

教学技能的教学目标和评价标准	评价成绩记录			权重分
	好	中	差	
1. 实验演示目的明确，紧密结合教学重点				10
2. 实验演示中对仪器的使用等交代清楚				10
3. 实验演示中引导学生观察，强调关键				15
4. 实验装置科学可靠，使用时间短				5
5. 实验演示现象明显，直观性好				15
6. 实验演示程序步骤清楚				10
7. 实验演示操作规范，示范性好				10
8. 实验演示与讲解结合适当，语言有启发性				10
9. 实验演示时能确保安全				5
10. 对实验结果能实事求是地解释				10

还有什么意见？请写在下面：

（5）板书技能评价表

课题_____ 　　　　　　　　　　　　　　　　　　年　　月　　日

角色扮演者		学科			测量目标	板书技能

请听课后对以下各项评价，在评价成绩记录处恰当的划"√"

教学技能的教学目标和评价标准	评价成绩记录			权重分
	好	中	差	
1. 板书设计与教学内容紧密联系、结构合理（包括文字或表格式、图式等）				20
2. 板书有条理、简洁，重点突出				15
3. 文字书写规范、整齐				10
4. 板书、版画有足够大小，直观，便于观看				10
5. 板书、版画与讲解内容结合恰当，速度适当				10
6. 板书、版画加强了语言表达力				10
7. 板画做到简、快、准，激发兴趣和思考				10
8. 应用了强化信息量的板书（如使用彩笔），使重点关键醒目，强化记忆				15

还有什么意见？请写在下面：

(6) 变化技能评价表

课题_____　　　　　　　　　　　　　　　　　年　月　日

角色扮演者		学科			测量目标	变化技能

请听课后对以下各项评价，在评价成绩记录处恰当的划"√"

教学技能的教学目标和评价标准	评价成绩记录			权重分
	好	中	差	
1. 声音、音量、音调、变化的速度和缓急、停顿好				20
2. 语言中强调的恰当性好				20
3. 面部表情变化恰当自然				10
4. 手势、头部、目光动作和身体移动变化恰当				10
5. 采用视觉媒介、听觉媒介有变化				10
6. 触觉、操作活动使学生有动手机会				10
7. 师生相互作用活动合理				20

还有什么意见？请写在下面：

(7) 提问技能评价表

课题_____　　　　　　　　　　　　　　　　　年　月　日

角色扮演者		学科			测量目标	提问技能

请听课后对以下各项评价，在评价成绩记录处恰当的划"√"

教学技能的教学目标和评价标准	评价成绩记录			权重分
	好	中	差	
1. 问题内容明确，重点突出				15
2. 联系旧知识，解决新问题				10
3. 问题设计包括多种水平				15
4. 把握提问时机，促进学生思维				10
5. 表述清楚，引入界限明显				5
6. 提问后适当停顿，给予思考时间				5
7. 提示适当，帮助学生思考				10
8. 提问面广，照顾到各类学生				10
9. 对答案分析评价，使多数人明确				10
10. 对学生鼓励、批评适当恰当				10

还有什么意见？请写在下面：

（8）课堂组织技能评价表

课题＿＿＿＿＿＿＿＿＿　　　　　　　　　　　　　　　　年　　月　　日

角色扮演者		学科			测量目标	课堂组织技能

请听课后对以下各项评价，在评价成绩记录处恰当的划"√"

教学技能的教学目标和评价标准	评价成绩记录			权重分
	好	中	差	
1. 使用要求明确，恰当的语言控制教学，效果好				20
2. 眼光暗示与语言配合，组织学生进入某种教学状态				15
3. 及时运用反馈，调整、控制教学好				20
4. 不断变换方式，使学生始终处于积极状态				15
5. 运用恰当的方法，使不同层次、不同水平的学生积极投入				10
6. 善于处理少数和多数与一般学生的关系，策略、方法恰当				10
7. 教学进程自然、活跃，师生相互作用好				10

还有什么意见？请写在下面：

（9）教学语言技能评价表

课题＿＿＿＿＿＿＿＿＿　　　　　　　　　　　　　　　　年　　月　　日

角色扮演者		学科			测量目标	教学语言技能

请听课后对以下各项评价，在评价成绩记录处恰当的划"√"

教学技能的教学目标和评价标准	评价成绩记录			权重分
	好	中	差	
1. 讲普通话准确				10
2. 吐字清楚，声音洪亮，速度节奏恰当				10
3. 语言通顺、连贯，音调有起有伏				10
4. 语言所表达的教学内容准确、规范、条理性好，能促进理解				20
5. 语言感情好，有激励作用				10
6. 语言目的性明确，主次分明，但该重复的应有恰当重复				10
7. 语言有启发性、应变性、趣味性				10
8. 使用体态、目光、表情、动作姿势恰当，能起强化作用				10
9. 运用语言中，能与学生相互作用，学生积极性高				10

还有什么意见？请写在下面：

(10) 强化技能评价表

课题_____　　　　　　　　　　　　　　　　年　月　日

角色扮演者		学科		测量目标	强化技能

请听课后对以下各项评价，在评价成绩记录处恰当的划"√"

教学技能的教学目标和评价标准	评价成绩记录			权重分
	好	中	差	
1. 强化引起了学生的注意力				20
2. 教师采用的强化目的明确				10
3. 强化促进了学生参与教学活动				10
4. 在教学重点和关键处运用了强化技能				10
5. 强化恰当、合适、自然				20
6. 教师在运用强化时，热情、真诚和灵活				20
7. 整个教学进程自然、流畅、科学				10

还有什么意见？请写在下面：

2. 评价记录

评价记录就是收集各位评价者的评价信息。在微格教学中，由指导老师以及听课的其他老师（或学生）做评价员，听课后每位评价员均在各测量内容的三个等级目标中，选取一项适当等级记录在评价单上。这种评价信息是评价员对评价指标定性测量的结束。

3. 统计分析评价结果

编制一份评价统计表，将上述定性评价表中得到的同一被训者的评价（所有评价员的评价）统计记录在其中。对于某一项指标的评价未必一致，有认为"好"的，有认为"中"的，也有认为"差"的，但只要大多数人认为好或差，则基本上可以说明角色扮演者（授课者）的总体水平为好或差。统计可采用加和平均数的方法进行，最后计算出平均得分。

对微格教学技能的评价，本身是一种认识活动，它贯穿于教学技能评价的设计、信息收集和处理、做出评价结论和提出建议性决策等阶段。评价者在已有认识经验的基础上，不断添加、深化，经过合理的思考，就可以逐步形成更完善的经验，产生更切合客观实际的结论。综合评价方法虽然没有从根本上完全摆脱主观因素的影响，但它却尽力把主观因素控制在较小的限度内。所以，它不失为一种现代的比较全面、客观的评价方法，同时，它可编制成程序，利用计算机进行计算、存档和管理，不失为一种现代化的研究方法和管理手段。这样，就更有利对复杂的教学过程进行微观研究，并且能将微观研究和宏观研究结合起来，使教学研究合理化、科学化。也使得难于确定的教学评价，从定性评价逐步向定量评价发展，以达到评价的量化，适应了教学艺术、教学科学发展的客观规律，有利于教学改革的进一步深化。

第四节　片段教学

近年来，片段教学几乎与"说课"形影不离，成为教学教研、评估教师基本素质和展示教学才华的重要途径之一。片段教学能够在教师招聘、职称评审、选拔课堂教学参赛者等考评方式中占有越来越重的分量，源于它具有教学仿真性，能在非常有限的时空内较客观地反映教师的实践水平。很多教师把片段教学等同于教学片段，有些教师认为片段教学就是压缩了的常态课，有些教师认为片段教学就是概述自己的教学流程，有些教师认为片段教学只有虚境型一种……可以说，片段教学对多数教师而言，是既熟悉又陌生，对师范生来说更是如此。

一、什么是片段教学

片段教学是相对于一节完整的课堂教学而言的，一般是截取某节课某个局部的教学内容，让教师进行10～15分钟的教学，以展现教师的教学思想、教学能力和教学基本功。简单地说就是一节课某一逻辑层次的教学。它是局部的、虚拟的，功用是教研或评价，听课者是领导、同行或专家、评委。由于片段教学具有时间短（只有正常课的三分之一左右）、规模小（不需要学生）、实战性强（相对于说课而言）、操作简单、考评结果可信度较高等优点，因此在当下广受青睐，并成为了教师技能大赛的比赛项目。一般说来，截取某节课的某个局部的教学内容，也可以是给出一个课题，如"氧化还原反应"、"二氧化碳的化学性质"等，让教师进行自主构建教学，时间大致限定在10～15分钟。

片段教学只是教学实施过程中的一个断面，执教者通过完成指定的教学任务，来表现自己的教学思想、教学能力和教学基本功。片段教学与正常的课堂教学不同，也不同于教学片段，片段教学更不同于"说课"，片段教学与微格教学在教学设计、教学内容、教学评价等方面有相似之处，但片段教学和微格教学在教学对象和教学目的等方面均不相同。从教学内容看，片段教学可分为节选与专题两种类型；从教学场景看，片段教学可分为实境与虚境两种类型；从选题来源看，片段教学可分为自定和他定两种类型。片段教学有利于提高教师的教学能力和课堂教学效率，有利于提高教研活动的实效和提高评价教学水平的信度，有利于提高教师备课的质量，很好地促进教师自身素质的提高。

二、片段教学的难点

在实境教学中，师生之间、学生之间常有交流互动乃至辩论争执，从而为课堂的生成创造了条件。而由于片段教学最显著的特征就是其虚拟性，教师并不是面对真正的学生，学生的发言、学生的活动、师生的交流根本没有办法进行。在片段教学中，教师为了呈现这些情境，只能充当"全能战士"，不仅是导演，还是演员甲、演员乙、演员丙等，甚至更多，这个时候，教师就要对学生可能的反应，做到全知全觉和先知先觉。学生会说什么，教师该怎么说，一切都要依计划而行。那么，没有实际的学生，没有真实的互动，如何显示教师对学情、对生成的关注、把握和运用呢？在片段教学中，要求教师在课前不仅要对"可能的生成"进行最切实际和尽可能充分的预设，而且要分别说出符合这些学生身份的语言，还得是不同问题、不同的解决策略等。由此看来，在片段教学中预设还不是难题，难的是教师该如何预设生成，片段教学的预设和生成，是一种特定状态下的预设和生成，它是片段教学的特点，也是难点。因为教师不仅要预设问题，还要预设生成，片段教学才能顺利进行。常态课中的生成可分为两类，一类是我们预设下的现象，另一类是我们不曾预设到的现象。它的基本特性：一是过程性，课堂总是在动态中生成；二是超越性，在动态课堂情境中，生成出来的思想行为常常是我们意想不到的，对于学生而言都是一种超越；三是交互性，生成性教学是积极的师生互动,需要师与生、生与生、师生与课程以及师生与自己之间的全方位"对话"。而在片段教学中,它不存在我们预设不到的现象,因为这时真实的课堂被虚拟的课堂所替代,授课的教师更是主角、配角、龙套"一手抓"了。所以,在片断教学这种虚拟状态教学下,预设和生成合二为一了。我们要解决的就是如何在片段教学的背景下,将常态教学中生成的基本特征最大可能、最形象地模拟出来,使片段教学让人感到如临其境。

三、片段教学的策略

片段教学是新课程背景下出现的新事物,只有用新理念来指导片段教学,才跟得上教育教学新形势,才能保证片段教学的实践价值。新课程标准提出的教学目标和评价目标,在片段教学中预设课堂问题时应给予充分的考虑。预设课堂问题必须将知识能力目标的实现、过程体验和方法习得、课堂问题与情感态度、价值观的形成整合,以化学5大核心素养为标准进行设计。

1. 设计好教学情境

教师要设计出具体而又可操作的片段教学情境,一定要把握以学生为主体这个核心。教师一方面应努力创设蕴含问题的情境,通过设计一个个引导性的问题,逐步搭起学生活动的舞台;另一方面,要以问题作为互动过程的桥梁,引导"学生"提出问题、分析问题,进而讨论、发现、解决问题,经历学习过程。

2. 设计出具体可操作的活动方案

片段教学才能在体现和践行新课程理念的同时,"成就"鲜活的课堂教学。在新课标背景下进行片段教学,必须要同常态教学一样表现新的教学理念、教学方法,积极倡导自主、合作、探究的学习方式,而不能满堂灌。在常态教学中教师预设的问题在课堂上出现后,一般有这几种情况:学生答对、答错、答不完整、所答在教师预设之外等,教师在这些情况下将一一应对,那么,片段教学中也应该如此这般才具有说服力。每一片段教学中都有一般知识和重难点知识,如果你的"学生"回答起问题轻车熟路,各个问题手到擒来,很快就完成剖析重点、破解难点,完成教学目标的任务,这显然背离了教学实际,在同行和专家面前只能起到适得其反的效果。片段教学中要根据学生的实际水平、身心特点设计各种问题,并以此为基础预设学生的答案。对"可能的生成"进行最切实际和尽可能充分的预设。要考虑到预设的问题学生可能怎么答,要预设到哪些问题会引起学生预期的生成效果并达到交相呼应的目的,还要尽量多地考虑到学生有可能出现的预料外的生成(当然在片段教学中你的预料外其实就是你的预料之中,只不过你必须表演得令人信服,能够自圆其说)。甚至为了展现自己发现、调控、处理生产资源的能力,教师还要精心谋划,创造一些"节外生枝"的环节,从而使评委和同行看到你精彩的问题预设与"学生"精彩的生成相遇所产生的课堂教学智慧。

3. 尽可能预设出学情

特别是对"即时生成的学情"拟定措施。常态教学中学生的知识经验、认知水平等皆不相同,加之课前准备的程度不一,课堂往往会产生一些变化。所以上课前,我们要充分地了解学生,了解他们的知识储备,了解他们的课前准备,预测可能发生的一切课堂变化,并思考其对策,然后存储在自己的弹性预设空间内,即时生成的学情则即时捕捉,即时处理。那么这种平时积累的各种经验就要适时地迁移到片断教学的虚拟教学中,对各种模拟学情做出充分的预设和处置,使片段教学的实战性和可信度大大增强。当然,即时生成的学情还包括学生表现的不足和答案的错误，比方说"刚才大家注意力有点不集中，现在是春天，春眠不觉晓啊！大家深吸一口气，注意力集中过来"。教师也应预设学生答错问题，可以让别的学生来纠错，比如教师说"小张说氧气有助燃性，那么它可以燃烧吗？咦，小李你有不同的看法，来，请你说说。"而教师就可以总结问题后对学生进行相应的引导和点拨。为了展现你的教学智慧，你可以有意地假设一位学生提了一个偏难的问题，比如教师说"小张同学认为能从电动势去判断氧化还原反应？他提的问题老师还没想到如何回答呢，我们课后一起探讨行吗？"这样就如同常规教学中碰到类似问题时，为保护学生的积极性，有经验的教师往往采取的类似措施，既可以充分展现课堂智慧，又增强了虚拟教学的可信度。

4. 注意动作和语言的变化

片段教学的互动情境有相当大一部分都是通过问题的问答和评价来体现，在备课时不仅应充分地进行预设，还要注意动作、语言的变化。比如在某次片段教学比赛中有位教师刚说完"下面请大家自由发言，谈谈汽车尾气的解决策略，老师想听听你们对这个问题的看法"后，就立刻评价说"你回答得太好了"、"你的回答比较片面"等，就会让听课者如坠五里云雾中，搞不明白学生的回答"好"在何处，"片面"在哪里。其实教师在提出一个问题让某生回答后，可以停顿片刻，把"学生"的回答重复一遍，通过评析该生的回答来完成虚拟的答题情境。这样，就能使教师的教态、语态都始终处于最自然的状态。如上面例子"小华认为为了减少环境污染，应该停止发展汽车工业，你的回答比较片面"，采用此法，以停顿代表学生作答等活动，给执教者留下了思考的时间，将使教学实施更加从容。在片断教学中要做到尽管没有学生的只言片语，但透过教师的回应和评价，学生的言语历历在耳，达到了"此时无'生'胜有'生'"的效果。片断教学中，教师还可以让学生对问题进行讨论，并在课堂上稍作巡视，通过对不同观点的评论来完成虚拟的讨论情境。但是，这种方法如果不注意控制时间，又容易造成冷场。比如在一次比赛中，有一个选手采用了"先学后教"的方法，她的方法无可厚非，但她足足让"学生"学了5分钟，其实也就是让评委晾了5分钟，这就有问题了。片段教学中，教师对"学生"进行评价的目的不仅是转述预设的学生回答，还可以体现对学法等的指导，如：提出"刚才同学们在学习完《氧气的性质》这节课后，对于氧气的化学性质有了深刻的理解"，或者"我发现有的同学和前后座同学讨论问题讨论得不亦乐乎，这是取长补短合作学习的方法，值得赞赏"，这种评价就体现对学生学习方法的指导。另外，教师要强化手势、目光、适当的身体移动等身体语言的运用。比如指定虚拟的学生个别发言时，手势应指向"心中学生"的所在，并配以投去的目光，从而营造出空间感，能使人仿佛置身真实课堂。教师对学生提问，还要注意前后左右和男女学生的区别，并关注不同程度的学生。此外，保持常态课上的音量，也能增强片断教学的效果。

教师在日常教学中要练好真"功"。如果在平时的备课中，每一节课都有意识地进行预设问题和生成，如果能够持之以恒，那么对于片段教学而言，你的预设与生成就会水到渠成。另外，平时要多积累经验，参赛中选手自问自答最能体现功力，如果平时教学中对课堂问题有意识地予以积累，做好笔记，那么在要用的时候就可以信手拈来，而不至于"无米下锅"。要做一个教育的有心人，切不可临时抱佛脚。俗话说得好，台上一分钟，台下十年功。片段教学是教师平时教学状态的一个缩影，要很好地完成片段教学中的预设与生成，是没有捷径可走的。对于优秀教师而言，片段教学只是一个形式的变化，一个教学方式的适应问题，只要功底在，短期的培训就可以完成对比赛方式的理解，并顺利地完成任务。如果没有丰富的教学经验和扎实的基本功，要在片段教学的舞台上一鸣惊人是不现实的，要想有所作为,就必须扎扎实实地练好基本功,脚踏实地一步一个脚印地做好教学工作。

四、片段教学与微格教学的关系

对师范生来说,片段教学的整个过程与微格教学有许多相似之处,只要认真训练好微格教学,片段教学就不难。微格教学是小组同学作为模拟学生,可以当成真实的情境教学,片断教学则是纯粹的虚拟教学情境,这是二者最大的区别,在进行片段教学时一定要善于应用虚拟教学情境。二者在教学设计时都要注意内容选择要适量,目标确定要有针对性,重点把握要有所侧重,结构安排一定要紧凑,方法选择必须适当,还要有自信,充满热情,表现出新的教学理念,如利用微课、私播课、翻转课堂等最新的教学理念和教学方法,注意运用教学语言,调整好自己的心态,努力展示自身素质,合理安排教学时间。片段教学与说课必须脱钩,千万不能将片段教学与说课杂糅在一起,不能忽视师生的双边活动,教学设计必须具有可操作性,一定要按要求掌握好教学时间。

五、片段教学的评价

评价片段教学时,一看导向性,二看客观性,三看整体性。评价的关键是制定和把握科学的评价标准,优秀的片段教学应做到教学目标明确、教材分析透彻、教法科学实用、教学对策恰当、能力训练到位。总之,好的片段教学要做到目标明确,内容充实,逻辑性强,层次清楚,语言简明扼要,有改革意识,有见地,有特点。具体的评价指标和方法与微格教学和课堂教学量化评价相似,可作为参考。

总之,片段教学是为了比赛和考核而诞生的,进行片段教学的目的是通过片段教学来观察、了解、评价教师的常态教学水平,有一定的功利性。它是在课改的大背景下产生的,它以片段教学的形式考出参赛选手的教学功底,最终的目的还是要回到培养教师的教学能力和增进教师对教学观念的理解上,因而还是相当可取的。如果推而广之,每一个教师在平常的教学中都有意识地对课堂问题进行预设,进行模拟,把这种功夫做够做足,并长久、持续地进行下去,对整个教师队伍素质的提高具有深远的意义。追本溯源,提高常态教学水平才是有效实施片段教学的根本之道,良好的片段教学能力离不开对常态教学的研究和常态教学经验的积累。

思考与实践

1. 选择一个课题进行微格教学,训练微格教学技能。
2. 选择情境创设、习题讲解、课堂总结、演示实验、板书设计等专项化学课题进行微格教学,训练微格教学的基本技能和综合技能。
3. 分组对每名同学的微格教学进行评价,训练微格教学评价技能。
4. 分组进行1次10分钟的片段教学,训练片段教学与评价技能。

主要参考文献

[1] 中华人民共和国教育部. 普通高中化学课程标准(2017年版). 北京:人民教育出版社,2017.
[2] 中华人民共和国教育部. 全日制义务教育化学课程标准(2017年版). 北京:人民教育出版社,2017.
[3] 刘知新. 化学教学论. 第4版. 北京:高等教育出版社,2009.

[4] 张菊红. 师范生教学技能培养中微格教学的应用探讨. 教育观察, 2017, 11: 11-12.
[5] 张小兰, 高兆芬, 巫昌森, 等. 基于微格教学实训的师范生教学技能培养. 上饶师范学院学报, 2017, 37(6): 77-79.
[6] 吕学琴, 许寻. 新课程背景下高师微格教学实践探析. 济源职业技术学院学报, 2017, 16(2): 75-79.
[7] 刘香峰, 蔡亚萍. 微格课例研究教学模式设计与实践. 科教文汇, 2017, 1: 32-34.
[8] 陈焰香, 林珩. 虚境型片段教学中教学技能的应用探究. 闽南师范大学学报(自然科学版), 2015, 2: 119-123.
[9] 黄祖波. 片段教学中的"预设"与"生成". 教育导刊, 2011, 12: 77-79.

第五章

微课、慕课、私播课和翻转课堂与对分课堂技能

第一节 微课、慕课和私播课

一、微课

"微课"是指以视频为主要载体,记录教师在课堂教育教学过程中围绕某个知识点或教学环节而开展的精彩的教与学活动全过程。"微课"(Micro Lectures、Micro Courses)还有"微课程""微型课程""微讲座""微学习"等说法。"微课"的核心组成内容是课堂教学视频(课例片段),同时还包含与该教学主题相关的教学设计、素材课件、教学反思、练习测试及学生反馈、教师点评等辅助性教学资源,它们以一定的组织关系和呈现方式共同"营造"了一个半结构化、主题式的资源单元应用"小环境"。因此,"微课"既有别于传统单一资源类型的教学课例、教学课件、教学设计、教学反思等教学资源,又是在其基础上继承和发展起来的一种新型教学资源。

华南师范大学焦建利教授认为"微课是以阐释某一知识点为目标,以短小精悍的在线视频为表现形式,以学习或教学应用为目的的在线教学视频"。广西师范学院郑小军教授认为"微课是为支持翻转学习、混合学习、移动学习、碎片化学习等多种学习方式,以短小精悍的微型教学视频为主要载体,针对某个学科知识点或教学环节而精心设计开发的一种情境化、趣味性可视化的数字化学习资源包"。微课是微型教学视频形式的,帮助学生完成"任务单"给出任务的配套学习资源。

二、慕课(MOOC)

慕课(MOOC)是指大规模开放在线课程(Massive Open Online Courses)。"M"代表Massive(大规模),与传统课程只有几十个或几百个学生不同,一门MOOC课程动辄上万人,甚至最多可达几十万人;第二个字母"O"代表Open(开放),以兴趣为导向,凡是想学习的,都可以进来学,不分国籍,只需一个邮箱,就可注册参与;第三个字母"O"代表

Online（在线），学习在网上完成，无需旅行，不受时空限制；第四个字母"C"代表Course，即为课程的意思。慕课代表着大规模网络开放课程，它是为了增强知识传播而由具有分享和协作精神的个人和组织发布、散布于互联网上的开放课程。

慕课即为网上共享性的微型课堂教育资源，甚至可以简单地说是一种录制的教师课堂教学，也可以说是一种网上教学。其用户的不确定性，时间和空间的不确定性决定了其学习者在学习过程中的碎片化特点，师生之间、学生之间的交流互动更多的是通过异步交流的模式；学生和学习者的学习模式和学习方式都与以往有了巨大的差别，学习者不再似以往那样缺少知识获取途径，而缺少的是如何从茫茫资源大海中挖掘出适合自己的知识。

慕课具有恒久性和灵活性。跟传统的课堂教学不同，慕课在网上待着，学生可以随时点击它展开自己的学习。慕课还具有优质资源共享性，对教师课堂教学构成巨大的压力和推动力。

三、私播课（"SPOC"）

私播课（SPOC）是指小规模的、个性化的、开放的在线课程，是为某些专业或某些人群私人定制。它要求必须先进行注册，整个过程有面授环节，课程教学内容较多，有大量的微课作为基础，整个课程还要进行翻转课堂教学，学习完成后还要进行考试，最后考试合格后得到相应的学分，才能完成整个课程的学习。这是私播课与微课、慕课和传统课堂的区别和联系，它利用微课和翻转课堂的教学形式，克服了传统课堂中学生缺少自主学习的不足，加上有注册、面授和考试环节，这样就克服了慕课的管理难和教学质量不能得到保障的缺点。所以，私播课（SPOC）是一种较好的课程教学方式，也是今后的发展方向。

四、各概念的相互关系

微课作为一种学习资源形式，在教学中主要是应用于翻转课堂教学模式和慕课教学模式。在翻转课堂教学模式和MOOC教学模式中，学生作为教学的主体，微课主要起到导学和解答的作用，通过在微课教学中留下的微反思、微互动（如论坛），微习题（如随堂测验）来思考互动；而在MOOC教学模式中，微课则更类似传统的教师在课堂教学中的视频专题分解，集中于某一知识点，方便学生在线学习。

慕课的本意是为缺课学生补课用的，而不是提倡大部分学生都用这种方式学习。"慕课"在发达国家主要应用于成人的高等教育，而不是基础教育。我们现在提倡的"探究性学习"，是在老师没有讲授之前先让学生自学课本，而不是先听老师讲解。学生自学不会的通过小组合作来解决，小组合作不能解决的全班讨论来解决，大家都不会的再由教师点拨来解决，老师退到了最后一步。

简单地说，微课是一种备课方式，翻转课堂是一种教学模式，私播课是一种专业化的课程，慕课是一种大众化的课程。

第二节　微课教学

一、微课的要素

"微"和"专"都是微课的一致要素，"微"表明了微课短小精悍，时间一般控制在5至

15分钟,同时着眼点集中于某个知识点和教学环节。"专"表明微课只针对某个知识点或教学环节,避免成为教师平时授课录像的简单分割版本。微课的类型定义为"包括但不限于:教授类、解题类、答疑类、实验类、活动类"。不论是什么类型,如何在5~15分钟内完成一个知识点的讲解,才是微课最基本和最关键的要素。

从微课的表现形式来细分微课,则主要可分为"讲授型、演示实验型、实训型"三种类型。讲授型微课通过教师讲授(包括与学生互动)来完成教学知识点的传授,包括解题与答疑等;演示实验型微课通过教师在短时间内演示实验完成某个教学环节;实训型微课则强调"知行合一",学生通过某个实训环节的学习,马上就可以应用到实训与工作中。

对于微课而言,微教学视频是微课的核心内容,而辅之以微教案、微课件、微习题、微点评、微互动、微实训,围绕某个特定教学知识点和教学环节完成特定教学目标。教师以往的课堂讲授往往以章节、模块为教学单位,教学时间准备也以"节"为教学单位。而在微课教学中,教师的教学时空都将缩小,微课短则3~5分钟,长则最多15分钟。如何将传统教学中的各个知识点提炼、精简,将传统的教案转化为微课制作的录制脚本,同时对传统课件、传统习题、传统实训进行修改成为适合微课教学的微课件、微习题、微实训,引入微反思、微点评、微互动并完成整个教学环节是教师微课制作的最大难点和最大工作量。

二、微课的主要特点

1. 教学时间较短

教学视频是微课的核心组成内容。根据中小学生的认知特点和学习规律,"微课"的时长一般为5~8分钟,最长不宜超过15分钟。因此,相对于传统的40或45分钟的一节课的教学课例来说,"微课"可以称之为"课例片段"或"微课例"。

2. 教学内容较少

相对于较宽泛的传统课堂,"微课"的问题聚集,主题突出,更适合教师的需要。"微课"主要是为了突出课堂教学中某个学科知识点(如教学中重点、难点、疑点内容)的教学,或是反映课堂中某个教学环节、教学主题的教与学活动,相对于传统一节课要完成的复杂众多的教学内容,"微课"的内容更加精简,因此又可以称为"微课堂"。

3. 资源容量较小

从大小上来说,"微课"视频及配套辅助资源的总容量一般在几十兆左右,视频格式须是支持网络在线播放的流媒体格式(如rm、wmv、flv等),师生可流畅地在线观摩课例,查看教案、课件等辅助资源;也可灵活方便地将其下载保存到终端设备(如笔记本电脑、手机、MP4等)上实现移动学习、"在线学习",非常适合于教师的观摩、评课、反思和研究。

4. 资源组成、结构、构成"情境化",资源使用方便

"微课"选取的教学内容一般要求主题突出、指向明确、相对完整。它以教学视频片段为主线"统整"教学设计(包括教案或学案)、课堂教学时使用到的多媒体素材和课件、教师课后的教学反思、学生的反馈意见及学科专家的文字点评等相关教学资源,构成了一个主题鲜明、类型多样、结构紧凑的"主题单元资源包",营造了一个真实的"微教学资源环境"。这使得"微课"资源具有视频教学案例的特征。广大教师和学生在这种真实的、具体的、典型案例化的教与学情境中可易于实现"隐性知识"、"默会知识"等高阶思维能力的学习并实现教学观念、技能、风格的模仿、迁移和提升,从而迅速提升教师的课堂教学水平、促进教师的专业成长,提高学生学业水平。

三、微课的分类

按照课堂教学方法，根据李秉德教授对我国中小学教学活动中常用的教学方法的分类总结，同时也为便于一线教师对微课分类的理解和实践开发的可操作性，将微课划分为讲授类、问答类、启发类、讨论类、演示类、练习类、实验类、表演类、自主学习类、合作学习类、探究学习类 11 类。

四、微课的脚本

教师作为微课制作的导演和制片，首先要将传统教案转化为针对某个知识点或教学环节的微教案，以微教案为纲，将传统的习题、互动分解、简化，围绕微教案，适当情况下也可以设计教学环节并完成讲稿和对白等内容，最终完成微课制作的录制脚本。同时，教师也要准备好集中于该知识点的教学微课件，为了提高学生的学习兴趣和关注度，增加教学微互动。最后，教师在留给学生思考空间之余也可以准备好相关习题，并提供可选择的反馈途径。对于教师拍摄和录制的视频，都需要教师进行视频剪辑、配音以及字幕添加、互动添加（quiz）等工作来完成整个微课的微视频制作。

五、微课程的基本属性

微课程是云计算、移动互联环境下，有关单位课时教学活动的目标、任务、方法、资源、作业、互动、评价与反思等要素优化组合为一体的教学系统。根据教学内容设计，师生共同开发制作微课，课前发布到学习平台，课上统一观看，用于学生课前自主学习的资源作为教师上课的教学资源、实验操作指导等。

微课程的四个基本属性：课程属性、时代属性、技术属性与资源属性。基于以上认识，微课程是将原课程按照学生学习规律，分解成为一系列具有目标、任务、方法、资源、作业、互动与反思等在内的微型课程体系。其研究对象是以课时为单位的教学活动，而不是一个被孤零零拆散的知识点。

六、微课程教学法

微课程教学法的产生，基于对微课程的实践研究。微课程教学法的研究对象服从于微课程的研究对象，即两者是重合的，都以课时为单位的教学活动为研究对象。两者的结构也相似，在微课程教学法的基本结构中，自主学习任务单、配套学习资源（通常以"微课"为显著特征，但不绝对）、课堂教学方式创新三大模块互相依存、缺一不可，微课程设计、开发、实施、评价构成了微课程教学法的方法体系。微课程教学法就是在"云计算"环境下的以三大模块、"导学一体"为基本模式的教学方法。其宗旨是在一系列的以课时为单位的教学实践活动中，实现信息技术与课程的深度融合，促进师生互动和生生互动，促进教学质量的提升。

微课程教学法认为，在以课时为单位的教学活动中，可以把自主学习任务单、配套学习资源（"微课"等）（课前）、课堂教学方式创新（课内）这三大模块划分为课前、课内两个不同的教学阶段。微课程教学法认为，在课前学习阶段，学生可以通过"任务单"的指导和"微课"的帮助开展自主学习，呈现出"导学一体"的性质。但是，进入课内教学活动阶段之后，如果教学方式得不到有效的改变，课内活动会变得十分滑稽和糟糕。因此，课内教学方式创新的重要性前所未有地突显出来。这本来是好事，凸显出微课程教学法研究的重点和创新点。但问题在于,课堂教学方式创新一直是中小学课程改革实践的软肋,"导学一体"能否继续破解难题?对此,微课程教学法必须进行认真研究解决。

七、微课的前身——课前活动中的导学一体教学模式

1. 教师视域出发的分析

当从教师视域出发分析微课程教学法时就能发现,教师是教学活动的设计者、组织者、指导者和帮助者。这时的微课程教学法三大模块中,教师首先要设计"任务单"。"任务单"采用任务驱动、问题导向的方法,帮助学生认清学习目标,实现高效自主学习。因此,"任务单"不仅影响教师决定采用什么样的资源(含"微课"),而且在教师决定采用"微课"的条件下,影响教师关于"微课"的目标、内容、方法和制作方式的理解,具有引领自主学习方向的意义。其次,为了帮助学生完成"任务单"给出的任务,教师需要提供配套学习资源(含"微课")作为学生自主学习的支架。微课程实验表明,在大多数学科、大多数内容的教学活动中,"微课"都是非常突出地帮助学生高效自主学习的好资源。由此可见,教师工作的着眼点是学生,教师用"任务单"指导学生开展自主学习,制作"微课"帮助学生完成"任务单"给出的任务,又通过"任务单"反馈的信息调整教学策略,使教师指导与学生自主学习融为一体,形成特色鲜明的"导学一体"的微课程教学法的基本模式。

2. 学生视域出发的分析

当我们从学生主体出发分析微课程教学法的时候,不难发现,学生成为学习的主人,他们借助"任务单"开展自主学习,在完成"任务单"给出的任务遇到困难的时候,可以观看教师提供的"微课",或者阅读、分析其他学习材料(资源),然后完成"任务单"给出的任务。课前自主学习完成之后,他们将按照课表安排进入课内学习。于是,微课程教学法的结构发生变化,我们从中依然能够发现教师主导作用的重要性,只不过这种指导作用并不显性地存在于学生活动的前台,而是隐性地存在于后台。

3. 一个微课有多个相互联系的知识点

实验发现,在大多数情况下,一个"微课"可以囊括一个课时的课程精讲。即一个"微课"可以有一个或数个相互联系的知识点。在"微课"框架下,数个知识点并不会给学生视觉驻留带来任何消极影响。当然,这并不排斥一个复杂知识点的精讲可能需要数个"微课"的支持。一般来说,只要长度控制在 10 分钟之内,学生通过观看一个或数个知识点的"微课"不会有视觉驻留方面的问题。因此,制作"微课"时不应该拘泥于一个孤立的知识点,而应该服从于"任务单"给出的任务。微课程教学法认为,一个"微课"可以有一个或数个相互联系的知识点,不仅是可行的,更为重要的是,有利于培养联系的观点和发展创新的潜能。创新总是发生在混沌的边缘。所谓创新发生在混沌的边缘,其实就是在事物发生联系的重合部分或重合点上,最容易通过多元整合产生新事物、新学科。一个"微课"可以囊括一个或数个相互联系的知识点,有利于学生梳理知识结构,发现事物之间的联系,引发对相互联系的事物的深层思考,这样能为他们今后在事物相互联系的现实中实现创新打下基础。因此,微课程教学法不赞成在微课程(包括"微课")实践刚刚开始的时候,就给出一个"微课"只能一个知识点的限制。因为这只能强化传统的资源建设观,强化以死揪知识点为标志的、扼杀创新潜能发展的僵化的传统教学。

4. 课内活动中的"导学一体"教学模式

(1)调整教学策略、创新教学方式的必要性 在课前自主学习过程中,学生借助教师提

供的"任务单"和"微课"这两大支架，已经基本掌握有关学习内容，当课堂教学活动开始的时候，教师再也不能像过去那样上课了。他们必须创新教学方式，才能把学习继续引向深入。另一方面，当课前自主学习过程结束的时候，教师已经通过"任务单"反馈，对学生自主学习成果和存在的困惑有了基本的了解。这时候，教师也有可能调整教学策略，创新教学方式了。

（2）"导学一体"破解教学方式创新难题　在课前教学阶段，微课程教学法成功地把自主学习的突破口选在设计"任务单"，并且全过程贯串"导学一体"理念。到了课内教学阶段，就不得不把突破口放在教学方式创新这个难点上。而且，微课程教学法要走的路，是在前人成果的基础上走得更远。微课程教学法创造了贯穿课时教学活动全过程（包括课前、课后两个阶段）的"导学一体"教学模型。在"任务单"模块，以课时为单位的教学活动首先由教师发动的指导学生自主学习设计"任务单"，学生则根据教师提供的"任务单"开展自主学习。这是以课时为单位的教学活动的"第一学习空间"。在这个空间里，学生是前台自主学习的主体，教师则是隐性存在于后台的指导者。"配套学习资源"（主要为"微课"）模块，是以课时为单位的教学活动的"第二学习空间"。在这个空间里，学习的主体依然是学生，他们通过观看"微课"获得完成任务的能力与信心。教师则是隐性存在于后台的帮助者。目前，微课程教学法实践已经形成四大类"微课"：课程精讲类、实验探究类、操作示范类、虚拟面批类；一个探索中的大类：游戏学习类。在"任务单"模块和"微课"模块，教师的职能正在静悄悄地发生转变，从知识的传授者转变成为学生自主学习的指导者和帮助者。到了课堂教学阶段，师生同聚一个空间，教师是课堂学习的设计者和组织者，也是学生学习的指导者和帮助者。学生在教师的组织和引导下完成内化知识和拓展能力，成为能够自主学习或善于自主学习的一员。由于微课程教学法釜底抽薪般倡导课堂教学方式创新所带来的动力和压力，教师的创造力开始释放，他们创造多种形式的预习检测方式和当堂作业方式；当堂测试自主学习成效，如昆山市朝阳小学英语教师徐洁洁采用听一听、讲一讲、练一练、填一填的检测法。工作坊（workshop）协作破解疑难问题，如昆山市培本实验小学和山东省昌乐一中都在课堂教学中采用这种方式。

八、微课程教学法的实践意义

微课程教学法引起资源观、教学观、教师发展观的新变革，推动课程改革深入发展。

1. 新资源观：变教师上课资源为学生学习资源

微课程教学法认为，以往的资源建设积累了丰富的教育资源，但仍无法满足教学工作需求。原因并不在于资源匮乏，而在于资源选择的个性化。因此，依靠开发大量教育资源来满足教师个性化的资源需求简直是天方夜谭。MOOC和微课程的兴起，昭示我们告别传统资源观，代之以大力开发学生自主学习用微课程资源的新资源观。微课程教学法倡导为帮助学生完成"任务单"给出的任务制作"微课"，"微课"的针对性很强。因此，教师本人为自己的学生制作的"微课"在自主学习中大行其道。事实上，只有教师参与资源开发，才能最终破解资源建设难题。

2. 新教学观：信息化教学前移

微课程教学法认为，微课程倡导的自主学习方式表现为信息化教学前移。在这种"人机一对一"的学习方式中，只要学习材料具有足够的重要性或趣味性，就能达到与补课中"一对一效应"同样的高效率。信息化教学前移的灵感，来源于萨尔曼·汗创造的"用视频再造教育"的学习方式。这种学习方式让学生有一个自定进度的学习,遇到有困惑的地方,可以重复观看教学视频,使不同的学生用不同的时间通过"瑞士奶酪式的保证通过原有基础继续建构的间隙",直达学习目标;如果学习仍然有困惑,则有教师在课堂上进行一对一的个性化指导,帮助需要帮助的学生,从而提高学习质量。

3. 新教师发展观:教师职能转型呼之欲出

微课程教学法认为,微课程实施过程中,要求教师发展教学新素养,养成"新微格"常态化反思习惯,实现从"演员"到"导演"的教师职能转型升级。信息化教学前移的载体是微课程学习方式,需要教师精心制作"微课"。因此,除了传统的教学功底之外,要求教师在信息化教学、可视化教学、视听认知心理学、视音频技术、艺术修养和批判性思维等方面有一定修养。

养成"新微格"常态化反思习惯。微课程教学法要求教师精通"微课"制作。一般来说,教师制作、审查、修改"微课"的过程,与通过微格教室录课、切片、反思与研讨的过程极为相似,我们称之为"新微格"。"新微格"变"贵族"微格教室为可移动的"平民"微格教室,支持教学反思常态化。

从"演员"到"导演"的教师职能转型呼之欲出。微课程教学法认为,在"导学一体"的教学模式中,教师需要精心设计指导学生学习的"任务单",制作帮助学生完成任务的"微课",策划好课堂创新学习形式,准备好在课堂上指导学有困惑的学生和拓展学习深度。于是,教师职能的重心从讲课转变为设计、组织、帮助与指导。因此,信息化教学前移成为帮助教师从"演员"向"导演"转型提升的绝佳良方。

第三节 快速制作和评价微课

教师自己动手——"快课技术"。快课(Rapid E-learning),不是课,而是一种基于模板和套件来设计课件的快速化制作技术。采用这种技术的软件,都包含有各种形式和功能的模板。这些模板功能强大,具有灵活性、扩展性和多样性特点。利用快课技术制作微课时,操作简单、快速生成,普通学科教师经过数小时培训之后,可快速掌握快课技术。

快课技术的特征:模块化,采用模块套件,组合方便,模块类型多样;个性定制,各取所需;简捷化,紧贴学科需求,入门要求低,制作时间短。

快课技术应用三步曲,初步阶段为微课,硬件有绘图板、智能笔、DV、高拍仪等,基础软件有 Adobe captivate、ES、UI 等。中级阶段为慕课,硬件有固定演播室、移动拍摄(PMRS),基础软件有 Adobe captivate,辅助软件有 MS PowerPoint、PR、PN 等。高级阶段为私播课,硬件有多功能自助式拍摄(SMMS),基础软件为 Adobe captivate,辅助软件有 CB、CT、CTA、Connect 等。

一、如何设计制作高质量的微课

第一步是选题。选题主要从重点、难点和易错点入手。具体来说,整理出的选题清单主要有:一个小主题/问题(小题大做是微课的思路);难点、疑点、重点、考点、增长点;一个例题、错题、难题、拓展题……一个方程式、公式、原理、定理、案例、反例;一个知识点、一个实验、一个常考点、一个知识混淆点、一个易错点……

第二步是设计。从内容、结构等方面设计出有创意的信息化教案。微课设计的类型主要有课程精讲类、实验探究类、操作示范类、虚拟面批类、游戏学习类 5 类。

第三步是制作。教师常用的微课制作方法主要有：手机平板摄像（纸上书写、白板书写、实体操作）；PPT 讲解＋批注（录屏、录音）；计算机＋写字板（录屏、录音）（可汗学院主要用这种方式制作）；使用录课笔；使用 iPad 制作微课等。

如平板电脑摄像，手机摄像，纸上书写，白板书写，实体操作；讲解；后期编辑（字幕、封面、版权页）等，如图 5-1 所示。

图 5-1　用手机平板录微课

教师制作微课的编辑工具主要有喀秋莎（Camtasia Studio）等。喀秋莎（Camtasia Studio）的优点——屏幕录像和编辑的软件套装，有录屏、录音、录 PPT；视频的后期编辑（字幕、标注、裁剪、转场）；画面的变焦（放大局部、缩小、移动）；音频的处理（降噪、裁切）；配套测试题设计等。

使用录课笔制作微课如图 5-2 所示。

图 5-2　使用录课笔制作微课

二、微课的评价

详细的微课评价表

选手：_____

项目	评测要求	分值	得分
作品规范 10分	一、材料完整（5分） 　　包含微课视频，教学方案设计、课件等。如在微课视频中使用到的习题及总结等辅助扩展资料，可以一并提供。	5	
	二、技术规范（5分） 　　1. 微课视频：时长10～15分钟，鼓励简明易懂、短小精趣的微课作品；视频图像清晰稳定、构图合理、声音清楚，主要教学内容有字幕提示等；视频片头应显示作品标题、作者、单位，如果是比赛则不能有作者和单位信息。 　　2. 多媒体教学课件：配合视频讲授使用的主要教学课件为PPT格式，需单独文件提交。 　　3. 教学方案设计表内应注明讲课内容所属学科、专业、课程及适用对象等信息。	5	
教学安排 40分	一、选题价值（10分） 　　选取教学环节中某一知识点、专题、实验活动作为选题，针对教学中的常见、典型、有代表性的问题或内容进行设计，类型包括但不限于：讲授类、解题类、答疑类、实验类、活动类。选题尽量"小而精"，具备独立性、示范性、代表性，应针对教学过程中的重点、难点问题。	10	
	二、教学设计与组织（15分） 　　1. 教学方案 　　围绕选题设计，突出重点，注重实效；教学目的明确，教学思路清晰，注重学生全面发展。 　　2. 教学内容 　　严谨充实，无科学性、政策性错误，能理论联系实际，反映社会和学科发展。 　　3. 教学组织与编排 　　要符合学生的认知规律；教学过程主线清晰、重点突出，逻辑性强，明了易懂；注重突出学生的主体性以及教与学活动有机结合。	15	
	三、教学方法与手段（15分） 　　教学策略选择正确，注重调动学生的学习积极性和创造性思维能力；能根据教学需求选用灵活适当的教学方法；信息技术手段运用合理，正确选择使用各种教学媒体，教学辅助效果好。	15	
教学效果 40分	一、目标达成（15分） 　　完成设定的教学目标，有效解决实际教学问题，促进学生思维能力提高。	15	
	二、教学特色（15分） 　　教学形式新颖，教学过程深入浅出，形象生动，趣味性和启发性强，教学氛围的营造有利于提升学生学习的积极性和主动性。	15	
	三、教师风采（10分） 　　教学语言规范、清晰，富有感染力；教学逻辑严谨，能够较好运用各种现代教育技术手段，相关知识点、教学内容等讲解清楚。如教师出镜，则需仪表得当，教态自然，能展现良好的教学风貌和个人魅力。	10	
评委提问 10分	答辩准确、层次清楚、有理有据。	10	

评委签名：

简单的微课评价表

选手：_____

序号	配套教学资源(微课)评价指标	分值
1	资源的逻辑性：思路清晰	10分
2	资源的合理性：解决教学重点、难点问题的技巧	10分
3	资源的趣味性：吸引学生学习的程度	10分
4	资源的科学性：讲解规范，无科学性错误	10分
5	视觉传达的有效性：提纲挈领，简洁鲜明，给人深刻印象	10分
6	资源帮助学生完成《自主学习任务单》的可能性	50分
总分	配套教学资源(微课)综合评分	

教师今后要加强化学课程的校本化研究和微课制作与微课评价研究，重新规划课时内容，组织教材整合和微课评价体系。将更多的技术融入提升微课质量，做学生喜欢的微课。完善新模式的评价研究，制定基于学校基础课堂和微课的可操作评价标准，拓展课时难点研究，形成系统的微课体系，不断充实和完善微课资源库，加大硬件建设和前沿信息技术的研究与应用。

三、微课的管理

利用网络平台进行智能化管理，包含微课练习题的智能推送、学生完成情况统计、分析组成学习、社区汇总学习疑惑等，学生使用手机学习微课程，教师使用微信公众账号管理微课。

如面向一线教师的课程管理系统《四叶草》(http//www.4ye.cc/)，如图5-3所示。

图5-3 四叶草课程管理系统

又如面向一线教师的课程管理系统《有的》 (http//www.udemy.com)，《易教》(http//www.ischool365.com：8028)等。

第四节 翻转课堂

一、什么是翻转课堂

翻转课堂（Flipped Classroom）是相对于传统的课堂上以教师讲授、学生听讲，课后学生完成作业为主的教学模式而言的；它是指课前学生在家观看教学微视频，完成知识的理解与把握，课堂上完成作业，深化讨论，动手操作，探究创新的课堂教学模式。

翻转课堂也译作颠倒课堂，是教师或专业制作者创建视频，学生课外观看视频中的讲解、学习新知识，回到课堂上师生共同交流、探讨、合作，从而解决具体问题、完成学习任务的教学模式。它把"老师白天在教室上课，学生晚上回家做作业"的教学结构翻转过来，改变传统课堂中教师和学生的角色，也改变传统课堂中的学习方式。在翻转课堂模式下，学生在课堂外通过互联网自主完成知识的学习，而在课堂上与老师、同学交流互动，共同探讨、解决学习中遇到的问题。

翻转课堂主要有小翻转和大翻转两种形式。

小翻转又叫课内翻转，由每节课的前段和后段组成。课的前段主要是课上学习任务单＋微课（其他学习资源），此部分内容由学生独立完成；课的后段主要是由学生互助释疑，最后由教师点拨提升来完成整个教学任务。

大翻转又叫家校翻转，由学生在家（或课外）完成课前自主学习和课内释疑提升。课前自主学习任务单＋微课（其他学习资源）与小翻转相同；课上则主要完成学生互助释疑，教师点拨提升。

二、为何要翻转课堂

由于学生之间存在差异，教学中共知的问题按统一的进度进行，教与学是低效的。传统课堂是老师讲解，学生被动的学习，课堂上学生学习知识，只能按统一的方式进行，无法解决学生个体差异带来的影响。课后学生内化知识时，多采用复习旧知，完成作业的方式进行，不会的问题不能及时解决，学生间的差异大，资源无法利用，通常学生需要克服学习中的重点难点时，教师往往并不在现场，课堂上一走神，就跟不上老师的节奏；课后作业不会时，也找不到人问。之前的教学方法改进，主要有分层异步，合作学习。但关键是学生没有深入的学习作为基础，不同的学生，掌握同样的学习材料需要的时间不一样，分层与合作效果不好，也就没有太大的意义。

翻转课堂在课前，学生采用自主学习，自定进度，整理收获，提出问题；课堂上学生内化知识，展示交流，协作探究，教师巡视，一对一个性化指导。由于用微课的视频再造教育，视频对学习者而言，可以有一个自定进度的学习，即按照自己的步骤、节奏学习，可以暂停、倒退、重播，有利于根据个人情况完成学习，夯实基础，有利于预防学困生出现，克服了传统教学一刀切的缺点。

总之，翻转课堂必须要有学习任务单、微课等学习资源，还要进行课堂教学形式的改革。课前布置学生自主学习任务单，给学生提供微课等配套学习资源，在课内进行课堂教学方式创新，学生进行人性化学习，让他们按照自己的步骤学习，教师给予学生一对一个性指导，提高学习绩效。

三、翻转课堂的学习任务

对于翻转课堂教学，很多老师都会担心，学生自己能学会吗？学生能自觉完成学习任务吗？学习后的课堂如何组织？三个最关心的问题。

本杰明·S·布卢姆的掌握学习理论认为：学生的学习成绩不是正态分布，学不好是因为长期的错误积累造成的。掌握学习理论认为个性化学习方案加上个性化辅导，在适当的学习条件下，给予充足的学习时间，加上随时随地学习和反复多次学习，90%以上的学生都能学好，学生在掌握某一单元内容后能进入下一阶段的学习。

学生高效的自主学习要基于教师精心的"先学"设计，教师在备课中要精心的设计学习任务单、微课等学习资源、设计课堂活动。如某节课的学生活动可以设计为：实验探究、观看微课等，在此基础上设计教学评价，师生共同发现问题，教师进行反馈指导，学生完成学习任务，教师发现问题后修改和完善教学内容，并设计下节课的教学。如九年级化学溶解度的相关翻转课堂的教学设计如图5-4所示。

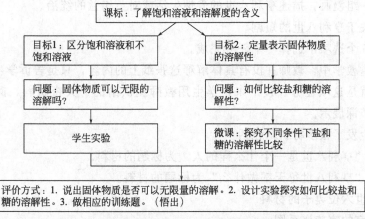

图 5-4 九年级化学溶解度的相关翻转课堂的教学设计

微课程研发设计与传统教学设计的相同点主要有课标、目标、学习过程三个方面，而不同点主要是微课程设计更加注重学的设计，对问题链的思考成为重心，引入微课核心要素，而微课程的核心就是学习任务单。学习任务单是指导学习者进行课程预习的导学地图（学习指南），让学习者了解学习的目标、方法、要求、内容，促进学习者与学习材料和同伴之间的互动，帮助学习者有效利用学习资源，提高自主学习效果。

学习任务单是以任务驱动，开放的问题为导向，学生不仅学到知识，还能在学的过程中提高能力。为学生学习某个知识设计一项或多项任务，这应该是任务单最基本的特征。它的结构主要有三个部分：一、学习指南，包括课程名称、达成目标、学习方法建议、课堂学习形式预告；二、学习任务；三、困惑与建议。学习任务单的核心理念是学生要掌握A知识，但教师给的材料并不直接提供A，而是承载了A的事实。而学习过程的设计，是学生学习的途径和方法，它的两个特征是任务设计（形式多样）和问题设计（开放性问题）。学习任务应以落实学习目标为主，将学习目标融入学习任务和设置的问题中。

自主学习任务单和学案也有所不同，自主学习任务单主要是设计让学生完成的任务（或活动），在完成任务的过程中达成学习的目标。学案则是把学生要学的知识要点以填空或者简单的问题的方式打印在纸上发给学生。如讲二氧化碳的实验室制备时，自主学习任务单可在百度或者谷歌搜索"二氧化碳"条目，选择其中三个条款，把每个条款中出现频率最多的关键词摘抄三个。学案则是教师将二氧化碳的制备原理、实验装置、药品选择、仪器选择等内容作为填空或简答的形式打印出来给学生自学。

2013年教师月刊第2期上有一篇文章《知识材料与时事材料》中说到了美国一所学校在学习世界历史的一个自主学习任务单，这个学习任务单很有代表性，可作为我们今后制作化学学习任务单的参考。

世界历史某个自主学习任务单：

（1）撰写一首歌曲或一首诗，可以选择以下角度创作：一个局外人的角度；亨利国王的角度；或者他任何一个妻子的角度。

（2）从亨利的妻子们的角度写成六篇日志（要有新意）。每位妻子一个条目。描述你的感受、关注的事情等，但是要确保准确再现历史。

（3）创作一份彩色2页小报，必须写3个故事（一个故事写亨利八世，他的统治，他的个人生活，另外再写2个有特色的故事）。

（4）创作一组漫画，描述亨利八世的爱情生活或对英格兰的统治。

（5）创作关于亨利八世的短剧。

请从上列5个选项中选择一个任务完成。

在翻转课堂教学中，教师并没有具体解释这张纸上的内容，只是告诉学生，今天这堂课最后要完成的就是这项任务。接下来，学生用教师提供给的一大沓材料，阅读、写作、交流。准备下一节课展示。

教师向学生发了很多材料，包括：

① 一份以"亨利八世是一个什么样的人"为标题的材料。

② 一份以"亨利八世每天都做什么"为标题的材料。

③ 亨利八世六位妻子的材料。

④ 都铎王室的家族谱系图。

⑤ 一份题为"亨利八世和他的六个女人"的材料。

⑥ 亨利八世国王的大幅全身照。

⑦ 关于歌曲、说唱乐、诗、日志、故事、漫画和短剧的评分标准。

四、翻转课堂的进阶式作业

进阶式课堂作业，是翻转课堂教学必不可少的一环，否则就谈不上知识的内化。决不能把进阶式课堂作业任务搞成试卷一般，使学生不堪重负，课堂教学就会演变成作业讲评，翻转课堂就会徒有虚名。展示、质疑、阐释一体化内化，这是山东省昌乐一中创造的方法。在小组协作完成课堂作业的时候，各组推荐一名学生在黑板上解题；另外推荐成员讲解同组学生作业；然后征求全班学生质疑；最后对质疑问题做出新的阐释。这种方法，不仅帮助学生实现内化，而且拓展他们多方面的能力，诸如比较、评价等高级思维能力，在公开场合从容表达自己意见的能力等，让学生在知识内化与能力拓展方面得到多方面的发展。教师自己则成为静观者、倾听者，不失时机地运用苏格拉底式诘问法（Socratic Method）引导诱发，帮助学生发现不足，建立正确的概念，而不是把答案直接告诉学生。

五、翻转课堂的质量保障

为了保证翻转课堂的教学质量，在学校层面必须做好校本培训，学校要开设"翻转课堂"机房，教室里有多台计算机或学生的智能手机，要提供网络平台。学校还必须统一组织展示、交流优秀的学习任务单，组织和指导微课的设计制作，组织研讨公开课进行研讨交流，组织教师翻转课堂教学比赛，参加各级各类微课设计大赛，设计微课和翻转课堂评价量表，指导教师有效使用微课程，并将翻转课堂的实验研究作为课堂教学改革研究的重点。

在教师层面，教师必须积极主动申报翻转课堂教学改革，成立翻转课堂实验团队，由教师个人和学科备课组共同组成，积极主动参加翻转课堂培训和各类研讨会，每2周召开实验研究、微课程制作和翻转课堂教学改革等研讨会，及时总结、反思，形成自己的翻转课堂实践经验。教师要通过三个保证突破自我，保证课堂作业、保证协作探究、保证不去主宰课堂，教师不再需要去演完教案这个剧本，要由演员转型变化为导演，重要的是精心设计好学习任务单，准备好发展高级思维能力的学习资源（微课程），设计好主体为学生的课堂学习形式，准备好指导学有困惑的学生。

实施翻转课堂后的学校，大多数教师和学生的变化明显，充分调动了学生的学习主动性，提高了学生的问题意识和创新意识，课堂上初步落实了分层施教，激发了教师参与校本研究的主动性，教师的专业水平得到了迅速提升。

第五节　对分课堂

在如今的讲授式课堂下，学生不想学，老师认为学生不积极、不主动，学生认为自己被动接受学习，没有机会参与，学习积极性不高。尽管研讨式课堂给学生讨论的机会，有助于提升学生的主动性，但当堂讨论，不符合人类学习的心理学原理，老师讲完，立刻让学生展开讨论，学生对所讲内容尚未理解与吸收，没有时间思考，更难有新颖的看法，很难展开有效的讨论。在教学中教师常犯的4个错误是教师压抑了学生，没给学生参与的机会；错怪了学生，没认识学生向学的动力；低估了学生，没看到学生的潜力；为难了学生，没让学生有充分的准备。

2014年春季，复旦大学张学新教授在心理系本科二年级《心理实验设计与研究方法》课上首次尝试对分课堂，效果良好。同一学期，上海理工大学外语学院青年教师何玲，将该模式首次运用到研究生一年级公共英语口语课上，也获得不错效果。青岛滨海学院2016年开学后就组织开展对分课堂实践，现在共有14个学院、64门课程参加对分课堂教学实践，目前已取得了明显的教学效果。

一、什么是对分课堂

对分课堂的核心理念是一半课堂时间分配给老师，另一半分配给学生以讨论的形式进行交互式学习。对分课堂强调先教后学，强调生生、师生互动，鼓励自主性学习，关键在于将讲授和讨论错开，让学生在中间有一定的时间自主安排学习，进行个性化的内化吸收。因材施教、先教后学与先学后教、认知主义、建构主义等是对分课堂的理论基础。翻转课堂被盖茨誉为"教育革命"，但在中国推广翻转课堂却十分困难，而推广对分课堂就比较容易，采用高效课堂与对分课堂，引导式小班研讨与自主式小组研讨，循序渐进，完成知识建构。

对分课堂在时间上清晰分离为三个过程：讲授、内化吸收和讨论（所以又叫 PAD 课堂）。对分课堂最核心的特点是隔堂对分和当堂对分。隔堂对分是指每节课的前一半时间用于讨论上一节课教师讲授的内容，又称为"隔堂讨论"。当堂对分是在一节课内全部完成讲授、自主学习和讨论交流。如 40 分钟一节课，教师先讲授 20 分钟，给出相关的思考题或习题，学生先不交流，进行 6 分钟自主学习和独立思考，写出自己的答案，然后小组讨论 7 分钟，全班交流 7 分钟。

二、对分课堂的教学环节

对分课堂的教学环节共分为 3 个部分，环节 1 为教师讲授环节，介绍教学内容构架、重点和难点，不完全覆盖细节。环节 2 为学生内化吸收环节，老师讲授后，学生独立阅读教材、完成作业，用最适宜自己的学习方式，深入理解，进行个性化的内化、吸收（不能与同学交流讨论），以此强调自我掌控的个体学习。环节 3 为学生讨论，4 人一组进行小组讨论，针对教师讲授的内容、作业等，学生通过内化阶段的学习总结后分享自己的体会、收获和困惑，互相答疑、互相启发，把普遍性的问题记录下来。教师组织全班讨论，对小组讨论中存在的问题进行答疑，最后做总结。

对分课堂的教学环节也可细分为讲授、独立思考、独立做作业、小组讨论、全班交流 5 个环节。

对分课堂是一种新的教学模式，基于心理学构造，理论基础坚实，讲授与讨论式课堂的融合，实现了人本主义教学理念。从教到学、布置作业到批改作业、从课堂管理到考核，覆盖所有教学环节，结构完整，设计严密、简明高效。对分课堂分为当堂对分、隔堂对分、隔堂对分+当堂对分三个子模式。而某个小知识可采用人人能做的三分钟对分，教师讲授到某个时刻某个知识点时停下来，1 分钟给学生独立学习，1 分钟同桌讨论，1 分钟教师抽查两个学生，3 个 1 分钟就完成了某个知识点的教学，然后可以继续讲授下一个知识点。

三、对分课堂的教学方式

由于对分课堂的核心理念是把课堂时间对半切分，一半给教师讲授，另一半给学生讨论，在具体的教学过程中，隔堂讨论是对分课堂的关键。第一次课教师只讲解内容框架，主要是重点和难点；然后学生进行课外个性化学习、理解；第二次课学生分组讨论，合作学习。讲授和讨论在时间上错开，学生中间有一定时间自主学习，进行个性化的内化吸收。设想某课程每周 2 节课，教授 16 周，覆盖教科书 10 个章节内容，第 1 周第 1 节教师讲授课程概论，第 2 节教师讲授课本第 1 章内容，学生课后阅读第 1 章，完成作业。第 2 周第 1 节学生分组讨论第 1 章内容，第 2 节教师讲授第 2 章内容，学生课后阅读第 2 章，完成作业。第 3 周第 1 节学生分组讨论第 2 章内容，第 2 节教师讲授第 3 章内容。依此类推，每周第一节学生讨论，第二节老师讲授，师生对分课堂时间。注意每次对分都要求满足讲授、独立学习、独立做作业、小组讨论、全班交流的五个关键小环节。

在对分课堂教学中，教师最大的担心是如何保证讨论效果，开始进行对分课堂教学时必须耐心的示例，配合多种形式促进元认知，学生要学会有效讨论的策略，掌握释义、确定意义、积极反馈、展开、质疑、舒缓紧张、巩固、总结等策略，特别强调作业是讨论的基础。教师对内容框架、基本概念、重点难点的讲解，中间一周时间，学生阅读课本，对内容吸收、内化、完成作业。学生回到课堂，分组讨论、全班交流、教师总结。作业样例可进入免费教学系统：www.duifene.com，对分易教学平台查看。讨论过程之一为小组讨论；讨论过程之二为组间交流；讨论过程之三为全班交流；下一次讲授开始。

四、对分课堂的教学效果

从已开展的对分课堂的教学实践中可知，对分课堂能带来生动活泼的课堂氛围，学生积极好学，教师轻松愉快，运用简便、灵活，见效快，当天有课，当天可用，部分讲授，部分对分，达到立竿见影的教学效果，还可以提升考试成绩。对分课堂上，教师只需把握精要部分进行讲授，把其他内容留给学生学习，备课量显著减少，不用做很多 PPT，讲授时间短，降低了对学生注意力的要求，减少了纯粹为吸引眼球的"表演性"教学。分组讨论时教师在各组间巡回督促，但不介入讨论，负担很小，在对分课堂中，机械性教学降低，指导性教学增加。教师角色从覆盖内容、灌输知识，变为引导学生学习。同时教师也减少了体力活，提升了职业价值感。

由图 5-5 学习金字塔可知，对分课堂可以使学生的学习从被动走向主动，聂川博在《挑战高考：学习的程序与考试的技巧》中说道，"在教学过程中，我做过多次试验，发现学生主动学习的效率是被动学习的四倍到十倍以上，学生的学习兴趣大大提高，做题的速度大大加快，信心也大为增强"。

图 5-5　学习金字塔

要提升教学质量，根本在于提高教师的教学素质。当前现实环境下，如何提升教师的素质？对分课堂通过释放学生的活力，倒逼教师提高水平，带来学生活力的进一步增强，形成良性循环。青年教师可弯道超车，资深教师也能加速成长。学生们说"对分课堂对我们课内学习和课外复习产生了较大的影响。对分课堂中让我们自主动脑的机会多，不再是老师点名、讲授的形式，而是让同学们分别讨论、集体交流，解决不了的问题再交由老师讲解。这样使全班每一个人都在动口、动手、动脑，彼此交流意见、想法，气氛热烈。每次讨论环节，最锻炼的就是独立思考能力，因为就我个人而言，不太勤于思考，而善于动手，每节课都是一个进步的过程，点滴积累，一步一个脚印的实践，把想学的学懂！对分课堂是我所接触的所有方式里面最好的一种学习方式，它给了我们更多的自由，会产生一些类似于'我想……''我认为……'的结果，如果在自己的学习中多想、多看、多讨论，把自己的想法与他人交流，也许会产生许多不一样的事情"。"每次把书看了，虽然没有理解透彻，却不知道该如何提问,当别人提出一个问题时,自己又觉得恍然大悟。每次讨论中,就我自己来说,最大的困难和挑战是不能提出相关问题的突破、独创的思维想法和简介"。"在对分课堂中我的收获很多。第一,永远不要不思考,学会提出问题。第二,不要嘲笑别人的问题太简单,也许你还想不到呢。第三,每个人有每个人独特的思考问题角度,应当多发现多观察。第四,提出问题远比解决问题困难。第五,不要习惯定势思维,一旦习惯了将教科书上的内容照单全收,那么再学会提出质疑是一件困难的事。第六,集体的智慧力量大,对分课堂使我真正学会了尊重、理解、宽容、忍耐、合作、共赢"。《教师博览(文摘版)》2015 年第 5 期文章《以色列的三个秘密》,以色列当今文坛最杰出的作家奥兹说"以色列强大的秘密就是怀疑和辩论。我觉得还有一点是对怀疑和辩论的宽容,以色列总理请他喝咖啡,他与总理辩论了一个半小时,结果是谁也没有说服谁,重要的是奥兹没有因此而受到任何责难,没有被认为是不敬"。

行为主义认为,人格成长的课堂,学生更通情达理,增进学生间、师生间友谊,缓解学生、教师、家长间的冲突,促进学生的心理健康。对分课堂是放飞创造的课堂,实现了权责对分,相信学生、把学习权还给学生。对分课堂教的是学生学习的能力,成功的学习是学生自己学会的,让学生收获成果,享受成功的喜悦,获得成就感,找到自我价值!

思考与实践

1. 选择 1 个探究实验等专项课题进行微课教学,训练微课教学的基本技能。
2. 制作 1 个 10 分钟的中学化学微课并进行小组评价,训练微课程制作和评价技能。
3. 设计 2 个微课自主学习任务单并进行小组评价,训练微课自主学习任务单的制作和评价技能。
4. 分组进行 1 次翻转课堂教学,训练翻转课堂的教学与评价技能。
5. 分组进行 1 次对分课堂教学,训练对分课堂的教学与评价技能。

主要参考文献

[1] 徐永成,龚京忠,韩小云,等. 当前我国微课发展的主要问题与发展建议. 教育教学论坛,2018,13(3):94-96.

[2] 许红英. 微课的应用与传统教学方式不同效果的研究. 学周刊,2018,01:157-158.

[3] 王亚. 我国微课教学中存在的问题及其解决策略研究. 中小学电教,2018,01,02:29-32.

[4] 李鹏鸽,王旭,左玉,等. 以发展性课堂教学评价理论审视化学微课教学. 太原师范学院学报(社会科学版),2016,15(6):119-122.

[5] 杨阳. 化学微课在高考习题教学中的应用. 新课程(下),2017,12:28.

[6] 刘雪,金京. 翻转课堂在中学化学教学中的应用——以《空气》为例. 教海探航,2017,06:008.

[7] 陈云,高英,吴庆生. 翻转课堂教学模式在普通化学教学中的应用与评价. 大学化学,2017,32(11):7-11.

[8] 徐军. 基于化学微课的翻转课堂在农村中学的探索—观化学翻转课堂有感. 新课程(下),2016,10:117.

[9] 王永胜,姜大雨,王喜琢,等. 运用 Video Scribe 软件制作化学微课案例分析. 中国教育技术装备,2016,11(12):65-67.

[10] 奚小玲. 使用屏录专家制作化学微课的方法与思考. 化学教与学,2014,11:54-55.

[11] 董金盈. 化学微课制作的实践与体会. 考试周刊,2016,65:129.

第六章

化学实验教学技能

　　化学是一门以实验为基础的学科。实验教学可以激发学生学习化学的兴趣，帮助学生形成化学概念，获得化学知识和实验技能，培养观察和实验能力，有助于培养实事求是、严肃认真的科学态度和科学的学习方法，培养科学精神和创新意识等化学核心素养。充分认识实验教学在化学教学中的地位和作用，切实采取措施加强实验教学，是提高化学教学质量的重要环节。

第一节　化学实验教学概述

一、新课程标准对化学实验教学的要求

　　《全日制义务教育课程标准》和《普通高中化学课程标准》（以下简称《新课标》）与原标准相比，加强了实验教学，把以前很多演示实验改为"活动探究"，并增添了许多家庭小实验，增加了必做实验。其目的是为了突出学生的实践活动，充分发挥学生学习的主体性。新课程改革的重点之一是在实践中培养学生的科学探究能力，学习新知识、技能和方法，帮助学生学会运用观察、实验、调查等方法广泛获取信息。要求学生能结合日常现象和化学学习提出问题、做出猜想和假设，自主设计实验或有关的活动方案，寻求解决问题的依据，处理有关的信息和资料，善于与他人合作，从中体验活动的乐趣和积极的情感，培养学生科学的态度和价值观，同时在实验探究与创新意识、科学态度与社会责任等方面培养中学生的化学核心素养。

二、化学实验教学的现状分析

　　在化学教学中实验占有较大的比重，而实验教学是极其薄弱的环节，目前普遍存在着以下5方面的问题：①传统的实验教学体系，简单的"照方抓药"的验证性实验内容较多，而缺乏培养创新能力和探索精神的内容；②实验手段落后，现代教育技术已被应用到许多领域中，而实验教学中利用现代教育技术深化教学要求的内容较少，实验教学不能反映当今化学发展的水平；③传统的实验和分析方法等与生产实际的距离偏差较大；④教学方法单一，照方抓药抑制了学生思维能力和创造能力的发挥；⑤教学方法仍采用实验前教师详细的讲解实

验内容,不仅占用了学生有限的动手时间,而且没有给学生留下思考的余地,束缚了学生的主观能动性。

传统的中学化学实验教学是以验证性教学为主,它的模式是按"问题→原理→结论→实验证明"的程序教学。这种模式简明、清晰,有利于学生对相关结论的认可、强化理解和记忆,也利于教师对整个教学过程、节奏的控制,顺利地完成教学任务。但长期、单一地使用这种教学模式,是不利于培养学生的创新精神和实践能力,学生也无法体验到化学学科的学习乐趣和研究方法。

三、领会新课标精神,充分认识实验教学

新课标从化学教育的培养目标出发,面向大多数学校和大多数学生,着眼于提高全民族的素质。与原课标相比,新课标除了规定学生需要学习一些化学基础知识和基本技能外,特别突出强调要重视对学生实验探究、创新意识、科学精神等核心素养的培养。在教学内容方面,适当降低化学基本概念和原理的要求,较大幅度降低化学计算的要求,在适当拓宽元素化合物知识面的同时,加强了化学实验,把演示实验列入了教学内容。新课标列出的初中化学31项演示实验要求教师必须在规定的教学时间内很好完成,学生分组实验必做10个,选做9个,要求教师要积极创造条件,努力完成,使每个学生都有动手做实验的机会。高中化学实验中9个必修课程学生必做实验:①配制一定物质的量浓度的溶液;②铁及其化合物的性质;③不同价态含硫物质的转化;④用化学沉淀法去除粗盐中的杂质离子;⑤同周期、同主族元素性质的递变;⑥化学反应速率的影响因素;⑦化学能转化成电能;⑧搭建球棍模型认识有机化合物分子结构的特点;⑨乙醇、乙酸的主要性质。

9个选择性必修课程学生必做实验:①简单的电镀实验;②制作简单的燃料电池;③探究影响化学平衡移动的因素;④强酸与强碱的中和滴定;⑤盐类水解的应用;⑥简单配合物的制备;⑦乙酸乙酯的制备与性质;⑧有机化合物中常见官能团的检验;⑨糖类的性质。

中学要求熟练掌握的主要化学仪器有20种,分别是:试管、烧杯、酒精灯、漏斗、胶头滴管、简易启普发生器、集气瓶、量筒、铁架台、干燥器、燃烧匙、蒸发皿、研钵、温度计、烧瓶、托盘天平、容量瓶、移液管、滴定管、锥形瓶。中学要求熟练掌握的基本操作有14种,分别是:加热、过滤与倾泻、蒸发、取药、称重、溶解、振荡、配液、量液、集气、简单仪器连接、洗涤、移液、中和滴定。

在教学要求中,除了使用仪器的技能和实验操作技能外,还要求学生学会观察和记录实验现象,能够根据实验现象分析得出结论,并如实书写实验报告。要求学生遵守实验室规则,注意安全操作,也规定为实验的教学要求,体现了实验教学的整体功能,其目的在于转变教育思想和教学观念,真正变应试教育为素质教育。因此,我们在教学中必须改变以往只重讲授,轻视实验的倾向,纠正为了应付考试,用讲实验、背实验代替做实验的错误做法,以及比较普遍存在的只满足于完成规定的实验教学任务,忽视通过实验教学养成学生良好的实验习惯,训练观察思维能力和培养科学态度、科学方法等问题。师范生必须深刻领会新课标精神,通过实验教学激发学生学习化学的兴趣,调动学生学习的主动性和积极性,全面提高化学教学质量。

第二节 化学实验教学技能

一、充分利用教材中的实验内容，启发学生的创新意识

在指导学生开展创新实验时，不过分追求实验操作的规范化，而是在注意安全的原则下，放手让学生按照课本的描述或图示方法，大胆探索，旨在让学生在探究过程中加深对知识的理解，对事物本质的理解，增进对科学本质的理解，由此形成更为深刻的充实感和兴奋感，以此提高学生的实验探究、创新意识和科学精神等核心素养。

例如：在学习"质量守恒定律"时，组织探究活动"质量守恒定律的再发现"，从而启发学生的创新意识。让学生模仿探索的基本过程：发现问题→提出假设→设计方案、进行实验→收集证据、验证假设→表达交流、反思评价。课前每个班交来的改进教材实验方案以及自行设计实验方案都可能有近 20 种，从反应药品的组别看：①氯化铁和氢氧化钠；②硝酸钡和硫酸；③硫酸铜和氢氧化钠；④碳酸钠和氯化钙；⑤硝酸银和氯化钠；⑥盐酸和碳酸氢钠；⑦锌和稀硫酸等。从仪器装置的设计看：有用带塞的分液漏斗和广口瓶的、有用带塞滴管与锥形瓶的、甚至有用吸滤瓶与气球的等。每个班的学生都要求在课前对自己所设计的仪器、药品进行可行性试验，试验一次又一次，直到下午六点多，还不愿意走。设计用吸滤瓶和气球做盐酸与碳酸氢钠试验的学生，第一次试验、气球飞了；第二次把气球绑紧，发现气球还是漏气。第三次找来"透明胶"把气球粘得严严密密，试验终于成功了。那份执著，让老师感动。可以看出，为了解决问题，学生看了不少的课外书，绞尽脑汁。新教材的探究活动让学生着迷，促使学生废寝忘食地追求知识，在这个过程中，学生的思维和学习的潜能都得到充分的发挥。

又如："寻找双氧水分解的新催化剂"。有学生提出假设：氧化铜、氧化铁可以做双氧水分解的催化剂。因为它们和二氧化锰一样，都是金属氧化物，性质类似。学生们通过实验，验证假设，发现氧化铜和氧化铁都能加快双氧水放出氧气的速率。但马上有学生提出新问题：是否因为反应过程中催化剂所含的氧参加反应，导致放氧速率加快？很快学生又提出了新一轮假设：铁粉、铝粉、锌片、氯化铁溶液、氯化铜溶液，可作催化剂，其催化作用与氧无关。实验结果表明：①氯化铁溶液；②氯化铜溶液；③锌与氯化铁的混合液，都对双氧水分解起催化作用，且锌与氯化铁混合液的效果更佳，而金属单质则不行。甚至有学生用食品做试验，发现猪肝亦可以作双氧水分解的催化剂！

二、充分利用教材中的实验内容，激发学生的化学学习兴趣

中学生好奇心强，他们学习化学的动机往往是以满足好奇心和感兴趣为主。化学实验教学的首要任务是如何激发学生对学习化学的兴趣，并使这种"短暂"的兴趣能够稳定地保持并得以发展，从而提高他们学习化学的主动性和积极性。在化学实验教学中主要抓好以下 4 点。

1. 强化演示实验教学

课堂教学中的演示实验，最能调动学生的情绪，激发他们学习的兴趣和求知欲。人教版新教材按照义务教育新课标规定的 31 项演示实验内容，在各章节中共安排了 85 个课堂演示

实验。这些实验有的是对化学概念、原理的阐述，有的是对元素化合物知识的分析、验证，有的则属于实验基本操作技能。对这些演示实验，全部安排在45分钟课堂教学中完成，并力求做到演示操作规范、实验现象明显、分析表述准确简练。对部分演示实验装置或实验操作还作了适当的补充和改进，以增强实验效果。

例如，在分子的教学中，补充了氨的挥发、碘在酒精中扩散（溶散）的实验，加深了学生对分子运动的感性认识，在燃烧和缓慢氧化的教学中，对白磷的燃烧演示实验进行改进，用球胆向烧杯的热水中缓缓通入O_2，可看到热水中的白磷与O_2接触后，也开始燃烧，产生火光。演示结束后，请学生思考3个问题：①为什么铜片上的白磷能燃烧，红磷不能燃烧？②水中的白磷需要什么条件才能燃烧？③红磷能不能燃烧？接着再补充演示红磷燃烧的实验，将少量红磷放在铁丝网上，直接在酒精灯火焰上加热，请学生观察红磷在空气中燃烧的现象，最后指导学生阅读教材内容，归纳总结出燃烧的条件。学生这样学既能理解，又记得牢。又如，在讲述氢氧化钠化学性质时，可以补充氢氧化钠与CO_2、SO_2反应的两个演示实验，然后提出两个问题：①为什么烧瓶中的小气球会自动胀大？②大试管中红色的喷泉是如何形成的？由于实验现象饶有趣味，所提出的问题富有思考性，既使学生认识氢氧化钠与酸性氧化物反应的性质，又与所学的物理知识联系起来，启迪了学生的思维，可收到明显的教学效果。

2. 加强探究实验

探究性实验，就是在课堂上充分利用化学实验，引导学生进行探究学习。它存在三要素：①提出探究问题和任务；②给学生一定的空间和时间进行自主探究，并且更多地通过合作完成；③引导学生进行正确的表达和交流。探究实验应在注意安全的原则下，放手让学生按照课本的描述或图示方法，大胆探索，旨在让学生在探究过程中加深对知识和事物本质的理解，增进对科学本质的理解，形成实验探究与创新意识和科学精神等化学核心素养。师范生们在今后的教学中，应重点培养学生的创新精神和实践能力，重视研究性学习，倡导自主探究、实践体验和合作交流的学习方式，鼓励学生敢于质疑，敢于实践，敢于创新。这就要求教师转变原有的实验教学观、学生观，寻找一些培养学生创新精神和实践能力的切入口，把一些验证性实验转变为探究性实验，特别要从生活中寻找探究实验的题材。

例如，在做高中化学必修实验"铁及其化合物的性质"时，可组织探究活动"猪肝中铁和亚铁离子的检验"，让学生模仿探索的基本过程：发现问题→提出假设→设计方案、进行实验→收集证据、验证假设→表达交流，反思评价。通过生活中常见食品"猪肝中铁和亚铁离子的检验"的实验探究，培养学生的科学精神和社会责任等化学核心素养，并将所学知识应用于生活中，体会化学科学的社会价值，增强学好化学造福人类的信念。

3. 开发家庭小实验

家庭小实验既能激发学生学习兴趣，又能培养学生动手实验的能力，启发他们的创新思维，尤其是当实验内容与生活实践紧密结合时，学生的积极性特别高。初中化学新教材配合教学内容，共设置了13个家庭小实验。教学实践表明，家庭小实验的引入使课堂教学延伸至课外，它对激发学习兴趣、巩固知识技能、培养能力、开发智力起到一定作用。当第一次向学生布置绪言课的家庭小实验——观察蜡烛色态、构造及点燃时的现象，并与课本配合作为家庭作业时，学生感到很新奇。而第二次布置家庭小实验——用玻璃杯、饭碗和小蜡烛来测定空气中氧气的含量，学生开始产生兴趣，大多数学生在家里动手做了这个实验，有的成功，也有的不成功。第二天到课堂上七嘴八舌询问老师，经过简要解释和指导后，有的同学回家又重复做了这个实验,一旦做成功了,其兴奋之情自不必说,学习化学的兴趣也随之激发出来。后来,每逢做演示实验时,学生往往会问老师:"我自己在家里能不能做?"配合课堂教学内容,我们除了布置学生完成新教材中设计的 13 个家庭小实验外,还可补充多个既有浓厚生活气息,又与所学化学知识密切相关,同时学生在家庭中又能够找到材料,独立完成的小实验,作为家庭作业。这些实验按教学进度陆续布置给学生完成,并要求每一位学生准备一个家庭小实验记录本,把所完成的实验项目、日期、观察到的现象、得出的结论与所学知识的联系等详细记录下来,半学期检查一次。多数学生都能达到老师提出的要求。近 20 个家庭小实验的开发,丰富了学生课余生活,使学生扩大了视野,培养了动手实验能力和观察与分析问题的能力,由于它们与课堂教学内容同步,也对知识的理解和巩固起到了促进作用。

例如,把教材中铁钉生锈演示实验当作家庭小实验,提前一周布置给学生在家里做。到了上铁的性质这节课时,将实验室预先做好的铁钉生锈实验的三支试管展示给学生看,并请他们与自己所做的家庭小实验结果对照,学生很自然就接受了"铁在潮湿的空气中能跟氧气发生化学反应,生成铁锈"这一事实。进而再请学生思考:"一半浸在水中的铁钉,哪一部分锈斑最明显,为什么?"启迪学生对教材讨论题"你认为铁在什么条件下最容易生锈?"进行探究,从而对铁生锈的原因和防止铁生锈的方法有更加深入的理解。还有观察小泥鳅在装水的汽水瓶中的活动、蜡烛燃烧的现象和产物的判断、酒精在什么条件下能燃烧或使火焰熄灭、用家庭厨房里的生活用品进行一系列"厨房里的化学"小实验等,都能激发学生钻研科学实验的积极性,发挥出他们的聪明才智,培养学生的科学探究与创新意识、科学精神与社会责任等核心素养。

4. 开展形式多样的课外实验活动

组织化学兴趣小组是开展课外活动的很好方式,兴趣小组活动除了举办扩展课内所学过的知识内容的专题讲座外,还可以通过做化学趣味实验、制作实验教具、组织参观、进行社会调查等多种形式展开。在小组活动中尽量发挥学生的特长,鼓励学生多动手、多动脑、多实验。学校每年可举办一次科技节,化学晚会列为专项内容之一。要求化学兴趣小组的成员要在晚会上表演趣味化学实验、化学小魔术、小游戏等节目。丰富多彩的晚会把他们带入五光十色的化学世界,听到"爆竹声声",学生自然联系到不纯氢气点燃时的爆鸣,看到"空瓶生烟"、"清水变色",就急着想了解"这是什么变化?"兴趣的激发大大提高了学习的主动性和积极性。具体科技活动方案和内容请学习第十章课外科技活动技能。

结合教学实际,指导学生进行社会调查,如学习水是人类宝贵的自然资源时,要求学生调查了解"你家附近的河水清澈吗?请问你们父母,在他们当学生时,这条河是不是像现在这样脏?你能说出原因吗?"学习燃烧和缓慢氧化时,课后布置学生到汽车加油站、仓库观察"严禁烟火"标志,到车站了解哪些物品严禁带上火车和汽车。还可以开辟"厨房中的化学"实验课题,让学生利用家庭厨房里现有的物品进行实验、观察,如观察没擦干净的铁锅、菜刀表面留下的锈斑;用久的热水瓶胆和烧水壶内沉积的水垢;比较食盐和白糖溶解性的大小;将鸡蛋放入盛食醋的茶杯中观察蛋壳表面产生的气泡;限用厨房内的用品来鉴别精盐和碱面($NaHCO_3$)等。通过这些活动使学生感到化学就在自己身边,化学与生产、生活、社会密切相关,在一定程度上增强了他们关心自然、关心社会的情感,强化学生的社会责任等核心素养。

三、充分利用教材中的实验内容，养成学生良好的实验习惯

在化学实验教学中注意使学生养成良好的实验习惯，是培养学生科学态度的重要措施。良好的实验习惯应包括：正确使用仪器，规范的实验操作，认真观察并记录实验现象，如实完成实验报告，遵守实验室规则，注意节约药品和实验安全等。在教学中注意从科学态度、规范操作上给学生进行示范，对学生遵守实验室规则提出严格要求，对如何观察、记录实验现象、填写实验报告等要加以具体指导。

例如，学生做初中化学"实验八：酸的性质"分组实验时，对盐酸与带锈铁钉的反应，在实验过程中不仅可看到铁钉表面的锈斑被盐酸所溶解，铁钉表面变得光亮，而且由于使用的盐酸过量，过量的盐酸和铁会继续发生反应，还可以看到铁钉表面有气泡冒出的现象。因此，在填写实验报告时，要求学生将实验所观察到的所有现象如实填出，并对所产生的现象作出相应的解释，以此来培养学生实事求是的科学态度。每次实验结束，都要留出 3～5 分钟，让学生清洗实验仪器、整理药品，保持桌面整洁，养成良好的实验习惯。

学生初学化学实验基本操作时，除了在课堂上演示规范的实验操作让学生模仿外，还可以将操作要点以"口诀"的方式介绍给学生，如往试管里装入粉末状药品要"一斜、二送、三直立"；装块状药品要"一横、二放、三慢竖"；液体药品取用的要点是"瓶塞倒放、两口紧挨、缓慢倾倒、加盖放回"；使用胶头滴管应"捏头赶空气、放手吸试剂、悬空滴液体、管口勿触壁"；酒精灯的使用要注意"两查、两不、两禁止、两盖"等。

四、充分利用教材中的实验内容，指导学生逐步形成实验方法

在学习气体实验室制法时，充分利用新教材的优势，从学习氧气的实验室制法开始，向学生提出四点学习要求：①掌握制取气体的实验原理；②了解实验仪器、装置；③学会正确操作方法；④掌握气体的检验方法，在学习氢气实验室制法时加以巩固。到了二氧化碳的实验室制法教学时，侧重让学生自己通过阅读教材，回忆对比 O_2 的实验室制法，归纳出学习气体实验室制法的思路和方法，并以此指导对二氧化碳实验室制法的研讨，使学生既学习了知识，又了解掌握知识的方法并能加以应用。科学的学习方法能使学生对所学的知识和技能不仅知道"是什么"，能够提出"为什么"，继续追问"还有什么"，进而解决"做什么"和探索"怎么做"。限于初中学生的认知水平和生理、心理特点，学习方法的指导应当紧密结合实验教学实际，循序渐进，不能一蹴而就。

五、充分利用教材中的实验内容，提高学生解答实验题的能力

例如，课本根据燃烧产物鉴别甲烷、氢气和一氧化碳；根据实验现象判断草木灰的主要成分；怎样用实验方法判断生石灰中有未分解的石灰石；能否根据酒精在空气中燃烧的产物来证明酒精的成分里一定含有氧元素等题。这些题目都可以在课堂教学中予以重点讲评，指导学生如何审实验题，理清解题思路，把握解题关键。

又如，课本一氧化碳还原氧化铜实验，在新教材中设置了一道讨论题（一氧化碳尾气如何处理）和一套改进的实验装置。要求学生根据一氧化碳的性质再设计其他改进的实验装置，一部分学生能提出"用排水法将一氧化碳收集在集气瓶中"的方法，然后请他们将三种方法进行对比，学生很自然就得出新教材中介绍的点燃尾气的方法为最佳结论。

六、充分利用教材中的实验内容，努力提高学生的探究实验水平

我国心理学家潘菽等把化学教学中学生的认识兴趣分为四种类型。第一类为直觉兴趣。具有这类兴趣的学生，喜欢看化学实验，但缺少对问题的深入思考，对产生实验现象的原因以及隐含在更深层问题的实质想得较少；第二类为操作兴趣。具有这类兴趣的学生，有较为强烈的动手要求，不但希望自己能重演所观察过的实验，还试图通过自己动手能有一些新发现或解决自己的某些困惑。但这些学生的活动往往是盲目的，并没有经过很好的分析和设计；第三类为探求原因的分析。具有这类兴趣的学生，在了解实验现象的基础上，倾向于认识化学事物之间的因果关系和本质联系，认识化学现象的内在规律；第四类为概括性的认识兴趣。具有这类兴趣的学生，倾向于通过观察化学变化，进一步了解同一类化学变化的共同特点和一般规律。

学生中较多的属于第一和第二类。他们的学习成绩在年级中排名中下，他们非常喜欢看化学实验、做化学实验，但懒于思考、懒于质疑，习惯于接受老师的灌输。所以，探究性实验的教学并不适宜直接用于对他们的教学，而传统的验证性实验的教学又会助长他们不良的学习方法，也不利于培养他们的综合能力。因此，在酸碱盐的教学中，采用了"引导——启发"的模式，让学生在实验中学习物质的性质和相互间的反应规律。

先复习"化学反应的四种基本类型"、"物质的分类"、"金属活动性顺序"，讲授"酸碱盐溶解性规律"，然后请学生回家做好"酸碱盐"的预习工作。在正式上课时告诉学生：①这一章主要是在实验室中完成，让他们通过自己动手做实验来掌握"酸碱盐"的性质；②酸碱盐的性质包括物理性质和化学性质。物理性质要求同学观察所研究物质的颜色、气味、状态、溶解性、挥发性等；化学性质要求根据物质的分类，用实验来证明所研究的物质能与哪几类物质反应。然后，根据学生的特点，把第一类学生和第二类学生搭配组成二人小组，指定第一类学生负责记录实验现象，第二类学生负责操作实验。在下发了实验记录表后，各小组进入实验室开始"酸碱盐性质"的研究。在本章的学习过程中，学生可以5次进入实验室，做氢氧化钠、氢氧化钙、盐酸、硫酸及常见盐的性质实验，在每次实验后，都要在课堂上引导学生先回忆上一节课的实验过程，然后进行物质性质的归纳，找出其规律性的一面。学生在整个学习过程中表现出极大的热情和兴趣，但正如心理学家潘菽指出的，他们满足于表象，缺乏深入思考，这就需要教师在旁边设计一个接一个的问题帮助他们进行思考和研究。

农村中学的学生或在学习态度上，或在学习方法上存在着不足，探究性实验的教学模式直接用于他们身上，是不合适的，他们也无所适从，但这并不意味着他们不能得到综合能力的培养和锻炼，教师应在其中创造条件，帮助他们不断提高探究实验水平。①教师在教学过程中不能只传授化学知识，而应传授化学的思考方法和科学方法。例如，讲气体的物理性质时，可以告诉学生描述气体物理性质一般有5个方面，学生只要掌握这5个方面，就能讲出一些常见气体的物理性质，而不用死记硬背。②在实验教学中，要循序渐进。第一次实验课，教师可以设计好整个实验方案，让学生做，以后逐渐递减方案内容，让学生通过模仿补充不完整的方案。③鼓励学生质疑，尤其是对实验过程中出现的不同现象要追根究底；学生一时提不出问题，教师可以自己准备一些问题，启发学生的思维，从而提高学生的探究实验水平。

第三节 化学实验教学中能力的培养技能

一、观察能力的培养

观察能力是人类智力的窗口,是人们顺利地掌握知识,完成多种活动的基本能力。没有观察就没有科学,科学的发展诞生于仔细的观察之中。

1. 科学观察的特点

科学观察总是有为解决某一问题而进行的明确的目的性和计划性,科学观察的对象是有选择的,不是漫无目的、走马观花式地看。科学观察总是与思维活动联系在一起,具有主动性、持久性的探究注视和周密的记录。科学观察需要科学理论知识(不是日常经验或生活常识)作指导,需要观察者具备与观察对象有关的基础知识。

2. 化学教学中科学观察的对象

化学教学中科学观察的对象主要是化学实验(演示实验和学生实验);其次是标本、模型和图表。在教师的指导下,自然环境和生产生活中不少物理变化和化学变化都可以成为观察对象;教学中使用的录像、投影、多媒体教学软件的内容也可作为观察对象。

3. 化学教学中培养和发展学生观察能力的途径和方法

(1) 以实验为先导,创造观察条件　化学是以实验为基础的学科,在化学教学中,教师应充分运用化学实验和直观教具,给学生创造观察的有利条件,让学生充分观察、全面细致地获取观察信息。有些教师不做或少做实验,只在黑板上画实验,或让学生背实验,将严重影响学生观察能力的培养和发展。

(2) 明确观察目的,制定观察计划　在化学教学中,指导学生观察之前,先引导学生明确观察目的和重点。确定观察目的和重点之后,还要指导学生制定周密的观察计划。特别是复杂的实验中某些稍纵即逝的现象,若无周密的计划,就可能失掉观察到的机会。

(3) 培养全面观察的习惯,掌握科学的观察方式　全面观察是指尽量使用多种感官,眼看、鼻闻、手摸,观察的过程必须详尽。只有对事物进行全面的观察,对变化的细节有了详尽的认识,获得完整信息,才能从中发现事物的本质和变化规律。按对象所处的位置,通常由远到近进行观察。按对象的外观形状,通常由大到小,由主到次进行观察。按对象的结构顺序,通常由左到右,由上到下,由外到内,由整体到局部进行观察,如观察仪器装置。按对象变化的时间顺序,连续观察或按计划选择一定的时间间隔进行观察,如铁钉生锈。

化学教学中常用观察术语的具体含义和适用范围如下。

仪器装置:包括仪器的名称、形状、规格、制作材料、安装连接方式。操作步骤:包括仪器的检查安装、试剂的取用、产物的收集检验、"三废"的处理、装置的拆卸等。实验现象:包括实验过程中所产生的光、声、热、烟、雾、色、态、气味、沉淀、溶解、结晶等。实验数据:包括试剂和产物的名称、状态、颜色、纯度、浓度、体积、质量、反应体系与环境的温度、压强、电压、电流等。

(4) 使用先进的科学仪器,提高观察的效率和效果　中学化学教学观察,大多是直接通过人的感官进行的,但也要尽量用先进的仪器来提高一些观察效果。如丁达尔现象等,条件好的学校可以进行一些手持实验(掌上实验室),加强对微观现象的观察。

（5）观察与思维相结合，规范地记录现象和数据　只有对所观察的事物拥有准确、系统的观察资料，才能透过现象理解本质，发现科学真理，必须指导学生使用规范的术语、通用的公式符号、标准的计量单位并借助绘图和摄影等手段，把观察到的现象和数据经过思考整理，准确规范地记录下来。

二、化学实验能力的培养和发展

1. 化学实验能力系统的组成

化学实验能力属于特殊能力，包括设计理解实验原理、方案、进行实验操作、解决实验问题、绘制实验图表和撰写实验报告等能力。从教育心理学来看，化学实验能力系统由动作技能和智力能力两大要素组成。实验能力系统是由以大脑的智力和以双手动作为主要部分组成的统一体，是一种复杂的综合能力。

2. 化学实验操作技能的形成

（1）化学实验技能的形成过程　教育心理学教学实践证明：化学实验技能的形成过程要经过如下阶段：a. 认识阶段。指通过教师讲解示范使学生对实验操作形成表象和概念。b. 模仿阶段，又称分解阶段。把复杂的化学实验分解成简单动作，通过模仿练习，认识局部动作后领会操作要求。c. 定位阶段，又称综合阶段。将局部动作联系起来，成为比较准确的动作，并能比较规范地完成中学化学基本的化学实验操作。d. 自动阶段，又称娴熟阶段。这是技能的高级阶段，具有操作准确、稳定、灵活、协调的特点，实验操作以连锁反应方式进行。

（2）化学实验技能形成过程的特点　a. 开始进步快。开始由不会到会的质的飞跃过程，学生兴趣也高。b. 中间进步难。技能形成曲线图上的高原期。c. 后期进步慢。学生的操作技能练习度过高原期后，会有一个新的进步期，是技能形成的后期，由不熟到熟的量变过程，比开始进步慢。

3. 化学教学中培养和发展学生实验操作能力的途径和方法

① 积极创造条件，增加学生动手操作机会。学生的实验技能必须经过一定的操作练习才能形成。把一部分演示实验改为边讲边实验，多做一些学生选做实验，多组织学生进行一些课外小实验或小制作。

② 重视教师的讲解示范，明确操作练习的目的要求。对每一个实验操作教师都必须讲清操作要点，教师示范要规范，为学生提供模仿的范例。

③ 指导模仿练习，培养和发展独立操作技能。教师讲解示范，可以激发学生模仿练习的欲望。教师要抓住时机，让学生积极模仿，巡回指导，纠正错误。

④ 单项练习和综合练习并举，集中练习与分散练习结合。比较复杂的实验基本操作，分解成几个局部的单项操作进行练习可以收到较好的效果。开始时不能把动作近似的操作安排在同一时间，防止学生不易区分，引起负迁移，集中练习的时间不能过长，防止学生厌烦，降低效率。

⑤ 利用迁移效应，促进实验操作的规范化。

4. 注意实验智力能力的培养，促进学生化学实验能力的全面发展

① 指导化学习题实验和制作实践。化学习题实验和制作实践，融实验设计、操作和报告等多个环节为一体，是培养学生独立运用化学实验解决问题，促进实验能力发展的好途径。

② 注重化学实验操作与科学方法训练相结合。

三、中学化学实验的类型及组织

(一) 从实验的内容看，可以分为五种类型

①化学基本操作实验；②元素及化合物的性质实验；③揭示基本概念和原理实质的实验；④结合工农业生产和理论的应用实验；⑤灵活、综合运用所学知识，学生独立进行设计的实验。

(二) 从实验的形式看，可分为三种类型

1. 演示实验

演示实验是课堂上由教师进行的示范实验。它是各类实验中居主导地位并广泛应用于各种教学环节的一种重要的教学形式。演示实验的教学模式为：实验前、实验开始、实验进行和实验结束。演示实验要求提出观察中心，介绍仪器、药品、装置，提出思考问题；指导观察，明确观察中心和有关问题，分析综合、概括、得出结论。

演示实验的基本要求：a. 目的性（演示实验要有明确的目的，重点示范的基本操作等）；b. 科学性（必须认真钻研教材，掌握实验关键数据，避免出现科学性错误）；c. 直观明显（全体学生对实验的物质、装置、操作和反应现象有合适的可见度，实验现象要鲜明突出）；d. 正确示范（教师在演示实验中起示范作用，使学生学到正确的合乎规范的操作技能，养成良好的实验习惯）；e. 启发思维（进行演示实验时教师要善于运用教学艺术，使讲授和演示、板书有机地结合起来，启发学生积极思维，有效地培养学生的能力）；f. 效果可靠（演示实验必须效果可靠，保证成功。要充分准备，反复预试；经过预试的仪器药品等不要随意调换；充分估计意外和异常现象的发生及解决的措施）；g. 确保安全（演示实验必须十分注意安全，教师要懂得有毒及腐蚀性和可燃性物质等的使用；危险性的药品和仪器要布局恰当，掌握原因，切忌粗心和害怕）；h. 把握时间（演示实验与教学内容紧密结合，实验时间的过长或过短都会影响教学效果，实验现象的出现应恰到好处）。

2. 学生实验

(1) 边讲边实验（学生在课堂上自己动手做实验，在实验中观察思考分析问题，从而理解和形成本节课的新内容，在此基础上教师再给予必要的讲解或提示）。注意三点：a. 结合实际，认真确定边讲边实验的内容；b. 充分准备，确保教学顺利进行；c. 严格要求，做好实验的组织工作。

(2) 实验课（a. 充分准备，弄清问题。b. 验收和领取实验用品。c. 进行实验。d. 整理。教师的工作有：a. 实验仪器和药品的发放；b. 指导实验的简单程序和注意事项；c. 指导学生记录，养成良好的实验态度；d. 帮助解决实验中困难和错误；e. 处理偶发事件）。

(3) 习题实验（习题实验是学生综合运用所学知识和操作技能，在教师指导下进行分析，解决一定的实验习题的教学形式。实验前最好对实验的设计方案进行精选和分析，从而调动学生的积极性和发展学生的创造性思维）。

(4) 示范实验（是根据教学的需要，由学生上讲台进行实验，以达到比教师演示效果更好的一种实验方式。注意几点：a. 明确目的，不能只为了让学生多做实验而设计；b. 精选实验内容；c. 认真组织和总结）。

3. 描述实验

描述实验是提供实验信息的一种教学形式。主要靠图表、模型或实验进行讲授，为学生展示科学进程和结果。这类实验多属于复杂体系或难度大、危险性大、难于实施的实验。

(三) 从教学作用看，可以分两种类型

1. 验证式实验

验证式实验是把实验作为验证和检验理论以及培养技能技巧的一种重要手段。对帮助学生形成知识技能和能力，培养学生学习化学的兴趣等都有积极的作用。

2. 探索式实验

探索式实验又称研究式实验，是根据教材特点和学生实际，为激发学生的求知欲，充分发挥学生的学习主动性和积极性，发展学生的创造思维而采用的一种手段。要注意以下几点：①要有明确的目的性；②要认清探索的中心和实质，善于提出探索问题；③要有效地设计探索过程；④要抓住关键，做好总结，深化知识。

第四节 化学实验教学改革

新课程的培养目标是培养学生的创新精神、实践能力、科学和人文素养、环境意识和社会责任等核心素养，使学生具有适应终身学习的基础知识、基本技能和方法。这就要求我们更新实验教学观念，改变过去实验教学依附于理论教学，只注重理论知识的验证及基本实验方法与技能训练的培养模式。依照新课标理念，我们在教学过程中特别要注意纠正一些学生不爱动手、喜欢背实验的学习习惯，培养学生学习的独立性和自主性，使实验教学成为他们质疑、信息收集和处理、探究的实践活动。教师必须转变教学观念，将学生的发展放在首位，引导学生积极地参与科学探究。

一、化学实验内容改革

(1) 化学实验内容的生活化：选取学生身边的化学物质为实验药品，生活和社会中的化学现象、与化学有关的社会问题为实验内容。

(2) 化学实验内容的趣味化：趣味实验和家庭小实验，趣味实验见科技活动一章。

(3) 适当增加微型实验、家庭小实验、数字化实验、定量实验和创新实践活动等，让学生在实验探究活动中学习科学方法，认识科学探究过程，体会、认识技术手段的创新对化学科学的重要价值，形成严谨求实、勇于实践的科学态度，发展实践能力。

二、化学实验设计改革

1. 化学实验的探究化

化学实验探究教学有两种模式。

模式1：创设情境—明确问题—收集事实—科学抽象—得出结论—交流与应用。

模式2：创设情境—明确问题—提出假说—验证假说—得出结论—交流与应用。

例1：烧杯中的溶液为什么会变红？

(1) 问题情境　教师在课堂上演示了一个有趣的实验：在烧杯A中装入20mL蒸馏水，滴入2~3滴酚酞试剂。让每个同学都看到，得到的溶液是无色的。在烧杯B中装入10mL浓氨水。用一只大烧杯把A、B两烧杯溶液罩在一起。过几分钟，同学们看到了小烧杯A中装的溶液变成红色。上述现象说明了什么？请用简单的实验证明自己的解释。

(2) 提出假设 学生对上述现象的看法不一，可能提出如下的假设：①A烧杯内滴入的酚酞要过一会儿才能变色，与B烧杯无关；②大烧杯壁上沾有某种物质，散发出的肉眼看不见的微粒与A烧杯中的溶液接触，使其变红；③烧杯B中的浓氨水散发出一种肉眼看不见的微粒，慢慢溶解到烧杯A的溶液中，使A溶液变成红色。

(3) 实验探究 ①在洁净烧杯C中加入20mL蒸馏水，滴入2~3滴酚酞试剂。静置，观察现象；将其单独罩在大烧杯里，观察现象。②另取两只烧杯替代A和B。一只中的溶液与A相同，另一只用蒸馏水代替浓氨水，观察现象。③小心闻烧杯B的浓氨水，嗅到刺激性气味。取出少量浓氨水注入试管中，滴入酚酞试剂，观察现象。④把烧杯B中的浓氨水滴入烧杯C中，观察现象。

(4) 获得结论 学生在讨论、交流基础上获得共识：①氨水能使酚酞溶液变红；②B烧杯浓氨水中有肉眼见不到的微粒逸出，有些微粒进入了烧杯A中的溶液，使溶液成分改变，颜色变红。由此得出分子是真实存在的，分子很小，我们肉眼看不见，分子在不停地运动等。

例2：反应前后各物质的质量之和会发生变化吗？

(1) 提出问题 在一定条件下，反应物之间发生化学变化生成新的物质。那么，反应前后各物质的质量之和会不会发生改变？

(2) 作出假设 学生根据已有的化学知识和平时积累的经验，对反应前后各物质的质量之和会不会发生改变的问题，提出三种可能的假设：①增加；②减少；③不变。

(3) 收集证据 途径一，回忆已有知识：在化学变化中，元素和原子的种类不变，数目不变，原子的质量不变。途径二，查阅资料：从波义耳的失误到拉瓦锡质量守恒定律的发现。途径三，实验探究：根据提出假设的依据和已有的知识设计实验方案，分组实施实验，观测并记录实验数据。实验方案可由学生自行设计，教师指导修改；或由教师设计，学生选择。设计表格，填入预测结果、实际结果和有关的说明。

实验一：取一小截蜡烛粘在一小块木板上，将小木板和蜡烛一起放在托盘天平上，调节砝码，使天平达到平衡；点燃蜡烛，观察天平的平衡情况。

实验二：在小烧杯中加入20mL稀硫酸铜溶液，取一根铁钉用砂纸擦去铁锈，将盛有硫酸铜溶液的烧杯和铁钉一起放在托盘天平上称量，记录所称的质量W_1。将铁钉浸到硫酸铜溶液中，观察实验现象，将盛有硫酸铜溶液和铁钉的烧杯放在托盘天平上称量，记录所称的质量W_2，比较反应前后质量的变化。

学生对上述实验，可能产生如下的想法："蜡烛燃烧后质量减少，是由于生成的气体没有被称量所造成的"；"铁与硫酸铜的反应质量不变，因为反应中既没有气体参加反应，又没有气体生成"；"研究蜡烛燃烧反应的质量变化，应将参加反应的氧气和生成的二氧化碳、水一起称量"，"如果把蜡烛放在一个集气瓶中点燃，塞上塞子再称，质量可能就不变了"；"在密闭容器中进行实验，反应前后物质质量肯定不会发生变化"；在师生充分讨论和分析的基础上，重新设计并完成有关实验。

(4) 得出结论 通过探究，学生得出了"化学反应前后各物质的质量总和保持不变"的结论。

几点说明：①本探究是在教师指导下学生进行的课堂探究活动，收集证据有多种途径，在教学中根据实际情况选择。②实验探究是学习化学的重要方式，教师要做好组织和指导工作，确保实验能够顺利进行。③实验中反应前后物质的质量可用天平直接称出（有条件的学校，可选择精度较高的天平），也可以对质量的相对大小进行比较。

例3：设计金属钠与硫酸铜反应的实验探究方案

（1）创设情境　大家回忆金属在活动性顺序表中的位置，我们学习了活泼金属钠的性质。

（2）明确问题　那么你认为钠与硫酸铜溶液是否也能发生类似的置换反应？

（3）提出假说　经过小组讨论分析，最后全班同学得出了两种分歧：能与不能。认为钠与硫酸铜能发生置换反应的请写出反应方程式，不能的请说明理由，并亲自试验检验你们的假设是否科学。

（4）验证假说　学生分组各自按自己的思路设计方案，确定可行后进行实验，将一小块钠投入到硫酸铜溶液中，观察反应现象，并认真记录。

（5）得出结论　提问学生观察到的现象（钠浮在液面上，熔化为小球并四处游动，有气泡，发出嘶嘶响声，有蓝色沉淀）并问他们观察到的现象与所写方程式是否吻合。

师生共同得出结论：钠与硫酸铜溶液不发生置换反应，而是发生氧化还原反应。

（6）交流与应用　讨论、交流、表达各自的看法。练习将一小块钠投入氯化铁溶液中的化学方程式。

2. 变验证性实验为探索性试验

现行教材中的实验大都是验证性实验，我们在教学时要改变传统的实验模式，让学生主动操作、探索，得出结论。如一氧化碳还原氧化铜的演示实验，改为探索性实验，在教学中首先进行预习点拨：一氧化碳能与氧气反应，它能否像氢气一样夺取氧化铜中的氧呢？两者还原氧化铜的装置是否相同？请同学们先思考下列问题，再设计一氧化碳还原氧化铜的装置：①通入的一氧化碳能否都与氧化铜完全反应？②如何使未反应完的一氧化碳不散逸到空气中？③如何检验生成的气体？④应将氢气还原氧化铜的装置做哪些改进？绘出改进图。指导学生联系已有知识进行分析、推理、设计装置，然后请两位学生上台连接仪器，老师最后归纳总结。又如：学到氢气的实验室制法时，教材中指出：实验室常用锌和稀盐酸或稀硫酸制取，为什么不用镁、铝、铁、铜等金属及浓盐酸、浓硫酸做原料呢？启发引导学生设计实验思路，然后由不同组别的学生分别实验探究，记录实验现象，讨论得出正确结论，并向全班学生汇报本组的结论。教材中还有许多实验可改为探索性实验，如二氧化碳的实验室制法；酸、碱、盐的性质实验等。通过探究活动，不仅体现了"教师为主导、学生为主体"的关系，而且增强了学生发现问题、解决问题的能力，训练了学生科学的思想方法，更重要的是在探索过程中培养了学生的创新精神。

3. 变封闭式实验为开放式实验

人类对化学问题的认识有一定的阶段性，对某些问题不可能有完善的答案。这就要求我们在教学时，不能把某些问题讲得太绝对，如实验室用高锰酸钾制氧气，所收集到的氧气是红色的，显然，这不是氧气的本色，是什么原因呢？如何改进装置呢？同学们纷纷发言，有的说：试管口要塞一团棉花；也有的说：可塞上一团海绵、纱布、餐巾纸、玻璃丝等，答案真是五花八门。又如红磷在氧气中燃烧的实验中，让学生得出生成物是烟还是雾的结论十分困难，教师硬说是白色的烟，学生难于接受，不如因势利导调动学生的积极性，让学生设计实验来证明到底是烟还是雾。引入开放性实验，其意义不在于立即得到一个明确的结论，而在于激发学生不断探索、追求，在一定条件下得到相对满意的结论，这才符合科学发展的规律。

4. 改进实验装置和实验方法

传统的教学方法不仅造就了大批缺乏创新意识的学生，也使教师惰于创造。因此，在教学中要潜心挖掘教材，对教材中实验存在的缺憾大胆改进。如白磷燃烧前后质量的测定实验，白磷属于剧毒品，取用时不太方便，有时将白磷置于锥形瓶内，还未称量好整个装置的质量，白磷就自燃了。因此，这样改进：取一小粒火柴头（将火柴折断后得到）置于试管内，用橡皮塞塞紧，并用试管夹夹住，一同置于天平上称量，然后加热试管，让火柴头燃烧完再称量，可以观察到天平仍平衡，同时还清晰地看到试管内生成的白烟且白烟不断下沉，进一步说明五氧化二磷密度比空气大。

通过实验改进，不仅激发了学生探求科学知识的兴趣，而且在潜移默化中启迪了学生的智慧，激活了学生的创新思维。

5. 改进实验手段

要想得到更好的实验效果，重要的是要有多样化的实验手段。借助幻灯投影，有助于学生更清晰地观察到实验现象，如镁、铝、锌、铁分别与酸反应速率的比较等，投影出的现象明显，效果非常好。利用计算机多媒体电化教学设备，可把一些在教室做不了的实验和不适合做的实验，如：从微观角度解释氧化汞受热分解生成汞和氧气、离子化合物、共价化合物的形成和有毒的、有危险的或装置过于复杂的实验，制成教学软件，在课堂上放映，也能取得非常好的教学效果。

6. 培养学生合作学习的能力

新课程理念要求教学要面向全体学生，设法促进每个学生都能得到充分发展。为此，要将全班学生进行合理编排，即每一小组中有的学生口头表达能力强，有的学生观察能力强，有的学生思维深刻，具有独特的创新精神，将这些具有不同能力优势的学生组合在一起，不仅能提高小组活动的效率，更有助于每个学生的全面发展。如探究实验室制二氧化碳的原理时，让学生自主设计并动手装配一套装置。要求组内各同学互帮互助，相互配合，明确分工，各负其责，并积极转变角色，以促进组内同学相互合作，共同解决实验中所面临的问题，以此达到学生人人有事干，人人都动手，个个有收获的目的。由于老师提供给各组的仪器不尽相同：有试管、广口瓶、锥形瓶、平底烧瓶，单孔橡皮塞，双孔橡皮塞等，故各组同学设计的装置多种多样，并由组内表达能力好的学生介绍装置的优点，由全班同学评价。看到自己的劳动成果得到老师和同学的认可，心里由衷感到高兴，激发了学生的兴趣和创造热情。

7. 化学实验的绿色化、微型化和清洁化

绿色化设计是原子利用率100%；微型化可节省实验费用、节省时间、操作安全、污染小、也能更好的激发学生的化学实验兴趣。毒性大和易形成污染的物质要进行密闭实验、加强回收和通风等。

三、化学实验陈述方式改革

以人性化的实验探究情境导入实验。如你想过没有：发生燃烧的条件是什么？下面我们通过实验来探究这个问题；请同学们一道完成下列实验等。以人性化的称谓陈述实验内容。如加入第一人称和第二人称，加入请字等，化学实验内容不是计算机程序，不是命令式，是

拟人化的一种交流等。

四、发挥教师在实验中的主导作用

要求实验教师善于指导学生观察实验、研究实验和应用实验。指导观察实验，必须从实验目的和学生的思维两方面考虑，引导学生开动脑筋进行有目的、有计划的观察。既指导学生应看什么，又指导学生该想什么。通过实验教学不单使学生懂得一些知识，更重要的是懂得怎样获取知识，认识实验的本质规律，必须指导学生研究实验，通过实验去解决一些化学问题。

五、提供多动手、多观察、多思考的机会

多给学生动手实验，可以稳定学生对化学实验的兴趣，激发求知欲和加强思维活动，也有利于实验能力的培养。条件好的学校可以增大学生实验的比重；开放实验室，鼓励探索，有利于部分学生补做或复习尚未熟练的实验内容，也可以使部分学有余力的学生自己设计实验，满足他们的求知欲，进一步提高他们的智力和能力。

六、重视化学实验的课内外结合

重视化学实验的课内外结合是调动学生主观能动性，巩固提高智能的有力措施。书本中的知识要贯彻到学生的实际生活中。设计新颖而有趣的课外化学实验或者以土代洋的实验，都会为化学教学带来生机。

书本知识必须与实际生活、工农业生产和自然现象联系起来，使学生了解化学实验与认识自然现象的关系，从而引导学生自己动手，通过实验解决一些简单的实际问题。化学晚会，是知识娱乐化、形式丰富多彩的课内外结合的一种活动形式。可以培养学生的化学兴趣、启迪学生的思维、发展能力，能丰富学生的业余生活，又能增长知识。

七、加强化学实验操作考核

① 考查的目的要明确，选题要适当。
② 严格要求，周密准备（教师要用大量的时间组织学生练习，开放实验室，编一些思考题等）。
③ 考试的方法要灵活（抽签、单独面试、独立操作、口试等）。
④ 评定成绩要合理（教师一定要明确实验要求和评分标准，最基本的试题和操作步骤评定要统一）。

今后将进行中学化学实验操作考试，对化学实验教学的要求更加严格，化学实验教学的作用也将越来越重要。

第五节　化学实验操作考试

一、化学实验操作技能的学习水平分类

化学实验操作技能的学习水平分为模仿、初步学会、熟练和设计共 4 个层次。
① 模仿　能够重复教师的实验操作，或在教师的指导下完成实验操作。如坩埚等（目

标内容)。

② 初步学会　能够独立完成实验操作，但还不够熟练，表现在操作的规范化和完成操作所要的时间上都有明显的可改进之处（如胶头滴管、检查气密性、振荡等）。

③ 熟练　能够独立地按照正确的实验操作方法和步骤，迅速完成操作，并表现出一定的操作技巧（如量筒、固体加热等操作）。

④ 设计　能够将已经掌握的实验原理知识和操作技能迁移到新的问题情境中，根据实验目的和要求，独立设计实验的步骤和方法，并正确完成实验，得到合理的实验结果。

二、中学要求熟练掌握的主要化学仪器和基本操作

中学要求熟练掌握的主要化学仪器有：试管、烧杯、酒精灯、漏斗、胶头滴管、简易启普发生器、集气瓶、量筒、铁架台、干燥器、燃烧匙、蒸发皿、研钵、温度计、烧瓶、托盘天平、容量瓶、移液管、滴定管、锥形瓶 20 种。

中学要求熟练掌握的基本操作有：加热、过滤与倾泻、蒸发、取药、称重、溶解、振荡、配液、量液、集气、简单仪器连接、洗涤、移液、中和滴定 14 种。

三、中考实验操作技能测评

中考实验操作技能测评时，主要有如下 3 个方面的工作。

① 依据课程标准和教学大纲，结合学生水平制定实验操作考查内容与目标的双向细目表。

② 依据双向细目表命题（要合理确定难易度，试题包括试题名称、试题说明、仪器、药品、基本操作等部分）。

③ 制定较细的评分细则以保证评分的客观性和公正性。

要求初三毕业生能根据实验步骤或与他人合作探究完成实验操作，能说出或写出实验操作等模仿操作；能够独立完成实验操作。如能根据某些性质检验和区分所列物质，能进行溶液稀释操作，会用酸碱指示剂和 pH 试纸检验溶液的酸碱性等。

例如：《组装实验室制取氧气的装置并检查气密性》，考试时间 10 分钟、满分 20 分，评分标准及细则如下。

(1) 检查器材（1分）。

(2) 把 120°角的玻璃管一端润湿，插入单孔胶塞，露出约 0.5 厘米（2分）；插胶塞时玻璃管破裂或露出长度不当扣 1 分。

(3) 依次将单孔胶塞上的 120°角弯管、乳胶管和 60°角玻璃管连接好，并用单孔胶塞塞紧试管（3分）；每连接一处不当扣 1 分，扣完为止。

(4) 检查装置的气密性。把导管一端浸在水中，两手紧握试管外壁，如导管口有气泡冒出，则装置的气密性良好，否则须检查原因，并排除故障（5分）；放水中 1 分，有气泡 1 分，漏气排障 2 分，不漏给 2 分。

(5) 放好酒精灯，根据酒精灯的火焰高度，把带胶塞的试管用铁夹固定在铁架台上，铁夹夹在试管的中上部，试管口略向下倾斜，并将弯管置于水槽中（6分）；放好酒精灯 1 分，铁夹高度适当 1 分，夹子夹在试管中上部位 1 分，试管口略向下倾斜 2 分，排水集气 1 分。

(6) 按组装时的相反顺序，拆卸装置，并恢复到实验前的位置和状态（3分）；有 1 处没完成扣 1 分，扣完为止。

四、会考实验操作技能测评

会考考试时间为 20 分钟、满分 20 分,测评时与中考相似,也是从双向细目表、操作考题和评价标准 3 个方面进行,但各部分的操作要求比中考更高。

例如:《用熟石灰配制澄清的饱和石灰水》。其实验步骤为:用量筒取 10mL 蒸馏水,溶解、过滤,把得到的溶液倒入指定容器,拆除并清洗实验装置,同时回答三个问题:

(1) 溶解熟石灰为什么要搅拌?
(2) 在操作过程中要注意的二低三靠指的是什么?
(3) 滤纸和漏斗壁之间为什么不能留有气泡?

评分标准及细则如下:每个考核点能正确完成得 2 分,基本正确得 1 分,有严重错误得 0 分,总分 11 分以上为合格。

(1) 正确量取 10mL 蒸馏水。
(2) 将熟石灰倒入烧杯,加入 10mL 蒸馏水,充分搅拌,液体不外溅。
(3) 将滤纸二次对折,尖端朝下放入漏斗,滤纸边缘要比漏斗口稍低。
(4) 用蒸馏水润湿滤纸,滤纸紧贴漏斗壁,中间不留气泡。
(5) 正确使用铁夹,铁圈高度调节适当,漏斗下端管口紧靠烧杯内壁。
(6) 注入液体时,烧杯口要紧挨玻璃棒,液体缓慢流下。
(7) 过滤时玻璃棒一端紧靠三层滤纸的一边,滤液面要低于滤纸边缘(滤液浑浊要再过滤一次)。
(8) 拆除装置:先拆除漏斗,后移走烧杯,将澄清石灰水倒入指定容器中。
(9) 正确回答问题。
(10) 实验结束后,洗净仪器,整理桌面。

五、高考化学实验

认识化学实验是探究和学习物质及其变化的基本方法,是科学探究的一种重要途径。初步学会物质的检验、分离、提纯和溶液配制等化学实验基础知识和基本技能。学习研究物质性质,探究反应规律,进行物质分离、检验和制备等不同类型化学实验及探究活动的核心思路与基本方法。体会实验条件控制对完成科学实验及探究活动的作用。高考化学实验的要求具体有如下 6 个方面。

1. 了解化学实验常用仪器的主要用途和使用方法;了解实验室一般事故的预防和处理方法。
2. 掌握化学实验的基本操作。
3. 掌握常见气体的实验室制法(包括所用试剂、仪器、反应原理和收集方法)。
4. 综合运用化学知识对常见的物质(包括气体物质、无机离子)进行分离、提纯和鉴别。
5. 掌握化学实验的记录方法和运用化学知识设计一些基本实验。
   (1) 根据实验现象,观察、记录、分析或处理数据,得出正确结论。
   (2) 根据实验试题要求,设计或评价实验方案。
   (3) 能绘制和识别典型的实验仪器装置图。
6. 以上各部分知识与技能的综合应用。

第六节 化学实验考试案例分析

化学实验是实施探究性学习的重要途径,它能激发学生学习的主动性和创新意识。因此,在中考和高考中的比重及要求在逐年提高,已成为区分考生综合能力强弱的一个方面。近年来以文字叙述和图形等不同形式提供仪器的使用方法,以及分析错误的使用方法造成的误差或后果的题目经常出现。它不仅是对仪器使用注意事项的识记考查,还同时检测了学生的分析、评价能力。因此,对各种仪器的使用不仅要知其然,更要知其所以然。

一、基本实验操作方面

例1:下列说法中,不合理的是(   )。
A. 用托盘天平称量氯化钠固体时,能称准到 0.1g
B. 实验室制氧气时,应先加入药品,后检查装置的气密性
C. 不能向正燃着的酒精灯里添加酒精
D. 向试管内滴加液体时,胶头滴管不可伸入试管内
答案:B

该类试题考查化学实验中的基本操作技能和注意事项,解题时要仔细阅读题中各项内容,然后从已学知识中总结出一些与题中示例相似的、带有规律性的结论,从而解决问题。因此,学生在复习时应牢牢把握住有关化学实验基本操作的基本常识和实验操作中常见错误的原因后果。

例2:下图是初中化学常见的几个实验操作,其中错误的是(   )。

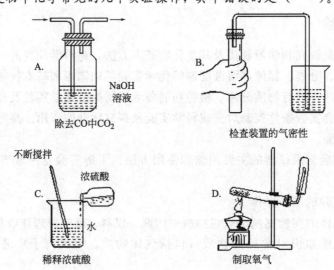

答案:D

根据中考要求,学生要掌握 H_2、O_2、CO_2 的实验室制法,即熟悉三种气体反应原理、仪器的选择和装配顺序。解题的要领是看清实验目的、看懂装置用途、挖掘隐含条件、理顺装置顺序。

例3:用下图所示装置的序号回答下列问题(装置可重复使用,尾气处理装置未给出):

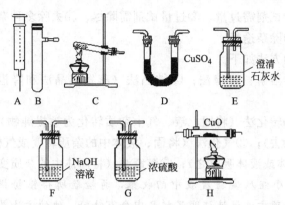

(1) 实验室用氯酸钾与二氧化锰混合加热制取氧气的反应装置是（　　）。过氧化氢（H_2O_2）溶液与二氧化锰混合时发生如下反应：$2H_2O_2 \xrightarrow{MnO_2} 2H_2O + O_2 \uparrow$。利用此反应制取氧气的反应装置应选（　　）和（　　）。

(2) 检验 CO 中混有的 CO_2 的装置是（　　）。除去 CO 中较多的 CO_2，最好选（　　）装置。

(3) 水煤气含有 CO、H_2，证明水煤中含有 CO 和 H_2 的实验装置连接顺序是（　　）。

答案：(1) C A B；(2) E F；(3) FEGDHDE。

二、物质的检验与推断

物质的检验包括物质的鉴别和鉴定，物质的推断是物质检验的逆向思维过程。初中学生要掌握①H_2、O_2、CO_2、CO、CH_4、NH_3、空气等气体的检验与鉴别，②H^+、OH^-、NH_4^+、CO_3^{2-}、Cl^-、SO_4^{2-}、Cu^{2+}、Fe^{3+} 等的鉴别，以及如何推断含有这些离子的物质。

解这类题的关键是要熟练掌握这些物质和离子的物理性质和化学性质。还要熟悉有关的思维方法和技巧，物质检验的原则是运用最简单的方法，最少的试剂种类，最少的实验步骤和最明显的实验现象。鉴定物质时，先分析被鉴定物质的组成，然后根据所学知识确定检验的试剂和方法。鉴别物质时，先通过对比，找出被鉴别物质组成上的相同点和不同点，根据相同点分组，再根据组内物质的特性一一鉴别。物质的推断题要从题目提供的信息或条件入手，顺藤摸瓜逐个推断，这是正向思维方法；将最终结果作为思维起点，由果揭因，这是逆向思维法；或从中间题眼入手，运用正、逆向思维交替进行。

例 4：只用一种试剂，把碳酸钾、碳酸钡、氢氧化钡、氢氧化镁四种白色粉末区分开，这种试剂是_____（填化学式）。

答案：H_2SO_4。

三、物质的分离和提纯

物质的分离和提纯，都是利用物质性质的差异进行的，但分离是将混合物中的几种物质分开，分别得到纯净物的过程，在分离后，各成分都必须还原成原物质。而提纯是把混合物中的杂质除去得到纯净物的过程，在提纯过程中，杂质不必还原成原物质。解这类题的关键是掌握分离、提纯时需遵循的一般原则，并能正确选择和运用分离和提纯的几种重要方法。

物质分离和提纯的原则与注意事项如下。基本原则：①不增（不引入新杂质）、②不减（不减少被提纯物）、③易分离（被提纯物与杂质易分离）、④易复原（被提纯物易复原）。

注意事项：①除杂试剂需过量、②过量试剂需除尽、③去除多种杂质时要考虑加入试剂的顺序、④选择最佳的除杂途径。

物质分离与提纯的方法如下。

（1）物理方法　①溶解、过滤法；②结晶法（蒸发结晶法和降温结晶法）；③萃取分液法。

（2）化学方法　①转化法（将固、液、气中杂质转化为被提纯物）；②沉淀法（将溶液中杂质转变为沉淀而除去）；③气化法（将固、液体中的杂质转变成气体而除去）；④吸收法（将气体中的杂质用固体或液体吸收之）；⑤溶解法（将固体中的杂质变成可溶物而除去）。

例5：某课外活动小组从实验废液中回收银，再检验所得银粉样品中是否含有铁粉。(1)甲同学用简单的物理方法迅速证明了样品中含有铁粉，他的方法是？(2)乙同学很快拟定了进一步测定样品中银的质量分数的实验步骤：A. 取两药匙样品，加入过量稀硫酸；B. 待充分反应后，取出不溶物；C. 不溶物经洗涤，干燥后称量，记下其质量。①步骤B中如何判断已充分反应？②步骤B中主要操作的名称是？需要用到的仪器和用品有铁架台（带铁圈）、烧杯、＿＿＿＿、＿＿＿＿、＿＿＿＿、＿＿＿＿；③根据乙同学的设计进行实验＿＿＿＿达到目的（填"能"或"不能"）因为＿＿＿＿＿＿＿＿＿＿＿＿＿＿＿＿。

答案：(1) 用磁铁吸引铁粉；(2) ①若溶液中不再有气泡产生，则已充分反应；②过滤 漏斗、玻璃棒、滤纸；③不能 未称量样品的质量。

四、实验设计题

设计实验方案的基本要求是根据实验目的确定实验方法，根据化学反应选择合适的试剂，然后确定实验仪器和装置，并由此确定操作步骤。

实验方案设计的基本要求：①科学性；②安全性；③可行性；④简易性。

实验方案设计的思路与方法如下。①思考问题的顺序：围绕主要问题思考；思考有关物质的制备、净化、尾气吸收等问题；思考实验的种类以及如何合理地组装仪器，并将实验与课本上实验比较联系。②仪器连接顺序。③实验操作顺序。

例6：有两包黑色粉末，分别是铁粉和木炭粉。请你设计实验，用两种方法鉴别这两种粉末。简要写出实验步骤、现象、结论。

答案：(1) 两种粉末各取少量放入试管中，再加适量的稀盐酸，若有气泡生成，则此粉末为铁粉，另一个则是木炭粉。(2) 两种粉末各取少量放在滤纸上，分别用磁铁在粉末上方移动，若被吸引到磁铁上，则此粉末是铁粉，另一个是木炭粉。

五、实验评价与分析

实验评价与分析题对学生分析问题的能力要求较高，近几年来中考和竞赛题经常出现。

解答这类试题，可以从以下几个方面来评价：①能否达到实验目的；②所用原料是否常见易得、廉价；③原料的利用率高低；④过程是否简捷、优化、安全；⑤对环境有无污染；⑥实验的误差大小，有无创意。

六、综合实验

综合实验一般源于教材而高于教材，常有一些超出课本的新信息，且容量大，综合性强，对运用知识的能力要求较高。题型以填空题为主，但常包含选择题、计算填空等。要应对综合实验题,特别是 H_2、O_2、CO_2 的制取和 H_2、CO 还原性等几个重要实验和相关问题;还要培养和提高学生阅读、理解能力,学会审题;最后,要培养学生观察全面、操作规范的基本素质、重视训练和提高语言表达能力。

例 7:(1) 实验室制取大量 CO_2 气体,是否能用稀硫酸和大理石为原料?(填"是"或"否") 为什么?(2) 下图是实验室制备 CO_2 的装置图。

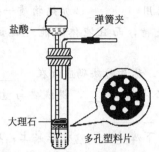

该装置的特点是:打开弹簧夹,大理石和盐酸接触,发生反应;关闭弹簧夹后,盐酸被反应产生的 CO_2 气体压回长颈漏斗,与大理石分离,停止反应。用该装置制备 CO_2 可起到节约药品和取用方便的效果。下图装置中哪些可以起到与上图装置相同的效果?

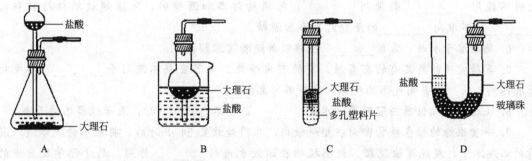

(3) 某同学设计了一个有关 CO_2 的探究实验,以下是实验报告的一部分,请仔细阅读后填写实验目的及有关仪器名称:

实验步骤	现象及结论
1. 将标有"A"和"B"的两个空量筒(2000mL)放在实验桌上,往 B 量筒中充满 CO_2 气体。 2. 用玻璃管蘸取少量肥皂水,在两量筒上方分别吹出一个肥皂泡(两个肥皂泡大小相仿,内含空气),使其缓缓落入两个量筒中,并观察现象。	A 量筒中的肥皂泡不久即沉入底部,而 B 量筒中的肥皂泡基本不下沉,悬浮在中间。说明二氧化碳密度比空气大。

[实验目的]
[仪器和试剂]

答案:(1) 否。A 量筒中的肥皂泡不久即沉入底部,而 B 量筒中的肥皂泡基本不下沉,悬浮在中间。说明二氧化碳密度比空气大。因为大理石与稀硫酸反应生成微溶的硫酸钙覆盖在大理石表面,阻止了硫酸与大理石的进一步反应。(2) BD;(3) 验证二氧化碳气体的密度比空气大(或比较二氧化碳气体和空气的密度大小);2000mL 量筒两只。实验步骤现象及结论:a. 将标有"A"和"B"的两个空量筒(2000mL)放在实验桌上,往 B 量筒中充满 CO_2 气体。b. 用玻璃管蘸取少量肥皂水,在两量筒上方分别吹出一个肥皂泡(两个肥皂泡大小相仿,内含空气),使其缓缓落入两个量筒中,并观察现象。

第七节　常见化学实验试题

一、填空题

1. 在实验室取用块状固体应用_____；加热物质一般用_____做热源，给试管中的液体加热时，要用_____夹持，而且液体不能超过试管容积的_____，试管口不能_____。

2. 称量物质一般用_____，称量时砝码应放在_____盘上。

3. 用量筒量液体时，量筒必须_____，视线要与量筒内液体的_____保持水平，如果采用仰视的话，将会使读数_____。

4. 取用药品时，试剂瓶塞拿下应_____放在桌上，取液体药品时，瓶上的标签应向_____，瓶口应____容器口，_____地倒进容器中。取完药品后，要_____盖紧瓶塞，把瓶子放回_____，并使标签_____。

5. 酒精灯的火焰分_____三部分，温度最高的是_____部分；熄灭酒精灯时不能用_____，必须用_____；给酒精灯添加酒精时，不准超过酒精灯容积的_____；不准向_____的酒精灯里添加酒精。

6. 物质溶于水时，常用_____搅拌以加速物质溶解。

7. 实验室用的药品有的有毒性，有的有腐蚀性．为了安全不能用手_____，不要把鼻孔凑到_____去闻气体的气味，绝对不可品尝_____。

8. 洗过的玻璃仪器内壁附着的水既_____，也不_____时，表示仪器已洗干净。

9. 一盆嫩绿的绿色植物密封在塑料袋内，在暗处放置24小时后，将袋中的气体通入澄清的石灰水中，发现浑浊现象，说明植物在暗处也进行_____作用，属于化学反应中的_____反应。

二、选择题

1. 如果实验没有说明用药量，液体取用的最少量为（　　）。
   A. 0.5mL　　　B. 1～2mL　　　C. 5mL　　　D. 5～6mL

2. 下列实验操作正确的是（　　）。
   A. 用100mL量筒量2mL水
   B. 直接在量筒内配溶液
   C. 用嘴吹灭酒精灯
   D. 用胶头滴管滴加液体时，滴管要在试管口的上方垂直滴入

3. 实验室可用于制取氧气的药品是（　　）。
   A. 空气　　　　　　　　　　　　B. 二氧化锰
   C. 高锰酸钾或过氧化氢　　　　　D. 过氧化氢或二氧化锰

4. 下列实验项目所选择的仪器错误的是（　　）。
   A. 较多量液体加热——烧杯　　　B. 少量试剂的反应——试管
   C. 吸取和滴加少量液体——胶头滴管　　D. 盛放固体药品——细口瓶

5. 下列各组变化中，均属于化学变化的一组是（　　）。
   A. 蜡烛受热熔化、镁带燃烧、玻璃破碎

B. 铜生锈、水结冰、钢锭抽成丝
C. 木材制成桌椅、车胎放炮、木炭燃烧
D. 高锰酸钾加热制取氧气、煤燃烧、澄清的石灰水变浑浊

6. 下列实验现象的描述正确的是（   ）。
   A. 木炭在氧气中燃烧产生明亮的黄色火焰
   B. 磷在氧气中燃烧产生大量的白雾
   C. 硫在氧气中燃烧发出蓝紫色火焰，生成带刺激性气味的气体
   D. 硫在空气中燃烧发出淡蓝色火焰，生成无色无味的气体

7. 实验室制取氧气大致可分为以下几个步骤：a. 将高锰酸钾装入试管，用带导管的橡皮塞塞紧试管口，并把它固定在铁架台上；b. 检查装置的气密性；c. 点燃酒精灯给试管加热；d. 用排水法收集氧气；e. 熄灭酒精灯；f. 将导气管从水中取出。正确的操作顺序是（   ）。
   A. bacdfe   B. abcdef   C. bacdef   D. abcdfe

8. 不小心将酒精灯碰倒在桌上燃烧起来，合理简单的灭火措施是（   ）。
   A. 用水冲灭   B. 用嘴吹灭
   C. 用湿布扑灭   D. 用泡沫灭火器扑灭

9. 下列实验操作错误的是（   ）。
   A. 将块状固体放入直立的试管内
   B. 加热试管里的药品时，要先使试管预热
   C. 用胶头滴管吸取并滴加试剂后，立即用清水冲洗干净
   D. 用药匙取固体药品后，立即用干净的纸擦拭干净

10. 某无毒气体的密度约是空气密度的 5/9，且极难溶于水，那么收集该气体可用的方法是（   ）。①向上排空气法 ②向下排空气法 ③排水法
    A. ①或②   B. ①或③   C. ②或③   D. ①②③均可

11. 下列物质在盛氧气的集气瓶中燃烧时，集气瓶底需预先铺上一薄层细沙或少量水的是（   ）。①木炭 ②铝箔 ③硫黄 ④铁丝 ⑤红磷
    A. ①②   B. ②④   C. ②⑤   D. ③⑤

12. 小明在做酸的性质实验时，不小心将某酸滴到手上，下列正确的处理方法是（   ）。
    A. 立即用大量水冲洗，再涂上硼酸溶液
    B. 立即用大量水冲洗，再涂上3%～5%的碳酸氢钠溶液
    C. 立即用大量水冲洗，再涂上3%～5%的氢氧化钠溶液
    D. 立即用大量水冲洗，再涂上一些石灰水

13. 要检验仓库中的氢氧化钠是否变质，下列检验方法不正确的是（   ）。
    A. 取样品溶于水后加入酚酞试液   B. 取样品溶于水后加入稀盐酸
    C. 取样品溶于水后加入氯化钙溶液   D. 取样品溶于水后加入石灰水

14. 下表列出了四种农作物生长最适宜的pH值范围

农作物	棉花	玉米	大豆	茶树
pH值	6.0～6.8	6.0～7.0	6.5～7.5	5.0～5.5

某同学测定得知，当地土壤的pH值接近于7。以上农作物最不适宜种植的是（   ）。
   A. 棉花   B. 玉米   C. 大豆   D. 茶树

15. 某学生测定的下列数据中，不合理的是（   ）。
A. 用 10mL 量筒量取了 7.5mL 水
B. 用托盘天平称得某小苏打样品的质量为 16.7g
C. 测得某粗盐中氯化钠的质量分数为 90.5%
D. 用广泛 pH 试纸测得某地水的 pH 值为 5.2

16. 除去氯化钠溶液中的碳酸钠溶液，下列方法不可行的是（   ）。
A. 加入适量稀盐酸　　　　　　　　B. 加入适量石灰水
C. 加入适量氯化钙溶液　　　　　　D. 加入适量氯化钡溶液

17. 在粗盐提纯实验中，有下列仪器，其中一定需要的是（   ）。
①试管　②烧杯　③玻璃棒　④长颈漏斗　⑤蒸发皿　⑥酒精灯
A. ①④　　　　B. ②③④⑤⑥　　　　C. ②③⑤⑥　　　　D. ②③⑤

三、实验探究题

1. 过氧化氢溶液在二氧化锰作催化剂的条件下能迅速分解，分液漏斗可以通过调节活塞控制液体的滴加速度，请根据下图回答以下问题：

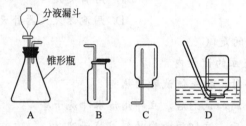

(1) 分液漏斗中应放入的物质是_____，锥形瓶中应放入的物质是_____。
(2) 写出用该方法制取氧气的化学反应文字表达式_____。
要收集一瓶纯净的氧气，应选择装置_____（填字母）。
(3) 某同学观察到锥形瓶内有大量气泡时，开始用 B 装置收集氧气，过一段时间后用带火星的木条伸入瓶口、瓶中和瓶底，都未见木条复燃。其原因是_____。

2. 如图所示，把充满红棕色二氧化氮气体和无色氢气的集气瓶中间的玻璃片抽走，使两瓶口密合在一起（不要振荡），可观察到 A 中两瓶气体的颜色很快趋于一致（两种气体不反应），而 B 中需很长时间才能达到同样的效果。观察、对比实验现象，你能得出的结论_____。

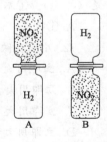

3. 原水（未经处理的水）含有泥沙悬浮物和细菌等杂质，可用次氯酸杀死细菌。氯气溶于水时可生成盐酸和次氯酸。某水厂生产自来水的净化步骤如下：

原水→加明矾→沉淀→过滤→加氯气→净水
　　　　A　　　B　　C　　D

(1) 可以除去大量颗粒悬浮物杂质的步骤为（   ）（填标号）；(2) 能消毒杀菌的步骤为（   ）（填标号）；(3) A 步中加明矾的作用是（   ）；(4) 该厂生产的自来水是（   ）（填"纯净物"或"混合物"）。

4. 在军事术语上把核潜艇在海里的连续航行叫长行。为了保证长时间潜行，在潜艇里要配备氧气的化学再生装置。制氧气方法有以下几种：①加热高锰酸钾②电解水③在常温下使过氧化钠（Na_2O_2）与二氧化碳反应生成碳酸钠和氧气④加热氧化汞。其中最适宜在潜艇里制氧气的方法是哪一种？与其他几种方法相比该方法有哪些优点？写出有关的化学方程式。

5. 你能想出几种方法来鉴别 CO 和 CO_2 气体：（可不填满）

(1) _____；(2) _____；(3) _____；(4) _____。

6. 将珍珠加入稀盐酸中，有气泡产生，生成的气体能使澄清的石灰水变浑浊，则珍珠中含有_____离子。

7. 为了检验一氧化碳气体中是否混有二氧化碳，某课外兴趣小组的同学设计了如下图所示的实验装置，根据下图装置回答问题。

(1) 实验时，在点燃 C 处时，酒精灯前必须先通一会儿气体，其目的是_____。

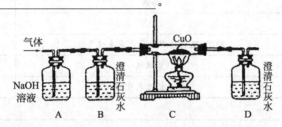

(2) A 装置的作用是_____，以排除对下面实验的干扰。

(3) 若实验时，需要对尾气进行处理，则处理的方法是_____。

(4) 若实验时观察到_____现象，则证明原气体中一定含有一氧化碳。

8. 铜锈的主要成分是铜绿，化学式为 $[Cu_2(OH)_2CO_3]$。为了验证铜生锈条件，某校化学兴趣小组的成员进行了如下图的实验。A 图、B 图、C 图的铜钉均没有生锈，D 图铜钉有生锈。

(1) 铜生锈所需要的条件实际上是铜与_____相互作用，发生化学反应的结果。

(2) 写出 C 图中试剂瓶中所发生反应的化学方程式_____。

(3) 铜和铁相比，Fe 更易生锈，由此可得出的结论是_____。

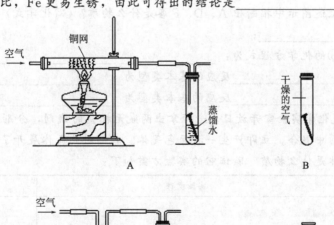

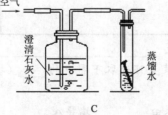

9. 亚硝酸盐对人体健康的危害越来越受到科学界的重视，亚硝酸钠是一种工业用盐，常作为冬季水泥施工的抗冻剂，但绝对不能食用，是一种有毒的致癌物质。然而，亚硝酸钠

外形与食盐很相似,且有咸味,因此常被人误作为食盐使用,导致中毒事故的发生。在某工地上,采购人员送来一袋外观酷似食盐的晶体物质。炊事员发现其外包装字迹模糊,无法辨认,难以确认是否为食盐。为了安全起见,炊事员向附近某中学的化学老师求教。经过检验,避免食物中毒事故的发生。现在,也请你根据该校化学老师所查到的如下资料,至少提出两种迅速、直观的检验方案,以辨认食盐的真伪。要求简要叙述鉴别方法、现象和结论。

项目	亚硝酸钠	氯化钠
化学式	$NaNO_2$	$NaCl$
色、态	白色固体	白色固体
水溶性	易溶	易溶
熔点	271℃	801℃
热稳定性	320℃发生分解,放出有臭味气体	1423℃熔化
水溶液的酸碱性	呈碱性	呈中性
跟稀盐酸作用	放出红棕色气体	无反应

你设计的方案一:＿＿＿＿＿＿＿＿＿＿＿＿＿＿＿＿＿＿＿＿＿＿＿＿＿＿＿＿；
你设计的方案二:＿＿＿＿＿＿＿＿＿＿＿＿＿＿＿＿＿＿＿＿＿＿＿＿＿＿＿＿。

10. 已知家庭常用的发酵粉主要成分为小苏打($NaHCO_3$)受热易分解为Na_2CO_3和两种氧化物 A、B,且其中一种为植物光合作用所需要的气体,另一种为生活中常见的无色液体。请根据下列图示关系回答下列问题:

$NaHCO_3$ 加热 $\begin{cases} Na_2CO_3 \\ 气体A \xrightarrow{溶液C} Na_2CO_3 \xrightarrow[②]{溶液D} 气体A和NaCl \\ 无色液体B \xrightarrow[③]{固体E} 熟石灰 \xrightarrow{气体A} 白色固体F \end{cases}$

(1) 请你从上述图示中推断出 A、D、F 各是什么物质?(写化学式) A＿＿＿＿ D＿＿＿＿ F＿＿＿＿；

(2) 反应②③的化学方程式为:＿＿＿＿＿＿＿＿＿＿
② ＿＿＿＿＿＿＿＿＿＿＿＿＿＿＿ 反应的基本类型为＿＿＿＿＿＿＿＿＿＿＿＿＿＿＿＿＿
③ ＿＿＿＿＿＿＿＿＿＿＿＿＿＿＿ 反应的基本类型为＿＿＿＿＿＿＿＿＿＿＿＿＿＿＿＿＿

11. 今天又是化学实验室开放日,老师拿出两瓶无标签的试剂,分别是固体和液体,他取少量试剂在试管中混合,立即产生一种无色气体。我们对此气体展开了一系列探究。

(1) ①此气体是什么物质?验证它的实验方案如下:

猜想	实验步骤	现象及结论
此气体可能是:＿＿＿＿		

② 产生此气体的化学方程式可能是＿＿＿＿＿＿＿＿＿＿
③ 我想制取该气体,采用的发生装置可选取下图中的＿＿＿(填序号),收集装置是＿＿＿。
④ 如用右图装置收集该气体,气体由＿＿＿＿＿端导入。

(2) 我猜想该气体还可能是另一种气体,可以产生它的化学方程式是:

12. 现有下列五种物质：稀盐酸、稀硫酸、石灰水、氢氧化钠溶液、碳酸钠溶液。请你从中任选取两种物质进行鉴别。（鉴别方法是少于三种）（1）你选择取的两种物质是：_____；
（2）你鉴别它们的方法是：（只写出鉴别所用的试剂或方法即可）
方法一：_____ 方法二：_____ 方法三：_____
（3）从你的上述三种方法中任取一种详细写出鉴别的实验过程（包括实验操作、现象及结论）_____。

全国初中学生化学素质和实验能力竞赛试题选

一、选择题（本题包括15个小题，每小题2分，共30分。每小题有1个或2个选项符合题意。若有两个答案的错1个不得分，漏选1个扣1分。请将答案填在下表相应题号的空格内。）

1. 将下列四种家庭常用的调味品分别放入水中，不能形成溶液的是（　　）。
   A. 食盐　　　　B. 食用油　　　　C. 味精　　　　D. 蔗糖
2. 下列符号中，既能表示一个原子，又能表示一种元素，还能表示一种物质的是（　　）。
   A. H_2　　　　B. O　　　　C. C_{60}　　　　D. Cu
3. 食用下列方法处理过的食品，不会危及人体健康的是（　　）。
   A. 用干冰冷藏的食品　　　　　　B. 用硫黄熏制的白木耳、粉丝等食品
   C. 用甲醛浸泡的海鲜　　　　　　D. 用工业用盐腌制的肉类食品
4. 我国有些煤矿的坑道中具有丰富的可燃性气体。利用该可燃气可建成发电厂，这样既充分利用了能源，又保证了煤矿的安全生产，坑道中主要的可燃性气体是（　　）。
   A. H_2　　　　　　　　　　　　B. CO
   C. CH_4　　　　　　　　　　　　D. CH_4和CO的混合气体
5. "绿色化学"是21世纪化学科学发展的重要方向之一，其核心是从源头上减少对环境的污染。你认为"绿色化学"是指化学工业生产中（　　）。
   A. 对废气、废水、废渣进行严格处理
   B. 少用或不用有害物质以及少排或不排放有害物质
   C. 不使用任何化学物质
   D. 在化工厂种草、种树，使其成为花园式工厂
6. 室内空气污染的主要来源之一是人们现代生活中所使用的某些化工产品，如有些装饰材料、化纤地毯、涂料等会不同程度地释放出某种气体，该气体可能是（　　）。
   A. 氟利昂　　　B. 二氧化碳　　　C. 甲醛　　　D. 甲烷
7. 下列物质可以用作食品抗氧化剂的是（　　）。
   A. 炭粉　　　B. 铁粉　　　C. 氯化钙　　　D. 生石灰
8. 人体内含有多种元素，其中许多元素都是人体所需的。但有些元素尚未证实其生理功能，在食品中它们的含量稍高会引起毒性反应。我国食品卫生法对这些元素在食品中的含量的最高标准有极严格的规定，这些元素是（　　）。
   ①Na　②Mg　③As　④Cd　⑤Ca　⑥Zn　⑦Hg　⑧Pb　⑨Fe　⑩K

A. ⑥⑦⑧⑨ B. ②④⑥⑧ C. ③④⑦⑧ D. ②④⑥⑦⑧

9. 某学生将食盐、生石灰、米醋、酸奶分别放入等质量的水中，逐一进行了pH值的测定，并表示在下面的数轴上，其中能表示生石灰溶于水形成溶液的pH值是（　　）。

10. 当水的温度和压强升高到临界点（$t=374.3℃$，$p=22.05MPa$）以上时，水就处于超临界状态，该状态的水即称之为超临界水。超临界水具有通常状态下水所没有的特殊性质，它可以和空气、氧气及一些有机物质均匀混合。如果超临界水中同时溶有氧气和有机物，则有机物可迅速被氧化，生成二氧化碳、氮气、水等。有关超临界水的叙述错误的是（　　）。

    A. 超临界水可处理有机废物　　　　B. 超临界水是一种新物质

    C. 超临界水是水的一种状态　　　　D. 超临界水氧化技术不形成二次污染

11. 《美国化学会志》报道了中国科学家以二氧化碳和钠在一定条件制得金刚石，其化学方程式为 $3CO_2+4Na \xrightarrow[80MPa]{470℃} 2X+C(金刚石)$。则X的化学式为（　　）。

    A. Na_2O_2　　　　B. Na_2CO_3　　　　C. Na_2O　　　　D. $Na_4C_2O_6$

12. 2002年诺贝尔化学奖得主之一的瑞士科学家维特里希夫巧妙地选用生物大分子中的某原子（X）作为测量对象，测出相邻X原子间的距离和方位，再通过计算机破译了某些生物大分子的空间结构。已知X原子是有机分子中数量最多的原子，该原子是（　　）。

    A. C　　　　B. H　　　　C. O　　　　D. N

13. 有一溶液是由盐酸、硫酸、硫酸铁、氯化铁、稀硝酸、硝酸铁几种中的两种混合而成，向该溶液中加 $Ba(OH)_2$ 溶液的体积与生成沉淀的质量关系如右图所示，则该溶液是（　　）。

    A. 硝酸、硝酸铁　　　　B. 硫酸、氯化铁

    C. 盐酸、氯化铁　　　　D. 盐酸、硫酸铁

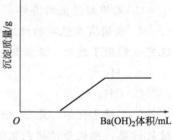

14. 图表资料可以为我们提供很多信息。下面是某学生对图表资料的使用，其中正确的是（　　）。

A. 根据某元素的原子结构示意图判断该元素原子核中有几个中子

B. 根据密度数据判断液体物质挥发性的大小

C. 根据"各种物质在不同温度时的溶解度表"，设计通过蒸发、结晶把混合溶液中某些溶质分离出来的方法

D. 根据"原子量表"判断每种元素原子中的质子数、中子数和核外电子数

15. 把A、B、C、D四种物质放在密闭容器中，在一定条件下充分反应，并测得反应物和产物在反应前后各物质的质量如下表所示：

物质	A	B	C	D
反应前质量/g	19.7	8.7	21.6	0.4
反应后质量/g	待测	17.4	0	3.6

下列说法正确的是（　　）。

A. 物质C一定是化合物，物质D可能是单质

B. 反应后密闭容器中A的质量为19.7g

C. 反应过程中，物质 B 和物质 D 变化的质量比为 87∶36

D. 若物质 A 与物质 C 的分子量之比为 194∶216，则反应中 A 和 C 的化学计量数之比为 1∶2

二、填空题（本题包括 8 个小题，共 41 分。）

16.（3 分）已知右图为 A、B、C 三种元素的原子结构示意图，则

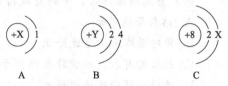

(1) X=_____，Y=_____。

(2) 写出一种由 A、B、C 三种元素形成的化合物的化学式_____。（用 A、B、C 代表元素符号）

17.（5 分）某单位曾发生了一起亚硝酸钠中毒事件。亚硝酸钠外观酷似食盐且有咸味，亚硝酸钠和食盐的有关资料如下：

项目	亚硝酸钠（$NaNO_2$）	氯化钠（$NaCl$）
水溶性	易溶，在 15℃时溶解度为 81.5g	易溶，在 15℃时溶解度为 35.8g
熔点	271℃	801℃
沸点	320℃会分解，放出有臭味的气体	1413℃
跟稀盐酸作用	放出红棕色的气体 NO_2	无反应

(1) 根据上表，请你写出亚硝酸钠的两个物理性质：

① _____

② _____

(2) 检验亚硝酸钠的方法可以是：_____

18.（4 分）现有碳酸氢铵、硫酸钾两种固体化肥，请设计两种实验方法将它们加以区别。

方法	现象	结论
(1)		原化肥是碳酸氢铵
(2)		原化肥是碳酸氢铵

19.（7 分）在理解概念的基础上，理清概念之间的相互关系，构建知识网络是化学学习重要的学习方法。下图是初中常见化学概念之间的相互关系。

(1) 写出 A、B、C 所属物质的类别，并以 Na、H、O、S 元素组成的物质为例各写出一种代表物质的化学式。

	A	B	C	氧化物
物质类别				
化学式				Na_2O、SO_2、SO_3、H_2O

(2) $NaHSO_4$ 是硫酸的酸式盐，$NaHSO_4$ 的溶液具有酸性。写出 $NaHSO_4$ 与表中 A、B、C、氧化物中某两种物质分别反应的化学方程式：_____。

20. (5分) 近年来,多次发生煤矿瓦斯爆炸事故。瓦斯已成为导致我国煤矿特大恶性事故的"头号杀手"。

(1) 瓦斯存在于煤层及周围岩层中,是井下有害气体的总称。瓦斯属于_____(选填"纯净物"或"混合物")。

(2) 当瓦斯爆炸时,下列自救措施不当的是_____。

A. 站在原地不动

B. 背对爆炸地点迅速卧倒

C. 若眼前有水,应俯卧或侧卧于水中,并用湿毛巾捂住口鼻

D. 选择合适通道迅速逃生

(3) 煤矿瓦斯爆炸有三个必要条件:瓦斯浓度达到爆炸限度、足够的_____和_____,对任何一个条件的有效控制都可避免瓦斯爆炸。这类事故的发生也提醒我们在做易燃、有毒气体的实验时应注意_____(任写一点)。

21. (6分) 下面4个观点都是错误的。写出你熟悉的化学反应方程式,否定相应的各错误观点:

序号	错误观点	否定例证（化学方程式）
(1)	分解反应一定有单质生成	
(2)	凡有化合物生成的反应都是化合反应	
(3)	有单质和化合物生成的反应一定是置换反应	
(4)	有盐和水生成的反应一定是中和反应	

22. (7分) 某初级中学学生为了探究该校化学实验室的一种黑色粉末和一瓶标签破损的无色溶液(如右图所示)可能是什么物质,大胆猜想并设计实验进行验证。

[发现问题] 当把黑色粉末与无色溶液混合时即产生气泡。

[查阅资料] 初中化学实验室常见的黑色粉末有氧化铜、二氧化锰、四氧化三铁、铁粉、炭粉等。

[提出假设] 黑色粉末是_____,无色溶液是_____。(只写一种假设)

[设计实验] 向盛有少许黑色粉末的试管中加入适量的无色溶液;用_____收集一试管气体;

检验气体(写出操作方法)_____。

[实验现象] _____。

[实验结论] 此气体是_____,原假设_____。

23. (4分) 一定体积淡水中浮游植物在单位时间内经光合作用制造的有机物是该生态系统初级生产力。$6CO_2 + 6H_2O \underset{\text{呼吸作用}}{\overset{\text{光合作用}}{\rightleftharpoons}} C_6H_{12}O_6 + 6O_2$ 生成的有机物质量和O_2的质量(设为m)的关系为:_____

所以由水体中溶解氧量的改变,可知生成有机物总量。

取水样,测定其中溶解氧量为m(原)。将水样灌满黑、白瓶后放到原先取水样的位置[黑、白瓶中水样的体积均与测定m(原)水样的体积相等],经24h取出,测得黑、白瓶内水中溶解氧量为m(黑)、m(白)。黑瓶在无光条件下,水中浮游植物只发生消耗O_2的呼吸作用,使水中溶解氧量下降;在光照条件下,白瓶内浮游植物发生光合作用使水中溶解氧量

上升,同时植物也发生呼吸作用。已知黑、白瓶内植物呼吸作用强度相同。下列两种溶解氧量的差值各表示什么?

$m(原)-m(黑)$：_____

$m(白)-m(黑)$：_____

三、实验题（本题包括3个小题，共20分）

24．（5分）向一定量的氯化钡溶液中加入一定量的硫酸钠溶液，充分反应后过滤。你认为滤液中溶质的组成最多有_____种情况，这几种情况中一定都含有_____。

请你设计一个实验，证明上述实验中氯化钡和硫酸钠刚好完全反应，并将有关内容填写在下表中。

验证的实验方法	可能观察到的实验现象	结论

25．（7分）为探究CO_2和$NaOH$确实发生了化学反应，某实验小组的同学设计出了下列4种实验装置，请回答下列问题：

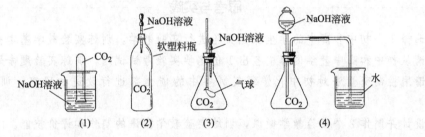

(1) 选择任意一种实验装置，简述出现的实验现象，解释产生该实验现象的原因：
选择的实验装置是_____，实验现象为：_____。产生该实验现象的原因是：_____。

(2) 某同学质疑上述实验设计，该同学质疑的依据是_____。

(3) 在原实验的基础上，请你设计实验证明CO_2和$NaOH$肯定发生了化学反应。

_____

26．（8分）神舟五号、神舟六号载人飞船成功返航，标志着我国已跨入航天领域国际先进行列。

(1) 在宇宙飞船上可以安装盛有Na_2O_2的装置，它的作用是与人呼出的二氧化碳反应生成氧气，写出该反应的化学方程式：_____。

(2) 请你写出一种实验室制取氧气的化学方程式：_____。

请在下面的仪器中根据上述反应选择适当的仪器组成一套制取并收集干燥的氧气的装置，各仪器从左到右的接口顺序是（　）→（　）（　）→（　）（填各仪器接口处的字母）。

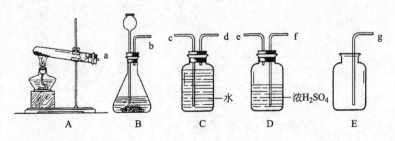

(3) 证明集气瓶中的氧气已经收集满的方法是_____。

(4) 要测定生成的氧气的体积，必须选用的除上图以外的仪器是_____（填仪器名称）。

四、计算题（本题包括2个小题，共9分。）

27. （4分）已知 CuO 被 C 还原的产物是 Cu_2O（红色）。现有 CuO 和木炭粉组成的混合物 4.24g，在高温下充分反应后，得到红色固体产物。反应后产生的气体能全部被过量的澄清的石灰水吸收，得沉淀 2.00g。试计算所得红色固体产物质量？

28. （5分）学校研究性学习小组测定 Cu-Fe 合金、Fe-Zn 合金和 Fe-Al 合金中铁的质量分数，实验室只提供一瓶未标明质量分数的稀硫酸和必要的仪器。他们取其中一种合金的粉末 5.6g 与足量该硫酸充分反应，经测定，产生了气体 a g。请讨论：当粉末为 Fe-Al 合金时，a > _____ ；当粉末为 Cu-Fe 合金时，a < _____ ；当 _____ > a > _____ 时，粉末可能是 _____。

思考与实践

1. 选择1个初中和高中的学生探究实验进行实验教学，训练实验教学基本技能。
2. 请从初中和高中教学内容中各出1份化学实验考试试题，训练实验题命题技能。
3. 请用控制变量法对初中化学氧气制备中的催化剂进行改进和研究，训练实验创新技能。
4. 设计并制作2个实验教学微课，训练实验教学微课的制作和评价技能。

主要参考文献

[1] 中华人民共和国教育部. 普通高中化学课程标准(2017年版). 北京：人民教育出版社，2017.

[2] 中华人民共和国教育部. 全日制义务教育化学课程标准(2017年版). 北京：人民教育出版社，2017.

[3] 刘知新. 化学教学论. 第4版. 北京：高等教育出版社，2009.

[4] 广东省教育考试院. 广东省初中学业水平考试考试大纲. 2018，01.

[5] 胡爱彬. 发展实验探究核心素养的实践与思考. 化学教与学，2017(7)：81-83.

[6] 赵明. 新课程背景下的高中化学实验教学. 发展导报，2018，1，9，第028版.

[7] 黄广银. 高中化学实验教学策略探究. 吉林教育·教研，2017，16：18.

[8] 杨振兴. 新课改理念下高师化学专业实验与中学化学实验教学接轨研究. 淮北师范大学学报（自然科学版），2013，34(1)：91-93.

[9] 王海. 论初中化学实验教学中探究活动的切入点. 中学化学教学参考，2018，1：54-55.

第七章

化学说课技能

第一节 说课概述

说课，就是教师在独立钻研教材、备课的基础上，向其他教师或评委、听众，系统地谈自己的教学设想及其理论依据，然后由听者评议，以达到相互交流、共同提高的一种教研形式。是对教师的教育教学专业理论水平、教育教学规律的掌握运用、教学艺术以及教师自身基本功、文化底蕴、专业知识、综合素质等诸方面的综合展示过程。所以，经常参加说课活动，是提高自身素质的有效途径；对师范生来说，说课是提高教学技能的重要手段。

一、说课的发展

我国最早一篇有关说课的论文和报道是 1988 年四川外国语学院高霭群发表在外语期刊上的《我上看说课的体会》。化学第一篇有关说课论文是 1996 年马雪梅发表在教育学院学报上的"说高一化学教材《物质结构元素周期律》一章的教与学"。与化学有关的说课大多是硕士论文和案例研究与体会，基本没有完整的研究体系和说课的理论研究，2016 年山西师范大学苗亚宁的硕士论文《高中化学教师说课要素研究》比较全面具体地进行了相关说课的理论研究。

二、什么是说课

说课是目前中学教研活动中一种比较流行的方法，它通常是在备课后，上课前，让某教师依据教学理论和课程标准，对教材的理解、教学目标的确立、教法的选择和教学过程的设计等，向同行全面说出自己的教育策略和教学思路，然后让听者评说，达到共同提高的一种有效的教学研究形式，主要应用于教研活动、教师招聘与各类说课比赛。说课作为一种常见的教学研究形式，通过同行之间的相互切磋，取长补短，资源共享，发挥集体的智慧和力量，是一种提高教师施教水平和课堂教学效率，促进教育科研水平和全面推进素质教育的一种行之有效的途径。说课其实也是一种集体备课的形式，是为了提高课堂教学效率，教师之间进行的一次思想碰撞和智慧的交流。通过说课，教师能高屋建瓴地把握教材，预设学习中的各种"教学事件"，反馈教学中的得失，选择适宜的教学方法，提高课堂教学效率，促进教学研究。

说课不仅要说明怎么教,还要说明为什么要这样教,这就迫使教师要认真去学习教育教学理论,要认真去思考如何解决理论与实践相脱节的问题,这样就可以帮助教师从理论上去认识教学规律。理论和实践的有机结合是说课的灵魂,说课的性质明确地要求用教育理论指导教学实践,说课要言之有理,言之有据,言之有序,言之有情。要做到说做法,明道理;说教学整体思路,明教学指导思想;说教学目标,明教学目标制定的依据。理论从何而来?一是教育学心理学理论,二是学科知识理论,三是考纲和课标,四是近年来的教改经验和教学成果。新的课标"新"在何处?一是要彻底改变知识传授的倾向,强调形成积极主动的学习态度,使获取知识和技能的过程,成为学会学习和形成正确价值观的过程。二是要彻底改变学生的学习方式,确立学生在课程中的主体地位,建立学生自主探讨发现及合作学习的机制,同时要拓展学生的学习空间,培养创新精神和实践能力,增强社会责任感,重视化学的熏陶感染作用,尊重学生在学习过程中的独特体验,培养学生的化学核心素养。

三、说课的模式与内容

1. 教材分析

说课首先要说明自己对教材的理解。说教材的目的有两个:一是确定学习内容的范围与深度,明确教什么;二是揭示学习内容中各项知识与技能的相互关系,为教学顺序的安排奠定基础,知道如何教。说教材包括以下两个方面。

(1) 说教材的地位作用　要说明课标对所教内容的要求,脱离课标的说课是无本之木、无源之水,会给人一种虚无缥缈的感觉。还有说明所教内容在节、单元、年级乃至整套教材中的地位、作用和意义,说明教材编写的思路与结构特点。从地位、结构、内容、教育意义等方面论述本节教材在本课、本书中的地位和作用。教师在备课中,虽然对教材做了一些分析和处理,但这些分析和处理是浅显感性的。而通过说课,从理性上审视教材,这就可能发现备课中种种疏漏,再经过修改教案,疏漏就会得到弥补,从这个意义上说,它能帮助教师更好的吃透教材,优化教学设计过程。

(2) 说教材的重点难点　教学重点除知识重点外,还包括能力和情感的重点。教学难点,是那些比较抽象、离生活较远或过程比较复杂,使学生难以理解和掌握的知识。并要具体分析教学难点和教学重点之间的关系,从教学内容、课标要求、学生实际、理论层次、对学生的作用等方面找出确立重点难点的依据并确定教学的重点和难点。

2. 学情分析

学情分析就是分析教学对象。因为学生是学习的主体,因此,教师说课必须说清楚学生情况。这部分内容可以单列,也可以插在说教材部分里一起说。说学生主要包括以下三点。

(1) 说学生的知识经验　这里说明学生学习新知识前他们所具有的基础知识和生活经验,这种知识经验对学习新知识产生什么样的影响。

(2) 说学生的技能态度　就是分析学生掌握学习内容所必须具备的学习技巧,以及是否具备学习新知识所必须掌握的技能和态度。

(3) 说学生的风格特点和心理特征　说明学生年龄特点,以及由于身体和智力上的个别差异所形成的学习方式与风格、学生年龄对应的心理特征等。

3. 教学方法策略与手段

教学方法是依据考试大纲和课标及新理念和新教法等理论,具体说明将在课堂设计中运用哪些方法，可以从大的方面和宏观上来说。如主要教学方法有参与式、讨论式、互动式、体验式、案例式、研究性学习、谈话、对话、辩论、调查、情境模拟、亲历体验、小活动等。

（1）说教法组合及其依据　教法的组合，主要考虑能否取得最佳效果和师生的劳动付出是否体现了最优化原则。一般每节课以一至二种教学方法为主，穿插渗透其他教学方法。说教法组合的依据，要从教学目标、教材编排形式、学生知识基础与年龄特征、教师的自身特点以及学校设备条件等方面说明。因为教学过程是教与学的统一过程，这个过程必须是教法和学法同步的过程，因此教师在说课时还要说明怎样教会学生学习的方法和规律。

（2）说教学手段及其依据　教学手段是指教学工具（含传统教具、实验、课件、多媒体、计算机网络等）的选择及其使用方法，要尽可能使用现代化的教学手段。教具的选择一是忌多，使用过频，使课堂教学变成教具或课件的展览；二是忌教学手段过于简单，不能反映学科特点；三是忌教学手段流于形式。还要说明是怎样依据教学目标、教材内容、学生的年龄特征、学校设备条件、教具的功能等来选择教学手段的。

4. 学法指导

明天的文盲不是目不识丁的人，而是不会学习的人，今天的我们更应懂得"授人以渔"的道理，而学法指导则是教会学生学习和转变教学观念的突破口。所谓学法，即在教学过程中，针对所授课内容的难易程度结合学生的实际情况，告诉学生掌握知识的方法或技巧。由模仿性学习到独立性学习再到创造性学习，由被动性学习到主动性学习再到积极性学习，这种学习能力的形成都有赖于教师平时的学法指导，所以，说课中学法指导应该作为一个重点。依据新的教学理念、学习方式的转变，说出所倡导自主、合作、探究等方式方法。达到体验中感悟情感、态度、价值观；活动中归纳知识；参与中培养能力；合作中学会学习。

5. 教学与评价目标

（1）教学目标的确定　一说目标的完整性，2017年开始化学新课标的教学目标将知识与技能、过程与方法和情感态度与价值观三个维度的目标进行了整合。根据新课程标准的要求、学生年龄特点、生活经验、认识问题的层次、程度、学生发展的需要等方面制定出教学目标。二说目标的可行性，即教学目标要符合课标的要求，切合各种层次学生的实际；三说目标的可操作性，即目标要求具体、明确，能直接用来指导、评价和检查该课的教学工作。

（2）评价目标的确定　化学学习评价是化学教学评价的重要组成部分，对于学生化学学科核心素养具有诊断和发展功能。教师在说教学评价中应紧紧围绕"发展学生化学学科核心素养"这一主旨，优化教学过程，有效提高教学质量，发展素质教育，落实立德树人根本任务。深刻领会化学学科核心素养的内涵，科学制定化学评价目标，将"宏观辨识与微观探析"、"变化观念与平衡思想"、"证据推理与模型认知"、"科学探究与创新意识"、"科学态度与社会责任"5个核心素养作为教学评价目标的主要依据。

6. 教学与评价思路

说教学与评价思路应从宏观现象到微观本质再到问题解决的总体思路。将教学中的学生讨论、预测、设计实验方案、对比观看演示实验、学生探究实验等，诊断学生的观察、思维、分析、实验探究、推理、创新等能力，从而发展学生的宏观辨识与微观探析、变化观念与平衡思想、证据推理与模型认知、科学探究与创新意识，再到化学学科价值，培养科学精神与社会责任等核心素养的总体评价思路。

7. 教学程序（此部分为重点）

说教学程序就是介绍教学过程设计，这是说课的重点部分。因为只有通过这一过程的分析才能看到说课者独具匠心的教学安排，它反映了教师的教学思想、教学个性与风格。也只有通过对教学过程设计的阐述，才能看到教学安排是否合理、科学和艺术。教学过程通常要说清楚下面几个问题：

(1) 说教学思路的设计及其依据　教学思路主要包括各教学环节的顺序安排及师生双边活动的安排。教学思路要层次分明，富有启发性，能体现教师的主导作用和学生的主体作用。还要说明教学思路设计的理论依据。

(2) 说教学重点、难点的处理　教师高超的教学技艺体现在突出重点、突破难点上，这是教师在教学活动中投入的精力最大、付出的劳动最多的方面，也是教师的教学深度和教学水平的标志。因此教师在说课时，必须有重点地说明突出教学重点，突破教学难点的基本策略。也就是要从知识结构、教学要素的优化、习题的选择和思维训练、教学方法和教学媒体的选用、反馈信息的处理和强化等方面去说明突出重点的步骤、方法和形式。

(3) 说各教学环节的时间分配　要联系实际教材内容、学生实际和教学方法等说出各个教学环节时间安排的依据。特别要说明一节课里的最佳时间（20~25分钟）和黄金时间（15分钟）是怎样充分利用的。

(4) 说板书设计及其依据　说板书设计，主要介绍这堂课的板书类型是纲目式、表解式、还是图解式等？什么时候板书？板书的具体内容是什么？板书的展现形式是什么？等。板书设计要注意知识科学性、系统性与简洁性，文字要准确、简洁。说依据可联系教学内容、教学方法、教师本身特点等加以解释。正规的说课如果时间允许的情况下，要在说教学程序的过程中写出板书提纲。如果时间很紧张，你可以提前写在一张大纸上，张贴在黑板上也可以。能够配合讲解适时出示，达到调控学生、吸引注意、使师生思路合拍共振的目的。如果是PPT教学，则可以将板书设计放置在最后一页。

(5) 说教学效果的预测及评价　教学效果是教学目标的归宿和体现。教学效果的预测，既是教师实现教学目标的期望，又是实现教学目标的自我把握程度。教师在说课时，要对学生的认知、智力开发、能力发展、思想品德的养成、身心发展等方面做出具体的、可能的预测。

四、说课的时间

说课时间一般控制在15~20分钟，最多不超过25分钟，不少于10分钟，具体时间按举办者根据实际情况而定。比如，教师应聘时，学校根据报名的实际情况，可以定为10~15分钟，有时县教研室初赛时只给每人10分钟，广东省和韶关市教研室在决赛时，每人说课时间为15分钟。广东省师范技能大赛和学校师范技能大赛是说课4分钟，只说前面部分和简单教学过程，教学程序则用模拟上课的方式进行（10~15分钟模拟上课）。总之，说课者要结合应聘或比赛等的具体要求来确定说课内容，特别要注意按要求控制好时间。

五、说课、备课、上课的异同

说课、备课、上课的次序不同。备课在前，说课在后，上课在最后。上课是教师在特定的环境中，依据自己所编制的教学设计（教案和学案），实现教学目的和完成教学任务的过程。上课有具体的教学主体对象，有具体的师生配合过程，有一定的教学程序和具体的操作方法，是具体的教学实践活动。说课则不同，是由说课教师给特殊听众（领导、专家或同行）唱"独角戏"，它侧重于理论阐述，属于教研活动的范畴。

说课、备课、上课的目的相同。三者都是为了更好的教学，使学生更容易接受老师的教学内容和教学方法。备课是为了更快地向学生传授知识技能，而说课是为了交流知识，切磋教艺，提高教学水平，上课是更好的使学生学会和掌握知识。说课和备课都要分析具体课题的教材和学情，设想教学方法和学情，设计教学程序和板书。说课和备课的直接任务相同，都是课堂教学的准备工作。无论说课还是备课，都同属于教研活动，都要接受课堂教学的检查。说课与备课的做法有相似之处，备课和说课都围绕同一具体教学课题，研究提出最优教学方案：包括明确教学目标、选择教学方法和手段、制定教学结构程序，设计教学语言、教态、板书等。

说课与上课的对象不同。说课的对象主要是老师和同行，而上课的对象主要是学生，说课是在备课的基础上，由授课老师面对同行或评委说出教学设想及理论根据。三者的实施状态不同。备课是一种偏于个体的静态活动，而说课是一种群体的动态活动，上课是一种个体的动态活动。三者的研究范畴不同。备课着重研究解决课堂中的"教什么"、"怎么教"等具体实施环节，而说课还要研究"为什么这么教"的教学理论问题，上课还有管理与调控等问题。说课中的"评"是取长补短、相互利益、集体研究的一种形式，具有科学研究的性质，这是备课和上课没有的。

六、课程说课与章节说课的异同

课程说课重点在分析本门课程的性质、地位、作用、设置的理由及与培养人才的关系；设计的理念与思路；教学内容分析为重点，特别是课程结构及内容之间内在关系图，核心内容的研究进展等；课程组织（课时计划等）、实施（如实验或实践活动等）与评价方式等，与本课程标准有关。

章节说课（以节为主）主要是：教学目标明确，教学重点、难点、关键点把握准确，分析透彻，有确定的依据，教学过程设计与方法运用、教学策略为重点；各环节教学设计合理、教法学法选择恰当、激发学生探究动机、教学资源多样、高效课堂等。

二者都有学情分析。课程说课的学情分析主要分析学生学习该课程的原有基础知识、能力和可能遇到的困难分析。章节说课的学情分析主要分析学生学习本章节的原有基础和现有困难分析准确，采取的教学策略有助于学生克服本章节学习上的困难和心理障碍。都有教师基本素养表现，普通话讲授，语言清晰、流畅、准确、生动，语速节奏恰当；教态自然，仪表端庄大方；演示操作熟练、规范；课件设计规范完整、运行正常、界面清晰、整体效果好。这些方面与上课的要求相同。

第二节　说课的量化评价

如何量化评价说课的效果，给说课者一个科学合理的评价，是每一位说课教师所期待的，特别是师范毕业生在教师招聘中最为关心的。下面将从教材分析、教法和学法分析、教学过程和教师素养等5个方面进行量化评价。

教材分析20%：说明教学内容的地位和作用（8分、6分、4分）；说明教学目标、要求及成因（7分、6分、4分）；教学重、难点及其成因分析（5分、4分、3分）。

教法分析15%：阐述教法设计的理论依据和对激发兴趣、建构知识、培养能力、提高素质等方面的积极意义（6分、4分、2分）；说明化学实验或现代教育手段在突出重点、突破难点上的作用和优势（5分、3分、2分）；说明教学反馈、控制与调节的措施及设计思想（4分、3分、2分）。

学法指导10%：能恰当分析学生的基础、能力、特点和素质（6分、4分、3分）；说明指导学生自我建构知识的措施、方法及成因（4分、3分、2分）。

过程分析45%：说明课堂引入的方式及其优越性（8分、6分、4分）；重点说明教学过程中的关键环节对启发思维、建构知识、培养能力、提高素质等方面的作用（20分、15分、10分）；说明教学过程对体现新课程理念、实现教学目标的作用和意义（17分、13分、9分）。

教师素养10%：教态端庄自然，语言简练生动，普通话准确且具感染力；板书设计精练、有条理，辅助教学操作熟练（10分、8分、6分）。

满分100分。特色加分：教学设计有创新可加1~3分，但总分不得超过100分。最下面为评委评语。详细的说课量化评价见表7-1~表7-3。

表7-1 师范专业教学技能竞赛说课评价表

院系		班级		说课日期	
学生姓名		课题			
评价指标	评价内容			分值	得分
说教材 20分	1. 教学目标			5	
	2. 教学重点和难点及其依据			5	
	3. 教材的知识结构和逻辑关系			5	
	4. 各知识点简析			5	
说教法 15分	5. 采用的教学方法及其依据			7	
	6. 教学反馈、控制与调节的措施及设计思想			5	
	7. 准备使用的教具、学具和其他教学手段			3	
说学法 10分	8. 指导学生的学习方法及其依据			5	
	9. 培养学生的操作技能和思维能力			5	
说教学过程 45分	10. 教学的逻辑顺序是否合理，层次是否清楚			5	
	11. 重点是否突出，详略、深浅是否恰当			5	
	12. 能否恰当关注学生生活，联系社会现实；能否重视学生实践活动			8	
	13. 知识点之间的衔接是否合理，前后是否照应			3	
	14. 教学手段的使用是否合理（含实验手段）			5	
	15. 是否贯彻学法指导、技能训练和能力培养			8	
	16. 学生自主学习活动的设计、组织是否合理			8	
	17. 练习设计，作业布置是否科学			3	
其他 10分	18. 语言表达：普通话、语速、节奏、准确、简洁			3	
	19. 说课姿态、神情			2	
	20. 说课稿的书写字迹工整，美观，条理清楚；板书层次清楚、言简意赅，富有启迪性；适当运用多媒体教学			5	
总 分					

评委评语及签名：

表 7-2　青年教师说课大赛评价表（章节说课评价）

项目		评测要求	分值	得分
章节说课	教学目标确定	教学的知识传授、能力培养、思想教育等方面目标完整、具体、明确；确定教学目标的依据充分，符合课程标准要求，符合学生特点。	10	
	教学内容分析	围绕教学目标精选内容，数量适中，选材得当；能准确把握章节的知识结构和体系；教学重点、难点、关键点把握准确，分析比较透彻，确定的依据充分；结合学科发展、社会需要和学生需要适度延伸相关课程资源。	20	
	学生学情分析	对学生学习本章节的原有基础和现有困难分析准确，采取的教学策略有助于学生克服学习上的困难和心理障碍。	10	
	教学过程设计与方法运用	教学总体设计合理，能结合问题和情境进行，有新意，有自己的见解；教学环节层次清楚，时间安排合理；环节目标明确、要求具体、可操作性强；各环节教学策略设计合理；教法学法选择恰当，启发性强，激发学生探究动机，有利于培养学生学习能力和提高思想道德水准；教学媒体优化组合，运用适时、适度、高效；作业设计紧扣教学目标和教学内容，难度层次递进。	40	
	教师基本素养表现	普通话讲课，语言清晰、流畅、准确、生动，语速节奏恰当；教态自然，仪表端庄大方，演示操作熟练、规范；课件设计规范完整、运行正常、界面清晰、整体效果好。	10	
	回答评委提问	答辩准确、层次清楚、有理有据。	10	
总分				
评委评语及签名：				

表 7-3　青年教师说课大赛评价表（课程说课评价）

项目		评测要求	分值	得分
课程说课	课程设置分析	对该课程在人才培养体系中的性质、地位、作用以及与其他课程之间的关系表述清楚，课程的开设理由充足；课程设置与培养高级应用型人才之间的关系明确。	10	
	课程设计的理念与思路	对课程要达到什么目标，用什么来达到这些目标，如何有效地组织，如何评价这些目标已经达到等方面的课程设计思路层次清晰。	10	
	课程内容分析	课程内容选取的依据科学；所选用的教材、资料、教学资源符合课程目标；课程内容的基本结构及内容之间内在关系图表述清晰；能介绍课程核心内容的研究进展。	30	
	学生分析	学习该课程的原有基础知识、能力和可能遇到的困难分析到位。	10	
	课程组织与实施	主要内容的课时安排及教与学方法设计合理；实践教学环节、实践活动的设计、教学组织活动设计科学。	10	
	课程评价方式	课程评价与课程目标和课程内容相符；形成性评价和终结性评价方式具体；评价公平与公正。	10	
	教师基本素养表现	普通话讲课，语言清晰、流畅、准确、生动，语速节奏恰当；教态自然，仪表端庄大方，演示操作熟练、规范；课件设计规范完整、运行正常、界面清晰、整体效果好。	10	
	回答评委提问	答辩准确、层次清楚、有理有据。	10	
总分				
评委评语及签名				

第三节 说课的方法

一、明确说课的目的和说课方式

1. 说课活动旨在促进教师练好基本功，努力提高自我素质

在说课活动中，一般既有授课教师的"说"，也有听者的"评"，说评结合。把教师的个人备课、业务水平及教学基本功置之于集体的监督之下，这必将给说课者（授课教师）增加一定的压力，使之由压力转化为动力，对其认真学习，自觉练好基本功，努力提高自我素质有很大的促进作用。所以，说课中要扬长避短，有意识地把自己的基本功和自身素质的强项展现给评课者。

2. 说课活动旨在促进教师学习现代教育理论

说课时要求说课教师对每个教学环节（或主要教学环节）从现代教育理论、新的教育理念的角度进行阐述，也需要评课者从教育理论角度进行评析，这就迫使教师积极主动地学习现代教育理论，不断提高自身的教育理论水平。因此，说课时要切记不要过多的罗列教学过程，致使把说课变成教案的重复，要遴选自己教学设计中的"出彩处"，即体现独特教学风格的地方为切入点，认真进行理论上的润色和理念上的阐述，要有理有据、实实在在地让评课者明白你"为什么这么教"。

3. 说课活动旨在促使教师把实践和认识提高到一个新的水平

说课省时间，不拘地点和形式，可以从理论上尽情地阐释，这正是观摩课的局限性，也是说课固有的优势。但说课对于观摩课来说，也有自己的局限性，即看不到课堂上的实践，形象化少，抽象化多，如果说课者稍有忽视理论与实践的结合，就会使说课变成干理论的说教。而课后反思，正好是说课与上课的融合，是对理论的肯定和实践的深化，实际是对自己上课的自我评价。反思中，要把理论及其指导下的实践融为一体，验证理论与实践的相容性，并从中发现理论运用上的不足，和实践验证上的缺陷，从而进一步修正理论和完善实践。上课前说课，上课后反思，把说课、讲课和课后反思有机地结合起来，可以使三者优势互补，促使教师的实践和认识提高到一个新的水平，使教师的素质得到整体提高。所以，不管是说课还是课后反思，都是上课教师的一个再展示的机会，一定要紧紧抓住这个机会，很好地把握"优势互补"，把课堂上没有展示或难以展示出来的，利用说课和反思的优势展示出来，把课堂上留下的缺憾，利用反思加以完善。

二、厘清说课的要求

过去的说课，通常由"说教材、说学法、说教法、说教学程序"四个方面组成。由于新《课标》最醒目的是教学理念上的变化，加之《课标》在结构上明显多了"教学评价"一章。所以，现在的说课，外延也随之延伸，要求"说教学理念（含教学目标）、说教学过程（含教学内容）、说教学方法（含教法、学法两个方面）、说教学评价"这四个方面。这四个方面规定了说课的基本要求和具体内容，它充分反映了在现代教育理论指导下，教师实施课堂教学前必须经历的思维过程。这四个方面要求说课教师一定要熟悉、吃透《课标》和《教学大纲》，树立新的教学理念，在深入钻研教材的基础上进行课程的再开发，并根据现代中学生的认识特点，设计有利于培养学生个性的最优化的教法、学法和课堂教学结构。

1. 说好教学理念（含教学目标）

首先，要求能用新课程理念指导课堂教学。具有各学科共性的新课程理念主要有：①注重发挥学生的学习主动性；②注重提高学生的人文素养；③注重提高学生的实践能力；④在课程目标方面，系统地提出了知识和能力、过程和方法、情感态度和价值观三个维度的课程目标整合，并使之具体、综合地体现在各个阶段目标之中；⑤大力推进新型的学习方式，如自主学习、合作学习、探究学习，以及突出了跨领域的综合性学习；⑥强调课程的现代性和创新性。另外，还有适应学科自身特点的一些个性的理念。

首先，诸如"实验探究、实用性与人文性的统一是化学课程的基本特点"，"重视化学课程的熏陶感染作用，注意教学内容的价值取向"，"化学教育应尊重学生在学习过程中的独特的实验体验"，"注重在实践和应用中培养学生的化学实验操作能力，不宜刻意追求化学知识的系统和完整"，"重视培养良好的科学探究能力和科学研究精神"等。说课时，要说清是怎样用这些新课程理念指导课堂教学的。具体方法见后面的案例。

其次，要求在新课程理念的指导下，将知识与技能目标制定合理。这里要注意的是，指定课时知能目标，必然要涉及教材、年级和学段教学内容，特别是单元教学要求。要从整体年段教材内容和单元教学要求着眼，从本课教学要求入手，说出本课的教学目标。教材是实施课堂教学、制定教学目标的基本依据，是教与学的根本。能否正确理解和把握教材，关系到目标制定得合理与否和教学成败。那么，怎样才能正确理解和把握教材呢？一定要熟悉《课标》和《教学大纲》，掌握《课标》和《大纲》规定的教学目标和各年级的教学要求。化学学科《课标》和《教学大纲》是指导教学的纲领性文件，教材是依据《课标》或《教学大纲》要求编写的。这一点往往是说课教师容易忽视的地方，离开《课标》和《教学大纲》，说课将会迷失方向。

再次，要体现过程与方法目标、体现培养学生的情感、态度、价值观。《化学课程标准》在"教学建议"中郑重提出要"重视情感、态度、价值观的正确导向"，这样做既有十分重要的深远意义，关系到有中国特色社会主义事业的成败，又有着现实的紧迫需求，即在改革开放年代，面对东西方文化碰撞和生活方式转型，就有一个对正确价值观的认定问题。因此，"培养学生高尚的道德情操和健康的审美情趣，形成正确的价值观和积极的人生态度，已成为各科教学的重要内容，不应把它们当做外在的附加任务"。东西方文化的交流与生活方式的转型，对今天中学生思维方式，情感、态度、价值观的影响，有着极其深刻的内在联系，它同样会充分体现在今天开放的课堂之中。随着学习的个性化进程，感情的自由流露中也往往是主流思想与非主流思想并存，似是而非的各种意念共存。中学生自我意识的增强，使他们乐于独立思考，敢想敢说了，这无疑是好事，应当给予支持和鼓励。但是，他们毕竟认识水平和判别是非的能力有限，要求中学生对所有问题都能识别得一清二楚也是不现实的。正因为这样，才使情感、态度、价值观的正确导向变得如此重要。当然，对教师来说，更为困难的是面对开放的课堂，面对个性化学习和自由表达时产生的情感、态度和价值观的偏离应如何正确引导。如果只是做抽象的理性说教，即使学生表面上认可，也并不真正解决思想问题。正确的做法应当如《化学课程标准》所指出的，要提倡平等对话，在"珍视学生独特的感受、体验和理解"的同时，"注重熏陶感染、潜移默化"，并经常地能够"贯穿于日常的教学过程之中"。过去在教学中，单一地强调知识与能力，而对过程与方法，情感、态度和价值观方面从未涉及。现在的说课,在理念方面,既要体现知识与能力目标,特别要体现过程与方法目标、体现培养学生的情感、态度与价值观,做到三维目标的有效整合。

2. 说全教学过程(含教学内容)

教材、教师、学生,是构成课堂教学的三大要素,这三者的有机结合,构成了课堂教学结构,这就是教学程序。有什么样的教学理念、就有什么样的教学程序。教材的处理、教学重点难点的确定、教学方法的运用,都必须具体体现在教学程序的设计之中。说教学过程,要求说出教学思想,课堂教学内容安排,时间分配,以及板书设计。它要求教师不但说出怎么教,还必须说出这么教的道理(为什么采取这样的教学步骤)。教师在说教学程序时,首先要有明确的教学理念。把教材带给学生的"教师讲,学生听",只是"注入式"的教学;把学生带进教材,即指导学生不仅学会,而且会学,这是"启发式"的教学。然而,同样是采用启发教学,由于教学内容不同,学生实际不同,教学程序的安排也是多种多样的。也就是说,教学某一内容时,同一教学思想,可以设计出不同的教学程序,这就是教学活动始终充满生机、充满活力的原因所在。

由于说教学过程,要涉及各个教学环节。比如涉及要学生掌握的知识内容,以及重点、难点的确定,如何突出重点、突破难点,如何安排课堂训练等。这些几乎跟平常的教案差不多,但说课中的教学过程毕竟与教案有着本质上的差别,教案是教师上课用的,教学的对象是学生,因此,教案要把教学设计一步步写清楚;说课讲稿则是教师说课用的,对象是教师、教研人员、专家评委,因此,有关教学程序的具体内容只需做概括介绍,只要听讲人能听清"教什么"和"怎么教"就行了。教案只需写"教什么"和"怎样教"的内容,教师设计的思维过程,即体现什么教学理念的过程是隐性的。为什么要选择这样的教学方法,教学过程这样安排的理论依据是什么,都在教师的脑子里,有时甚或只是个模糊印象。而说课时,教师设计的思想过程是显性的,不仅要向同行说出教学内容的具体安排,还要重点讲清"为什么这样教"的理论依据(包括《课标》《大纲》依据、教育学、心理学依据以及教改新思想、新理念依据等),要使听者既知其然,又能知其所以然,达到理论与实践的有机结合。这样做,实际是要求在教学中达到教学性、教育性与艺术性的完美统一,从而促使教师本身由教书匠向教育的行家、专家方面发生根本性的转变。教案每课时都必须备,说课则不一定每课时都说,可以说一本书的整体性教学(课程说课),可以说一章书的整体性教学(章节说课),也可以着重说某一课时的教学(课时说课),甚至可以只说某些重点、难点的教学或某几个重点环节的设计(片段说课)。

在说教学过程时,要使人感到教学安排条理清楚、层次分明、逻辑性强。必须考虑以下几个方面的内容:在理清知能线索、认识知能结构的基础上,设计出具体的训练内容(包括板书设计及其理由),并考虑到教学环节连接的方法。精心设计激发学生兴趣、激发学生积极思维、启发学生自学的系列问题群或学生的学习方式。说清处理重点、难点的技巧和过程中可能出现的障碍及其对策。说清主要教学环节以及整个教学设计的教学理论依据。

说教学过程,会自然涉及教学重点、难点的确定及其确定的充分理由。一般地说,重点、难点的确定,对本课与前后课文之间的内在联系是密不可分的。要准确确定重点、难点,一定要熟悉所说教材的编者意图和教学目标,了解知能训练的阶段性和连续性,对知识系统的内在联系要做到心中有数。重点、难点不可混为一谈,重点是以教材内容为着眼点;难点是以学生的理解为着眼点。说教学过程,还会涉及本节内容在本书、整个学段或本单元教材中的地位和作用,且要阐述恰当。对具体要说的这部分教材,要深入钻研,明确该部分教材在整册中，在整个一组教材中所处的地位，从而确定该课教学应使学生掌握哪些知识，训练哪些基本技能，在5大化学核心素养方面应结合进行哪些教育，并且要弄清哪些知识和技能是新授的，哪些知识和技能是为新知识作辅垫的，哪些知识和技能是必须巩固和强化的。这些问题弄清楚了，本节内容在本书、整个学段或本单元教材中的地位和作用也就明确了，阐述自然也就恰当了。

3. 说出教学方法（含教法、学法、手段三个方面）

（1）怎样说教法

说教法，要求说课教师说出选用什么样的教学方法和采取什么样的教学手段，以及采用这些教学方法和教学手段的理论依据。教学是教师的教育引导和学生的自主探究学习的双边活动，教法和学法构成了教学方法。教法对学法有着主导、示范作用，教师的教，直接影响着学生的学。教无定法，但教有规律可循。我们在确定某一课的教法时，必须考虑学生的学习规律和教材的特点，以及教师本人的自身素质。教法的设计要有利于激发学生的学习兴趣，调动学生自主学习的积极性。能否合理运用教法，直接影响着教学的成败。教学的艺术性往往体现在具体的教学方法之中，因此，不体现教学方法的说课是平庸的说课。

（2）怎样说学法

说学法，要求说出本课教给学生怎样的学习方法，培养哪些学习能力。"教会学生如何学习"是当前教改领域中研究的热点。当今世界，由于科学技术的迅猛发展，新的知识成几何级数增长，然而学生的有限学习时间相对来说是一个常量，要解决新知识不断增长这个"变量"与学生学习时间这个"常量"之间的矛盾，除了更新教材、调整知识结构外，更重要的是要教会学生如何学习的方法。学生掌握了学习方法，就等于拿到了打开知识宝库的金钥匙，学生就会自己学习，举一反三，逐步做到无师自通。

学法指导是重要的教学内容。在教学中，学生对于知识的获得和学法的掌握应该是同步的，做到在学会某种知识的同时，掌握学习这类知识的方法，学生的学习能力就会在不断获取新知识、不断掌握新方法的过程中提高。学习方法是多种多样的，根据教材的特点和学习重点，一般应做到一课一法、一课一得，或一法为主，多法为辅，逐步让学生构建适应自己学习的学法体系。例如，在教学本课时将运用"启示、诱导、领悟"的方式完成学法指导，教给学生"求疑阅读"的方法，让学生在不断地质疑、解疑中读懂课文。这里所说课文中的"启示、诱导"是教师的教学方法，而"质疑阅读"（即从课文中找难点，通过解疑来学课文）则是教师给学生的学习方法。

说学法，说教法，是说课中的两个重要环节。由于受传统教学思想和应试教学模式的影响，在目前的说课活动中，不少教师重知识轻能力，重结果轻过程，只重视说教材，说教学环节，对教法和学法说的甚少，既不知道怎么教和为什么要这么教，也不知道如何指导、组织学生由学会到会学。因此，要提高说课质量，教师一定要注意学习并研究改进教学方法。要注意学习报纸杂志上介绍教法的经验文章，如互联网＋时代的微课、私播课、翻转课堂、对分课堂等新的教学方式等，努力提高教学理论水平，增强合理选择教法和学法指导的自觉性，促进说课质量的提高。

（3）怎样说教学手段

教学手段包括教具、学具、多媒体教学网络、课件、微课、幻灯投影、录像、录音、挂图、卡片以至小黑板等，这都是教学的辅助手段，运用得当，将起到直观演示、创设情境、增加课堂密度、调节课堂气氛、化抽象为形象等独特的作用。所以，对教学手段的运用，也要从理论与实践的结合方面进行精要地阐述。

4. 说明教学评价

提到评价,人们很容易联想到考试和分数,足见以往的学生评价过于注重学生的学业成绩,过于注重选择和甄别,而且评价方法单一,以为评价就是考试,考试就是评价,导致教师的教和学生的学都是围绕应试进行,学生的能力、智力、习惯等重要素质得不到应有的培养和提高。为此,《化学课程标准》强调了化学课程评价的整体性和综合性,从知识与能力、过程与方法、情感态度与价值观三个方面进行了整合,强调了深刻领会化学学科核心素养的内涵,科学制订化学评价目标,将"宏观辨识与微观探析"、"变化观念与平衡思想"、"证据推理与模型认知"、"科学探究与创新意识"、"科学态度与社会责任"5个核心素养作为教学评价目标的主要参照指标。那么,评价如何体现在课堂上呢?对于课堂教学来说,评价只是形成性的、个体性的、单项性的评价,只是动态把握、及时引导学生的情感、态度的正确转化,寓课堂评价于整个教学过程之中。在学生的课堂训练、课堂活动中,通过教师的肯定、鼓励、点化、组织学生自评、互评等多种方式,使课堂教学体现基础性、综合性、开放性、探究性的特点。引导学生在整个课堂活动中展现出学习目标的达成及反馈矫正。

化学5大核心素养的评价,都渗透于整个教学过程中。说课时,主要应说清在教学过程的评价中,是怎样进行动态把握,及时引导学生在知识技能和科学精神与社会责任等方面进行转化;怎样通过实施课堂上的教学评价,使课堂训练、课堂活动体现基础性、综合性、开放性、探究性的特点;说清通过怎样的评价方式(如师评生、生评师、生自评、生互评)促使学生达成学习目标及反馈矫正的,并使之促进学生的发展。

三、说课的一般程序和类型

说课的操作程序大致是"确立理念→钻研教材、分析学情→确定教法和学法→写出讲稿、说前演练→登台说课→说后评课"。这就构成了一次完整的说课程序。说课的类型大致可分为研究性说课、示范性说课和评比性说课等三种类型。

1. 研究性说课

这种类型的说课,一般以教研组或年级为单位,常常以集体备课的形式,先由一位教师事先准备并写好讲稿,说后大家评议修改,变个人智慧为集体智慧。这样的说课,可以一个星期搞一次,教研组或年级组的教师可以轮流说课,这是大面积提高教师业务素质和研究能力的有效途径。

2. 示范性说课

示范性说课,一般选择素质好的优秀教师,先向听课教师作示范性说课,然后让说课教师将说课内容付之于课堂教学,最后组织教师或教研人员对该教师的说课内容及课堂教学做出客观公正的评析。使听课教师能从听说课、看上课、听评析中增长知识、开阔眼界。示范性说课可以是校级、乡镇级的,也可以是区级、县级的。一般一学期可以举行一次。示范性说课是培养教学能手的重要途径。

3. 评比性说课

参加评比性说课的教师一般是经校、乡、县区竞赛选拔上来的优秀教师。在参加评比时,要求参赛教师按指定的教材,在规定的时间内,自己写出说课讲稿,最后由听课评委评出比赛名次。听课人员一般是该学科的专家或教研员。评比性的说课可以是县、市、省以至全国各级的。这一层次的说课,有时除了说课外,还要求说课教师将说课内容付之课堂教学实践，或者把说课与交流有关的说课理论和经验结合起来，以便把说课活动推向更高的层次。这是培养学科带头人和教学行家的有效途径。

师范生的评比性说课则是由各二级学院（系）、学校、省竞赛选拔上来的优秀学生，在参加比赛时，要求参赛师范学生按指定的教材内容（或自选教材内容），在规定的时间内，自己写出说课讲稿，最后由学科教学法专家评委评出比赛名次。这是培养优秀师范毕业生或未来卓越中学化学教师最有效的途径和方法。

四、说课中应注意的问题

说课一定要有时间观念，要严格遵守比赛或教师应聘时规定的说课时间，超时要扣分，时间太少不但说不清楚，还要扣分。作为新教师应聘时的说课，最好要熟读所写的说课稿，争取做到脱稿说课，注意不要把"说"变成"读"。特别要注意说课时的衣着、仪容，做到不卑不亢，从容大方。除此之外，说课时还要注意以下四个方面的误区。

1. 说课就是复述教案

说课稿与教案有一定的联系，但又有明显的区别，不应混为一谈。说课稿是在个人钻研教材的基础上写成的，说课稿不宜过长，时间应控制在 10 分钟左右为宜；教案只写"怎样教"，而说课稿重点说清"为什么要这样教"。教案是教师备课的总结，是教学具体过程的罗列，是教师备课结果的记录，是教师进行课堂教学的操作性方案。它重在设定教师在教学中的具体内容和行为，即体现了"教什么"、"怎么教"。说课稿侧重于有针对性的理论指导的阐述，它虽也包括教案中的精华部分（说课稿的编写多以教案为蓝本，教案作为参考的第一手材料），但更重要的是要体现出执教者的教学思想、教学意图和理论依据，即思维内核。简单地说，说课稿不仅要精确地说出"教"与"学"的内容，而且更重要的是要从理论和实践的结合上具体阐述"我为什么要这样教"。教案是平面的、单向的，而说课是立体的、多维的。说课稿是教案的深化、扩展与完善。

2. 说课就是再现上课过程

有些教师在说课过程中一直口若悬河，激动万分地给听者"上课"，讲解知识难点、分析教材、演示教具、介绍板书等，把讲给学生的东西照搬不误地拿来讲给下面就座的各位评委、同行们听。其实，如果他们准备的内容和课程安排面对的是学生，可能会是一节很成功的示范课。但说课绝不是上课，二者在对象、要求、评价标准以及场合上具有实质性的区别，不能等同对待。说课是说教师的教学思路轨迹，说教学方案是如何设计出来的，设计的优胜之处在哪里，设计的依据是什么，预定要达到怎样的教学目标，这好比一项工程的可行性报告，而不是施工工程的本身。说课是介于备课和上课之间的一种教学研究活动，对于备课是一种深化和检验，能使备课理性化，对于上课是一种更为严密的科学准备。

3. 说教学方法太过笼统，说学习方法有失规范

教法和学法指导是说课过程中不可缺少的一个环节，有些教师在这个环节中多一言以蔽之。如运用了启发式、直观式等教学法，学生运用自主探究法、合作讨论法等。至于教师如何启发学生，怎样操作，却不见了下文。甚至有的教师把学法指导误解为解答学生疑问、学生习惯养成、简单的习题训练等。

4. "一穷二白"，说课过程没有任何的辅助材料和手段

有的教师在说课过程中，既无说课文字稿，也没有运用 PPT 等任何辅助手段。有的教师明明说自己动手设计了多媒体课件来辅助教学，但在说课过程中，始终不见庐山真面目，

让听者不禁怀疑其真实性。所以，说课教师在说课过程中可以运用一定的辅助手段：如多媒体课件的制作、实物投影仪、微课、图片、说课文字稿等，在有限的时间里向同行及评委们说清楚课，说好课。

第四节　说课的原则

1. **德育性原则**

中学化学学科的特点决定德育教育有举足轻重的特殊作用。在化学教学中进行德育渗透，有机地对学生进行思想道德素质、科学文化素质，身体与心理素质，审美素质和劳动技能素质的教育，才能培养出高素质的人才。因此，我们在说课时一定要体现出化学教育的德育性原则，主要在以下 3 个方面渗透。

辩证唯物主义教育。其中辩证唯物主义的物质观，对立统一规律，量变质变规律是辩证唯物主义的三个最基本的观点，也是素质教育的重要内容，说课时，要结合教学内容说清楚。

爱国主义教育。说课时，应尽力挖掘教学内容中有关爱国主义方面的素材，特别是说清楚改革开放以来，我国化学生产和现代化学科学研究的新成就。

环境保护教育。保护环境是我国的一项基本国策。由于化学在环保中有特别重要的作用，结合教学内容，对学生进行环保教育，是中学化学教师义不容辞的责任。说课时，一定要把环保纳入教学中。

2. **实验性原则**

化学是一门以实验为基础的自然科学。化学实验是形成化学概念、原理，正确认识化学变化规律，掌握物质性质的基础，是获取化学知识的重要手段，也是落实素质教育，全面提高教学质量的关键。在说课时一定要体现化学教学的实验性原则。说课要把每一个实验的延伸意义挖掘出来说清楚，以便上课时，在实验目标达成后，通过教师画龙点睛的点拨后，使学生对实验的认识达到一个新的更高的层次，发挥化学实验最大的作用，真正将素质教育和化学核心素养落实到课堂上。同时，说课时还必须说清楚每一个实验步骤，仪器的使用，容易导致实验失败的因素等。

3. **主导性原则**

学习过程是教师和学生共同活动的过程，是在教师调控和引导下学生的学习过程。因此，我们在说课时，不能忽略教师的主导作用，否则上课就达不成教学目标，课堂必将处于一种无序状态。说清楚重点、难点、特点；如何突出重点，攻破难点，显示特点；如何精心设计教学过程，如何设计问题，如何引出，如何过渡，如何延伸，如何联系新旧知识，如何归纳总结，如何点拨启发；在教学过程中可能遇到的问题，怎样进行引导、指导、疏导；如何精心设计例题、习题、课后练习。把传统的"教学"变成"导学"。

4. **主体性原则**

学生是学习的主体，教学活动是通过教师的引导，启发学生积极主动地去探究式学习。我们在说课时，不仅要说好教材、教法，更要说学情，说学法。要认真研究和掌握学生的认知水平和认知规律，从学生的角度出发看待问题、思考问题和处理问题。拿出最符合学生认知规律和口味的教学设计。通过独特的教学设计，新颖的教学方法和手段（如计算机多媒体辅助教学、微课等），让学生在全部的教学活动中，都处于主动参与，主动质疑，主动思考的完全自主的状态。变"要我学"为"我要学"，变"学会"为"会学"，体现以"学生为主体"的素质教育。因此，在说课时，一定要说清如何才能落实学生的主体性。

5. 生活性原则

化学来源于生活，化学研究所得出的规律必须回归生活，为生活实践服务。实际生活有助于增加学生学习化学的兴趣，端正学习动机，同时也能解决实际生活中的一些问题，这正是学习化学的主要目的之一。在说课时，要说清楚如何把握住生活的脉搏，在教学活动中，适时插入与之相关的现实生活中的实例。要说清楚如何联系实际，如何把学到的化学知识、化学理论，去引导学生观察、分析、解释生活中的化学现象，揭开生活中化学现象的神秘面纱，同时为学生在化学方面的研究性学习提供原动力。

6. 迁移性原则

化学教材中的每一种元素、每一种物质、每一个实验、每一类解题方法等，无非是一个有代表性的例子。希望通过学习这些内容能达到举一反三，实现知识和能力的迁移。在说课时，要说清楚，哪些内容需要迁移，怎样迁移。迁移规律是什么？例如，学习元素周期律和周期表之后，我们就可以通过一些有代表性的元素或几个主族元素的学习来说清楚迁移规律，迁移出其他元素或族的性质及递变规律，这就是化学中典型的举一反三的规律。

7. 其他原则

中学化学说课，除了要遵循以上6条原则外，还有一些要注意的其他原则，如说清楚如何调动学生的学习兴趣；如何进行科学的学习目标评价；如何设计条理清晰的板书；如何设计难度适中的练习题等。但一切都要统一到说课的目的上来，就是发挥集体的智慧，共同提高化学教学水平，充分利用课堂教学的主阵地来落实素质教育，培养学生的化学核心素养。

第五节　说课案例

案例1　《常见的酸》说课稿

尊敬的各位专家、评委：

大家好！今天我说课的课题是人教版九年级化学下册第十单元课题1第二课时《常见的酸》，下面将从教材分析、学情分析、教法与学法分析、教学与评价目标、教学与评价思路、教学过程六大方面展开我的说课。

一、教材分析

1. 教材的地位和作用

本节内容是人教版九年级化学下册第十单元课题1《常见的酸和碱》的第二课时。本节课是在学习了氧气、碳及其化合物、金属等简单物质的性质和用途的基础上更高层次的学习。通过对酸的学习，可以为后面碱和盐的学习打下基础，完善无机物之间的关系网络；同时探究酸的性质的学习方法，可以为碱的学习提供知识基础和学法帮助，因此本节课起着承上启下的作用。

2. 重点难点分析

结合教材分析和新课程标准要求，确定本节课的重点为稀盐酸和稀硫酸的化学性质，我将通过实验探究、让同学们观察实验、分析实验现象、总结得出结论的方法来突出重点。本节课的难点为酸与金属氧化物的反应及有关方程式的书写，我将通过变常规的教师演示实验为学生分组实验来突破难点。

二、学情分析

好的教学效果是建立在对学生了解的基础上的，因此我对班里的学生进行了学情分析，学生已经具备了初步的实验探究能力以及归纳概括能力，对于生活中的醋酸以及实验室常见的盐酸、硫酸，学生并不陌生，但对于他们的化学性质了解得不是很全面。

三、教法和学法分析

灵活的教法可以唤醒学生积极的情感，因此，在教学过程中以课程改革的理念为依据，以培养学生的科学素养为宗旨，以实验探究为主线，采取讲演结合，借助多媒体辅助教学来引导学生合作探究，观察辨析、自主学习，充分调动学生学习的积极性和主动性，让学生全面、全程、全心的参与到每一个教学过程中。

四、教学与评价目标

1. 教学目标

根据以上分析与新课程标准要求，制定了以下教学与评价目标，其中教学目标是：①通过实验探究常见的酸的化学性质，初步形成基于物质类别和结构对物质的性质进行预测和检验的认识模型；②通过浓硫酸的特性以及稀释浓硫酸方法的实验探究，理解浓硫酸的特性，增强合理使用化学品的意识；③通过探讨金属制品表面锈的清除方案，感受化学物质的价值。

2. 评价目标

①通过对盐酸以及硫酸分别与指示剂和金属氧化物的反应实验设计方案的交流与点评，诊断并发展学生物质性质的实验探究设计的水平；②通过对浓硫酸的特性以及稀释实验的讨论和点评，诊断并发展学生的实验安全意识；③通过对金属制品表面锈的清除方案的讨论和点评，诊断并发展学生对化学价值的认识水平。

五、教学与评价思路

为了更好地落实教学与评价目标，本节课的教学思路是：从宏观现象出发到微观本质再到问题解决的总体思路，培养了学生的科学探究与创新意识、证据推理与模型认知、宏观辨识与微观探析、科学态度与社会责任等核心素养。评价思路是：诊断并发展学生实验探究水平，对物质性质的认识水平以及对化学价值的认识水平。

根据学生的认知规律和本节课的特点，我设计了如下的教学程序：首先是创设情境，然后到实验探究，再到归纳概括，最后是反馈练习和作业。让学生从感性认识转变为理性认识。

六、教学过程

1. 通过"学习任务1：实验探究浓硫酸的特性以及稀释的正确操作"，诊断并发展学生化学实验探究的水平以及实验安全意识。

下面重点说一说本节课的教学过程，这节课分为三大主要任务，第一是宏观现象的学习。首先我会给学生演示白糖变黑雪的实验，并告诉学生这种神奇的液体是浓硫酸来创设情境，接着提出疑问"浓硫酸为什么能够让白糖变成黑雪呢？"该情境活跃了课堂的气氛，引发了学生对本堂课极大的求知欲，从而引入新课。

为了揭开浓硫酸的面纱，带领同学们进入浓硫酸特性的探究之旅，首先邀请三名同学上台协助我一起进行以下三个小实验，让同学们仔细对比观察实验现象并填写表格，引导学生一起归纳总结浓硫酸的特性。通过对比试验探究并体会浓硫酸的腐蚀性，培养学生科学探究与创新意识。

揭开了浓硫酸的面纱之后，继续带领同学们揭开白糖变黑雪的谜团，首先展示白糖只被浓硫酸腐蚀一半的图片让学生更直观地进行观察对比，接下来给学生解释白糖变黑雪的原理。呼应新课引入，加深对浓硫酸的腐蚀性的了解。在使用浓硫酸时，如果不注意将浓硫酸沾到皮肤上或衣服上该怎么办？向学生抛出这个问题之后，让学生自主阅读教材，寻找答案并进行交流讨论。最后再板书处理方案，并提醒学生注意安全。活跃了气氛，调动了学生的积极性，强化安全教育。

由于实验室常需要稀硫酸，因此我首先让学生思考在稀释浓硫酸时是把水加入浓硫酸中，还是把浓硫酸加入水中？学生可能会认为是往浓硫酸中加水来稀释浓硫酸。这时给学生边演示浓硫酸的稀释过程，边讲解正确的稀释操作并提醒学生不能将水倒入浓硫酸中，再通过播放往水中加浓硫酸的错误操作视频和引起的后果，接着讲解将水倒入浓硫酸中很危险的原因，最后给学生展示简短易记的稀释浓酸操作的口诀。引起学生注意并意识到错误操作的危险性，以及掌握实验的正确操作方法。

2. 通过"学习任务2：实验探究稀盐酸和稀硫酸的化学性质"，诊断并发展学生物质性质的实验探究设计的水平。

学生掌握了学习任务1后，紧接着带领同学们进入学习任务2。在带领学生探究两种酸的化学性质之前，先给学生设疑：稀盐酸和稀硫酸有什么化学性质？然后让学生分小组利用石蕊溶液、酚酞溶液以及生锈的铁钉等实验品来对酸的化学性质展开实验探究活动。培养学生的科学探究与创新意识的核心素养以及合作交流意识和较高的实验操作技能。

先引导学生回顾之前金属与盐酸、硫酸的反应，自主总结并写出酸与活泼金属反应的化学方程式。师生再一起对比归纳酸与活泼金属的反应。对酸与金属的反应进行复习，初步了解酸的化学性质。

然后分组实验探究酸与指示剂的作用，每个小组的学生都分别往稀盐酸和稀硫酸上滴加石蕊和酚酞溶液，观察实验现象并填写表格，再与学生一起来归纳总结酸与指示剂的作用。

接着让每个小组探究酸与金属氧化物的反应，学生将两根铁钉分别放入稀盐酸和稀硫酸中，观察铁钉表面和溶液颜色的变化并填写表格，再让每个小组汇报实验结果以及写出有关化学方程式，这个部分我会对学生进行重点讲解并对比归纳。

3. 通过"学习任务3：探析酸具有相似的化学性质的缘由"，诊断并发展学生对物质结构决定性质的认识进阶。

通过上面的实验探究以及归纳总结，学生会发现不同的酸具有一些相似的性质，这时候带领学生进入微观本质的学习。首先展示酸的电离微观图，然后讲解不同的酸具有相似性质的原因是酸都能解离出氢离子，并向学生强调物质结构决定性质。让学生感受酸溶液中微观粒子的存在，培养学生宏观辨识与微观探析的核心素养。

4. 通过"学习任务4：探讨金属制品表面锈的清除方案"，诊断学生对化学价值的认识水平。

最后是问题解决的学习。首先展示一些生锈铁制品的图片，很多同学对于这种现象表示会很烦恼，特别是自己家中的铁制品生锈。接着让同学们回忆并思考生活中见到过并用到过哪些除锈的方法，学生踊跃回答后，继续追问酸是否能除锈呢？引导学生回顾刚刚学习的酸与金属氧化物的反应来解决这个疑问,并归纳得出结论。培养学生的科学态度与社会责任的核心素养,提高学生的学习兴趣。

跟学生一起学习完4大主要任务后,对本节课进行归纳概括,小结课题。简单梳理回顾本节课的重要内容,能够帮助学生加深本节课知识点的印象。

学习完本节课我设计了两道练习题来巩固新课,第一道选择题考查了学生对酸的结构的掌握情况,培养学生宏观辨析与微观探析的核心素养。第二道填空题考查的是酸的化学性质,意在令学生进一步掌握酸的化学性质,并培养学生证据推理与模型认知的核心素养。同时布置了两道课后作业,其中第一道作业为书面作业,为了巩固加深学生的记忆,突破难点内容。第二道作业为家庭小实验,让学生利用食醋和生锈的铁钉来探究在除锈时能否将铁制品长时间浸在酸中,并观察铁钉长时间浸在酸中的现象,意在培养学生的科学探究与创新意识的核心素养。

我的说课到此结束。谢谢大家!恳请各位专家、评委批评指正,你们辛苦了!

 案例2 《最简单的有机化合物——甲烷》说课稿

尊敬的各位专家、各位老师:

大家好!今天我要说课的内容,是人教版第三章第一节《最简单的有机化合物——甲烷》。新课程标准要求高中化学课程要在九年义务教育的基础上,尊重和促进学生个性发展,激发学生的学习兴趣,帮助学生自主构建化学的基础知识和基本技能,从而提高学生的科学素养。根据以上要求,本节课的设计理念:首先以建构主义为理论基础,以学生为中心、强调学生对知识的主动探索、主动发现和对所学知识意义的主动建构;其次以互动探究为教学模式,在教学中积极促进师生、生生的网状互动,主要包括预设互动、课堂互动的组织与生成、互动的反馈与提升,最后实现互动延伸。基于以上的设计理念,我将从课标解读、教材分析、学情调查、目标确定与评价、教学评价思路、过程阐述和反思总结七个方面来阐述我的设计过程。

一、课标解读

《九年级义务教育化学新课程标准》:①列举生活中一些常见的有机物,能从组成上识别有机物和无机物,认识有机物对人类生活的重要性;②了解使用天然气(或沼气)等燃料对环境的影响;③知道天然气是人类社会重要的自然资源,了解海洋中蕴藏着丰富的资源。

《必修2》:①了解有机化合物中碳的成键特征;②认识化石燃料甲烷等综合利用的意义,了解甲烷的主要性质;③制作简单有机分子的结构模型。

《选修5》:①知道常见有机化合物的结构,能正确地表示它们的结构;②以烷烃为例,比较它们在组成、结构、性质上的差异。

在《选修3》介绍价层电子对互斥理论和杂化轨道理论时也多次引用甲烷为例。

从以上分析可以看出课标对甲烷知识的学习是循序渐进逐渐加深的。必修2第三章选择再次研究甲烷,主要是为了起到承前启后的作用,使学生能从立体结构的角度重新认识甲烷的性质,并类推包括烷烃在内的各种有机物结构和性质,从而使学生建立从结构角度学习有机化学的新模式。

二、教材分析

教材内容主要分为三个部分具体呈现课标的要求:第一部分是介绍甲烷的存在和用途;第二部分是介绍甲烷的组成、成键特征和立体模型;第三部分介绍甲烷的稳定性、可燃性和取代反应。我们可以看到这三部分知识的内在联系是：第一，甲烷的组成使它具有可燃性，从而成为一种重要的燃料；第二，它的立体构型解释了它的稳定性，因此在通常情况下可以稳定存在；第三，甲烷的成键特征解释了它的取代反应，并使其成为一种重要的化工原料。通过以上分析可以看出教材就是要引导学生在回忆旧知的基础上，深刻体会结构决定性质，性质决定用途的自然科学思想。

三、学情分析

（1）能力水平　学生为省重点中学学生，思维活跃，学习能力较强，具有较好的互动合作、实验探究的学习能力。

（2）知识储备　作为燃料的甲烷组成、可燃性在九年级第七单元《燃料及其利用》中已经出现，甲烷的成键特征及其电子式结构式在必修二第一章第三节《化学键》已经学过，因此这些就是学习新课前学生知识的先行储备。

（3）认知瓶颈　其余的知识就是本节课的新知识，但依然没有离开结构决定性质，性质决定用途这条规律，只不过学生由于立体几何知识了解较少，对于甲烷等烷烃分子的空间立体构型理解有一定的难度。对于甲烷发生取代反应的特点，由于知识比较抽象，思维上也会存在一定的障碍。而这里正需要我们老师抽丝剥茧，详细分析，为学生搭建合适的脚手架，让学生自主完成知识的建构。根据以上对课标、教材和学生的分析，我确定了如下教学目标。

四、教学与评价目标

根据以上分析与2017年新课程标准要求，制定了以下教学与评价目标，其中教学目标是：①通过了解有机化合物中碳的成键特征，初步形成基于证据推理与模型认知的核心素养；②通过实验探究甲烷的化学性质，初步形成基于物质类别和结构对物质的性质进行预测和检验的认识模型；③通过探讨甲烷的开采利用，感受化学物质的价值。

评价目标是：①通过对有机化合物中碳的成键特征及模型建筑，诊断并发展学生证据推理与模型认知的水平；②通过对甲烷的性质的反应实验设计方案的交流与点评，诊断并发展学生物质性质的实验探究设计的水平；③通过对甲烷的开采利用方案的讨论和点评，诊断并发展学生对化学价值的认识水平。

五、教学与评价思路

为了更好地落实教学与评价目标，本节课的教学思路是：从宏观现象出发到微观本质再到问题解决的总体思路，培养了学生的科学探究与创新意识、证据推理与模型认知、宏观辨识与微观探析、科学态度与社会责任等核心素养。评价思路是：诊断并发展学生实验探究水平，对物质性质的认识水平以及对化学价值的认识水平。

六、教学过程

根据以上对课标、教材、学情和目标的认识，并遵循奥苏贝尔先行组织者的教学策略，我设计了如下教学过程。

环节1：感受甲烷的稳定性

根据以上对课标、教材、学情和目标的认识，并遵循奥苏贝尔先行组织者的教学策略，我对教材的内容进行了重新整合，设计了如下四个教学环节：①感受甲烷的稳定性、②解释甲烷的稳定性、③甲烷的取代反应、④甲烷的开采利用。

首先引入课题。我向学生展示两组图片：一组是家用燃料的变迁过程，一组是西气东输的路线图，提出两个问题：①使用天然气作为燃料，利用了甲烷的哪些性质？②天然气通过几千公里的管道从西部运送到东部，体现了天然气的哪些性质？

学生依据初三知识很快回答了第一个问题，而对第二个问题的讨论更为热烈。有同学说甲烷在常温常压条件下是气态，这有利于甲烷的长距离运输；有同学说甲烷在通常情况下，不与自然界中的物质发生反应，较好的稳定性也保证了甲烷的长距离输送。以上两个问题的探究使学生完成了学习新知识前的热身，并使学生能以化学的专业视角解读生活中的情境。

问题：我让学生思考如何用实验验证甲烷在常温常压下的稳定性呢？选择什么样的化学试剂呢？学生经过思考后，有的学生说甲烷的碳为负四价，可将制备的甲烷通入强氧化剂酸性高锰酸钾溶液中；有的同学建议还可用常见腐蚀性强的强酸、强碱来试试。实验探究将甲烷气体通入高锰酸钾溶液和滴加指示剂的强酸强碱中验证甲烷稳定性，发现均不褪色。设计目的：通过实验加以验证，使学生对其稳定性的感知更清晰科学，也为后面学习乙烯稳定性的讨论做铺垫。

环节2：解释甲烷的稳定性

甲烷为什么具有这样的稳定性呢？首先让学生回忆旧知，书写甲烷的分子式、电子式和结构式，并提出问题：甲烷的四个碳氢键是以何种方式分布在碳原子周围空间的呢？有同学认为是平面性，碳氢键之间的夹角为90°。还可能有其他结构吗？请大家小组讨论，并用橡皮泥和火柴来搭建甲烷可能的空间构型。学生在经过思考、讨论后，亲手搭建各种不同的甲烷模型。可是这些模型究竟哪一种是甲烷的真实模型呢？这时我将四个相同大小的气球扎在一起，它们自发的排列成正四面体的空间状态，这时学生立即明白了甲烷的四个碳氢键是以正四面体构型均匀分布在碳原子周围空间的，这样斥力最小，能量最低，最稳定。设计目的：设置矛盾冲突，激发学生思维火花，动手实践，真实再现科学推理和探究过程。

19世纪初许多科学家也和同学们开始想的一样，认为甲烷是平面正方形，但这无法解释许多实验事实。直到第一届诺贝尔化学奖获得者荷兰化学家范霍夫提出了甲烷的正四面体构型，才解释了这些事实，而这也标志着立体化学的诞生。设计目的：通过化学史还原科学家对知识的认知过程，让学生回归科学发现的真实情境。

环节3：甲烷的取代反应

甲烷在通常情况下是稳定的，但在生产生活中我们常通过改变反应条件，用甲烷生产一氯甲烷等化工产品。请同学看以下产生一氯甲烷的对比实验：实验条件控制1：将收集有甲烷和氯气（体积比1∶4）的试管用黑塑料袋包好；实验条件控制2：距离收集有甲烷和氯气的另一试管15cm处，点燃镁条，照射试管。实验测试：分别用湿润的蓝色石蕊试纸在两管口检验。实验1：无明显现象；实验2：黄绿色消失，管壁有油状液滴，管内产生白雾且液面上升，试纸变红。学生观察并记录实验现象，写出甲烷和氯气反应的方程式，并进一步引出有机化学的重要反应类型——取代反应。

提出问题：甲烷与氯气是否只能生成一氯甲烷呢？学生立即得到启发，甲烷的四个碳氢键是等效的，根据立体构型得到可能的产物还有二氯甲烷、三氯甲烷、四氯化碳。

最后让学生从绿色和化学工业化生产的角度对本实验做出评价。有学生指出可以定量控制光照的距离、时间、强度，有学生提出可将试管换成塑料瓶倒置在饱和食盐水中，可以看到瓶子变瘪，瓶内液面上升，有学生考虑到氯气和氯化氢等物质对环境的影响，提出可将反应装置改为注射器用弹簧夹密闭，实验结束后通入碱液进行尾气处理。设计目的：以改进的课本实验为载体，通过多层面、多角度的探究情境，充分调动学生参与实验探究的主动性；通过对探究方案和具体操作的评价分析，提高了学生进行实验的综合素养。

环节 4：甲烷的开采利用

甲烷作为燃料和重要的工业原料占世界能源消耗总量的四分之一，同学们知道含有大量甲烷的页岩气和海底可燃冰，具有良好的开采利用前景。页岩气的开采在我国已进入工业运行阶段。但海底可燃冰的开发利用在世界范围内都仍处于研究阶段。同学们根据所学知识谈一谈哪些问题成为制约可燃冰开发利用的瓶颈呢？有的同学说天然可燃冰，在低温高压的深海海底，且为固态，很难开采；可燃冰在海底虽然储量很大，但分布不均，开采成本太高。有的同学说如果可燃冰的开采方式不当，甲烷会挥发，会引起严重的温室效应。正是针对这些问题，让学生课后回去查阅相关资料，分组讨论，以《可燃冰应用的前景》、《可燃冰的开采瓶颈》、《可燃冰开采方法》等为题，撰写调查报告，下节课汇报交流。

七、教学反思

总结反思本课是以知识逻辑线、认知发展线、情境素材线、学生活动线和驱动问题线展开的。通过互动交流、实验探究等多种教学方法，将结构决定性质形象化，性质决定用途具体化，大大提高了课堂的有效性，在潜移默化中使学生的科学素养得到提升。

案例3 《生活中两种常见的有机物（乙酸）》课时说课稿

一、教材分析

乙酸在生活中是一种非常重要的有机物，自古就有民以食为天，食以味为先，味以酸为首的说法，这体现着乙酸作为一种重要调料的社会价值，而进入现代社会乙酸又成为了一种重要的化工原料，渗透到我们生活的各个领域。教学重点为乙酸的结构和性质；教学难点为酯化反应。

二、学情分析

从教材安排和学生情况来看：初中学生只知道乙酸是一种酸，到了高中必修阶段乙酸就是一种有机物，而选修阶段乙酸是一种烃的衍生物，学生对乙酸分类的认知呈上升变化。从结构的角度来看，初中学生只知道乙酸能解离出 H^+，到了必修要知道有特定的官能团，而到了选修阶段还要了解断键方式，学生对结构决定性质的认知也是呈上升变化的。

三、教学与评价目标

1. 教学目标

① 通过了解乙酸的物理性质和化学性质（酸性和酯化反应），认识乙酸的结构和官能团，初步形成基于物质类别和结构对物质的性质进行预测和检验的认识模型。

② 通过设计实验证明乙酸的酸性，培养学生设计实验和动手操作实验的能力。通过酯化反应的分组探究实验，培养学生对比的思维方法。

③ 通过创设问题情境等途径，树立乙酸与人类的生活生产密切相关的价值观，感受化学物质的价值。

2. 评价目标

① 通过对乙酸的物理性质和化学性质实验设计方案的交流与点评，诊断并发展学生物质性质的实验探究设计的水平。

② 通过对催化剂浓硫酸的正确使用，诊断并发展学生的实验安全意识。

③ 通过对乙酸与人类的生活生产密切相关的价值观讨论和点评，诊断并发展学生对化学价值的认识水平。

四、教学与评价思路

为了更好地落实教学与评价目标，本节课的教学思路是：从宏观现象出发到微观本质再到问题解决的总体思路，培养了学生的科学探究与创新意识、证据推理与模型认知、宏观辨识与微观探析、科学态度与社会责任等核心素养。评价思路是：诊断并发展学生实验探究水平，对物质性质的认识水平以及对化学价值的认识水平。

五、教学理念

考虑到本节课要有利于学生的终生发展，因此我从树立乙酸与人类的生活生产是密切相关的价值观和培养学生对比的思维方法做了重点突破。

我的教学设计理念贯穿了两条主线：一条是生活线，一条是知识线，学生通过学习乙酸的性质能解释或解决生活中的一些问题，从而实现了乙酸社会价值的拓展，通过对多种催化剂都可以催化乙酸与乙醇的反应，从而实现了化学反应的学科拓展。

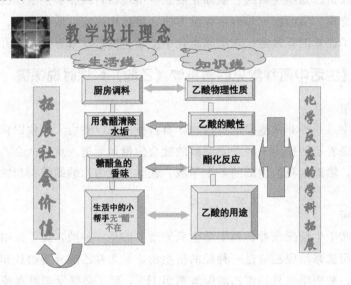

六、教学流程

为了实现教学理念，我的教学程序如下：

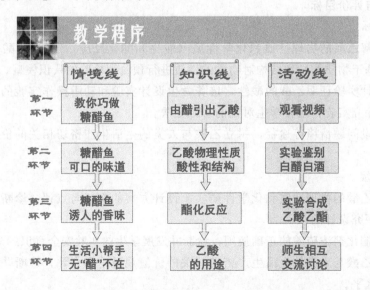

在教学过程中，我用问题线将情境线、知识线和活动线紧密地联系在一起，促进学生认知的发展。下面将对我的教学流程做简单介绍。

第一个环节：课堂引入

首先为学生展示了一段做糖醋鱼的视频。看完视频后我提出问题：做糖醋鱼需要加哪些调味剂？今天的课题与哪种调味剂有关呢？从这个问题引入醋的来历，让学生了解醋文化，激发学习兴趣，引出课题。

第二个环节：探究乙酸物理性质、酸性和结构

首先以味道为切入口提出问题：糖醋鱼都有哪些美妙的味道？酸味来自于哪一种化学物质？为此我设计了本节课的第一次探究活动：

教学流程 **第二环节 探究乙酸物理性质、酸性和结构**

学生活动内容	分组讨论问题
1.用多种方法鉴别白醋和白酒 提供的药品有：食盐、水垢、生锈的铁钉、白糖、石灰乳、纯碱等。	1.你用什么方法得出了乙酸的哪些物理性质？ 2.乙酸能与水垢、铁锈、铁钉、石灰乳等物质反应体现出乙酸的什么性质？ 3.以上哪些反应能够比较出乙酸与碳酸的酸性强弱，你还能设计出其他实验进行比较吗？
2. 观察教材图3-16，对照乙酸的化学式写出结构式。对比乙酸、乙醇的结构式。	4.据已有知识判断乙酸有什么官能团？ 5. 醇羟基不显酸性，为什么乙酸的羟基有酸性呢？羟基所连的原子团有什么不同？

第三个环节：探究酯化反应

还是以气味为切入口提出问题：糖醋鱼制作中为什么要放料酒？香味来自于哪些化学物质？为此我设计了第二次探究活动：我将学生分成四个大组，按照课本实验3-4进行酯化反应实验，不同的是对不同的组进行条件控制做对比实验。

做完实验后，我让学生先振荡接收乙酸乙酯的试管，然后向试管中插入红色的油画棒一会儿并取出。然后进行现象收集：1. 请1、2大组的同学注意观察接收试管中的现象。2. 请3、4大组的同学用尺子量出上层液体的厚度。

学生做出的对比实验结果

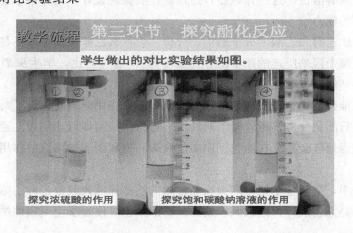

教学流程 **第三环节 探究酯化反应**

学生做出的对比实验结果如图。

探究浓硫酸的作用　　探究饱和碳酸钠溶液的作用

通过对比分析，我们得出浓硫酸、饱和碳酸钠溶液的作用。

第四个环节：乙酸的用途

我设计了食醋妙用大家谈：生活小帮手无"醋"不在活动，师生共同交流讨论乙酸的用途，并用今天所学的知识加以解释。

最后我将引导学生对本节课进行了总结：通过今天的学习 1. 我们掌握什么知识？2. 我们学到了什么方法？3. 我们懂得了什么道理？

七、创新之处

1. 创设情境的全程性

以"糖醋鱼的做法"为素材主线，从中挖掘乙酸的相关知识。情境贴切学生的生活实际，能够引起学生的强烈兴趣，有助于对知识的学习，同时充分体现了"知识问题化，问题情境化，情境生活化，解决自主化"的新课程教学设计理念。

2. 学科思想方法培养的深入性

本节课突出培养学生"对比"的思维方法，例如：

(1) 在探究乙酸酸性和分子结构时，我让学生利用提供的药品用多种方法鉴别白酒和白醋，学生通过设计各种各样的对比实验来鉴别白酒和白醋，通过对比实验学生掌握了"乙醇没有酸性，乙酸具有酸性"这一知识点，通过对比实验的设计，培养了学生发散思维、自主探究和实验操作的能力。

学生通过对比乙醇和乙酸的分子结构，分析"为什么乙醇中的羟基不显酸性，而乙酸中的羟基有酸性？两个羟基所连的原子团有什么不同？"通过对比，学生深刻地理解了羧基的概念，并体会到"结构决定性质"这一重要化学思想。

(2) 在探究酯化反应中浓硫酸和饱和碳酸钠溶液的作用时，我设计了对比实验，将学生分成四个大组进行酯化反应实验，对不同的组进行条件控制做对比实验。通过对比实验的结果，学生非常直观地体会到了在酯化反应中浓硫酸和饱和碳酸钠溶液的作用，培养学生对比的思维方法。

在这个过程中，我让学生把他们画画经常用的油画棒插入收集乙酸乙酯的试管中，主要是因为乙酸乙酯是无色液体，用油画棒给乙酸乙酯染色，便于学生观察油层现象，同时让学生也感知了乙酸乙酯是一种比水轻的有机溶剂，激发了他们的学习兴趣和探究欲望。

3. 学生学习的主动性

这节课中学生提出了疑问：做糖醋鱼的时候没有用浓硫酸作催化剂，这个酯化反应怎么发生的呢？爱因斯坦曾说："提出一个问题往往比解决一个问题更为重要。"借此机会我鼓励学生的质疑，并介绍实验研究表明除了浓硫酸可以做酯化反应的催化剂以外，盐酸、硫酸氢钠、氯化铁等都可以做酯化反应的催化剂。我们在做糖醋鱼时，可能存在某种催化剂帮我们做出香喷喷的糖醋鱼来，从而实现了化学反应的学科拓展。

4. 突出化学与生活的相关性

在探究乙酸的用途时，我设计了食醋妙用大家谈，生活小帮手无处不在。目的是为了让学生能够用所学的知识解释生活现象，提高生活质量，更广泛地了解乙酸与人类生活生产的密切关系。学习不再是以知识主体的"为了学而学"，而是和生活紧密联系的"为了用而学"，大大提高了学生对"化学来源于生活又服务于生活"的理解。

八、教学反思

观念的转变导致教学设计的不断创新，我感觉，新课改给教师的传统观念提出挑战，更为教师的专业化发展搭建了广阔的平台。只要努力实践新课改理念，任何教学内容都会被设计得丰满，充满生机。当然，淡化对知识的深度挖掘不代表轻视知识，我在试讲时就遇到过选用素材丰富多彩，课堂表现热热闹闹，但课后反思一下，又觉得学生没有学到知识的尴尬。所以，如何以知识为载体，将知识和生产生活实际真正有机地结合起来，而不是两张皮，是我今后教学设计需要深入思考的。以上是我说课的全部内容，恳请各位专家批评指正。

 案例 4　《钠的重要化合物》说课稿

一、教材分析

1. 教材的地位和作用

钠的重要化合物与生产、生活息息相关，有着重要的作用；在教学中也有着非常重要的地位；通过学习加深对第一节钠知识的理解、应用、巩固和延伸，为铁、铝的化合物、金属的学习奠定基础、提供思路、方法和理论模式，故本节教材具有承上启下的作用。

2. 学生情况分析

高一学生对实验基本操作有了一定的了解，初步具备实验、观察、推理、分析、归纳和解决问题的能力。虽然对实验感兴趣，但却不一定能积极主动地实验、观察、思考、分析和探究。在教师引导下，学生可以小组合作探究、合作学习、对比分析问题。

3. 教学重点与难点

重点：过氧化钠的化学性质。难点：碳酸钠和碳酸氢钠的性质。通过学生小组合作实验探究、讨论等教学方法来突出重点，突破难点。

二、教法与学法分析

根据本节课的知识内容和特点，我主要采用学生分组实验探究法。首先创设情境，激发学生的学习兴趣；其次是实验探究，学生通过小组合作探究实验，教师演示实验；最后设置问题拓展，培养学生的小组合作探究能力和自学能力。通过小组合作探究，观察分析现象；小组对比讨论，分析归纳总结；巩固延伸拓展，综合运用知识。

三、教学与评价目标

1. 教学目标

① 通过了解钠的重要化合物的化学式、俗名、物理性质及其用途，初步形成基于物质类别和结构对物质的性质进行预测和检验的认识模型。

② 通过对过氧化钠、碳酸钠和碳酸氢钠化学性质及焰色反应进行探究实验，培养学生设计实验和动手操作实验的能力。

③ 通过创设问题情境和钠的重要化合物的应用等途径，树立钠的重要化合物与人类的生活生产密切相关的价值观，感受化学物质的价值。

2. 评价目标

① 通过对过氧化钠、碳酸钠和碳酸氢钠化学性质及焰色反应进行探究实验的交流与点评，诊断并发展学生物质性质的实验探究能力与实验设计水平。

② 通过对钠和过氧化钠的正确保存和焰色反应的应用，诊断并发展学生的实验安全意识。

③ 通过对钠的重要化合物与人类的生活生产密切相关的价值观讨论和点评，诊断并发展学生对化学价值的认识水平。

四、教学与评价思路

为了更好地落实教学与评价目标，本节课的教学思路是：从宏观现象出发到微观本质再到问题解决的总体思路，培养了学生的科学探究与创新意识、证据推理与模型认知、宏观辨识与微观探析、科学态度与社会责任等核心素养。评价思路是：诊断并发展学生实验探究水平，对物质性质的认识水平以及对化学价值的认识水平。

五、过程设计

1. 本节课的总体设计思路

分组合作学习：每个小组的成员人数包括（A—组长、B—操作员、C—观察员、D—记录员、E—交流员），各成员的职责：组长组织好小组成员积极参与课堂实验和讨论并交流，操作员负责完成实验，观察员负责观察实验现象，记录员负责记录相关实验现象和存在的问题，交流员负责交流实验现象及成果。小组成员分工合作、各负其责、共同完成实验探究。

计分卡：问题回答正确的小组，老师发给红色的计分卡（用来记录发言最多的小组），最后取得计分卡最多的小组，老师将给予表扬和奖励。

2. 本节课按以下八个环节进行教学

①利用影片，引入新课；②小组探究，归纳填表；③拓展探究，培养能力；④培养自学，获取新知；⑤课堂小结，总结知识；⑥目标检测，巩固知识；⑦布置作业，发散思维；⑧板书设计，强化记忆。

第一个环节：利用影片，引入新课

【新课导学】播放 Na_2O_2 用途的影片，引入新课。

钠的重要化合物

1. 氧化钠和过氧化钠

【思考与交流】教材 P55。

（1）回忆前面做过的实验，描述氧化钠和过氧化钠的颜色状态。

（2）氧化钠与水的反应和氧化钙与水的反应类似，请写出 Na_2O 与 H_2O、CO_2、盐酸反应的化学方程式。

（3）Na_2O 是酸性氧化物还是碱性氧化物？有哪些性质呢？碱性氧化物＋水——▶_____；碱性氧化物＋酸——▶_____；碱性氧化物＋酸性氧化物——▶_____。

【创设情境】
都说水火不相容，其实水也能点火，接着我给学生演示"滴水生火"实验。
【演示实验】
"滴水生火"实验探究（约2分钟）

第二个环节：小组探究，归纳填表
【探寻新知】学生小组合作探究实验（10个小组）
① 学生活动1：探究过氧化钠的性质（约5分钟）
【小组合作探究一】【实验3-5】把水滴入盛有少量过氧化钠固体的试管中，立即把带火星的木条（用线香代替木条实验效果会更好）放在试管口，检验生成的气体。用手轻轻摸一摸试管外壁，有什么感觉？然后向反应后的溶液中滴入酚酞溶液，有什么现象发生？
【设问】酚酞试液变红后褪色的原因是什么？化学方程式？离子方程式？
【设问】图中消防员正在灭火，想一想常用什么物质来灭火？
【演示实验探究一】Na_2O_2 的化学性质
② "吹气生火"实验探究（约3分钟）
【设问】脱脂棉为什么能够燃烧？燃烧需要什么条件？脱脂棉能燃烧的原因？化学方程式？
【设问】如果储存过氧化钠的仓库失火，我们应该如何灭火？
【设问】Na_2O 能与盐酸反应，Na_2O_2 能否与盐酸反应？若能反应试推测该反应的实验现象及其产物？
③ Na_2O_2 与盐酸的反应的化学方程式？
【思考与交流】①Na_2O_2是否为碱性氧化物？②过氧化钠有哪些用途？应该如何保存？
【总结归纳】列表对比总结归纳氧化钠与过氧化钠的相关性质。
【过渡】图片展示：生活中食物（蛋糕、馒头和油条）的图片。
【思考】在面粉发酵或油条制作过程中，经常会用到发酵粉和食用碱，它们的主要成分是什么？俗称是什么？

2. 碳酸钠和碳酸氢钠
【投影】图片展示：碳酸钠和碳酸氢钠
碳酸钠俗名叫_____，也叫_____，碳酸氢钠俗名叫_____，碳酸钠晶体的化学式是_____，碳酸钠晶体在干燥的空气中容易失去_____变成碳酸钠粉末。
学生活动2：科学探究：碳酸钠和碳酸氢钠的性质（10个小组）（约15分钟）
【小组合作探究二】碳酸钠和碳酸氢钠在水中的溶解性差异及水溶液的酸碱性。（约6分钟）
【演示实验探究二】Na_2CO_3 与 $NaHCO_3$ 的热稳定性。（约5分钟）
【演示实验探究三】Na_2CO_3、$NaHCO_3$ 与盐酸反应速率的快慢比较。（约4分钟）
【课后思考、讨论与交流】1. Na_2CO_3 和 $NaHCO_3$ 各有什么用途？2. 如何除去 Na_2CO_3 固体中的 $NaHCO_3$？如何除去 $NaHCO_3$ 溶液中的 Na_2CO_3？3. 如何鉴别 Na_2CO_3 和 $NaHCO_3$？（可以有多少种方法）

第三个环节：拓展探究，培养能力

【课后拓展探究实验】学生课后利用实验室开放时段到化学实验室完成，然后填写导学案。

1. Na_2CO_3、$NaHCO_3$ 与 NaOH 溶液、$Ca(OH)_2$ 溶液反应；2. Na_2CO_3、$NaHCO_3$ 与可溶性钙盐或钡盐（$CaCl_2$ 或 $BaCl_2$）溶液反应；3. Na_2CO_3 与 $NaHCO_3$ 如何相互转化。

【总结】列表对比总结归纳 Na_2CO_3 与 $NaHCO_3$ 的性质。

【过渡】图片展示：节日燃放的五彩缤纷的烟花。

【思考】2008 年北京奥运会燃放的五彩缤纷的烟花，为什么烟花会具有那么多的颜色？

第四环节：培养自学，获取新知

问题思考：1. 铂丝为什么要用盐酸洗涤？2. 为什么要用蓝色钴玻璃观察钾的焰色？3. 焰色反应（认真阅读教材 P57）（约 2 分钟）

① 定义：学生得出。

【学生自学实验3-6】

② 实验步骤及现象

a. 将铂丝（或光洁无锈的）放在酒精灯（最好用煤气灯）里灼烧，至与原来的火焰颜色_____时为止。b. 用铂丝蘸取 Na_2CO_3 溶液，在外焰上灼烧，观察火焰颜色为_____色。c. 将铂丝（或铁丝）用_____洗净后，在外焰上灼烧至没有颜色时，再蘸取 K_2CO_3 溶液做同样的实验，此时要透过_____观察火焰呈_____。

焰色反应步骤：烧、蘸、烧（观察焰色）、洗

③ 注意：a. 无论是金属的单质还是化合物，其焰色都相同。

b. 金属的化合物无论是溶液还是固体，其焰色相同。

【思考与交流】焰色反应是化学反应吗？焰色反应有什么用途呢？

④ 结论：钠的焰色反应是_____，钾的焰色反应是_____（透过_____观察）。

⑤ 应用：常用于检验某些_____的存在，节日燃放的五彩缤纷的烟花，就是_____、_____以及_____等金属化合物焰色反应所呈现的各种艳丽色彩。

【演示实验展示】设计简易实验演示几种金属的焰色反应。

【投影】图片展示：几种常见金属元素的焰色反应。

第五个环节：课堂小结，总结知识

第六个环节：目标检测，巩固知识（约 5 分钟，见"导学案"）

第七个环节：布置作业，发散思维

课后作业：课本 P62～63 第 1、4、6 题做在课本上，第 12 题做在课外作业本上。

附加题：往一个试管中加入 10g 碳酸钠（有杂质氯化钡），滴入盐酸，得到 0.05mol 的二氧化碳。请问：该粉末里碳酸钠的含量（%）？

第八个环节：板书设计，强化记忆

一、钠的重要化合物

1. Na_2O 与 Na_2O_2

（1）Na_2O：白色固体、碱性氧化物

（2）Na_2O_2：过氧化物

① 物理性质：淡黄色、固态

② 化学性质：Na_2O_2 与 H_2O 反应：$2Na_2O_2 + 2H_2O = 4NaOH + O_2\uparrow$

Na_2O_2 与 CO_2 反应：$2Na_2O_2+2CO_2 =\!=\!= 2Na_2CO_3+O_2\uparrow$

Na_2O_2 与 HCl 反应：$2Na_2O_2+4HCl =\!=\!= 4NaCl+2H_2O+O_2\uparrow$

③用途：氧化剂、漂白剂、供氧剂

2. Na_2CO_3 与 $NaHCO_3$

(1) 物理性质：色、态、溶解性

(2) 化学性质：① 热稳定性 $2NaHCO_3 =\!=\!= Na_2CO_3+H_2O+CO_2\uparrow$

② 与酸反应 $Na_2CO_3+2HCl =\!=\!= 2NaCl+H_2O+CO_2\uparrow$；$NaHCO_3+HCl =\!=\!= NaCl+H_2O+CO_2\uparrow$

(3) 用途：

3. 焰色反应

(1) 定义：略。

(2) 步骤：烧、蘸、烧（观察焰色）、洗。

(3) 注意：①无论是金属的单质还是化合物，其焰色都相同；②金属的化合物无论是溶液还是固体，其焰色相同。

(4) 结论：焰色反应是元素的性质，焰色反应是物理变化。钠：黄色；钾：紫色（透过蓝色钴玻璃观察）。

(5) 应用：常用于检验某些金属元素的存在。

……

六、教学效果分析

本节课我遵循"以人为本"的教学理念，设置了"滴水生火"和"吹气生火"两个趣味实验，学生通过小组合作探究实验，既能调动学生学习的积极性，又能加强学生操作、观察和思维的能力，培养学生合作探究、合作学习的能力。学生通过动手、动脑，发现问题，解决问题，师生互动，实现教学目标，突出重点、突破难点，达到了预期的教学效果。

七、随堂巩固与目标检测

A 组题（基础检测）

1. 下列物质可用于宇宙飞船和潜水艇中供氧的是（　　）。

A. Na_2O　　　　　　　　　B. Na_2O_2

C. $NaHCO_3$　　　　　　　　D. $NaOH$

2. 用洁净的铂丝蘸取某无色溶液，进行焰色反应实验，直接观察时，火焰呈黄色，下列有关该无色溶液的叙述中，正确的是（　　）。

A. 一定不是钾和钠的混合物　　　B. 一定含 K^+，不可能含 Na^+

C. 一定含 Na^+，可能含 K^+　　　D. 既含 K^+，又含 Na^+

B 组题（巩固演练）

3. Na_2O_2 与足量 $NaHCO_3$ 混合后，在密闭容器中充分加热，排除气体后冷却，残留的是（　　）。

A. Na_2CO_3 和 Na_2O_2　　　　B. 只有 Na_2CO_3

C. Na_2CO_3 和 $NaOH$　　　　D. Na_2O 和 $NaHCO_3$

4. 如何除去下列物质中的少量杂质（括号中为杂质）

(1) Na_2CO_3 固体中的（固体 $NaHCO_3$），方法：_____，反应方程式：_____。

(2) $NaHCO_3$ 溶液中的（Na_2CO_3），方法：_____，反应离子方程式：_____。

C组题（能力提升）

5. 有关 Na_2CO_3 和 $NaHCO_3$ 的性质，下列叙述错误的是（　　）。

A. 等质量的 Na_2CO_3 和 $NaHCO_3$ 与足量的盐酸反应，在相同的条件下 $NaHCO_3$ 产生的 CO_2 气体体积大

B. 同一温度下，与等浓度的盐酸反应时，$NaHCO_3$ 比 Na_2CO_3 剧烈

C. 与同种酸反应生成等量的 CO_2 时，所消耗的酸的量相等

D. 将石灰水加入到 $NaHCO_3$ 溶液中将会产生沉淀

6. 根据 Na_2O、Na_2O_2、Na_2CO_3、$NaHCO_3$ 的性质，请设计不同方案对这四种物质进行鉴定？

课后作业：

教材P62-63第1、4、6题做在课本上，第12题做在课外作业本上。

附加题：

往一个试管中加入10g碳酸钠（有杂质氯化钡），往里滴入盐酸，得到0.05mol的二氧化碳。请问：该粉末里碳酸钠的含量（%）？

八、课后反思

本节课的成功之处：①体现新课程改革教师的主导作用和学生的主体地位。②本节课我设置了"滴水生火"和"吹气生火"两个趣味实验，学生通过小组合作探究实验，既能调动学生学习的积极性，又能培养学生操作、观察、分析、合作探究、合作学习的能力。通过师生互动，发现问题，解决问题，实现教学目标，突出重点、突破难点，达到了预期的教学效果。

本节课的不足之处：由于学生是小组合作探究实验，教师在授课中必须精心组织及时调控，否则课堂时间不易控制。

案例5 《水的组成》10分钟师范生竞赛说课稿

尊敬的各位专家评委，大家下午好！今天我说课的内容是人教版九年级化学第三单元课题1《水的组成》。下面进入我的说课环节，我将从教材分析、学情分析、教法学法分析、教学目标与评价、教学与评价思路、教学过程六个部分展开我的说课。

一、教材分析

1. 教材的地位与作用

本节内容是继空气之后，学生学习日常生活中最为熟悉的物质之一，对于学生能从化学的视角看待物质世界具有重要意义，同时本节课的学习，也为学生从宏观到微观的跨越奠定基础，单质化合物的学习不仅丰富了物质分类的内容，也是将物质进一步分类的依托。因此，本节内容具有承上启下的桥梁作用。

2. 教学重点和难点

结合教材分析及课程标准要求，确定本节课的重点是水的电解实验，我将通过教师演示实验，学生观察实验、讨论归纳来突出重点；难点是根据实验现象分析确定水的组成，我将通过播放电解水的微观动画来突破难点。

二、学情分析

为了更好地开展课堂教学活动，突出学生为主体，教师为主导的理念，我将从能力和心理两个角度分析学生的情况。

能力角度：九年级的学生已具备一定的视觉、观察能力以及想象能力，且在此之前已经学习了氧气，掌握了氧气的相关知识、特别是氧气的检验方法，是本课题的学习基础之一。

心理角度：该年龄段的孩子，有强烈的好奇心、喜欢动手做实验以及有一定的求知欲望。

三、教法学法分析

基于本节课内容的特点，我主要采用了以下的教法和学法。

教法：提出问题→进行猜想→实验探究→验证实验→讨论总结→得出结论。通过从具体到抽象的教学顺序，有利于激发学习者的智慧潜能，培养内在动机。

学法：实验探究法、多种感官协同法、合作交流讨论法、对比归纳。辅助手段：多媒体教学。通过采用形式多样的学习方法，调动学生学习的积极，激发学习兴趣，有效地培养学生能力，促进学生个性发展。

四、教学与评价目标

综上分析，我确立了以下教学与评价目标。

教学目标：①通过认识电解水实验的实质和水的组成，感悟通过化学实验研究物质元素组成的科学过程与方法；②通过充分讨论、对比，单质和化合物的共性与不同，提高物质类别的理解及归纳能力；③通过电解水的实验，逐步建立认识人类物质世界的过程和方法，增强科学探究的精神。

评价目标：①通过对水的组成的学习，诊断并发展学生从化学的视角来认识水及其变化及"化学元素观"的认识水平；②通过对物质分类学习和归纳分析，诊断和发展学生对物质的认识水平；③通过对电解水实验产物的猜测，诊断学生实事求是的科学精神。

五、教学与评价思路

根据建构主义理论，我制定了如下教学与评价思路。

通过电解水实验从宏观角度认识水的组成，进而通过水电解的微观动画观看，从微观角度认识水的组成，最后再对比生成物和反应物的元素组成，发展学生的宏观辨识与微观探析、科学探究与创新意识和证据推理与模型建构三大核心素养。

六、教学过程

1. 宏观现象

（1）水的物理性质

学习任务1：学习水的物理性质，诊断学生分析、归纳能力。

通过提问"水是我们最熟悉的物质之一，它是生命的源泉，根据你们的经验说说水具有什么物理性质?"让学生进行讨论、交流回答。此时，学生由于考虑不够全面，教师进行补充总结，师生共同完成学习水的物理性质。这样的安排让学生联系生活，引导学生从生活走进化学，既学习了水的物理性质，又很自然地进入水的组成的科学探究过程。

（2）水的宏观组成

学习任务2：探究水的宏观组成，诊断学生实验观察和推理能力水平。

通过讲述和问题提问引导学生猜测水的宏观组成及思考水电解的产物检验方法，通过让学生带着问题和自己想到的答案，在"填一填"的辅助下，观看电解水的演示实验，观察分析记录实验现象，从实验中找到问题答案或验证自己的猜想是否正确。接着，带引学生回答"填一填"，并做验证实验，教师用带火星的木条检验试管1的气体，用点燃的木条检验试管2中产生的气体，学生观察到试管1中的木条复燃，试管2的气体燃烧且火焰颜色呈淡蓝色。因为前面学习了氧气的性质，学生很容易知道试管1中的气体是氧气。在学生观察现象的基础上讲解试管2中产生的这种无色气体是氢气。学生在教师的引导下共同得出"正氧负氢"以及水的宏观组成的结论。

2. 微观本质

学习任务3：探究水的微观组成以诊断并发展学生对水的组成认识思路的结构水平。

此时学生虽然知道水是由氢元素和氧元素组成的，但对于为什么是这样的还是很疑惑。为了解决这个问题，我播放动画来解释水分解的微观过程，让学生从微观上认识化学变化的实质。教师及时引导，得出水的微观组成结论，并让学生知道化学变化的过程中只是原子的重新组合，元素种类不变，为将来学习质量守恒定律打下基础。同时也实现了本节课难点的突破。

3. 区分单质和化合物

学习任务4：区分单质和化合物，诊断对比、分析、归纳及认识物质水平的能力。

我们知道了水的组成，你们观察一下，氢气（H_2）、氧气（O_2）、水（H_2O）以及第二章学习的高锰酸钾（$KMnO_4$）、硫（S）、氯酸钾（$KClO_3$）等在组成上有什么不同？启发学生从元素种类的角度去考虑。学生讨论后发现氢气和氧气都是由一种元素组成的，而水却是由两种元素组成的。让学生自己对比归纳、总结得出概念，教师补充总结来学习及区分单质和化合物。

4. 小结

为了让学生更清楚本节课的脉络，带领学生回顾本节课重点内容，进一步强调水的组成和单质与化合物的概念，进行一个小结，帮助学生加深印象。

5. 课堂检测

为了巩固新知，让学生做一道习题，意在考查学生对水的电解实验的熟悉程度以及水的组成知识的掌握情况。

6. 课后作业

为了能让学生达到将知识活学活用的目标，我布置了两道课后作业。意在通过废物利用将课堂实验再次呈现，培养学生联系生活的习惯及知识应用能力，提高物质可持续发展利用的意识。体现五大核心素养中的科学探究与创新意识及科学态度与社会责任。

案例6 《无机非金属材料的主角——硅》10分钟竞赛说课稿

尊敬的各位专家评委，大家好！今天我带来的说课内容是人教版高中化学必修一第四章第一节《无机非金属材料的主角——硅》第一课时的二氧化硅与硅酸。

下面我将根据新课程的要求从教材分析、学情分析、教法与学法分析、教学与评价目标、教学与评价思路和教学过程六个方面展开我的说课。

一、教材分析

1. 教材的地位和作用

在学习本节课之前，学生已经在初中学习了有关碳及其化合物的知识，在高一学习了物质的分类和金属及其化合物，为学习本节课非金属及化合物奠定了基础，为必修2将要学习的元素周期律，选修《化学与技术》中的无机非金属材料埋下伏笔，起着承上启下的作用。

2. 教学重点与难点

基于教材和课标的要求，我制定了本节课的教学重点与难点，重点是掌握二氧化硅和硅酸的化学性质，难点是硅酸的制法和对强酸制弱酸原理的理解。通过活动探究和实验探究等方法，让学生更深刻更直接地掌握二氧化硅的化学性质和硅酸的制法，从而突出重点、突破难点。

二、学情分析

在知能储备方面，学生在初中已经学习了碳及其化合物的性质，高中学习了物质的分类、氧化还原等理论知识。从认知方式上，学生在第三章体验过了元素化合物的学习方法——实验探究和分析归纳法。学生在学习中可能产生的困难，有的学生基础知识较薄弱，在二氧化硅和氢氧化钠、二氧化硅与氢氟酸的反应时会有困难。

三、教法与学法分析

在本节课上，我采用主题教学、问题讨论，学生活动、实验探究、知识迁移与应用等方法进行授课，学生通过交流讨论、类比归纳、实验探究等方法进行学习。

四、教学与评价目标

1. 教学目标

（1）通过学生自学，交流信息，归纳二氧化硅的物理性质。（2）通过二氧化碳来类比学习二氧化硅的化学性质，提高学生对物质类别的理解及归纳能力。（3）通过实验探究学习硅酸的制取，感受化学的美，发展学生对化学的兴趣。

2. 评价目标

（1）诊断并发展学生收集处理信息的能力。（2）诊断并发展学生知识系统化水平，认识物质从外在表象上升到内在本质的水平。（3）诊断并发展学生实验探究的水平、学生应用强酸制弱酸原理进行实验设计的思维方法以及学生实事求是的科学精神。

五、教学与评价思路

宏观现象，发展学生观察、分析、推理能力；微观本质，发展学生认知思路结构化水平；问题解决，发展学生实验探究的水平；通过感受化学的美，发展对化学的兴趣。体现从宏观现象到微观本质再到问题解决的总体教学与评价思路。

六、教学过程

在整个教学过程中我设计了六个教学流程：分别为创设情境、交流信息、类比推测、实验探究，归纳总结，板书设计。下面重点讲一下我的教学过程。

1. 宏观现象

学习任务 1：创设情境，通过自学，交流信息，学习二氧化硅的物理性质。诊断并发展学生的观察、分析、推理能力。

（1）创设情境　在课程开始给出沙子与计算机的图片，提出问题（有些同学知道两者都含有硅元素，但具体过程不甚了解，对后面学习充满兴趣），并让阅读教材 74 页一到三自然段，回答问题，引出硅在自然界中的主要存在形式。设计意图：以生活实际为出发点，引导学生关注生活，激发求知欲。

（2）交流信息　学生展示他们收集的资料，根据二氧化硅的用途来总结二氧化硅的物理性质：熔点高，硬度大，不溶于水。设计意图：检查预习结果，培养学生收集处理信息的能力，为教学奠定基础。

2. 微观本质

学习任务 2：通过类比二氧化碳来学习和创设情境，推测二氧化硅的化学性质，提高学生对物质类别的理解及归纳能力，解决实际问题。诊断并发展学生知识系统化水平，认识物质从外在表象上升到内在本质的水平。

为了探究二氧化硅的性质，我设置了三步方案来辅助教学。第一步，运用学生在第二章学习的物质分类的思想，来列表预测二氧化硅酸性氧化物的性质及应用。第二步，运用学生在初中学习二氧化碳和碳酸的性质，预测硅酸的性质及应用。第三步，通过问题引入学习二氧化硅与氢氟酸的反应特性，解决实际问题。

让学生列出表格，回忆二氧化碳的化学性质，从而类比写出二氧化硅作为酸性氧化物的化学性质，这是学生列的表格，需要注意的是虽然前面我们已经学习了二氧化硅的物理性质，但是有些学生还是会写错二氧化硅与水的反应，所以我会及时纠错并改正。这一步的设计意图是让学生学会从类比的角度学物质的性质，培养学生的证据推理与认知模型。再根据学生列的表格总结酸性氧化物的化学性质。然后运用这一知识解释实验室盛装 NaOH 溶液的试剂瓶，用橡皮塞而不用玻璃塞的原因。

接下来是二氧化硅与氢氟酸的反应，先给出生活中常见的雕花玻璃的图片，并附上一份雕花玻璃的一般工艺原理。然后提问雕花玻璃上的花是怎样"绘"上去的？能用反应方程式表示吗？学生尝试上黑板写出反应方程式，大多数学生都能写出来，同时解决实验室用塑料瓶保存氢氟酸的实际问题。

3. 问题解决

创设情境——探究硅酸的制备方法。

学习任务3：通过实验探究学习硅酸的制取，感受化学的美，发展学生对化学的兴趣。为了诊断并发展学生实验探究的水平，培养学生应用强酸制弱酸原理进行实验设计的思维方法，培养学生实事求是的科学精神。展示我们吃的糖果、糕点里面的硅胶干燥剂，然后引出问题。①硅酸能通过二氧化硅与水反应制得吗？为什么？②能否通过可溶性硅酸盐（如硅酸钠与酸反应制取呢？让学生运用强酸制弱酸的理论思考。最后学生找到了实验室用较强酸与可溶性硅酸盐进行反应。这一环节设计意图：运用强酸制弱酸的原理进行猜想，使学生体验到理论在实际中运用的成就感。学生设计了实验方案并动手制备了硅酸胶体。

4. 课堂小结

将与学生共同完成本节课的总结。

5. 练习和作业

为了巩固本节课知识，设计了下面两道习题，第一题考察了二氧化硅的特性，意在加深学生对二氧化硅化学性质的理解。第二题考察了物质能否发生反应，意在加深学生对新知识的掌握情况。并且布置了两道课后作业：（1）课本习题第2题。（2）查阅资料自行归纳总结砂子和计算机芯片的联系。

6. 板书设计

最后附上我的板书设计，谢谢各位专家评委，你们辛苦了。

思考与实践

1. 选择一个中学化学课题，进行10分钟说课设计，训练说课竞赛技能。
2. 选择一个中学化学课题，进行一节课的说课设计，训练课时说课技能。
3. 选择中学化学教材中的一章或一大节内容，进行本章节的说课设计，训练章节说课技能。
4. 分组模拟中学化学教研组活动场景进行说课与讨论，训练说课与评价技能。

主要参考文献

[1] 李桂荣. 我看面试说课. 辅导员, 2017, 1: 51-52.
[2] 高翔, 叶彩红. 实验教学说课的概念阐释与价值审视. 中小学教师培训, 2017, 8: 51-53.
[3] 宋世学, 吴齐. 大学生说课实践与存在的问题分析. 物理通报, 2017, 5: 13-14.
[4] 杨利坤. 初中化学新课改下说课的基本原则与实践. 内蒙古师范大学硕士学位论文, 2013, 11.
[5] 汪燕萍. 化学师范生说课能力建构与培养研究. 扬州大学硕士学位论文, 2011, 5.
[6] 张克龙. 刍议理想的化学说课. 中学化学教学参考, 2015, 7: 16-18.
[7] 李伟刚, 李兵尚. 对"评比性说课"问题的思考与对策. 军事人才培养, 2018, 1: 66-69.
[8] 梁玲. 师范生说课与讲课的职业训练. 林区教学, 2017, 12: 104-106.
[9] 江立员. "说课"基础教程. 南昌: 江西高校出版社, 2012.
[10] 苗亚宁. 高中化学教师说课要素研究. 山西师范大学硕士学位论文, 2016.

第八章

化学教学测量与评价技能

第一节 化学教学测量与评价概述

化学教学测量与评价，是化学教学系统的重要组成部分，是检查化学教学效果的主要手段，是提高化学教学质量的基本途径。只有通过教学测量与评价，才能掌握学生的知识水平和学习状况，判断学生的学习能力和努力程度；才能研究教师的教学水平，发现教学上的薄弱环节。

一、化学教学测量的作用

1. 诊断作用

诊断是指对学生的学习能力、水平的现状及发展的判断。利用测量结果，可以诊断出学生对知识的掌握程度、相关能力的发展程度，从中发现学生的长处，亦暴露他们的弱点。

2. 强化作用

测量结果的强化作用，可以激励优秀学生锦上添花，不断向上；可以促进中下学生增强信心，努力攀登，从而最大限度地调动全体学生的学习积极性。

3. 调整作用

结合测量结果，并根据学生对知识的掌握程度，教师可以思考自己的教学方法得失，也可以从中发现教学上出现的各种问题，反思学生应该掌握的知识。为什么考试不理想？是否自己的教学进度太快？教学方法和策略不够理想？或其他原因造成，从而调整和进一步优化教师的教学策略、方法和教学进度。

二、化学教学测量的方式

1. 书面方式

书面方式是最常用、最主要的一种教学测量方式。它普遍适用于正常教学的水平测量中，包含常见的单元测试、学期期中测试和期末测试等，以及较大范围内的选拔性测量，主要是中考、会考和高考等。书面测试主要包含书面答卷、书面作业、书面报告等，其中最有效的测试为书面答卷即考试。

要使测量结果符合客观要求，必须做到清楚、明确、简练地提出问题，特别是命题时应该遵守相关命题原则和方法（详细方法见命题部分），还要客观、公正、合理地评判答案。

2. 口头方式

最常见的化学测量口头方式就是课堂提出某一个问题要学生当场做答，结合学生口头答题情况给予一定的分数并评价。大型的口头测量方式就是常见的面试等测量环节。要做好口头测量，必须要先做好统计，特别是问什么、向谁问、何时问要设计清楚，不能随时或即兴发问。对口头测量的问题还要进行过程设计，要在设问引入、诱导引入、评核深入等方面下功夫，使口头测量方式更加科学合理。

3. 作业方式

要做好作业的测量，教师必须在作业数量和作业难易程度上下功夫。作业量太多，不但使学生厌倦，还会增加学生的作业负担，如果每个学科都有大量的作业，学生在有限的时间内根本无法完成，这样的作业就失去了意义；但作业量太少又不能达到测量的目的。在作业的难易程度上，教师要结合考试大纲、考试说明和课程标准进行科学合理的控制，过难和过易都不能测出学生的真实水平。故平时以作业方式进行测量时，教师要结合学生的学习和测试情况，还要对学生的学习特点进行深入研究后科学决定。

4. 实验方式

实验方式的测量主要是实验操作设计和实验考试。具体方法见第 6 章实验考试部分。

三、化学教学测量的程序

确定目标（按课程标准和考试说明确定）、编制试卷（科学、严密、准确、全面和恰当）、现场施测（主要是试卷的保密等工作）、评定成绩（客观、公正、流水作业）、考核总结（基本情况，突出问题，努力方向）。

四、化学教学评价的方法

（1）纸笔测验评价　纸笔测验评价主要是理解"教、学、评"三位一体的相互关系，着眼于解决实践问题，在真实情境中进行评价，评价试题尽量做到开放性。

（2）学习档案评价　学习档案评价主要以自我评价为主，特别是对自己表现进步、改进策略等方面进行评价，教师进行总结、点评和最后的等级评定。

（3）活动表现评价　活动表现评价要在任务驱动下进行，特别是在进行化学探究实验过程中表现出的化学核心素养进行评价，在各类活动中如何体现出过程和方法、情感态度与价值观等方面的评价。

（4）网络教学学习评价　网络教学评价的内容，主要是学生学习活动、学习效果的评价、教师指导活动的评价、学习资源质量的评价、支撑服务系统的评价。网络教学评价的方法，主要包括评价要素（指标项）、评价标准和指标权重 3 个部分。

五、化学教学评价的作用

化学教学评价的作用主要在于科学的管理和正确的激励。教师通过每次的测试评价，可以根据学习质量管理图，看清每个学生所处的位置和成绩高低的实践情况，为改进教学和提高教学质量提供科学的依据。

第二节 化学命题方法

一、试卷的基本要求和步骤

化学试卷要遵循课标（考纲）要求，知识覆盖面广，难度和区分度要恰当；命题时要采用"双向细目表"；题型要多样化，通常化学试题主要有选择题、填空题、推导题、简答题、实验题、计算题等题型。整体试卷的题量、文字量要恰当，试卷结构、版面要求设计合理；试卷必须附有参考答案和评分标准。题型范围、知识点、答案等均要求无科学性问题；试题结构要求规范，各题结构完整，条件、限制、设问、要求、赋分等信息清楚明确；文字表述要规范完整、通顺，不在文字上设置陷阱。

命题的基本步骤或基本流程主要有：根据考试类型制定双向细目表；独立命题；审题、学科内组卷、集体审题，预估难度，审题成员集中审题；确定试题；做题估测时间；制定评分标准；校稿；付印 8 个步骤。

二、如何制定命题的双向细目表

常见的两种命题双向细目表如下表所示，主要包括题型、章节、知识要点、知识和水平要求、分值、预估难度和实测难度等。

题号	题型	章节	知识要点	知识层次			分值	预估难度
				识记	理解	应用		
1								
2								
3								

章节名称	具体内容	水平要求	题号	分值	预估难度	实测难度

1. 制定命题双向细目表的重要性

制定双向细目表是科学规范命题的基础，是提高试卷效度的重要保证。每次考试要考查哪些知识，体现什么能力，用怎样的题型才能达到考查目标都应很好地体现在双向细目表上。制定双向细目表还有利于提高试卷的信度，能较方便估计知识点的覆盖面，防止重复考查。

2. 命制双向细目表操作过程

确定试卷要考查的目标；明确要考查的知识内容（知识点）；根据考查目标和知识的重要程度给予不同的比重和分值；合理安排好各部分权重，编制出双向细目表。

例 1：较简单的教学目标双向分布细目表

章节	内容点	测验目标				
		知识	理解（领会）	应用	分析与综合	评价
氯气 氯化氢	1. 卤素元素原子结构 2. 氯气的物理性质	√ √	√ √	√		
	1. 氯气的化学性质 2. 漂白粉 3. 氯气的实验室制法	√ √ √	√	√	√ √	
	1. 氯化氢的物理性质 2. 氯化氢实验室制法 3. 盐酸和金属氯化物性质	√ √ √	√	√ √		

例 2：初中化学水平测试较详细的部分题型双向细目表

题型	题号	分值	知识点	知识类别	目标层次	难度值	得分
一、选择 （28～36 分,单选）	1	2	化学性质和物理性质	物质的化学变化	认识	0.9	1.8
	2	2	基本反应类型、解释生活中的现象	物质的化学变化	知道	0.85	1.7
	3	2	物质类别（有机物、单质、氧化物、化合物、纯净物、混合物）	物质构成的奥秘	知道	0.8	1.6
	4	2	燃烧条件、完全燃烧、防火灭火、防爆措施设问	化学与社会发展	认识	0.9	1.8
	5	2	能量变化、能量的转换、催化剂	物质的化学变化	知道	0.8	1.6
	6	2	化石燃料、能源；保护水资源	化学与社会发展	认识	0.7	1.4
	7	2	基本操作：指示剂、试纸使用、蒸发、酒精灯	科学探究	操作	0.8	1.6
	8	2	元素周期表常识	物质构成的奥秘	知道	0.7	1.4
	9	2	知识归纳：塑料、合成橡胶、合成纤维、新材料、保护环境	化学与社会发展	认识、知道	0.7	1.4
	10	2	有毒物质 CO、甲醛、黄曲霉毒素与人体健康	化学与社会发展	知道	0.8	1.6
	11	2	硬水、软水、常见溶剂（水、酒精、汽油是常见溶剂）	身边的化学物质	知道	0.7	1.4
	13	2	电解水及水的组成	身边的化学物质	理解	0.7	1.4
	14	2	酸碱反应的浓度或 pH 变化曲线分析	身边的化学物质	理解	0.5	1
	15	2	食盐、纯碱、小苏打、碳酸钙等在日常生活中的用途，或用表格形式综合考查	身边的化学物质	认识、知道	0.5	1

续表

题型	题号	分值	知识点	知识类别	目标层次	难度值	得分
二、填空（20~22分）	16	3	原子结构、化合物中元素化合价判断	物质构成的奥秘	知道、理解	0.9	2.7
	17	4	化学微粒观：分子、原子、离子及分子运动	物质构成的奥秘	认识、知道、理解	0.9	3.6
	18	4	质量守恒；方程式中未知物质化学式判断，写方程	物质的化学变化	理解	0.7	2.8
	19	5	化肥性质、反应现象分析、方程式书写	化学与社会发展	理解	0.4	2
	20	4	饱和溶液、溶解度与质量分数转换、数据判断与处理、结晶	身边的化学物质	认识、知道、理解	0.4	1.6
三、（15~18分）	21	7	金属、金属腐蚀、铁矿石炼铁、金属回收、生铁和钢、方程式书写	身边的化学物质	认识、知道、理解	0.7	4.9
	22	8	流程图提问：金属及化合物与酸碱盐反应；一定质量分数溶液的配制；实验操作、仪器、方程式书写	身边的化学物质 科学探究	理解	0.6	4.8

三、试题编制的一般技巧

1. 自编试题也叫原创试题

要做好自编试题，首先要收集素材，包括报纸杂志、自然百科全书、大学教材、科技馆、电视网络、生活生产、课堂教学、各种教材、科技活动等。处处留心皆学问，处处留心皆化学。其次要从教学中发现和积累试题。而结合素材的原创试题一定要对求证后的素材进行反复推敲，并充分去挖掘其中蕴含的化学问题，思考它的知识点、能力点、方法点，以及所要编制试题的难度，最后确定问题呈现的方式。还必须注意对所收集的素材要持科学的态度，要有质疑的精神，不轻信，不盲崇，该用实验验证的要验证，该查文献的要去查，一定要实事求是，找到确凿的证据。不要认为是核心刊物的，或是某专家写的，或是某地模拟题就一定认为是可靠的。除了对其科学性合理性审视外，还要对素材的导向性进行质疑，看它是否有利于正确引导中学教学，有利于课程目标的实现。

2. 改编试题

改编试题的方法主要有，改变因果条件、改变呈现方式、改变题设条件、改变问题情境、改变考查点5种方法。例如每年必考的离子共存题，将足量的CO_2通入下列各溶液中，所含离子还能大量共存的是 A. K^+、SiO_3^{2-}、Cl^-、NO_3^-；B. H^+、NH_4^+、Al^{3+}、SO_4^{2-}；C. Na^+、S^{2-}、OH^-、SO_4^{2-}；D. Na^+、$C_6H_5O^-$、CH_3COO^-、HCO_3^-。我们可以利用以上方法对本题进行改编，如改变题设条件，将足量的CO_2通入下列各溶液中的条件改为将足量的SO_2通入下列各溶液中，或改为在酸性溶液或碱性溶液中；还可以改变考查点，将答案中的某些离子换掉，如K^+换成Na^+、H^+换成OH^-等。

第三节 化学题型特点及功能

试题的题型主要有：选择题和非选择题。而非选择题主要包含：文字、识图填空题，文字信息迁移题，图像图表信息迁移题，数据处理型试题，简答题，概念原理整合应用题，计算题，实验分析与解释类题，实验设计与评价题等。

一、选择题

1. 单项选择题

含义：选择题是通过一定的命题限制，使答题者所有的反应，只能控制在被命题者规定的有明确性质、程度和价值量的指令范围内，从而保证阅卷的客观性、一致性的题型。选择题通常由指示词、题干和备选项三部分组成。此类题型要求选择最符合题意的选项；其结构特点是题干+备选答案；命题形式是四选一。

2. 多项选择题

多项选择题是考查学生对基本概念和原理的理解分析能力及对知识的综合运用能力，通过重组、整合多个知识以考查学生创造性思维的能力（对基本原理和概念是否理解透彻，是否能够全面把握概念和原理的内涵和外延）；各个选项具有一定的干扰性。此类题型的试题难度较大。命题的形式可以多样，如文字信息、图表信息、曲线信息等。此类题型的命题思路是对化学原理、现象的解释，化学原理的应用，图表、曲线的理解等。命题的形式是四选一或二。

二、非选择题

此类题目源于教材文字段落或稍加变更，题图也是直接来自教材中的插图或稍加变更。此类试题单一，则难度较小，适合模块学分考试。此类试题综合，则难度较大，适合选拔考试。编制此类试题的目的是考查学生对知识的了解和识记情况。要求学生用专业术语、专业名词解答；做到"规范，达意，通顺"。

三、文字信息迁移题

文字信息迁移题是以一段文字材料作为载体，考查学生信息筛选、信息加工、信息运用的能力。这类题型的命题意图是：从能力立意（决定考查哪些知识和原理）→创设情境（提供材料）→确定设问（提出要考生回答的问题）。其解题方法为：阅读→审题→找出问题的实质→联系相关的学科知识→写出完整答案。这就要求在全面复习的基础上，牢牢把握住化学现象的一般规律、原理和特征，这是解决实际问题的"工具"。此类题型的结构特点是信息+问题。编制要求主要有3点：①信息要新颖，数量要足够；②材料要适合，叙述必须准确，文字要简明；③问题可以用简答式提出，也可以用填空式回答等方法。

四、图像图表信息迁移题

图像图表信息迁移题的题干以图像、图表等形式创设新情境，给出新信息。考查学生阅读图像、图表，理解图像、图表中所表达的化学内涵的能力；考查学生提取有效信息并转换成可以利用的信息，进一步迁移到新情境中去回答问题的能力。

五、简答题

此类题型的结构特点是情境或事实＋范围和要求。其编制要求主要有 3 点：①提供的情境必须文字简练；②作答的范围和要求必须文字简练；③既要提出标准答案，又要不死守标准答案。

六、数据处理型试题

数据处理型试题是利用化学知识，通过对数字的分析和计算等处理方式来考查某个化学现象或规律的试题，它形式简洁、信息容量大、考查角度灵活、思维容量高，且往往有一定的难度。在新高考化学试题中常出现用数学计算的方法研究化学物质或能量的变化规律；用数形结合的方法生动而直观地表达化学反应速率等问题。

七、概念原理整合应用题

化学概念是化学科学体系中思维活动的基本功能单位，是人们对丰富多彩的化学本质属性的概括和总结。化学理论揭示了物质变化的规律，是化学知识体系的主体内容之一。考查学生对这些原理、规律的发现过程、发现方法，理解其使用条件、范围，并能够运用这些原理、规律指导生活与生产，解决实际问题，是中学化学教学的重要内容和目的之一。这些内容是命题的主要考查点。

八、实验分析与解释类题

主要考查学生对实验的理解能力、实验条件的控制和对实验结果的归因分析能力。研究历年来的高考题中的实验题和得分率表明：对实验原理的理解能力、实验条件的控制和对实验结果的归纳、总结能力是主要的设问角度且又是考生的弱点所在。实验原理是进行实验设计和操作的依据，是理论知识在实践中的指导应用和验证，实验原理在实验中的理解和应用是考查学生理论知识水平和实际理解应用的一种重要形式。对实验的结果进行分析和解释，是此类题型的主要考查目的。

九、实验设计与评价题

化学是一门实验科学，因此化学实验一直是化学中考和高考必考的内容，从近几年的实验题在中考和高考中题型变化来看，借助实验方法创设新情境，侧重考查学生对实验分析的能力成为命题趋向，其中设计型实验题更是热点。所谓实验设计，就是要求学生设计实验原理，选择实验器材，安排实验步骤，设计数据处理的方法及分析实验现象。包括设计实验方案、设计实验步骤、设计实验改进方法等。主要考查学生是否理解实验原理和学会分析实验结果，是否具有灵活运用实验知识的能力，是否具有在不同情境下迁移知识的能力。

第四节　评定试题质量的重要参数与优化

一、评定试题质量的几项重要指标

评定试题质量的几项重要指标：平均分、标准差、难度、信度、效度、区分度、复杂度、梯度性、全面性。

1. 平均分 X

表示全体考生分数的平均数。一般来说，平均分是判断一个班级或一所学校某个年级学生的总体情况，平均分越高，说明学生的整体平均水平越高。

2. 标准差 S

表示考生分数离散程度的量。一般来说，标准差越小，表明总体比较整齐；标准差越大，总体显得参差不齐。从某一方面说明两极分化的程度。标准差 S 的计算公式为：$S=\mathrm{SQRT}\{[(X_1-X)^2+(X_2-X)^2+\cdots+(X_i-X)^2]/N\}$。其中：$X_i$ 表示某考生的成绩；X 表示样本平均分；N 表示样本数。

3. 难度 P

试题对考生知识和能力水平的适合程度的指标。不同类型的考试，需要不同难度的试题，试题难度的大小不仅直接影响该题的区分度，而且也会对整份试卷的效度和信度产生影响。所以，根据命题者的需要，有效地控制试题的难度，对于任何一项命题工作来说，都是十分重要的。

难度 P 的计算公式：$P=$ 平均分/满分值，试题难度值越大，表示该题越容易。$P<0.5$ 为难题，P 在 $0.5\sim 0.7$ 之间为中档题，$P>0.7$ 为容易题。

（1）试题难度影响分数的分布形态　如图 8-1 所示。

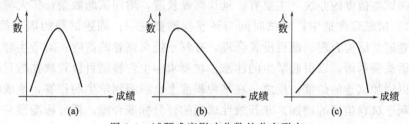

图 8-1　试题难度影响分数的分布形态
(a) $P=0.5$ 正态分布（考试分数集中在中端）；(b) $P<0.5$ 正偏态分布（考试分数集中在低端）；
(c) $P>0.5$ 负偏态分布（考试分数集中在高端）

（2）试题难度影响考试的鉴别能力　考生之间相互比较配对的可能性越多，越有利于鉴别不同学习能力水平的考生。

考生数	难度 P	答题情况	配对比较次数	鉴别力
100	0.5	50 人对，50 人错	2500	好
100	0.7	70 人对，30 人错	2100	稍好
100	0.8	80 人对，20 人错	1600	稍差
100	0.9	90 人对，10 人错	900	差
100	0.1	10 人对，90 人错	900	差

结论：试题 P 越接近 0.5 时，鉴别力越强。

（3）影响试题难度的 9 种因素

①考查内容在化学学科中的难易程度；②隐含条件的深度；③试题模型的熟悉程度；④试题的综合度；⑤试题是否设置台阶（梯度）；⑥是否提供了帮助理解的直观图形；⑦答题的复杂程度（字数）；⑧区域教学差异；⑨所用的题型。

4. 区分度 D

也叫鉴别力，是试题是否具有效度的"指示器"：指考试对考生实际水平的区分程度。区分度好的考试，实际水平高的学生应得高分，水平低的学生应得低分。区分度好的试题，实际水平好的学生能答对，水平低的拿不到分。

（1）计算方法　极端分组法：先将考生成绩排序取成绩最好的 27% 作为高分组，取成绩最低的 27% 作为低分组，分别计算两组题的得分率（难度值），试题区分度 D＝高分组得分率—低分组得分率。一般情况下，区分度 D 与难度 P 的关系有一定的经验关系。

（2）区分度 D 与难度 P 的关系

难度 P	1.00	0.9	0.7	0.5	0.3	0.1	0.00
区分度（D）	0.00	0.2	0.6	1.00	0.6	0.2	0.00

5. 信度 r

指测量结果的可靠性。较好的考试，信度系数应在 0.8 以上。

（1）信度与区分度的关系　一般情况下，区分度大的信度高。

区分度（D）	0.1225	0.16	0.20	0.3	0.40	0.5
信度（r）	0	0.42	0.63	0.84	0.915	0.949

（2）提高试卷信度的办法　主要有：延长测量长度，增加试题数量；扩大考试范围（知识点覆盖面）；试题难度适中；考试时间与评卷标准要统一；陈述试题的语言简明、易懂、无歧义；试卷题型结构合理、题目设置合理，有利于提高整卷的信度；对考生容易疏忽的地方标有提示语或警示语，以引起学生的注意；在要求学生作答题目位置放在醒目的地方，防止漏做，可以增加试卷的信度。反之，在某种程度上会影响到学生的作答，使成绩受到一定的影响，不利于试卷信度的增加；非开放性试题的评分标准合理，评分标准预见性好，这也是影响试卷信度的一个因素。

6. 效度

效度是指测验能否测出我们所要测量的目标的有效程度。即测评是否测量了它要测定的内容，是否达到它所预定的测评目标。它是评定一份试题或考试品质的最重要的指标。

影响试题效度的因素主要有：选用的题型使用得当，发挥了该题型的功能；开放性试题的评分标准合理，体现了开放性试题的本意；整卷结构题量比较适中，总分及考试时间相适配，主客观题的比例恰当（比例为 1.5 比较恰当），这样的试卷才能较好地考查考生的真实水平和潜能，效度高；试题陈述的科学性好；无偏、旧试题，试题注重在新的情境中考查知识点，与现实生活相联系进行命题，有利于增强试题的效度。

二、评价的参数要求

（1）效度　一份好的试题，评价的效度参数必须要达到以下的指标。因为效度是教学测量合理程度的一种参数，效度必须要达到 0.3 以上，如果效度达到 1.0，则表明测量内容完全符合教学内容，但这是可遇而不可求的事，一般情况下，效度能达到 0.7 以上就比较好。

（2）信度　信度是指试卷质量的可靠性、稳定性以及可信赖程度。所有的考试都要求信度要达到 0.6 以上，而高考和中考要求信度超过 0.8，当信度为 1 时，表明测量完全稳定，但在现实测量中是不可能达到1.0的,信度达到0.9以上就非常不错了。

(3) 难度　难度是指试题的难易程度,现代教育中,特别是选择题的统计中常用答对率衡量,有的用答错率来表示难度。当难度达到0.3到0.8时就可以满足全部考试的要求,当难度达到0.5时,试题有最好的区分度。

(4) 区分度　区分度是指试题鉴别能力的重要参数。当试题的区分度达到0.3以上时,信度就可以达到0.84以上,就可以基本达到各类测试要求。大型的考试如中考和高考等,当区分度达到0.5时,信度可达到0.949,这样的试题和考试就非常可信。

三、参数的优化

(1) 难度的调整　教育测量和统计的结果表明,试题的难度跟区分度有密切的关系。难度为0.5左右的试题,区分度最强,对试题的难度进行调整,它的区分度会同时得以提高。

(2) 信度的提高　信度高的试卷,表明质量稳定,可靠性高。斯波尔曼-布朗公式:$R = nr/1 + (n-1)r$,式中,R为新的测量信度;r为旧的测量信度;n为测量长度增加的倍数。根据此公式计算,可以对试题进行调整和优化,以达到提高试题信度的作用,从而也间接提高区分度和效度。

但无论难度的调整,还是信度与效度等的提高,只能使每次测试本身更加科学和合理,但由于原始分的弊端明显,特别是各学科成绩的不可比性,使得每名学生的总分不科学,从而使评估不准确。于是,产生了标准分,标准分的最大特色是可以反映个人水平在群体中所处的位置。

第五节　初中学业水平考试

一、考试目标与要求

初中学业水平化学科考试应体现《标准》的基本理念和课程目标,面向全体学生,关注每个学生的发展,激发学生学习化学的兴趣,帮助学生了解科学探究的基本过程和方法,培养学生的科学探究能力,以使学生获得进一步学习和发展所需要的化学基础知识和基本技能为目标;以引导学生认识化学在促进社会发展和提高人类生活质量方面的重要作用,通过化学学习培养学生的合作精神和社会责任感,提高未来公民适应现代社会生活的能力为目标。初中学业水平考试化学学科考试既考核学生掌握知识、技能的程度,又注重评价学生的科学探究能力和实践能力,同时关注学生在情感、态度与价值观方面的发展。

1. 对化学学习能力的要求

(1) 接受、吸收、整合化学信息的能力　对初中化学基础知识能正确复述、再现、辨认,并能融会贯通。通过对自然界、生产和生活中的化学现象的观察,以及实验现象、实物、模型的观察,对图形、图表的阅读,获取有关的感性知识和印象,并进行初步加工、吸收、有序存储。从提供的新信息中,准确地提取实质性内容,并与已有知识整合,解决简单的化学问题。

(2) 分析和解决化学问题的能力　将实际问题分解,通过运用初中化学相关知识,采用分析、综合的方法,解决简单化学问题。将分析和解决问题的过程及成果,正确地运用化学术语及文字、图表、模型、图形等进行表达，并做出合理解释。

（3）化学实验与探究的能力　掌握化学实验的基本方法和技能，并初步实践化学实验的一般过程。在解决简单化学问题的过程中，运用化学原理和科学方法，能设计合理方案，初步实践科学探究。

2. 考试内容要求达到的目标层次

目标层次	具体目标
知道	记得、知道所列内容，说出所列现象，举出例子等。
认识	了解、认识所列内容，能看懂、识别所列内容，能用化学用语表示，能正确书写等。
理解	能区分、判断所列内容；能说明原因、解释现象、得出结论；能理解所列内容，用来分析解决简单的问题，能进行简单的计算等。
模仿操作 独立操作	能根据实验步骤或与他人合作完成实验操作，能说出或写出实验操作等；能独立完成实验操作。如能根据某些性质检验和区分所列物质，能进行溶液稀释操作，会用酸碱指示剂和pH试纸检验溶液的酸碱性等。
经历认同内化	经历科学探究活动，体验、感受探究过程等；通过科学探究活动，体会、认识探究过程等；树立和发展价值观，表达思想和观点等。

二、考试范围和要求

初中学业水平化学科考试应根据《标准》要求，考查化学学科课程中的基本的、核心的内容，并注意学科内各部分内容的合理分布。对科学探究的考查，应以《标准》为依据，避免将科学探究分解为生搬硬套的知识和按部就班的程序进行考查的偏向。注重实验能力的考查，包括实验操作能力，以及实验方案设计、实验数据分析处理等方面的能力。情感、态度与价值观方面的目标渗透在知识和技能的考查中落实。

内容范围以5个（科学探究、身边的化学物质、物质构成的奥秘、物质的化学变化、化学与社会发展）一级主题形式给出。初中学业水平化学科考试范围和要求是根据《标准》，并结合广东省初中化学教学的实际情况而制定的，对《标准》中未颁布的内容不作考查要求。

1. 科学探究

主题		目标	说明
增进对科学探究的理解		1. 体验到科学探究是人们获取科学知识、认识客观世界的重要途径； 2. 意识到提出问题和做出猜想对科学探究的重要性，知道猜想与假设必须用事实来验证； 3. 知道科学探究可以通过实验、观察等多种手段获取事实和证据； 4. 认识到科学探究既需要观察和实验，又需要进行推理和判断； 5. 认识到合作与交流在科学探究中的重要作用。	科学探究作为学习的内容和目标，不孤立进行探究方法的考查，而将科学探究能力的考查落实在其他各主题的考查中。
发展科学探究能力	提出问题	1. 能从日常现象或化学学习中，独立地或经过启发发现一些有探究价值的问题； 2. 能比较明确地表述所发现的问题。	
	猜想与假设	1. 能主动地或在他人的启发下对问题可能的答案做出猜想或假设； 2. 具有依据已有的知识和经验对猜想或假设作初步论证的意识。	
	制订计划	1. 在教师指导下或通过小组讨论，提出活动方案，经历制定科学探究活动计划的过程； 2. 能在教师指导下或通过小组讨论，根据所要探究的具体问题设计简单的化学实验方案。具有控制实验条件的意识。	
	进行实验	1. 能积极参与化学实验； 2. 能独立地或与他人合作进行实验操作； 3. 能在实验操作中注意观察和思考相结合。	

续表

主题		目标	说明
发展科学探究能力	收集证据	1. 认识收集证据的重要性； 2. 学习运用多种手段对物质及其变化进行观察； 3. 能独立地或与他人合作对观察和测量的结果进行记录，并运用图表等形式加以表述； 4. 初步学会运用调查、查阅资料等方式收集证据。	科学探究作为学习的内容和目标，不孤立进行探究方法的考查，而将科学探究能力的考查落实在其他各主题的考查中。
	解释与结论	1. 能对事实与证据进行加工与整理，初步判断事实证据与假设之间的关系； 2. 能在教师的指导下或通过讨论，对所获得的事实与证据进行归纳，得出合理的结论； 3. 初步学习通过比较、分类、归纳、概括等方法逐步建立知识之间的联系。	
	反思与评价	1. 有对探究结果的可靠性进行评价的意识； 2. 能在教师的指导下或通过讨论，对探究学习活动进行反思，发现自己和他人的长处与不足，并提出改进的具体建议； 3. 能体验到探究活动的乐趣和学习成功的喜悦。	
	表达与交流	1. 能用口头、书面等方式表述探究过程和结果，并能与他人进行交流和讨论； 2. 与他人交流讨论时，既敢于发表自己的观点，又善于倾听他人的意见。	
学习基本的实验技能		1. 能进行药品的取用、简单仪器的使用和连接、加热等基本的实验操作； 2. 能在教师的指导下根据实验需要选择实验药品和仪器，并能安全操作； 3. 初步学会配制一定浓度的溶液； 4. 初步学会用酸碱指示剂、pH试纸检验溶液的酸碱性； 5. 初步学会根据某些性质检验和区分一些常见的物质； 6. 初步学习使用过滤、蒸发的方法对混合物进行分离； 7. 初步学习运用简单的装置和方法制取某些气体。	
完成基础的学生实验		1. 粗盐中难溶性杂质的去除； 2. 氧气的实验室制取与性质； 3. 二氧化碳的实验室制取与性质； 4. 金属的物理性质和某些化学性质； 5. 燃烧的条件； 6. 一定浓度氯化钠溶液的配制； 7. 溶液酸碱性的检验； 8. 酸、碱的化学性质。	

2. 身边的化学物质

主题	内容	目标	说明
我们周围的空气	1. 空气的主要成分； 2. 空气对人类生活的重要作用； 3. 氧气能跟许多物质发生氧化反应； 4. 结合实例说明氧气、二氧化碳的主要性质和用途； 5. 氧气和二氧化碳的实验室制取方法； 6. 自然界中的氧循环和碳循环。	知道 认识 知道 理解 独立操作 认识	知道空气的主要成分的体积分数，根据仪器装置图解答问题。
水与常见的溶液	1. 水的组成； 2. 硬水与软水的区别； 3. 吸附、沉淀、过滤和蒸馏等净化水的常用方法； 4. 溶解现象； 5. 溶液是由溶质和溶剂组成的； 6. 水是重要的溶剂，酒精、汽油也是常见的溶剂； 7. 饱和溶液和溶解度的含义； 8. 溶质质量分数的简单计算； 9. 配制一定浓度的溶液； 10. 一些常见的乳化现象； 11. 溶液在生产、生活中的重要意义。	认识 知道 认识 认识 知道 知道 认识 理解 独立操作 知道 认识	过滤、蒸发的实验操作。 利用溶解性表或溶解度曲线解答问题。

续表

主题	内容	目标	说明
金属与金属矿物	1. 金属的物理特征； 2. 常见金属的主要化学性质； 3. 防止金属腐蚀的简单方法； 4. 一些常见金属（铁、铝等）矿物； 5. 可用铁矿石炼铁； 6. 在金属中加入其他元素可以改变金属材料的性能； 7. 生铁和钢等重要的合金； 8. 金属材料在生产、生活和社会发展中的重要作用； 9. 废弃金属对环境的影响和回收金属的重要性。	认识 理解 认识 知道 知道 知道 知道 认识 认识	实验探究铁制品锈蚀的条件
生活中常见的化合物	1. 常见酸碱的主要性质和用途； 2. 酸碱的腐蚀性； 3. 常见酸碱溶液的稀释方法； 4. 用酸碱指示剂（酚酞、石蕊）和 pH 试纸检验溶液酸碱性的方法； 5. 酸碱性对人体健康和农作物生长的影响； 6. 食盐、纯碱、小苏打、碳酸钙等盐在日常生活中的用途； 7. 一些常用化肥的名称和作用； 8. 生活中一些常见的有机物； 9. 有机物对人类生活的重要性。	认识 知道 独立操作 认识（独立操作） 知道 认识 知道 知道 认识	
综合	以上内容的综合性应用	理解	

3. 物质构成的奥秘

主题	内容	目标	说明
化学物质的多样性	1. 物质的三态及其转化； 2. 纯净物和混合物，单质和化合物，有机化合物和无机化合物； 3. 能从元素组成上认识氧化物； 4. 无机化合物可以分成氧化物、酸、碱、盐； 5. 物质的多样性； 6. 粗盐中难溶性杂质的去除。	认识 理解 认识 知道 认识 独立操作	
微粒构成物质	1. 物质的微粒性； 2. 分子、原子、离子等都是构成物质的微粒； 3. 用微粒的观点解释某些常见的现象； 4. 原子是由原子核和核外电子构成的； 5. 原子可以结合成分子，同一元素的原子和离子可以互相转化； 6. 核外电子在化学反应中的作用。	认识 知道 理解 知道 知道 认识	不要求会画原子结构示意图
认识化学元素	1. 氢、碳、氧、氮等与人类关系密切的常见元素； 2. 一些常见元素的名称和符号； 3. 元素的简单分类； 4. 根据元素的原子序数在元素周期表中找到指定的元素； 5. 形成"化学变化过程中元素不变"的观念。	认识 了解 知道 知道 内化	
物质组成的表示	1. 能说出几种常见元素的化合价； 2. 用化学式表示某些常见物质的组成； 3. 利用原子量、分子量进行物质组成的简单计算； 4. 能看懂某些商品标签上标示的组成元素及其含量。	知道 理解 理解 理解	

4. 物质的化学变化

主题	内容	目标	说明
化学变化的基本特征	1. 化学变化的基本特征； 2. 化学反应的本质； 3. 物质发生化学变化时伴随着能量变化； 4. 通过化学反应实现能量转化的重要性； 5. 催化剂对化学反应的重要作用； 6. 初步形成"在一定条件下物质可以转化"的观点。	认识 认识 知道 认识 知道 内化	
认识几种化学反应	1. 常见的化合反应、分解反应、置换反应和复分解反应； 2. 利用常见的化合反应、分解反应、置换反应和复分解反应解释日常生活中的一些化学现象； 3. 用金属活动性顺序对有关置换反应进行判断； 4. 用金属活动性顺序解释日常生活中的一些化学现象； 5. 利用化学变化可以获得新物质，以适应生活和生产的需要。	认识 理解 理解 理解 知道	根据反应方程式判断反应的基本类型。
质量守恒定律	1. 质量守恒定律； 2. 说明化学反应中的质量关系； 3. 正确书写简单的化学方程式； 4. 根据化学反应方程式进行简单的计算； 5. 定量研究对化学科学发展的重大作用。	认识 理解 理解 理解 认识	不要求：①反应物不纯与原料损耗并存的化学反应计算；②需要进行反应物过量判断的化学反应计算；③几种反应并存的化学反应计算。

5. 化学与社会发展

主题	内容	目标	说明
化学与能源和资源的利用	1. 燃料完全燃烧的重要性； 2. 使用氢气、天然气（或沼气）、液化石油气、煤气、酒精、汽油和煤等燃料对环境的影响； 3. 选择对环境污染较小的燃料； 4. 燃烧、缓慢氧化和爆炸发生的条件； 5. 燃烧条件的实验探究； 6. 防火灭火、防范爆炸的措施； 7. 水对生命活动的重大意义； 8. 水是宝贵的自然资源； 9. 树立保护水资源和节约用水的意识； 10. 化石燃料（煤、石油、天然气）是人类社会重要的自然资源； 11. 海洋中蕴藏着丰富的资源； 12. 石油是由多种有机物组成的混合物； 13. 石油通过炼制可以得到液化石油气、汽油、煤油等产品； 14. 我国能源与资源短缺的国情； 15. 资源综合利用和新能源开发的重要意义。	认识 认识 认识 认识 理解 认识 认识 认识 内化 知道 认识 知道 认识 认识 认识	
常见的化学合成材料	1. 常见的塑料、合成纤维、合成橡胶及其应用； 2. 使用合成材料对人和环境的影响； 3. 新材料的开发与社会发展的密切关系。	知道 认识 认识	
化学物质与健康	1. 某些元素（如钙、铁、锌等）对人体健康的重要作用； 2. 一些对生命活动具有意义的有机物（如葡萄糖、淀粉、油脂、蛋白质、维生素等）； 3. 某些物质（如一氧化碳、甲醛、黄曲霉毒素等）对人体健康的影响； 4. 掌握化学知识能帮助人们提高自我保护意识； 5. 化学科学发展在帮助人类营养保健与战胜疾病方面的重大贡献。	认识 知道 知道 认识 认识	

第六节 高中学业水平考试

一、考试目的

学生水平等级考试包括学业水平合格性考试（以必修课程要求为准）和学生自主选择计入高校招生录取总成绩的学业水平等级性考试（以必修课程和选择性必修课程要求为准）。化学学业水平考试的主要目的是评价学生化学学科核心素养的发展状况和学业质量标准的达成程度，这是区别于传统考试的重要特征。

命题者应牢牢把握学业水平考试的目的，开展基于化学学科核心素养和学业质量标准的命题研究，努力提高命题质量。

学业质量是学生在完成本学科课程学习后的学业成就表现。学业质量标准是以本学科核心素养及其表现水平为主要维度（见附录一），结合课程内容，对学生学业成就表现的总体刻画。依据不同水平学业成就表现的关键特征，学业质量标准明确将学业质量划分为不同水平，并描述了不同水平学习结果的具体表现。

化学学业质量水平划分为4级（具体对应水平详见附录一和附录二）。在每一级水平的描述中均包含化学学科核心素养的5个方面，依据侧重的内容将其划分为四个条目（每个条目前面的数字代表水平，后面的数字代表条目序号）。每个条目（按数字表示）分别对应于一定的化学学科核心素养。如序号1侧重对应"素养1宏观辨识与微观探析"和"素养3证据推理与模型认知序号"；序号2侧重对应"素养2变化观念与平衡思想"；序号3侧重对应"素养4科学探究与创新意识"；序号4侧重对应"素养5科学态度与社会责任"。

二、命题框架

根据学业水平考试的目的，化学学业水平考试命题必须坚持以化学学科核心素养为导向，准确把握"素养""情境""问题"和"知识"4个要素在命题中的定位与相互联系，构建以化学学科核心素养为导向的命题框架。

以化学学科核心素养为导向的命题框架如图8-2所示。

上述框架表明，"情境"和"知识"同时服务于"问题"的提出与解决；"问题""情境""知识"三者之间存在着密切的联系；情境的设计、知识的运用、问题的提出与解决均应有利于实现对学生核心素养的测试。

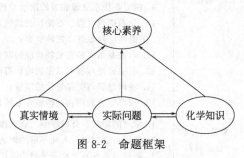

图 8-2　命题框架

三、命题原则

1. 以核心素养为测试宗旨

命题应坚持以化学学科核心素养为测试宗旨，熟悉、理解化学学科核心素养的内涵和水平描述，并以化学学业质量标准为依据，从相应的学业质量水平中提炼、确定各试题的测试目标。

2. 以真实情境为测试载体

试题情境的创设应紧密联系学生学习和生活实际，体现科学、技术、社会和环境发展的成果，注重真实情境的针对性、启发性、过程性和科学性，形成与测试任务融为一体、具有不同陌生度、丰富而生动的测试载体。

3. 以实际问题为测试任务

试题的测试任务应融入真实、有意义的测试情境；试题内容与提出的问题应针对本课程标准中的内容要求。突出化学核心概念与观念。符合学生心理发展阶段和认识发展水平，与所要测试的核心素养和测试目标保持高度一致，形成具有不同复杂程度和结构合理的测试任务。

4. 以化学知识为解决问题的工具

化学知识是解决实际问题、完成测试任务不可或缺的工具；应结合命题宗旨和目标，根据测试任务、情境的需要，系统梳理解决问题所要运用的化学知识与方法，注意考查学生灵活运用结构化知识解决实际问题的能力。

四、命题程序

以化学学科核心素养为导向的一般命题程序：明确考试类别与水平——确定测试宗旨与目标——创设真实情境——设计测试任务——梳理化学知识与方法——推敲修改定题。

其中各环节的先后顺序不是固定的，命题时可根据具体情况灵活运用。在同一个测试目标下，可以创设不同的真实情境，提出不同复杂程度和结构合理的实际问题，形成不同难度的测试任务，因而解决问题所运用的化学知识与方法也会有所区别。

命题者应高度重视试题难度的控制研究。应依据学业水平合格性考试和等级性考试的特点，结合化学学科核心素养和学业质量标准各水平的要求，以及本地区化学课程实施的实际，科学、合理地确定试题的平均难度。

五、典型试题与说明

【试题】我国科学家屠呦呦因成功提取青蒿素而获得2015年诺贝尔生理学或医学奖。青蒿素是治疗疟疾的有效药物，它的使用在全世界"拯救了几百万人的生命"。科学家研究确认青蒿素分子结构如图8-3所示，请同学们在仔细观察、分析的基础上，回答下列问题。

① 青蒿素属于内酯化合物（在同一分子中既含有羧基，又含有羟基，二者脱水结合而成的产物），请用笔在图8-3中将青蒿素分子里的内酯基标示出来；根据酯的性质推断青蒿素可能具有的某种化学性质和反应条件，并给予解释。

② 研究团队先后经历了用水、乙醇、乙醚提取青蒿素的探究过程，最终确认只有采用低温、乙醚冷浸等方法才能成功提取青蒿素；研究发现这是因为青蒿素分子中的某个基团在提取过程中对热不稳定。实验证明，该基团还能与碘化钠作用生成碘单质。试对图8-3中的各种基团进行分析，推测写出该基团的结构式，并说明理由。

③ 科学家在青蒿素的研究中进一步发现，一定条件下硼氢化钠（$NaBH_4$）能将青蒿素选择性地还原生成双氢青蒿素，其分子结构如图8-4所示。因双氢青蒿素比青蒿素水溶性好，所以治疗疟疾的效果更好。试从分子结构与性质关系的角度推测双氢青蒿素水溶性增强、疗效更好的主要原因。

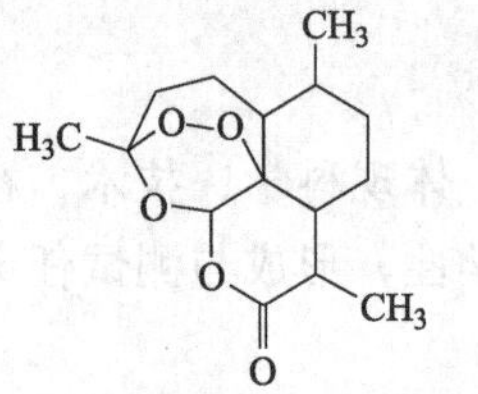

图 8-3　青蒿素分子结构 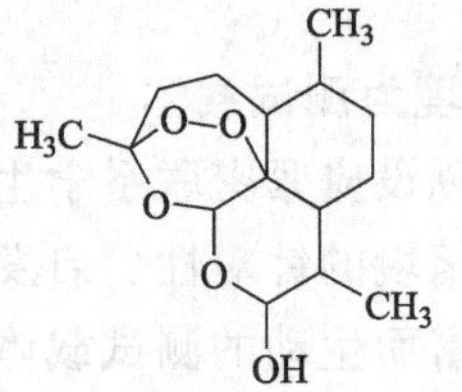　　　　　图 8-4　双氢青蒿素分子结构

【说明】对本试题的设计的说明。

(1) 测试宗旨（核心素养）　本试题测试宗旨主要是"宏观辨识与微观探析"的化学学科核心素养，要求学生能从元素和原子、分子水平认识物质的组成、结构、性质和变化，形成"结构决定性质"的观念；能从宏观和微观相结合的视角分析与解决实际问题。该试题所提出的三个实际问题均从不同侧面反映了上述测试宗旨的要求。

具体的测试目标包括：要求学生从构成物质微粒、官能团等方面说明物质的主要性质（学业质量水平2，试题第一问）；能根据物质的组成、微粒的结构等说明或预测物质的性质，评估所做说明或预测的合理性（学业质量水平4，试题第二、三问）。

(2) 测试载体（真实情境）　本试题以屠呦呦成功提取青蒿素获得2015年诺贝尔生理学或医学奖为背景，结合高中化学教学实际，围绕青蒿素、双氢青蒿素研制和分子结构确认过程中的关键环节，创设了真实、有意义的测试情境，并在此基础上设计出该试题的测试任务，不仅有利于促进学生思考、推理和判断，也有利于培养学生的科学态度与社会责任。

(3) 测试任务（实际问题）　本试题依据测试宗旨与目标，基于真实、有意义的测试情境向学生提出了三个实际问题，涉及物质的组成、结构、性质和结构与性质的关系等方面，要求学生在观察和分析青蒿素、双氢青蒿素分子结构的基础上，灵活运用化学知识与方法进行解答。试题充分体现了测试任务与真实情境之间紧密的联系。

(4) 解决问题的工具（化学知识）　本试题要求学生运用已有的知识及从试题中领悟到的相关知识来解决所提出的问题，这些知识包括：对青蒿素分子结构中内酯基的辨识及酯的主要性质与变化条件（试题第一问）；过氧基的热稳定性与氧化性（试题第二问）；分子中羧基转变成羟基，分子的极性增强，导致物质性质和应用价值的变化（试题第三问）等。

第七节　中考案例

2017年广东省初中毕业生学业考试化学

原子量：H-1　C-12　N-14　O-16　Na-23　K-39　Ca-40

一、选择题（本大题包括14小题，每小题2分，共28分。在每小题列出的四个选项中，只有一个是正确的，请将答题卡上对应题目所选的选项涂黑）

1. 下列变化属于化学变化的是（　　）。

A. 死灰复燃　　　B. 杯弓蛇影　　　C. 冰消雪融　　　D. 铁杵磨针

2. 下列物品主要由合金制成的是（　　）。

A. 塑料水杯　　　B. 单车轮胎　　　C. 羊毛衣服　　　D. 青铜雕像

3. 下列试剂瓶应有 标志的是（　　）。

A. 氯化钠　　　B. 蒸馏水　　　C. 浓硫酸　　　D. 葡萄糖

4. 下表是部分知识的归纳，其中正确的一组是（　　）。

A. 性质与用途	B. 化肥与施用
干冰可用于人工降雨	铵态氮肥不能与碱性的草木灰混合施用
甲醛溶液用于浸泡食品，使其保鲜	如果庄稼的茎长得不好，可施用钾肥
C. 环保与能源	D. 健康与安全
为治理雾霾，禁止使用化石燃料	若出现贫血，可适当补充铁元素
为减少"白色污染"，使用可降解塑料	霉变的大米清洗煮熟后，可继续食用

5. 黄蜂的毒液呈碱性，若被黄蜂蜇了，涂抹下列物质可缓解疼痛的是（　　）。
A. 食盐水（pH≈7）　B. 牙膏（pH≈9）　C. 肥皂（pH≈10）　D. 米醋（pH≈3）

6. 下列化学用语书写正确的是（　　）。
A. 三个二氧化硫分子：$2SO_3$　　　B. 两个氧分子：$2O$
C. Co 元素的化合价为 +3 价：$NaCo^{+3}O_2$　　　D. 一个铝离子：Al^{+3}

7. "题 7 图"的实验设计不能实现其对应实验目的的是（　　）。

 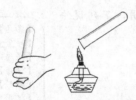  

题 7 图

A. 测定空气中 O_2 含量　　　B. 检验 H_2 的纯度
C. 探究燃烧的条件　　　D. 证明密度：CO_2 > 空气

8. 有机锗具有抗肿瘤活性，锗元素的部分信息见"题 8 图"。则下列说法错误的是（　　）。

A. $x=2$
B. 锗原子的电子数为 32
C. 人体中锗是常量元素
D. 锗原子的中子数为 41

题 8 图

9. 除去下列物质中的杂质（括号内为杂质），所选用的试剂与方法正确的是（　　）。

A. CO（水蒸气）：通过浓硫酸洗气
B. CO_2（HCl）：通过饱和 $NaHCO_3$ 溶液洗气
C. NaCl 固体（沙子）：溶于水、过滤、洗涤、干燥
D. 铁粉（锌粉）：加入稀 H_2SO_4 溶液充分反应后过滤

10. "题10图"为四种物质的溶解度曲线,则下列说法错误的是( )。

A. 当温度为10℃时,物质溶解度关系为①＞③＞②＞④

B. 若$NH_4H_2PO_4$中混有少量NaCl杂质,可在较高温度配成饱和溶液,再降温结晶

C. 在10℃时把$NH_4H_2PO_4$和$Ce_2(SO_4)_3$的饱和溶液升温到30℃,有晶体析出的是$Ce_2(SO_4)_3$

D. 22℃时$(NH_4)_2HPO_4$饱和溶液的质量分数约为70%

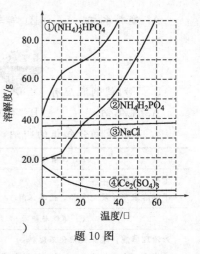

题10图

11. 下列实验操作、现象与结论对应关系正确的是( )

选项	实验操作	现象	结论
A	向Na_2CO_3溶液中滴入酚酞溶液	溶液变红色	Na_2CO_3溶液呈碱性
B	往NaOH溶液中加入稀盐酸	没有明显现象	NaOH和盐酸不反应
C	用燃着的木条伸进某瓶气体中	木条熄灭	该气体一定是CO_2
D	把MnO_2加入过氧化氢溶液中	快速产生气泡	MnO_2能增加O_2的产量

12. 现有反应:$2Cu(NO_3)_2 == 2CuO + O_2\uparrow + 4X\uparrow$,则X的化学式为( )。

A. NO   B. NO_2 C. NH_3 D. N_2O_3

13. "题13图"是某牌子泡打粉的说明,下列说法错误的是( )。

A. 碳酸氢钠俗称小苏打

B. 泡打粉可以随意放置

C. 加入泡打粉制作的蛋糕更松软

D. 面粉是有机物,碳酸盐是无机物

【品名】××泡打粉
【净含量】50g
【保质期】18个月
【保存】请置于阴凉干燥处
【配料】碳酸氢钠、碳酸钙、柠檬酸等
【使用方法】直接与面粉混合
【产品用途】油炸小食品、蛋糕制作等

题13图

14. 现有以下曲线,与之对应的叙述正确的是( )。

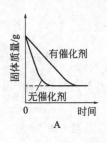 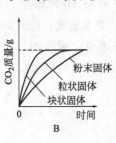 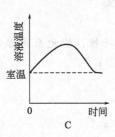 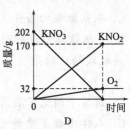

题14图

A. 用氯酸钾制取氧气

B. 等质量碳酸钙与足量同浓度稀盐酸反应

C. 硝酸铵溶于水时溶液的温度变化

D. 发生的反应为:$2KNO_3 \xrightarrow{\triangle} 2KNO_2 + O_2\uparrow$

二、填空题（本大题包括 5 小题，共 21 分）

15. （5 分）解释生活中的现象：
（1）活性炭净水原理是 _____。
（2）用水灭火的原理是 _____。
（3）如果用硬水和肥皂洗衣服，会出现 _____，洗不干净衣服。
（4）如果用铁桶装农药"波尔多液"（硫酸铜溶液＋石灰浆），铁桶受到腐蚀的化学反应方程式为 _____。

16. （4 分）微观示意图可形象地表示微粒发生的变化。

（1）请在"题 16 图"第二、三个方框中，把 NH_3 在纯氧中燃烧（$4NH_3 + 3O_2 \xrightarrow{点燃} 2N_2 + 6H_2O$）的微观粒子补充完整：

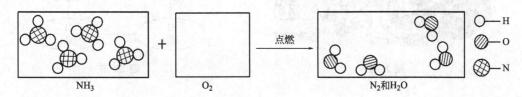

题 16 图

（2）第三个方框中的物质属于 _____（填："单质"、"化合物"、"纯净物"、"混合物"）。

17. （4 分）"题 17 图"是实验室配制一定溶质质量分数的 NaCl 溶液的流程图。

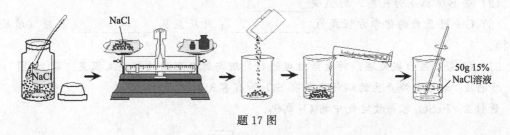

题 17 图

请回答：
（1）应称量 _____ g NaCl，需加水 _____ mL。
（2）若称量 NaCl 固体时指针向右偏转，则应 _____ 直到天平平衡。
（3）取上述溶液 10g 加水稀释到 _____ g，可得到 5％ 的 NaCl 溶液。

18. （4 分）据报道一名 5 岁男孩将零食包里的生石灰干燥剂拆开，倒入玻璃保温杯，加水盖上盖子玩耍，保温杯瞬间爆炸，造成男孩的右脸红肿脱皮，一只眼睛失明。近年来类似的事件时有发生。请回答：
（1）发生爆炸的原因是：在狭小的空间内，生石灰与水反应时放出 _____，使剩余的少量水 _____，体积迅速 _____ 发生爆炸。
（2）爆炸造成块状物划伤、高温浊液烫伤，还有强碱的 _____ 伤害。

19. （4 分）
（1）做实验时要严格遵守实验室规则。请写出"题 19 图"这些同学做化学实验时的违规行为（写三点）：_____。

（2）化学知识可以识别和揭露伪科学。现有摘录的广告语："本矿泉水绝不含化学物质；pH＝7.3，呈弱碱性，能平衡人体内酸碱度，让人体处于弱碱性环境。"该广告的科学性错误是（写一点）：_____。

题19图

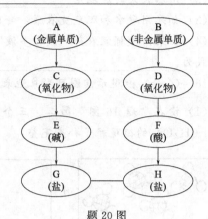

题20图

三、（本大题包括2小题，共15分）

20.（6分）A～H分别是氢、氧、碳、氮、钠、钙六种元素中的一种或几种组成的初中化学常见物质（如"题20图"所示，箭头表示物质间能转化，实线表示物质间能反应）。请回答：

（1）若B常温下为固态，则B是_____，F的化学式为_____。

（2）若B常温下为气态，则A是_____。

（3）G＋H反应的化学方程式为_____；此反应属_____反应（填反应类型）。

21.（9分）某垃圾处理厂对生活垃圾进行处理与综合利用的部分流程见"题21图"：

资料1：垃圾焚烧产生的烟气中含有SO_2等有害气体。

资料2：$FeSO_4$容易被空气中的O_2氧化。

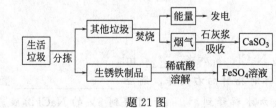

题21图

回答下列问题：

（1）石灰浆吸收SO_2（性质与CO_2相似）的化学反应方程式为_____。

（2）溶解步骤中同时发生的三个化学反应方程式为：$Fe + Fe_2(SO_4)_3 == 3FeSO_4$、_____。

（3）将所得$FeSO_4$溶液在氮气环境中蒸发浓缩、_____、过滤，得到$FeSO_4$晶体，其中氮气的作用是_____。

（4）政府倡导垃圾分类，其好处是（写一点）：_____。

四、(本大题包括 2 小题,共 22 分)

22.(12 分)根据"题 22 图"回答有关问题。

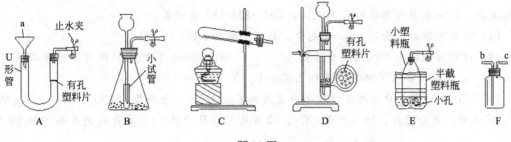

题 22 图

(1)仪器 a 的名称是_____;图中可用于加热 $KClO_3$ 制备 O_2 的装置为____(填序号),化学反应方程式为_____。

(2)若用铁片与稀盐酸在 A 装置中制备 H_2,铁片应放在____;用 F 收集 H_2 时导入气体的导管端为____(填"b"或"c");检验装置 D 气密性的方法是:用止水夹夹紧导管口的橡胶管后,_____,则气密性良好。

(3)图中可用于固液反应制备气体的装置中,不能使反应随时发生或停止的装置是____(填序号),原因是反应过程中若用止水夹夹紧橡胶管后,_____。

(4)若用过氧化氢溶液制备 O_2,最好选用装置____(填序号),把 F 装满水,用排水法收集 O_2 并测定气体体积,应在____端(填"b"或"c")连接上一个量筒。

23.(10 分)某同学进行"题 23 图"两个实验。

(1)甲实验中反应的化学方程式为_____。

(2)乙实验观察到的现象是_____,溶液由蓝色变成无色。

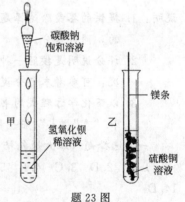

题 23 图

(3)把甲、乙反应后的溶液倒入同一烧杯,发现有白色沉淀生成。他决定对白色沉淀的成分进行探究。

【查阅资料】硫酸钡不溶于酸。

【提出猜想】白色沉淀为:Ⅰ._____;Ⅱ.$Mg(OH)_2$ 和 $BaSO_4$;Ⅲ.$Mg(OH)_2$ 和 $MgCO_3$。

【实验方案】

实验操作	实验现象与结论
过滤、洗涤白色沉淀备用; 向白色沉淀加入盐酸至过量	① 若沉淀全部溶解,且无其他现象;猜想Ⅰ成立;其化学反应方程式为_____。 ② 若_____且无气体产生,猜想Ⅱ成立。 ③ 若沉淀完全溶解,_____,猜想Ⅲ成立。

【拓展与思考】如果猜想Ⅲ成立,产生此结果的原因是做甲实验时_____;上述白色沉淀的成分不可能出现的组合是 $Mg(OH)_2$、$MgCO_3$ 和 $BaSO_4$,原因是:_____。

五、(本大题包括2小题，共14分)

24. (4分) 2017年5月18日，中国在南海成功试采可燃冰，它将推动世界能源利用格局的改变。可燃冰是在高压低温环境条件下，水分子笼中装有甲烷分子而成的"冰块"，可直接点燃。已知某种可燃冰的化学式为：$CH_4 \cdot 8H_2O$。请回答：

(1) 这种可燃冰中含有____种元素；原子个数比：C：H：O=_____；

(2) 这种可燃冰中甲烷的质量分数为_____%；936g（约1L）该可燃冰常温下可释放出____L甲烷（常温下甲烷密度为$0.72 g \cdot L^{-1}$）。

25. (10分) 某化学兴趣小组取部分变质的$Ca(OH)_2$（含杂质$CaCO_3$）样品4.0g投入200.0g水中，充分搅拌，通入足量CO_2，溶液质量与反应的CO_2质量的关系如"题25图"所示。则：

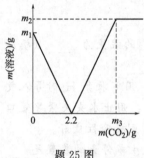

题25图

(1) $Ca(OH)_2$全部转化为$CaCO_3$时消耗的CO_2质量为____g；

(2) 4.0g样品中杂质$CaCO_3$的质量为多少？（写出计算过程）

(3) 通入m_3 g CO_2时，溶液中生成物的溶质的质量分数为____（精确到0.1%）。

若所取样品中的$Ca(OH)_2$没有完全溶于水，对最后的计算结果____（填"有"、"没有"）影响。原因是：_____。

2017年广东省中考化学试题参考答案

说明：1. 提供的答案除选择题外，不一定是唯一答案，对于与此不同的答案，只要是合理的，同样给分。

2. 评分说明是按照一种思路与方法给出作为参考。在阅卷过程中会出现各种不同情况，可参考本评分说明，作出具体处理，并相应给分。

3. 以下化学方程式的书写中，化学式正确1分；其他1分，其中不配平、错漏条件和"↑""↓"任一种、两种或三种情况扣1分

一、选择题（本大题包括14小题，每小题2分，共28分）

1. A 2. D 3. C 4. B 5. D 6. C 7. A 8. C 9. A 10. D 11. A 12. B 13. B 14. D

二、填空题（本大题包括5小题，共21分）

15. (5分)(1) 吸附作用（1分） (2) 把可燃物的温度降到着火点以下（1分）

(3) 肥皂泡少（或浮渣，1分） (4) $Fe+CuSO_4 =\!\!=\!\!= FeSO_4+Cu$（2分）

16. (4分)

(1)(3分)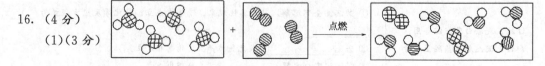

(2)(1分) 混合物

17. (4分)(1) 7.5 42.5 (2) 在左盘再加氯化钠 (3) 30

18. (4分)(1)(3分) 大量的热（1分） 迅速沸腾或汽化（1分） 膨胀（1分）

(2)(1分) 腐蚀性

19. (4分)

(1) (3分) 在实验室吃食物；加热物质时没有专心观察加热仪器；手持试管加热；在实验室追逐嬉戏；用湿手插接电源；衣服放在实验桌上（其中三点）

(2) (1分) 水由化学元素组成也是化学物质（或即使吃进弱碱性物质也会被胃酸中和）

三、（本大题包括2小题，共15分）

20. (6分) (1) (2分) 碳（或C）　H_2CO_3　(2) (1分) 钠（或Na）

(3) (3分) $Ca(NO_3)_2 + Na_2CO_3 == CaCO_3\downarrow + 2NaNO_3$ (2分)　复分解 (1分)

21. (9分)

(1) (2分) $Ca(OH)_2 + SO_2 == CaSO_3\downarrow + H_2O$（此处未写"↓"不扣分）

(2) (4分) $Fe_2O_3 + 3H_2SO_4 == Fe_2(SO_4)_3 + 3H_2O$　$Fe + H_2SO_4 == FeSO_4 + H_2\uparrow$

(3) (2分) 冷却结晶（或结晶）　保护气（或避免$FeSO_4$被空气中的氧气氧化）

(4) (1分) 利于回收利用（或有利环境保护等）

四、（本题包括2小题，共22分）

22. (12分)

(1) (4分) 漏斗 (1分)　C (1分)　$2KClO_3 \xrightarrow[\triangle]{MnO_2} 2KCl + 3O_2\uparrow$ (2分)

(2) (4分) 塑料片上 (1分)　c (1分)　向长颈漏斗中加入一定量水 (1分)，若水面下降到一定程度后能稳定保持液面不再下降 (1分)

(3) (2分) B (1分)　固液不能分离（或不能把液体压入长颈漏斗，1分）

(4) (2分) B (1分)　b (1分)

23. (10分)

(1) (2分) $Na_2CO_3 + Ba(OH)_2 == BaCO_3\downarrow + 2NaOH$

(2) (1分) 镁条表面出现红色固体

(3)【提出猜想】(1分) $Mg(OH)_2$

【实验方案】(4分) ① $Mg(OH)_2 + 2HCl == MgCl_2 + 2H_2O$ (2分)

②沉淀部分溶解 (1分)　③且有气体产生 (1分)

【拓展与思考】(2分) 滴加的碳酸钠过量 (1分)　甲反应后的溶液中碳酸钠与氢氧化钡不能共存 (1分)

五、（本题包括2小题，共14分）

24. (4分) (1) (2分) 3　1∶20∶8　(2) (2分) 10　130

25. (10分)

(1) 2.2 ·· (2分)

(2) 设所取样品中含$Ca(OH)_2$的质量为x ································· (1分)

$Ca(OH)_2 + CO_2 == CaCO_3\downarrow + H_2O$ ······························ (1分)

　　74　　　　　44

　　x　　　　2.2g ·· (1分)

$74∶44 = x∶2.2g$

解得：$x = 3.7g$ ··· (1分)

所取样品中杂质的质量 $= 4.0g - 3.7g = 0.3g$ ······················· (1分)

(3) 4.1% (1分)　没有 (1分)　在水中，未溶解的$Ca(OH)_2$可以不断与CO_2反应直至全部转化（1分）。

计算过程：
$$Ca(OH)_2 + CO_2 = CaCO_3\downarrow + H_2O$$

	44	100
	2.2g	y y=5.0g

$$CaCO_3 + H_2O + CO_2 = Ca(HCO_3)_2$$

100	+44	162
0.3g+5.0g	m	n m=2.3g n=8.6g

溶质 8.6g 　　溶液 200.0+4.0+(2.2+2.3)=208.5g

$$8.6g \div 208.5g \times 100\% = 4.1\%$$

第八节　高考案例与分析

一、选择题：本大题共 13 小题，每小题 6 分。在每小题给出的四个选项中，只有一项是符合题目要求的。

7. 化学与生活密切相关，下列有关说法错误的是（　　）。

A. 用灼烧的方法可以区分蚕丝和人造纤维
B. 食用油反复加热会产生稠环芳香烃等有害物质
C. 加热能杀死流感病毒是因为蛋白质受热变性
D. 医用消毒酒精中乙醇的浓度（体积分数）为 95%。

【答案】D；【考点定位】考查化学在生活的应用正误判断的知识。

【名师点睛】化学是一门实用性的学科，在日常生活及工农业生产和科学技术中应用十分广泛。我们生活就要吃饭、穿衣，在生活过程中在与周围环境接触的过程中，往往会接触微生物或注意不当而患有疾病，消毒、治疗要使用一定的方法、或用一定的物质进行处理，这些都与化学知识有关。常见的纤维有棉花、羊毛、腈纶化学纤维等，棉花主要成分是纤维素，属于糖类，灼烧有烧被套的气味；羊毛主要成分是蛋白质，灼烧有烧焦羽毛的气味，腈纶等是人工合成的物质，灼烧有浓烈的黑烟，会蜷缩成一个小球，冷后是一个小硬球。购买的衣服布料材料就可以用灼烧的方法鉴别，也可以根据物质的面料的成分的性质在洗涤时采用适当方法。实用的植物油高温反复加热会产生致癌物质，故要少吃油炸食品；肌肉注射或输液时经常要用酒精消毒，消毒用的酒精是体积比为 75% 的酒精的水溶液，浓度过大或过小都不能很好地杀菌消毒。只有掌握一定的化学知识，才会使我们的生活质量得以提升，也才会更安全、更健康。

8. 设 N_A 为阿伏伽德罗常数值。下列有关叙述正确的是（　　）。

A. 14g 乙烯和丙烯混合气体中的氢原子数为 $2N_A$
B. 1mol N_2 与 4mol H_2 反应生成的 NH_3 分子数为 $2N_A$
C. 1mol Fe 溶于过量硝酸，电子转移数为 $2N_A$
D. 标准状况下，2.24L CCl_4 含有的共价键数为 $0.4N_A$。

【答案】A；【考点定位】考查阿伏伽德罗常数计算的知识。

【名师点睛】阿伏伽德罗常数是单位物质的量的物质内含有的该物质的基本微粒数目，用 N_A 表示，其近似值是 6.02×10^{23}/mol；在国际上规定：0.012kg 的 ^{12}C 所含有的碳原子数,任何物质只要其构成的基本微粒数与 0.012kg 的 ^{12}C 所含有的碳原子数相同,就说其物质的量是 1mol。有关公式有 $n=\dfrac{N}{N_A}$;$n=\dfrac{m}{M}$;$n=\dfrac{V}{V_m}$;$c=\dfrac{n}{V}$。掌握各个公式的适用范围、对象,是准确应用的保证。有时阿伏伽德罗常数会与物质结构、氧化还原反应、电化学等知识结合在一起考查,要掌握物质的物理性质、化学性质及发生的反应特点等,才可以得到准确的解答。

9. 下列关于有机化合物的说法正确的是（　　）。
A. 2-甲基丁烷也称异丁烷
B. 由乙烯生成乙醇属于加成反应
C. C_4H_9Cl 有 3 种同分异构体
D. 油脂和蛋白质都属于高分子化合物

【答案】B;【考点定位】考查有机物结构和性质判断的知识。

【名师点睛】有机物种类几百万种,在生活、生产等多有涉及。有机物往往存在分子式相同而结构不同的现象,即存在同分异构体,要会对物质进行辨析,并会进行正确的命名。C_4H_9Cl 可看作是 C_4H_{10} 分子中的一个 H 原子被一个 Cl 原子取代产生的物质,C_4H_{10} 有 $CH_3CH_2CH_2CH_3$、$(CH_3)_2CH_2CH_3$ 两种不同的结构,每种结构中含有 2 种不同的 H 原子,所以 C_4H_9Cl 有四种不同的结构;对于某一物质来说,其名称有习惯名称和系统命名方法的名称,要掌握系统命名方法及原则。有机物在相互反应转化时要发生一定的化学反应,常见的反应类型有取代反应、加成反应、消去反应、酯化反应、加聚反应、缩聚反应等,要掌握各类反应的特点,并会根据物质分子结构特点进行判断和应用。有机物是含有碳元素的化合物,若分子的分子量不确定,则该物质是高分子化合物,若有确定的分子量,则不是高分子化合物。而不能根据相等分子质量大小进行判断。掌握一定的有机化学基本知识是本题解答的关键,本题难度不大。

10. 下列实验操作能达到实验目的的是（　　）。
A. 用长颈漏斗分离出乙酸与乙醇反应的产物
B. 用向上排空气法收集铜粉与稀硝酸反应产生的 NO
C. 配制氯化铁溶液时,将氯化铁溶解在较浓的盐酸中再加水稀释
D. 将 Cl_2 与 HCl 混合气体通过饱和食盐水可得到纯净的 Cl_2。

【答案】C。【考点定位】考查化学实验基本操作的知识。

【试题分析】A. 乙酸与乙醇反应的产物是乙酸乙酯,该物质密度比水小,难溶于水,而未反应的乙醇和乙酸都容易溶于水,所以分类互不相溶的两层液体物质要用分液漏斗,错误;B. NO 的密度与空气接近,且能与氧气反应生成 NO_2,NO 不能溶于水,所以应该用排水法收集,错误;C. 氯化铁是强酸弱碱盐,在溶液中铁离子发生水解反应,消耗水电离产生的氢氧根离子产生难溶性的氢氧化铁,使溶液变浑浊当最终水达到电离平衡时,溶液显酸性,因此配制氯化铁溶液时,为了抑制盐的水解,应该先将氯化铁溶解在较浓的盐酸中,然后再加水稀释到相应的浓度,正确;D. 将 Cl_2 与 HCl 混合气体通过饱和食盐水时,由于 HCl 极易溶于水,而氯气与水的反应是可逆反应,水中含有一定浓度的 NaCl,由于 $c(Cl^-)$ 增大,氯气的溶解度减小,故只能除去氯气中的 HCl 杂质,但不能除去其中的水蒸气,因此不能得到纯净的 Cl_2,错误。

【名师点睛】化学是一门实验性的学科,在进行化学学习的过程中常涉及物质的分离提纯、气体的制取、除杂、收集、尾气处理、溶液的配制等操作。这就需要掌握物质的物理性质、化学性质、常见的分离混合物的方法、常见的仪器的名称、使用、化学试剂的使用、分

离方法及名称、操作的先后顺序等，这样才可以得心应手，作出正确的分析与判断。

11. 三室式电渗析法处理含 Na_2SO_4 废水的原理如图所示，采用惰性电极，ab、cd 均为离子交换膜，在直流电场的作用下，两膜中间的 Na^+ 和 SO_4^{2-} 可通过离子交换膜，而两端隔室中离子被阻挡不能进入中间隔室。

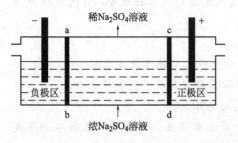

下列叙述正确的是（　　）。

A. 通电后中间隔室的 SO_4^{2-} 向正极迁移，正极区溶液 pH 值增大

B. 该法在处理含 Na_2SO_4 废水时可以得到 NaOH 和 H_2SO_4 产品

C. 负极反应为 $2H_2O-4e^-=\!=\!=O_2+4H^+$，负极区溶液 pH 值降低

D. 当电路中通过 1mol 电子的电量时，会有 0.5mol 的 O_2 生成

【答案】B；【考点定位】考查电解原理的应用的知识。

【名师点睛】化学反应主要是物质变化，同时也伴随着能量变化。电化学是化学能与电能转化关系的化学。电解池是把电能转化为化学能的装置，它可以使不能自发进行的化学借助于电流而发生。与外接电源正极连接的电极为阳极，与外接电源的负极连接的电极为阴极。阳极发生氧化反应，阴极发生还原反应。若阳极是活性电极（除 Au、Pt、C 之外的电极），则电极本身失去电子，发生氧化反应；若是惰性电极（Au、Pt、C 等电极），则是溶液中的阴离子放电，放电的先后顺序是 $S^{2-}>I^->Br^->Cl^->OH^->$ 含氧酸根离子，阴极则是溶液中的阳离子放电，放电顺序是 $Ag^+>Hg^{2+}>Fe^{3+}>Cu^{2+}>H^+$，与金属活动性顺序刚好相反。溶液中的离子移动方向符合：同种电荷相互排斥，异种电荷相互吸引的原则，即阳离子向阴极区移动，阴离子向阳极区移动。掌握电解池反应原理是本题解答的关键。本题难度适中。

12. 298K 时，在 20.0mL $0.10mol·L^{-1}$ 氨水中滴入 $0.10mol·L^{-1}$ 的盐酸，溶液的 pH 值与所加盐酸的体积关系如图所示。已知 $0.10mol·L^{-1}$ 氨水的电离度为 1.32%，下列有关叙述正确的是（　　）。

A. 该滴定过程应该选择酚酞作为指示剂

B. M 点对应的盐酸体积为 20.0mL

C. M 点处的溶液中 $c(NH_4^+)=c(Cl^-)=c(H^+)=c(OH^-)$

D. N 点处的溶液中 pH<12

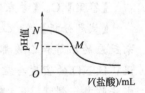

【答案】D

【考点定位】考查酸碱中和滴定、弱电解质的电离以及离子浓度大小比较等知识。

【名师点睛】酸碱中和滴定是中学化学的重要实验，通常是用已知浓度的酸（或碱）来滴定未知浓度的碱（或酸），由于酸、碱溶液均无色，二者恰好反应时溶液也没有颜色变化，所以通常借助指示剂来判断，指示剂通常用甲基橙或酚酞，而石蕊溶液由于颜色变化不明显，不能作中和滴定的指示剂。酸碱恰好中和时溶液不一定显中性，通常就以指示剂的变色点作为中和滴定的滴定终点，尽管二者不相同，但在实验要求的误差范围内。进行操作时，要注意仪器的润洗、查漏、气泡的排除，会进行误差分析与判断。判断电解质溶液中离子浓度大小时，经常要用到三个守恒：电荷守恒、物料守恒、质子守恒，会根据相应的物质写出其符合题意的式子，并进行叠加，得到正确的算式。掌握水的离子积常数的计算方法、离子浓度与溶液的pH的关系等是本题解答的关键所在。本题难度适中。

13. 短周期元素W、X、Y、Z的原子序数依次增加。m、p、r是由这些元素组成的二元化合物，n是元素Z的单质，通常为黄绿色气体，q的水溶液具有漂白性，0.01mol·L^{-1} r溶液的pH为2，s通常是难溶于水的混合物。下列说法正确的是（　　）。

A. 原子半径的大小 W＜X＜Y　　　　　　B. 元素的非金属性 Z＞X＞Y

C. Y的氢化物常温常压下为液态　　　　　D. X的最高价氧化物的水化物为强酸

【答案】C；【考点定位】考查元素周期表、元素周期律的应用及和无机框图题推断的知识。A.原子半径的大小 W＜Y＜X，错误；B.同一周期元素，随着原子序数的增大，自左向右元素的非金属性逐渐增强，同主族元素自上而下，随着原子序数的增大，元素的非金属性逐渐减弱，则元素的非金属性 Y＞Z＞X，错误；C. Y元素的氢化物有H_2O和H_2O_2，二者在常温常压下都为液态，正确；D. X的最高价氧化物的水化物是碳酸，该物质是二元弱酸，不是强酸，错误。

【名师点睛】元素周期表、元素周期律是学习化学的工具和基本规律。元素周期表反映了元素的原子结构、元素的性质及相互转化关系的规律，是根据元素周期律的具体表现形式，元素周期律是元素周期表排布的依据。元素的原子半径、元素的化合价、元素的金属性、非金属性、原子核外电子排布都随着原子序数的递增而呈周期性的变化。同一周期的元素原子核外电子层数相同，从左到右原子序数逐渐增大；同一主族的元素，原子最外层电子数相同，从上到下原子核外电子层数逐渐增大。原子核外电子排布的周期性变化是元素周期律变化的原因，掌握元素的单质及化合物的结构、反应条件、物质的物理性质、化学性质等是进行元素及化合物推断的关键。本题难度较大，常由于物质的某个性质未掌握好导致失误、失分。

27. (15分)

元素铬（Cr）在溶液中主要以Cr^{3+}（蓝紫色）、$Cr(OH)_4^-$（绿色）、$Cr_2O_7^{2-}$（橙红色）、CrO_4^{2-}（黄色）等形式存在，$Cr(OH)_3$为难溶于水的灰蓝色固体，回答下列问题：

(1) Cr^{3+}与Al^{3+}的化学性质相似，在$Cr_2(SO_4)_3$溶液中逐滴加入NaOH溶液直至过量，可观察到的现象是_____。

(2) CrO_4^{2-}和$Cr_2O_7^{2-}$在溶液中可相互转化。室温下，初始浓度为1.0mol·L^{-1}的Na_2CrO_4溶液中$c(Cr_2O_7^{2-})$随$c(H^+)$的变化如图所示。

① 用离子方程式表示Na_2CrO_4溶液中的转化反应_____。

② 由图可知，溶液酸性增大，CrO_4^{2-}的平衡转化率_____（填"增大""减小"或"不变"）。根据A点数据，计算出该转化反应的平衡常数为_____。

③ 升高温度，溶液中CrO_4^{2-}的平衡转化率减小，则该反应的ΔH_____（填"大于""小于"或"等于"）。

(3) 在化学分析中采用K_2CrO_4为指示剂，以$AgNO_3$标准溶液滴定溶液中的Cl^-，利用Ag^+与CrO_4^{2-}生成砖红色沉淀，指示到达滴定终点。当溶液中Cl^-恰好完全沉淀（浓度等于$1.0×10^{-5}$ mol·L^{-1}）时，

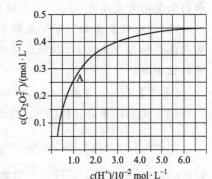

溶液中 $c(Ag^+)$ 为 _____ mol·L^{-1}，此时溶液中 $c(CrO_4^{2-})$ 等于 _____ mol·L^{-1}。（已知 Ag_2CrO_4、$AgCl$ 的 K_{sp} 分别为 2.0×10^{-12} 和 2.0×10^{-10}）。

（4）+6 价铬的化合物毒性较大，常用 $NaHSO_3$ 将废液中的 $Cr_2O_7^{2-}$ 还原成 Cr^{3+}，反应的离子方程式为 _____。

【答案】（1）蓝紫色溶液变浅，同时有灰蓝色沉淀生成，然后沉淀逐渐溶解出绿色溶液；
（2）① $2CrO_4^{2-}+2H^+ \rightleftharpoons Cr_2O_7^{2-}+H_2O$；② 增大；$1.0\times10^{14}$；③ 小于；
（3）2.0×10^{-5}；5×10^{-3}；（4）$Cr_2O_7^{2-}+3HSO_3^-+5H^+ \rightleftharpoons 2Cr^{3+}+3SO_4^{2-}+4H_2O$。

【考点定位】考查化学平衡移动原理的应用、化学平衡常数、溶度积常数的应用、两性物质的性质的知识。

【名师点睛】两性氢氧化物是既能与强酸反应产生盐和水，也能与强碱反应产生盐和水的物质，化学平衡原理适用于任何化学平衡。如果改变影响平衡的一个条件，化学平衡会向能够减弱这种改变的方向移动。会应用沉淀溶解平衡常数计算溶液中离子浓度大小，并根据平衡移动原理分析物质的平衡转化率的变化及移动方向，并根据电子守恒、电荷守恒、原子守恒书写离子反应方程式。该题是重要的化学平衡移动原理的应用，考查了学生对化学平衡移动原理、化学平衡常数、溶度积常数的含义的理解与计算、应用，同时考查了物质的存在形式与溶液的酸碱性和物质的量多少的关系、离子反应和离子方程式的书写。是一个综合性试题。

28.（14 分）$NaClO_2$ 是一种重要的杀菌消毒剂，也常用来漂白织物等，其一种生产工艺如下：

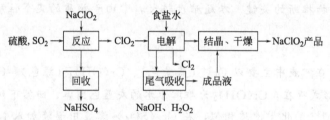

回答下列问题：

（1）$NaClO_2$ 中 Cl 的化合价为 _____。
（2）写出"反应"步骤中生成 ClO_2 的化学方程式 _____。
（3）"电解"所用食盐水由粗盐水精制而成，精制时，为除去 Mg^{2+} 和 Ca^{2+}，要加入的试剂分别为 _____、_____。"电解"中阴极反应的主要产物是 _____。
（4）"尾气吸收"是吸收"电解"过程排出的少量 ClO_2。此吸收反应中，氧化剂与还原剂的物质的量之比为 _____，该反应中氧化产物是 _____。
（5）"有效氯含量"可用来衡量含氯消毒剂的消毒能力，其定义是：每克含氯消毒剂的氧化能力相当于多少克 Cl_2 的氧化能力。$NaClO_2$ 的有效氯含量为 _____。（计算结果保留两位小数）

【答案】（1）+3 价；（2）$2NaClO_3+SO_2+H_2SO_4 \Longrightarrow 2ClO_2+2NaHSO_4$；
（3）NaOH 溶液；Na_2CO_3 溶液；ClO_2^-（或 $NaClO_2$）；（4）2:1；O_2；（5）1.57g。

$n(NaClO_2)=1g\div 90.5 g/mol=\dfrac{2}{90.5}$ mol，其获得电子的物质的量是 $n(e^-)=\dfrac{2}{90.5}$ mol$\times 4=$ 4/90.5mol，1mol Cl_2 获得电子的物质的量是 2mol，根据电子转移数目相等，可知其相对于

氯气的物质的量为 $n=\dfrac{1}{90.5}\text{mol}\times 4\div 2=\dfrac{2}{90.5}\text{mol}$，则氯气的质量为 $\dfrac{2}{90.5}\text{mol}\times 71\text{g}\cdot\text{mol}^{-1}=1.57\text{g}$。

【考点定位】考查混合物的分离与提纯、氧化还原反应的分析及电解原理的应用的知识。

【名师点睛】化合价是元素形成化合物时表现出来的性质，在任何化合物中，所有元素正负化合价的代数和等于0，掌握常见元素的化合价，并根据元素吸引电子能力大小及化合物中，所有元素正负化合价的代数和等于0的原则判断元素的化合价。有元素化合价变化的反应是氧化还原反应，元素化合价升高，失去电子，该物质作还原剂，变为氧化产物；元素化合价降低，获得电子，该物质作氧化剂，变为还原产物，元素化合价升降总数等于反应过程中电子转移的数目；可利用最小公倍数法配平氧化还原反应方程式，对于离子反应，同时还要符合电荷守恒及原子守恒。物质的氧化能力大小可结合每1mol物质获得电子的多少，获得电子越多，其氧化能力就越强。

36.【化学——选修2：化学与技术】(15分)

高锰酸钾（$KMnO_4$）是一种常用氧化剂，主要用于化工、防腐及制药工业等。以软锰矿（主要成分为 MnO_2）为原料生产高锰酸钾的工艺路线如下：

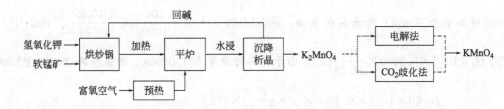

回答下列问题：

(1) 原料软锰矿与氢氧化钾按 1：1 的比例在"烘炒锅"中混配，混配前应将软锰矿粉碎，其作用是＿＿＿＿＿＿＿＿＿＿＿＿。

(2) "平炉"中发生的化学方程式为＿＿＿＿＿＿＿＿＿＿＿＿。

(3) "平炉"中需要加压，其目的是＿＿＿＿＿＿＿＿＿＿＿＿。

(4) 将 K_2MnO_4 转化为 $KMnO_4$ 的生产有两种工艺。

① "CO_2 歧化法"是传统工艺，即在 K_2MnO_4 溶液中通入 CO_2 气体，使体系呈中性或弱碱性，K_2MnO_4 发生歧化反应，反应中生成 K_2MnO_4、MnO_2 和＿＿＿＿＿＿（写化学式）。

② "电解法"为现代工艺，即电解 $KMnO_4$ 水溶液，电解槽中阳极发生的电极反应为＿＿＿＿＿＿，阴极逸出的气体是＿＿＿＿＿＿。

③ "电解法"和"CO_2 歧化法"中，K_2MnO_4 的理论利用率之比为＿＿＿＿＿＿。

(5) 高锰酸钾纯度的测定：称取 1.0800g 样品，溶解后定容于 100mL 容量瓶中，摇匀。取浓度为 $0.2000\text{mol}\cdot L^{-1}$ 的 $H_2C_2O_4$ 标准溶液 20.00mL，加入稀硫酸酸化，用 $KMnO_4$ 溶液平行滴定三次，平均消耗的体积为 24.48mL，该样品的纯度为＿＿＿＿＿＿。(列出计算式即可，已知 $2MnO_4^-+5H_2C_2O_4+6H^+\xlongequal{\quad}2Mn^{2+}+10CO_2\uparrow+8H_2O$)。

【答案】(1) 增大反应物接触面积，加快反应速率，提高原料利用率；

(2) $2MnO_2+O_2+4KOH\xrightarrow{\triangle}2K_2MnO_4+2H_2O$；

(3) 提高氧气的压强，加快反应速率，增加软锰矿的转化率；

(4) ① $KHCO_3$；② $MnO_4^{2-} - e^- == MnO_4^-$；$H_2$；③ 3:2；

(5) $\dfrac{20.00 \times 10^{-3} \times 0.2000 \times \dfrac{2}{5} \times \dfrac{100}{24.48} \times 158}{1.0800} \times 100\%$。

【解析】阴极逸出的气体是 H_2；总反应方程式是：$2K_2MnO_4 + 2H_2O \xrightarrow{通电} 2KMnO_4 + H_2\uparrow + 2KOH$；③根据"电解法"方程式 $2K_2MnO_4 + 2H_2O \xrightarrow{通电} 2KMnO_4 + H_2\uparrow + 2KOH$ 可知 K_2MnO_4 完全转化为 $KMnO_4$，所以 K_2MnO_4 的理论利用率是 100%；而在"CO_2 歧化法" $3K_2MnO_4 + 4CO_2 + 2H_2O == 2KMnO_4 + MnO_2 + 4KHCO_3$ 中，反应的 K_2MnO_4 中只有 $2/3$ 反应转化为 $KMnO_4$，所以 K_2MnO_4 的理论利用率是 $2/3$，故"电解法"和"CO_2 歧化法"制取 $KMnO_4$ 时 K_2MnO_4 的理论利用率之比为 $1:2/3 = 3:2$；(5) 根据离子方程式 $2MnO_4^- + 5H_2C_2O_4 + 6H^+ == 2Mn^{2+} + 10CO_2\uparrow + 8H_2O$ 可知 $KMnO_4$ 与草酸反应的关系式是：$2KMnO_4 \sim 5H_2C_2O_4$。取浓度为 $0.2000\,mol\cdot L^{-1}$ 的 $H_2C_2O_4$ 标准溶液 $20.00\,mL$，加入稀硫酸酸化，用 $KMnO_4$ 溶液平行滴定三次，平均消耗的体积为 $24.48\,mL$，则配制的溶液的浓度为：$c = \dfrac{2 \times 20.00 \times 10^{-3}L \times 0.2000\,mol\cdot L^{-1}}{5 \times 24.48 \times 10^{-3}L} = \dfrac{2 \times 20.00 \times 0.2000}{5 \times 24.48}\,mol\cdot L^{-1}$。则 $1.0800g$ 样品中含 $KMnO_4$ 的物质的量为：$n(KMnO_4) = cV = \dfrac{100}{1000}L \times \dfrac{2 \times 0.2 \times 20}{5 \times 24.48}\,mol\cdot L^{-1} = \dfrac{2}{5} \times 20.00 \times 10^{-3} \times 0.2000 \times \dfrac{100}{24.48}\,mol$，由于样品的质量是 $1.0800g$，则该样品含有的 $KMnO_4$ 的纯度为：$w = \dfrac{20.00 \times 10^{-3} \times 0.2000 \times \dfrac{2}{5} \times \dfrac{100}{24.48} \times 158}{1.0800} \times 100\%$。

【考点定位】考查物质制备工艺流程的知识。

【名师点睛】化学反应速率和化学平衡理论是重要的化学原理。影响化学反应速率的因素有浓度、温度、压强、催化剂等。对于固体来说，其浓度不变，所以要使反应速率加快，可通过将固体粉碎成细小的颗粒、搅拌等方法进行。外界条件对化学平衡移动的影响可通过勒夏特列原理进行分析，但是平衡移动的趋势是微弱的，不能改变这种改变。会根据反应方程式分析判断物质的转化率的大小，转化率大的反应速率不一定快，物质的转化率大小与反应快慢是不同的概念，要掌握其区别与联系。会根据方程式中相应物质之间的关系进行有关物质的量的化学计算。本题将化学反应速率、化学平衡、电解原理、滴定方法的应用综合一起考查，反映了考生的综合应用知识分析、解决问题的能力。

37. [化学——选修3：物质结构与性质]（15分）

锗（Ge）是典型的半导体元素，在电子、材料等领域应用广泛。回答下列问题：

(1) 基态 Ge 原子的核外电子排布式为 [Ar]_____，有_____个未成对电子。

(2) Ge 与 C 是同族元素，C 原子之间可以形成双键、叁键，但 Ge 原子之间难以形成双键或叁键。从原子结构角度分析，原因是_____。

(3) 比较下列锗卤化物的熔点和沸点，分析其变化规律及原因_____。

化合物	$GeCl_4$	$GeBr_4$	GeI_4
熔点/℃	−49.5	26	146
沸点/℃	83.1	186	约400

(4) 光催化还原 CO_2 制备 CH_4 反应中,带状纳米 Zn_2GeO_4 是该反应的良好催化剂。Zn、Ge、O 电负性由大至小的顺序是_____。

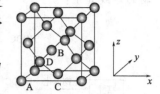

(5) Ge 单晶具有金刚石型结构,其中 Ge 原子的杂化方式为_____,微粒之间存在的作用力是_____。

(6) 晶胞有两个基本要素:

① 原子坐标参数,表示晶胞内部各原子的相对位置,下图为 Ge 单晶的晶胞,其中原子坐标参数 A 为 $(0, 0, 0)$;B 为 $(\frac{1}{2}, 0, \frac{1}{2})$;C 为 $(\frac{1}{2}, \frac{1}{2}, 0)$。则 D 原子的坐标参数为_____。

② 晶胞参数,描述晶胞的大小和形状,已知 Ge 单晶的晶胞参数 $a = 565.76 \text{pm}$,其密度为_____ $g \cdot cm^{-3}$(列出计算式即可)。

【答案】(1) $3d^{10}4s^24p^2$;2;

(2) 锗的原子半径大,原子之间形成的 σ 单键较长,p-p 轨道肩并肩重叠的程度很小或几乎不能重叠,难以形成 π 键;

(3) $GeCl_4$、$GeBr_4$、GeI_4 熔沸点依次升高;原因是分子结构相似,分子量依次增大,分子间相互作用力逐渐增强;

(4) $O>Ge>Zn$;(5) sp^3;共价键;

(6) ① $(\frac{1}{4}, \frac{1}{4}, \frac{1}{4})$;② $\dfrac{8 \times 73}{6.02 \times 565.76^3} \times 10^7$。

【解析】试题分析:(1) Ge 是 32 号元素,与碳元素是同一主族的元素,在元素周期表中位于第四周期第ⅣA;基态 Ge 原子的核外电子排布式为 $[Ar]4s^24p^2$,也可写为 $3d^{10}4s^24p^2$;在其原子的最外层的 2 个 4s 电子是成对电子,位于 4s 轨道,2 个 4p 电子分别位于 2 个不同的 4p 轨道上,所以基态 Ge 原子有 2 个未成对的电子;(2) Ge 与 C 是同族元素,C 原子的原子半径较小,原子之间可以形成双键、叁键;但 Ge 原子之间难以形成双键或叁键,从原子结构角度分析,这是由于锗的原子半径大,原子之间形成的 σ 单键较长,p-p 轨道肩并肩重叠的程度很小或几乎不能重叠,难以形成 π 键;(3) 锗元素的卤化物在固态时都为分子晶体,分子之间通过微弱的分子间作用力结合。对于组成和结构相似的物质来说,分子量越大,分子间作用力越大,熔沸点越高。由于分子量:$GeCl_4<GeBr_4<GeI_4$,所以它们的熔沸点由低到高的顺序是:$GeCl_4<GeBr_4<GeI_4$;(4) 光催化还原 CO_2 制备 CH_4 反应中,带状纳米 Zn_2GeO_4 是该反应的良好催化剂。元素的非金属性越强,其吸引电子的能力越强,元素的电负性就越大。

【考点定位】考查物质结构的有关知识。

【名师点睛】物质结构包括原子结构(原子核外电子排布、原子的杂化方式、元素电负性大小比较、元素金属性、非金属性的强弱)、分子结构(化学键、分子的电子式、结构式、结构简式的书写、化学式的种类、官能团等)、晶体结构(晶体类型的判断、物质熔沸点的高低、影响因素、晶体的密度、均摊方法的应用等)。只有掌握这些,才可以更好地解决物质结构的问题。

38. [化学——选修 5:有机化学基础](15 分)

秸秆(含多糖物质)的综合应用具有重要的意义。以秸秆为原料合成聚酯类高分子化合物的路线如下：

[合成路线图：秸秆 →(生物催化) A(顺,顺)-2,4-己二烯二酸 →(H₂ Pd/C，得到含F的HOOC(CH₂)₄COOH) →(1,4-丁二醇/催化剂) 聚酯G；A →(催化剂) B(反,反)-2,4-己二烯二酸 →(CH₃OH/H⁺△) C($C_8H_{10}O_4$) →(△ C_2H_4) D(环己烯-二甲酸甲酯) →(Pd/C △) E(对苯二甲酸二甲酯) →(乙二醇/催化剂) PET]

回答下列问题：

(1) 下列关于糖类的说法正确的是_____。（填标号）

a. 糖类都有甜味，具有 $C_nH_{2m}O_m$ 的通式

b. 麦芽糖水解生成互为同分异构体的葡萄糖和果糖

c. 用银镜反应不能判断淀粉水解是否完全

d. 淀粉和纤维素都属于多糖类天然高分子化合物

(2) B 生成 C 的反应类型为_____。

(3) D 中官能团名称为_____，D 生成 E 的反应类型为_____。

(4) F 的化学名称是_____，由 F 生成 G 的化学方程式为_____。

(5) 具有一种官能团的二取代芳香化合物 W 是 E 的同分异构体，0.5mol W 与足量碳酸氢钠溶液反应生成 44g CO_2，W 共有_____种（不含立体结构），其中核磁共振氢谱为三组峰的结构简式为_____。

(6) 参照上述合成路线，以（反,反）-2,4-己二烯和 C_2H_4 为原料（无机试剂任选），设计制备对二苯二甲酸的合成路线_____。

【答案】(1) cd；(2) 取代反应（或酯化反应）；(3) 酯基、碳碳双键；消去反应；

(4) 己二酸；

$$n\text{HOOC(CH}_2)_4\text{COOH} + n\text{HOCH}_2\text{CH}_2\text{CH}_2\text{CH}_2\text{OH} \xrightarrow{\text{催化剂}} \text{HO}\underset{}{-}[\underset{O}{\overset{\|}{C}}\text{(CH}_2)_4\text{COOCH}_2\text{CH}_2\text{CH}_2\text{CH}_2\text{O}]_n\text{H} + (2n-1)\text{H}_2\text{O}$$

(5) 12 种；对位二(CH₂COOH)苯；

(6) CH₃-CH=CH-CH=CH-CH₃ →(C₂H₄ 加热) 3,6-二甲基环己烯 →(Pd/C 加热) 对二甲苯 →(KMnO₄/H⁺ 加热) 对苯二甲酸。

【解析】试题分析：(1) a. 淀粉和纤维素都是糖，没有甜味，错误；b. 麦芽糖是二糖，水解只生成 2 个分子的葡萄糖，错误；c. 无论淀粉是否水解完全，都会产生具有醛基的葡

萄糖，因此都可以产生银镜反应，故不能用银镜反应判断淀粉水解是否完全，正确；d. 淀粉和纤维素都属于多糖类，都是绿色植物光合作用产生的物质，故都是天然高分子化合物，正确；（2）根据图示可知 B 是 HOOC—CH═CH—CH═CH—COOH，该物质含有两个羧基，可以与甲醇 CH_3OH 在一定条件下发生酯化反应，产生酯 C：CH_3OOC—CH═CH—CH═CH—$COOCH_3$ 和水，酯化反应也就是取代反应；（3）根据图示可知 D 中官能团为碳碳双键和酯基；根据物质的分子结构简式可知，D 发生消去反应生成 E；（4）F 分子中含有 6 个碳原子，在两头分别是羧基，所以 F 的化学名称是己二酸，由 F 生成 G 的化学方程式为

$$nHOOC(CH_2)_4COOH + nHOCH_2CH_2CH_2CH_2OH \xrightarrow{催化剂} HO\underset{}{\underbrace{C(CH_2)_4COOCH_2CH_2CH_2CH_2O}_{}}_nH + (2n-1)H_2O$$

【考点定位】考查有机物的结构、性质、转化、化学方程式和同分异构体书写的知识。

【名师点睛】有机物的结构、性质、转化、反应类型的判断、化学方程式和同分异构体结构简式的书写及物质转化流程图的书写是有机化学学习中经常碰到的问题，掌握常见的有机代表物的性质、各类官能团的性质、化学反应类型、物质反应的物质的量关系与各类官能团的数目关系，充分利用题目提供的信息进行分析、判断。掌握同分异构体的类型有官能团异构、碳链异构、位置异构和空间异构四种基本类型；对于芳香族化合物来说，在支链相同时，又由于它们在苯环的位置有邻位、间位、对位三种不同的情况而存在异构体。分子中含有几种不同位置的氢原子，就存在几种核磁共振氢谱，核磁共振氢谱峰的面积比就是各类氢原子的个数比。掌握其规律是判断同分异构体的种类及相应类别结构式的关键。本题难度适中。

思考与实践

1. 设计初中和高中化学水平测试与高考测试的双向细目表，训练设计双向细目表技能。
2. 选择一章初中或高中化学内容，进行单元测试命题，训练化学单元命题技能。
3. 命一份初中化学学业水平考试试题并对你的命题进行平均分、难度、信度和效度等进行分析和预测，训练中考命题技能。
4. 命一份高中化学学业水平考试试题并进行难度和信度等预测，训练高中会考命题技能。
5. 命一份高考试题并进行分析与评价，训练高考命题技能。

主要参考文献

[1] 中华人民共和国教育部. 普通高中化学课程标准(2017 年版). 北京：人民教育出版社，2017.
[2] 中华人民共和国教育部. 全日制义务教育化学课程标准(2017 年版). 北京：人民教育出版社，2017.
[3] 刘知新. 化学教学论. 第 4 版. 北京：高等教育出版社，2009.
[4] 周青，单旭峰，王军翔. 化学教学测量与评价. 第 2 版. 北京：科学出版社，2017.
[5] 王后雄，李佳. 化学教育测量与评价. 北京：北京大学出版社，2013.
[6] 广东教育考试院编. 2018 年广东省初中学业水平考试(化学)考试大纲. 广州：广东教育出版社，2018.

第九章

化学教学研究技能

第一节 化学教学研究概况

一、化学教育科学研究的特点

化学教育科学研究主要是探索化学教育教学规律，认识化学教学过程及其本质的一项实践活动。它既遵循教育科学的一般规律，又兼容化学教育的学科特点。它的特点如下：

1. 明确的目的性

化学教育科学研究，必须是课题在前，探索跟进，成果在后，在明确的目标指导下，展开研究之后取得成果。因此，化学教育研究一定要具备明确的目的性。

2. 强烈的探索性

化学教育科学研究是从已知领域出发，向未知领域迈进的过程。这一过程本身就是探索，要是不能发现新的矛盾，提出新的方法，概括新的结论，这样就算不上探索，充其量是劳作。化学教育科学研究成果的新颖性、创造性，直接折射出向未知领域迈进的探索程度。

3. 自学的继承性

化学教育科学研究跟通常的科学探索一样，都是在前人或别人披荆斩棘开辟的路径上继续奋进，绝对不能漠视他人的劳动，绝对不可远离继承性。

4. 明显的创造性

由于科学的研究必须走在"新"字上，因此，研究的课题、方法本身，以及研究的成果等，都一定要有明确的创造性。创造性是指人无我有，人有我新，人新我奇。创造性和继承性的对立统一，体现为：在继承的基础上创新，在巨人的肩膀上不断攀登。如果忽视了继承性，一切从零开始，结果不是做废功就是走弯路。

二、化学教育科学研究的作用

化学教育科学研究是深化教育改革的需要，是提高教育质量的保证，是拓展教师水平的阶梯。

1. 深化教育改革的需要

教育形式的不断发展，教育改革的逐步推进，必然会给教育工作者提出许多新的问题、新要求。当前,随着化学实验和化学教学新教材改革的不断深入,应试教育正向素质教育全面转轨,面对这一潮流,最佳方法就是投入实践,结合化学新教材和新课标的实践开展化学教育研究。

2. 提高教育质量的保证

教师在课堂耕耘,要获得成果,就得做一个学者型教师,要深知辛劳＋科学＝丰收。

在教学过程中,教师要结合实践开展教育科学研究,有目的、有计划地去探讨和解决相关的课题。这种学者型教师,不但能自觉地掌握和运用教育规律,更可以主动地驾驭和探求教育规律。

3. 拓展教师水平的阶梯

从走上讲台的第一天起,教师的教学生涯就可概括为:成长——成功——成熟——成名四个阶段。从教育规律的掌握来看,这四个层依次体现为:了解——熟悉——驾驭——创新。要缩短教育生涯路上的各个阶段耗费的时间,尽快地走向高峰,必须走教育科学研究之路。

三、化学教育科学研究的程序

教育科学研究可以概念为四个环节和十个基本步骤。

四个环节为:起始环节、基础环节、跃迁环节、终末环节。

十个基本步骤为:选择课题、论证课题、准备资料、制订计划、展开研究、收集素材、归类整理、加工分析、撰写论著、拓展成果。

四、化学教育科学研究的策略

1. 宁小勿大

在选择课题时,尤其是对于刚涉足教育科学研究领域的新手来说,课题宁小勿大。课题太大,不但力不从心,最后还难以取得满意的效果。师范生可以在导师的指导下,开展一些小课题的研究,特别是一些调研课题完全可以自主研究;也可以参与导师的部分子课题,做些基础性的化学教育科学研究。

2. 就近避远

通常说近的熟悉,在化学教育科学研究的目标或范围而言,宜就近避远,切不可舍近求远。根据自己的实际需要,利用自己手边的具体材料,从近处着手找恰如其分的研究目标,稳步向前就可收到着眼远处的效果。

3. 由浅入深

课题研究由浅入深,从易到难,循序渐进,是人类认识事物的基本规律,也是提高科研人员能力和水平的有效途径。初学者从由浅入深,从知之不多到知之颇多,力求做到"浅中见深",才是真正掌握了研究的有效策略。

第二节 化学教学研究课题

一、课题的来源

化学教育科学研究是从课题的选择起步。课题是指准备专门研究并能做出成果的问题;

或者说，是要回答并且能够解决的问题。课题的形式和选择，是教育科学研究进程中最重要、最关键的一步。有人认为，选择了一个好课题，等于成功了一半。因为课题反映研究的方向，制约研究的范围，预示研究的成果，折射研究的水平，要正确选择课题，必须首先明了课题的来源。

1. 从实践中找

实践是认识的基础。离开实践，人的正确思想就缺少源泉。不投身教育实践，企求深刻地认识教育现象，只是一句空话。实践和认识之间，不可简单地画等号。只有将教育实践与科学研究有机地结合起来，在实践中寻找课题，进行探索，在研究中解决问题，才能将教育质量和研究水平不断地推向新高潮。在化学教育实践中常常会碰到许多问题，如新教材的改革与创新、新教材的校本开发、学生如何更好地形成5大化学核心素养、实验探究教学研究、化学课程内容的构建，德育、美育与化学知识关系的处理，典型课例的教学设计，现代教学手段和技术，如微课、私播课、翻转课堂和对分课堂等的应用，化学实验的训练和改革，教与学的评估或考核，课外活动的组织和指导等。

2. 从文献里寻

文献是人类知识的海洋和智慧的结晶。透过浩瀚的文献，我们可以从中领略到前人的优秀成果，品味出当今的经验教训，窥测到将来的研究趋势。我们在找文献的过程中，通过认真地阅读、思考，反复地比较、分析就会发现教育科学研究的热点、冷点，不难找到其中的疑区、邻区。热点，是指热门话题，它可能是长期或短暂性的问题，也可能是局部性的问题。如提高学生的基本素质和化学科学核心素养是长期性、全局性的问题，加强学生的化学实验能力是局部性和长期性的问题；化学新教材的教学与实验研究是相对短暂性的问题。冷点，是不为人们所注意，乃至被冷落，但又颇为重要的问题。如单亲家庭孩子学习化学的心理研究、隔代哺养对初三学生化学学习的影响研究等。疑区，就是有疑点、可争论的问题。邻区，指与本学科相邻、接近的学科或者知识的有关区域。总之，课题处处有，关键在于找，我们应不断地树立课题意识，善于从一本书、一篇论文、一种事例或一个观点中，发现研究的热点，看出探讨的冷点，找到讨论的疑区，提示探索的邻区。只有没有人走过的路，我们才能探索出成果。

二、选题的原则

1. 需要性原则

需要性原则，是指选题必须面向社会实践和教育实践，必须着眼于学科发展和自身提高需要。贯彻这一原则必须注意：第一，考虑课题的价值。这里的价值是指社会意义和经济价值，不做没有价值的研究，少做意义不大的课题。第二，注意长短结合的需要，应以现实需要为主，又不可忽视长远需要。第三，处理好理论成果和实用成果二者的关系。

2. 新颖性原则

新颖性原则，是指选题必须提出别人尚未提出的观点，解决他人没有解决或没有完全解决的问题。贯彻这一原则必须注意：第一，避免课题的重复性。只有走自己的新路，发现前人所未发现的问题，才不至于重复。为此，必须广泛阅读文献，大量收集信息，它是一种重要而有效的方法。第二，力求立论的独到。欲提出与众不同的观点，一要知道众说如何，二是千万不可从众。第三，期望成果的奇特。只有独树一帜，或语出惊人，才会令人难以忘怀。

3. 科学性原则

科学性原则是指选题必须以客观事实为依据，用科学理论作准绳。贯彻这一原则必须注意：一是扎稳立题的根基；二是看准研究的方向。从选题开始到课题的确立，始终要以足够的材料、充分的事实、科学的理论为根基。

4. 可能性原则

可能性原则，是指选题应具备必要和充分的主客观条件，有足够的可能性去完成预期的目标和任务。

三、课题的论证

课题的论证，就是对选择出的课题，就其研究的可行性、前瞻性，展开论述和证明；对选择出的课题，就其研究方法、条件、实施方案等，予以分析和说明；对选择的课题，就其研究价值、结果，进行推断和预测。

1. 论证原因

(1) 令课题的可行性定格　令课题的可行性、前瞻性、价值性等有较准确和客观的评价，以至能在"方向正确、代价适中、成果硕大"的位置上定格，请同行和专家进行论证，将主观认识和客观实际达到辩证统一的境地，是十分必要的。

(2) 为研究的价值性预测　课题的价值性问题，选题者总是受到一定的局限，为避免当局者迷的可能性，请同行、专家进行论证，从不同的角度对课题的价值作出预测，就会将准确度推向更高层次。

(3) 对探索的可能性评估　在选题中虽然对探索的可能性做了认真的分析，但只是自我行为。在课题的探索中会碰到许多问题，甚至预料不到的困难，因此，请专家、同行进行评估，将有利于探索过程的顺利进行。

2. 论证内容

(1) 选题依据　选题依据是指选择确立课题的理论依据和事实根据。选题依据既表明课题的"来龙"，又反映探索的"去脉"。第一，为什么要选择这一课题？这个课题，别人有没有做过研究？第二，类似的课题，别人有过哪些研究成果？现在选择的课题新在哪里？第三，相近的课题，别人提过哪些观点？如今选择的课题会有什么突破？

(2) 实施条件　第一，解决这个课题，存在哪些有利条件？如何充分利用各种有利条件？第二，解决这个课题，将会碰到什么困难？打算如何克服这些困难？只要我们正确认识各种条件，既善于掌握有利条件，更懂得努力创造条件，积极改善环境，化不利为有利，研究成果就一定能推向更高的台阶。

(3) 成果预测　成果预测，指的是对研究的最终成果经济价值或社会意义的事前推断。第一，解决了这一课题，会有哪些新观点？具有什么社会意义或经济意义？第二，解决了这一课题，会有什么独到的成果？这个成果具有何种社会意义或经济意义？

3. 论证方式

(1) 自我分析　研究者本人以局外人的身份，最大限度地摆脱选题过程中的各种框框，从新的角度重新审查课题的正确性。这种自我分析的论证方式，最简单、方便，最易实施，但又最难做好。

(2) 小组讨论　由研究者邀请同行、内行、专家、对教育科学研究有建树的同事，若干人组成一个小组，根据论证的内容和要求，按一定的议程进行讨论。研究者本人既是组织者,又是主持人和记录人。

(3) 专家论证　凡是重大课题,其研究的涉及面广,应邀请几位水平高的专家进行论证,利用论证的机会,争取专家们的扶持,这对课题的顺利完成是一种高明之举。

第三节　化学教学研究文献

一、文献的作用

文献通常是指具有历史价值或参考意义的图书资料。它记录了科学发展史上前人已做过的工作,收录了别人已取得的成果和经验,也反映出当今世界的科学动态和将来的发展趋势。

1. 科学研究的向导

我们的研究工作必须从文献中批判地继承前人的优秀成果,大量地吸取前人的经验教训,正确地洞悉今后的发展方向。才能开阔眼界,拓展思路,受到启发,有所创新。进行化学教育科学研究,倘若要少走弯路,择取捷径,攀登高峰,怎能不紧紧依靠文献的导引呢?

2. 做出决策的依据

如果缺乏强烈的情报意识,或者不善于利用信息,我们的研究工作,要么做不出决策,要么做出错误的决策。研究工作的失误往往表现在重复别人的劳动。

3. 提高水平的举措

学会在文献的海洋中努力增加信息量,对于研究人员知识结构的优化,科学水平的提高,研究能力的提升,都十分有利。

二、文献概略

1. 教育文献的基本类型

(1) 按文献性质分类　通常分为:一次文献、二次文献和三次文献。

一次文献:以作者的研究成果为基本素材而创作的文献,属于作者的第一手材料,因此称为原始文献。期刊、图书、会议资料、学位论文、技术档案、政府出版物等都是一次文献。

二次文献:对一次文献加工后所得的文献。通常有文摘、索引、书目、题录等,是检索文献的一种基本工具。

三次文献:利用二次文献提供的线索,选取有关的几种一次文献进行综合加工而成的文献。一般包括:综述、评述、学科信息、年鉴、手册等。

(2) 按出版方式分类　通常分为:图书、期刊、报纸、电子书等。

图书:按作用不同分阅读性图书和参考性图书两种。前者是教科书、著作、文集等,后者包括辞典、手册、年鉴、大全、图册、百科全书等。

期刊:通常称为杂志,一般有学术性期刊、检索性期刊、科普性期刊等。

报纸:出版周期最短的一种连续出版物。通常有日报、周报、旬报等形式。

电子书:在如今互联网+的时代,电子书或电子期刊已被年轻人广泛使用,只要有一部手机可以上网,就可以随时随地阅读,也可以找到海量的资料和信息,关键是要学会如何在电子书或电子期刊上寻找有用的信息,为课题研究服务。

(3) 按载体分类　按载体分为:印刷型文献、缩微型文献、声像型文献、实物型文献等。

2. 化学教育文献指南

(1) 期刊类

《化学教育》、《化学教学》、《中学化学教学》、《中学化学教学参考》、《中学化学》等是我国专门的化学教育期刊,只刊载化学教育类专业论文或教学案例等。

《课程.教材.教法》、《教育研究》、《中文报刊教育论文索引》、《考试》、《外国中小学教育》、《人民教育》、《北京教育》、《上海教育》、《广东教育》等是综合类教育期刊,不是专门的化学教育类期刊,但每期会有少量的化学教育论文刊出。

(2) 报纸类

《中国教育报》、《教育信息》、《中学生科学报》、《中学生知识报》、《中学生数理化》、《中国初中生报》、《教育文摘周报》等。这些都是综合教育类报纸,不是专门的化学教育类报纸,但每期也会有少量的化学教育论文或化学教育研究成果刊出。而《中国青年报》、《光明日报》等报纸不属于教育类综合报,基本上不会刊出化学教育类论文。

(3) 图书类

图书是化学教育文献中品种最多、数量最大、历史最长的一种类型。主要有《化学教学论》、《中学化学教学中的德育》、《中学化学教育艺术》、《中学化学教育手册》、《中学化学实验大全》等专门化学教育类图书;还有《教育学》、《教育心理学》、《教育科学研究方法》、《教育研究方法》、《心理学》、《中国大百科全书·教育》等综合教育类图书。

3. 文献的检索

文献的检索是指用科学的方式和方法,以最佳的途径和手段,迅速、准确、全面地从文献检索系统中,查找出所需资料的过程。简单地说,文献检索就是尽快找到自己所需文献的过程。

(1) 文献检索的步骤

文献检索一般包括:释义——分析课题含义;选器——选择检索工具;寻径——寻找检索途径。

释义:要弄清课题的学术含义,弄清材料的有效容量,弄清专题的时间跨度。

选器:是正确地选择出合理的检索工具。目前常用的检索工具书有:书目,如《全国总书目》、《全国新书目》、《科技新书目》等。索引,如《全国报刊索引》、《复印报刊资料索引》等。文摘,如《新华文摘》、《科技文摘》等。还有一些工具书,如字典、词典、手册、年鉴、百科全书等。

目前最快速的检索工具是从各级各类图书馆中进入后,找到《中国知识资源总库》(简称中国知网)、《维普中文期刊库》、《移动数字图书馆》、《文献传递》、《多媒体资源学习》等,再从文献检索中寻找关键词、作者、单位、刊物名、题目名等进入。

寻径:是指迅速地寻找快捷的检索途径。一般有以下五种:题名途径,如书名、刊名、篇名等。作者途径,如著作、编者、译者等。号码途径,如标准号、登记号、专利号等。主题途径,如主题词、关键词等。分类途径,如中国图书馆图书分类法(简称中图法)等。

(2) 文献检索的方法

常用的文献检索方法有：时序法、跟踪法、综合法等。时序法：按时间的先后顺序，依次一一查找文献的方法。跟踪法：根据著作或论文所列的文献篇目，循踪继续检索，扩大战果的方法。综合法：交替运用上述两种方法，又称交替法或混合法。

例如，从韶关学院图书馆进入《中国知网》后，可以用你要寻找的主题、关键词、篇名、刊名、作者、单位、全文、中图分类号、被引文献、文献来源等方式分别进行检索。

第四节　化学教学研究方法

一、观察法

任何科学研究成果的取得，都是运用正确研究方法的结果。观察法是对自然或社会所发生的现象和过程，不做人工干预或控制，进行有计划有目的考察的一种研究方法。教育是一种社会现象。观察对于认识教育问题，收集和研究其中的第一手材料，都很有作用。因此，观察法是化学教育科学研究最基本的一种方法。

观察法以手段分为直接观察法和间接观察法；以现象分为自然观察法和实验观察法；以行为分为跟踪观察法和参与观察法。在运用过程中，往往根据需要，综合上述种种方法，但必须遵守以下原则：

① 目的性和客观性原则　必须从研究课题的需要出发，拟定明确的观察目的，抓住准确观察的关键，采用妥善的观察方法，才能观察到有关现象和收集到有关材料。

② 全面性和典型性原则　全面是指问题或现象的方方面面，即系统而不片面。典型是指有代表性、有个性特征，是重点、关键。或者说一切大大小小的事物只要有助于认识事物的本质，都必须纳入观察的视野。

③ 受动性和主动性原则　受动者，不加干涉，顺其自然之谓也。主动性是指积极探索，如某种教学方法的试验设计就是主动性的一种。

二、调查法

调查法有各种不同的类别。根据调查的目的可分为：常规调查法和比较调查法；根据调查的内容可分为事实调查法和问题调查法；根据调查的范围可分为普遍调查法和典型调查法等。

一般来讲，调查法实施的全过程，大致分为四个阶段：准备工作、实际调查、整理素材和撰写报告。准备工作的阶段中，要根据研究课题和所需的素材，以确定调查题目，选择调查对象，草拟调查提纲，制定调查计划，安排调查人员等。实际调查是调查过程的关键阶段。其主要任务是搜集素材。可以是书面资料，如课本、教案等，也可以是口头的，如事例、数据等。实际调查的方法很多，常用的形式有：开会、访问、问卷等。

三、实验法

实验法是经过精心安排的，通过适当控制研究对象，以便在最有利的条件下进行研究的一种方法。实验法最主要的特点是：人为地加以适当的控制，以排除无关的干扰，突出实验因子的作用，从而比较准确地探索出研究对象中有关问题的因果关系。可分三种方法：

1. 单组实验法

单组实验法是对一个或一组研究对象，施加一个或几个实验因子，通过测量施加后的变化，借以确定实验因子和实验结果之间的因果关系，进而探讨有关变化规律的研究方法。

2. 等组实验法

等组实验法的特点是：实验对象不止一个，而且实验对象、实验因子的数目相同，即实验组数＝实验因子数；同时各个不同的实验对象，起始水平、基本状况必须相同或相近。在两个班进行则两个班的成绩等各项指标必须相近或相同。

3. 轮组实验法

轮组实验法又称为循环实验法。其突出的优点是：既避免单组实验法限定的严格相同条件，又避免等组实验法所要求的均等分组的麻烦手续。轮组实验法就是把实验因子轮流施加于各个组（不必为均等组），然后根据每个实验因子所引起变化的总和来确定实验结果，进而探索相关的变化规律。轮组实验法因每个因子都轮流实验了一遍，对每个实验的对象作用均等，影响均衡，于是大大地提高了实验结果的准确性、可信性，因此它是一种最佳的实验方法。

第五节　化学教学论文写作

化学教育科学研究的论文是指化学教育领域里的专门性文章。通过论文的撰写，不但锤炼了研究者的分析、综合能力和创造能力，还有助于认识水平的升华、研究工作的跃迁。因此，作为一名化学教师，不仅要善于读书，教好书，而且要学会撰写论文。而师范生则更加要学会写化学教学研究论文，由于大学本科化学师范生的毕业论文要求写相关的化学教育类论文，只有论文水平达到了培养目标和要求并通过答辩，才能顺利毕业。

一、化学教育科研论文的写作技巧

1. 题名和篇目

（1）题名的推敲

题名或题目，是论文的窗口。它对论文的内容做高度概括。题名新颖独到，就能吸引读者，化学教育论文的题名应准确贴切、简洁鲜明、个性强烈。一般地说，化学教育论文的题名不要超过 20 个字，以 12 个字左右为宜。题名过长可用主副题名的方式处理。副题名起补充说明的作用，教育论文原则上不宜用"浅谈"等字，有时表示作者谦逊可采用如"试论、略论、初探"等词。

（2）篇目的构建

篇目或纲目是论文的基本框架。篇目的正确合理，协调匀称，就为论文的完美性提供了前提。因此篇目的设计必须努力使之具有构建美。篇目的构建美，首先体现在布局严谨，整体均衡，使整篇论文具有宏观的形式美。其次要体现在层次分明，比例适当，使整篇论文具有微观的结构美。具体要求为：内容的铺排合理，段落的大小适中，篇幅的长短匀称。必须采用 1、1.1、1.1.1、1.1.1.1 四级或者一、(一)、1、(1) 四级的原则构建，大多数化学教育论文只要有 2 级篇目就能达到发表的要求，字数和内容较多时可以采用 3 级篇目，本科毕业论文由于篇幅较长，主要以 4 级篇目构建，硕士论文大多在分章论述的基础上每章再以 3 级或 4 级（看内容长短和需要定）篇目构建。

2. 正文和文献

(1) 正文的撰写

正文是论文的主体。可以说论文的水平在主体，论文的价值看结论。因此作为主体的正文，需要特别着意加工。高水平的论文，基本要求是：论点鲜明，论据充分，论证严密；立意独到，内容新颖，结论科学。

① 鲜明的论点　论点是对研究的问题提出的观点、主张或看法。它是论文的核心和贯穿全文的主线，是作者在感性认识的基础上所做的理论概括。论点必须正确、鲜明、深刻。论点的正确性，表现为清晰透彻，新颖独到，这是论文创造性的保证；论点的深刻性，表现为见解精辟，切正要害，这是论文学术性的关键。

② 充分的论据　论据是用来确证论点真实性的依据。论点的正确与否，是依据真实、典型、充足的材料予以证明的。作为论据的材料有两类：理论性论据和事实性论据。典型事例，具体数字属于事实性论据，科学原理、定律、国家领导人的讲话属于理论性论据。

③ 严密的论证　论证是利用论据，经过推理而证明论点正确的逻辑过程。简言之，论证是用论据证明论点的过程。常用的论证方式有：事实证明、分析证明、类比证明、喻证证明、对比证明、反驳证明等。事物总存在共性与个性，不论采用哪种论证方式，都必须紧紧抓住客观事物的特殊性，严格遵循思维规律，深入剖析论据和论点的内在关系。

(2) 文献的著录

文献的著录或标注，是指记载引用文献的表达方式。撰写论文或著作时，凡引用或参考他人的成果、观点、数据等，都必须著录或标注。这样做，一是表明作者对他人劳动的尊重；二是反映论文的科学依据；三是便于读者循踪检索文献。论据引用的文献，应当以严肃认真的态度，在博览的前提下精选，在全面的基础上取新。

① 文内引用文献的标注方式　一般是用"顺序编码制"，是按文献在正文中出现的先后顺序连续编码，标注在正文右上角括号内。文后则按相应的顺序，集中依次列出文献。

② 文后参考文献的著录格式　序号、作者、书名、版次（2 版以上）、出版地、出版者、出版年，对于期刊的著录为：序号、作者、文章名、刊名、年、卷、页次。

3. 摘要和关键词

(1) 摘要的撰写

摘要是对论文内容的准确概括，而且是不加注释或评论的简短陈述。它是论文的重要组成部分，是文献检索所必需，也是读者从中获取跟论文等量信息的捷径。摘要的内容一般包括三个部分：研究的目的、方法和结论。撰写时，要求叙述准确、文字简练、重点突出、结构紧凑，一气呵成的一篇不分段落的独立性短文。放在题名、作者之后，关键词、正文之前。摘要应具备全面性、客观性。主要观点不遗漏，关键问题不少写，同时要忠于原文、原意，不加进作者的主观看法、不作推理或评价，更不可自我标榜。一般不用图表、化学式、符号等。字数以 200 字左右为宜，不少于 100 字，不多于 400 字。

(2) 关键词的选择

关键词是从题名、摘要，以及正文中抽取出来的，能反映出主题的名词和术语，可以是一个名词或一个词组，但应当涉及主题的关键性概念。每篇论文可选取 3~5 个关键词。

4. 论文的修改

修改论文时要做到一丝不苟，精益求精，力求将论文改得尽善尽美。论文的修改在一定的意义上说是一个再创作、再拓展的过程。修改的方法常有以下几种：静思。将写好的论文暂时搁置，变换一下环境，过一个短暂的时间，再回过头来发现其中的问题。期间要有意识的让思维离开论文，令思维得到调整，静思的结果是论文中的毛病易于突现。冷置。初稿完成后，搁置数日，待头脑冷静下来后再来修改。即热时写，冷时改的方法。求教。就是请师长学友、同事指教，就是虚心听取各种意见，反复推敲观点，认真修改内容。割爱。就是将可有可无的字句删去，把不必要、不典型的材料砍掉，让不鲜明、不精辟的论点搬走。补充。要补充典型、新颖和必要的材料。即该割就割，应补则补，绝不心疼，也不手软，才能使论文好上加好，精益求精。

二、化学教育研究成果的拓展途径

教育研究的一个切实可行的课题，经过几番艰苦奋斗之后，总会取得一定的成果，教育研究成果通常是以论文、专著或报告等的形式确定下来。这样，在原来的基础上有必要完善已经取得的研究成果，另一方面是将研究领域向深度和广度拓展。

（1）纵深法

纵深法是以研究课题作为纵坐标，沿着相同的研究方向，在一个又一个的层面上，锲而不舍地探索新规律的方法。换句话说，完成一个课题之后，在此基础上朝着同一个指向，继续深入探究，使之在纵深方向上不断拓展新的研究成果。

（2）横向法

横向法是在第一项研究工作进展中，发现某些分支课题很有探究必要。于是提出并抓住分支课题，继续展开新的探究方法。运用横向法拓展成果时，正确的战术是：既要集中目标，全力以赴，获取全胜，又不能只攻一点，不及其余。要善于以点连线，以点带面，力求将点、线、面连成有机网络，使之硕果累累。

（3）平行法

平行法是侧重在大范围内拓展教育研究成果的一种方法。凡是研究对象、目标等，相互联系或彼此交叉的两项甚至多项课题，都可以采用平行法先后展开研究，同时拓展成果。只要善于联想若干相关课题的共性，又善于分析各自的特点，就抓住了平行法的要领。

---------- 思考与实践 ----------

1. 进行高中化学新课标研究和解读，从化学 5 大核心素养中寻找一些感兴趣的内容进行提炼，构思化学教育研究小课题，训练学生的化学教育研究课题的写作技能。

2. 选择初中或高中化学某个章节内容，重点研究后进行小组讨论，结合自己的感悟写 1 篇 2000 字的研究体会，训练学生的化学教学小论文写作技能。

3. 以初中或高中化学教学改革为主题进行一次检索，再以刊名或时间等进行二次检索，训练学生的教育科研论文的检索技能。

4. 结合自己的大创项目或参与老师的研究课题情况，撰写 1 篇教育或科研的小论文，训练学生的论文写作技能。

主要参考文献

[1] 牟朝霞,苗瑞. 大学医学生论文写作能力的培养研究. 高教与成才研究,2016,19:24-25.

[2] 李海军. 教学论文写作:教师专业发展的有效途径. 辽宁教育,2017,11:15-17.

[3] 刘知新. 化学教学论. 第 4 版. 北京:高等教育出版社,2009.

[4] 徐建文. 幸福,在教学与研究之中. 中小学信息技术教育,2017,4:43-45.

[5] 黄韶斌. 促进教师"实践性知识"发展的小课题研究. 教师博览,2016,5:71-73.

[6] 王卉,周序. 中小学教师如何撰写文献综述. 福建教育,2017,5:36-38.

化学科技活动技能

第一节 科技活动的意义和要求

现行中学化学课程标准明确指出,"要组织和指导学生开展化学课外活动,鼓励和指导学生课外阅读有关科普读物,以增长知识,开阔眼界,使学生向知识的更深更广的方面发展。同时还要指导爱好化学的学生在课外进行一些化学科技活动,制作教具以及参加其他化学课外活动等,以培养他们为建设强大的社会主义祖国而钻研科学技术的精神"。新课标对中学化学教学明确提出了开展化学课外活动的要求。

一、开展化学科技活动的意义

化学科技活动的意义主要有:①增强学生的科技意识,感受到科学技术的作用和力量,从而立下掌握科学技术的志向。②培养学生的科学精神和科学态度,全面发展学生的化学学科核心素养。③培养学生形成科学的世界观和方法论。④促进教学质量的提高。⑤培养创新能力。⑥促进教师自身业务水平、思想素质的提高。

二、开展科技活动的要求

1. 目的明确

开展科技活动一定要有明确的目的要求。虽然这种活动不受课堂教学的限制,没有教学大纲和考试,灵活性较大。但这并不意味着可以放任自流,或者为活动而活动。应该在学生自愿参加的基础上,有目的、有计划地精心组织和安排。努力把科学性和思想性统一起来,把知识性和趣味性结合起来,并注意与课堂教学的联系和配合。这样的活动才真正有意义,才能够收到预期的效果。如果没有明确的目的要求,不注意内容与形式的精心设计,学生将会感到乏味、失去兴趣和参与的积极性。

2. 因材施教

青少年存在着个性差异,爱好兴趣可能各不相同。为了真正使学生做到既全面发展,又培养发挥特长,就必须根据学生本人的兴趣爱好,让学生自愿选择参加。只有这样,他们才有自觉性和主动性,才能够积极愉快地投入,并充分施展才能,科技活动也就能巩固和持久。学生自觉自愿地参加这种活动，就会热爱这一集体，遵守纪律、接受教育并逐渐形成良好的品德。在活动的内容和形式上，也应该符合青少年的年龄特征。不同年级、不同程度应有不同的安排和要求，使学生力所能及，学有所得。

3. 因地制宜

各地区的教育和经济发展水平不同，各学校的生源、设备条件也有差异。化学科技活动的开展，必须从本地区、本单位的实际情况出发，因地制宜。城镇地区到工厂参观调查的条件好一些；农村地区则可结合农林牧副渔，开展科技活动。学校设备条件好，可以多开展实验活动；条件比较差，则可以发动学生自己动手，因陋就简，制备教具、模型或选择代用品进行实验，这样对培养学生艰苦奋斗、勤劳节俭的品德有益，也锻炼了学生的动手能力和创造能力。如利用农村土墙泥（外表）混合草木灰用水浸泡，澄清过滤，蒸发，结晶和重结晶等步骤制硝酸钾进而制黑色火药。用洗净的砂子（SiO_2）作催化剂（取代 MnO_2）与氯酸钾混合加热制取氧气等。

科技活动内容要紧扣教材，结合学过的知识进行适当深入。这样有利于巩固基础知识，开阔学生的视野，也不至于增加学生的负担。组织科技活动时应十分注意保护学习基础较差学生的活动积极性，鼓励他们的点滴进步。只要学生通过几年的课外科技活动锻炼，他们的活动能力和动手能力均会增强，善于联系社会，就业后会成为各单位的骨干力量，深受社会欢迎。同时要注意"行为科学"知识在科技活动中的应用。"行为科学"认为人的需要决定动机，动机支配行动，行为指向目标。"行为科学"产生了需要层次理论、需要满足理论、期望理论、目标导向理论等。根据期望理论公式，激发力量（兴趣力量）＝目标价值×期望概率。所以，教师对科技活动内容的安排不要太具体，不要让学生吃现成饭，要留有余地，以发挥学生的创造性。

4. 注意安全

科技活动因其灵活多样，面向社会，实践性强等特点，很受学生欢迎。但是，化学学科的特点决定了学生在独立实验操作时，以及在现场参观时，不可避免地要接触一些玻璃仪器、热源、生产设备和化学药品，其中特别是强酸强碱以及易燃易爆有毒药品。教师或辅导员必须教育学生高度重视安全，要严格规定和执行有关纪律和操作程序。认真交代安全守则和注意事项，必要时要亲自示范。学生设计的实验要经教师审核同意后才能实施。在科技活动中要尽量减少污染。

科技活动的形式、方法可以灵活多样。例如组织学生阅读有关化学的书刊资料，观看电影录像，进行现场参观，开设专题讲座，制作简易教具，设计化学实验，开展化学竞赛，举行化学晚会，编写化学壁报，举办化学展览，撰写小论文等。

第二节 科技活动的方法

1. 诱发学生的兴趣，变学生盲目参与为主动学习

正确的学习动机，是学习的必要条件。化学课外科技活动同样需要端正学生的动机，激发他们浓厚的兴趣。在组织新生化学课外活动小组时，至关重要的是首先上好第一课——目标教育课，大讲该小组活动史，讲过去高年级学生在小组活动中取得的成绩、小组的任务和培养目标，以纯化学生参加课外活动的动机。将兴趣型课题与具有特殊任务的课题相间安

排，使学生的兴趣持久地保持下去，并在活动中不断得到满足，产生新的需要和向往。

2. 重视课题设置是搞好化学课外活动的关键

学生的学习包含学校和日常生活中的学习，化学课外活动不受教学计划的限制，没有现成的大纲和教材，使得课题的设置成了活动成败、质量优劣的关键。在设置课题时必须服从总体原则：(1) 有意识地从总体上发展学生的智力和非智力；(2) 课题应面向生活和工农业实践，内容要具有社会性、创造性，而不只具有知识性、趣味性。

3. 必须把思想政治教育放在首位

课程标准规定应对学生进行辩证唯物主义教育和爱国主义教育，国家教委也明确规定要用社会主义思想占领中小学阵地。教育只有为社会不断培养出合格的公民，才会促进社会的文明建设。而学生的学习包含道德品质和行为习惯的培养，所以各学科的教育都应把思想政治教育放在重要地位。课外活动中，要使学生成为真正参加实践的主体，愉快地把课外活动作为科学研究、联系社会、培养自身素质的好场所，必须针对课外活动的特点，从学生实际出发，把思想政治教育，热爱党、热爱社会主义制度及爱祖国爱人民的教育落到实处。

4. 争取学校领导的支持

要开展好科技活动，领导的支持至关重要。因此化学教师或科技辅导员要努力争取领导的支持。科技活动能否正常开展，是与校长的领导支持分不开的，要使校长从精神和经费上支持。

要搞好科技活动，还要做到如下几点：①制订活动计划；②根据学校的实验情况合理设计活动方案。③认真指导活动的进行，放手让学生操作，不能包办代替，要实事求是，不能弄虚作假。④认真检查活动的效果，有些可进行评分登记，有时要进行奖励，以调动学生的积极性。

化学科技活动课并非无目标的随意活动，也不同于现行课程教材体制下的化学实验课。它的取材应该是源于必修课教材，高于必修课教材，贴近生活、生产实际，反映新的科技成果。它的作用应该是必修课课堂教学的延伸与发展，培养学生的兴趣特长、拓宽学生的知识面、发展学生的智力、能力，发现和培养人才。化学科技活动课应该与化学必修课相辅相成，通过科技活动课促进化学基础知识和基本技能的落实。化学科技活动课的部分内容可以直接为化学必修课的课堂教学服务。如仪器的制作，实验的装置等。因此化学科技活动课与必修课、选择性必修课、选修课 4 个板块既是相互独立，又是相互渗透，互为促进的。

第三节　科技活动的内容及实施

1. 趣味性实验活动

设置此类实验的目的是激发学生学习化学的兴趣，争取更多的学生参加化学科技活动。这类实验以趣味性强烈、效果明显、操作简便为特点，而又内含许多"为什么"，使学生一参加化学实验活动就处于"欲罢不能"的境地。例如蓝瓶子（或红瓶子）实验、波动实验、示温涂料、水中黄金、固体酒精等。

2. 实用性实验活动

以贴近生活、发生在身边的化学现象为素材，组织实用性化学实验活动，既培养学生学习化学的兴趣，又使学生感受化学在国民经济及生活中的实际运用。如制皮蛋、制肥皂、制洗洁精、制除锈剂、制高效灭蚊纸、制记号墨水、制纯碱等。上述实验除制纯碱装置较复杂、费时较多外，其余均取材容易（有的可让学生自备），操作简便，活动成果有实用价值。如通过除锈剂的配制与使用，验证除锈剂确能除锈，而使学生感受到化学就在我们身边，学好化学能造福人类，激发了学习的动力，变被动学习为主动学习，在实践中去发现、掌握知识。

3. 探究性实验活动

设置此类实验活动的目的是为了让学生在参加活动的过程中进一步掌握学习化学的方法，培养能力，发展智力。化学是以实验为基础的科学，它以实验的客观事实，完成对客观事物从感性到理性，从具体到抽象的认识过程。通过探究性实验活动，使学生掌握"假设——验证——结论"的学习化学的一般方法。如探究制取氧气的各种催化剂等。

4. 服务性实验活动

这类实验活动的安排是直接为化学必修课课堂教学服务，活动内容紧密联系课堂教学，促进教学质量的提高。通过活动课实践，促进学生对化学基础知识、基本技能的牢固掌握，培养学生的动手能力，帮助学生对某些化学现象的原理去探究、发现、掌握，使学生知其所以然。真正体现出教学活动过程中学生的主体作用和教师的主导作用。例如在活动课中制原电池的电极，为必修课中原电池一节的教学提供边讲边实验的装置。每个学生准备一节1号废电池，完整剖开，取下碳棒，剥下锌皮，洗净。将锌皮折叠成2cm宽的锌条，敲紧压实。然后让同桌的二名学生合做一只原电池的电极——将二根碳棒并列，在碳棒与锌条间隔一块3cm厚的泡沫塑料块，用塑料包装线将三者捆扎至紧。再用导线连接碳棒与锌条，中间接上1.5V小电珠一只，电极制作便告完成。将电极浸入1∶4硫酸（其中撒入少量高锰酸钾晶体）中，原电池开始工作，小电珠持续发光。这样制得的电极能长期保存，整个装置的使用非常简便。

第四节　科技活动的形式

1. 读科普书

教师事先选定一些与化学有关的科普书，比如化学史、化学家的故事、元素发现史、化学与军事、医药、工业、农业、环境、日常生活、化学科学发展动向等，介绍给学生，让学生自己阅读，做好笔记，写下心得体会，相互交流。这样可以让学生开阔视野、扩大眼界、增长知识、陶冶情操。

2. 举办展览

由教师指定课外小组成员摆置好仪器、装置、试剂、标本、模型、挂图、用表，写好卡片，让全校学生参观。必要时，让课外小组成员演示或讲解。既培养了化学骨干，又使学生对整个实验情况有一个系统的了解，一般宜每学年举办一次。

3. 调查访问

教师确定好调查内容，拟定好调查提纲、设计好调查方案，让学生利用课余时间，或个别或分组带着任务在当地进行社会调查，写出调查报告，回校交流。例如当地矿产资源、环境污染与保护、土壤的酸碱性、化肥农药的使用、"三废"的综合利用、化学工业的发展情况等都可以作为调查内容。

4. 自制教具

组织发动学生就地取材、制作简易教具。例如用泥、塑料压膜和铁丝制分子结构、晶体结构模型，利用墨水瓶等制洗气瓶、洗瓶、酒精灯等。

5. 改进实验

就课本和课外读物中的实验原理、装置、操作方法等提出改进方案，然后进行对照试验，认真分析比较，选出最优方案。例如用无水醋酸钠制取甲烷的实验改进，用双氧水制备氧气时，如何改进催化剂二氧化锰等。

6. 写小论文

教师拟定好小论文题目，让学生查阅资料，相互讨论，自写小论文。例如要学生查阅相关二氧化碳的是非功过的资料，写1篇二氧化碳在工农业生产上应用的小论文；又如结合侯德榜的相关制碱技术和爱国情怀，写1篇有关侯德榜生平的小论文等。

7. 实地参观

组织学生参观当地化工厂、煤矿、油田等化工企业，农村蔬菜大棚种植基地、污水处理厂、当地的自来水生产厂等，使书本知识与生产实际相结合。参观后，写出参观见闻、体会、感想。

8. 分组讨论

教师拟好题目，提出几种看法，让学生分组讨论，畅所欲言，各抒己见，展开辩论，形成最终一致的看法。例如结合学校周边工农业生产的实践情况，教师提出如何改善学校的空气质量。学生可以先行查阅相关资料，并进行实地调查后，再进行分组讨论，最终得出一个比较科学和具体的方案。

9. 举行竞赛

对教材中的知识或教材外的问题采用闭卷或开卷形式进行竞赛，规模可大可小，时间可长可短。一般宜每学期进行一次。例如化学实验基本操作技能大赛，化学方程式书写比赛，利用废旧物品自制化学教学模型或教具比赛等。

10. 团体接力

将学生分成若干代表队，每次每队一人，采用抢答或抽签形式回答问题。答题的方式可以口答，可以板演，可以进行实验操作。由评委（一般由老师若干人组成）打分。总分高者取胜，其余同学可以观看。例如各类化学用语、化学实验基本操作就可以进行接力。

11. 专题讲座

对一些课本中讲得少而又应让学生全面系统了解的问题，可组织小组同学共同查阅资料，共同加以整理，然后由一人或几人向全体同学做专题报告。

12. 学生讲课

选一些综合性强、技巧性大的题目，由老师指导课外小组成员写好教案，然后给其他同学当"小老师"，讲给其他同学听。这样可有效地培养学生语言表达能力。

13. 家庭实验

让学生在家中利用能找到的东西做验证性实验。例如用广泛pH试纸测定食盐、食醋、蔗糖、苏打等溶液的pH值。

14. 办板报墙报

让小组成员2~3人一组，轮流负责，利用教室后边及校园内的黑板、墙报办板报、墙报，向全体师生介绍一些有趣的化学知识，报道课外小组的活动情况。

15. 出小刊物

挑选一些善写能画的小组成员，组成编委会，自办化学小刊物，主要刊载学生自写的小论文、小制作及学习的经验体会。同时介绍一些重要的课本中没有的化学知识。

16. 编演歌诀

指导学生将一些难记的化学知识编成顺口溜、快板、相声等，以增强记忆。适当时候，举行班级、年级或全校性的歌诀表演会，还可将歌诀装订成册，人手一份。

17. 趣题征解

找一些思考性强、灵活性大的题目，在同学中征集解法，寻求一题多解，选出最优方法，培养学生的求异思维能力。

18. 召开晚会

配合学校的重大活动或重大节日，指导课外小组成员搜集资料，自编、自演一些有趣、有味、有乐的节目，在全校公演。例如化学魔术、相声、快板、小品、游戏等。

19. 有奖猜谜

将各方面的化学知识编成谜语，写在纸上，让学生猜、猜对者发给小纪念品等。

20. 化学故事

寻找或自编一些有趣的化学故事，经过准备再讲给同学听。例如，各种化学史话、化学家的故事，科学幻想故事等。

21. 制日用品

指导学生利用能找到的材料制取一些简单的日用化学品。例如用苯酚、氯仿、废尼龙制尼龙胶，自制漂白粉、肥皂、雪花膏等。

22. 寻代用品

发动学生从废料中寻找化学实验室代用品，例如：从废电池中取石墨棒、锌皮、MnO_2，在山间田野里寻找石灰石等。

第五节　科技活动案例

魔棒点灯

你能不用火柴，而是用一根玻璃棒将酒精灯点燃么？实验：取少量高锰酸钾晶体放在表面皿（或玻璃片）上，在高锰酸钾上滴2、3滴浓硫酸，用玻璃棒蘸取后，去接触酒精灯的灯芯，酒精灯立刻就被点着了。

滴水点火

水能灭火，难道还能点火？实验：取干燥的蔗糖粉末5g与氯酸钾粉末5g在石棉网上混合，用玻璃棒搅匀，堆成小丘，加入过氧化钠3g，滴水，半分钟后，小丘冒出白烟，很快起火燃烧。

烧不坏的手帕

用火烧过的手帕居然完好无损？实验：把棉手帕放入用酒精与水以1∶1配成的溶液里浸透，然后轻挤，用两只坩埚钳分别夹住手帕两角，放到火上点燃，等火焰减小时迅速摇动手帕，使火焰熄灭，这时会发现手帕依旧完好如初。原理：燃烧时，酒精的火焰在水层外，吸附在纤维空隙里的水分吸收燃烧热而蒸发，手帕上的温度达不到纤维的着火点，因而手帕烧不坏。

雪球燃烧

雪球也能燃烧？燃烧的当然不是真正的雪球，而是把醋酸钙溶液放到酒精中析出的醋酸钙就像白雪一样，制成球状，点燃即燃烧。实验：20mL 水加 7g 醋酸钙，制成饱和醋酸钙溶液，加到 100mL 95％的酒精中，边加边搅拌，就析出像雪一样的固体。

空杯生烟

空的杯子里冒出白烟？实验：两只洁净干燥的玻璃杯，一只滴入几滴浓盐酸，一只滴入几滴浓氨水，转动杯子使液滴沾湿杯壁，随即用玻璃片盖上，把浓盐酸的杯子倒置在浓氨水的杯子上，抽去玻璃片，逐渐便能看到满杯白烟。

彩色温度计的制作

实验原理：钴的水合物在加热逐步失水时，会呈现不同的颜色，因此可以根据温度的变化而呈现的颜色变化做成温度计。实验步骤及现象：在试管中加入半试管 95％乙醇和少量红色氯化钴晶体（$CoCl_2·6H_2O$），振荡使其溶解，在常温下呈紫红色，加热时随温度升高颜色呈蓝紫色至纯蓝。

苏打——酸灭火器

用一个大瓶子配上一个单孔胶塞并插上玻璃管。向瓶中加入一些碳酸氢钠溶液，取一支能装入瓶内的试管，盛满浓盐酸后，将试管缓慢放入瓶中，使试管能竖立起来，塞上插有玻璃管的胶塞。使用灭火器时，倒转瓶子并将玻璃管口指向火焰。小心！不要把管口对着别人或自己。向酸中加入洗涤剂以产生起覆盖作用的泡沫。将瓶子对准火焰，迅速倒转瓶子，剧烈反应生成大量二氧化碳，则气体的压力将液体从管口压出而灭火。

建造一座"水中花园"

将硅酸钠（Na_2SiO_3）溶于水中制成溶质质量分数为 40％的水玻璃，轻轻将盐的晶粒，如钴、铁、铜、镍和铅的氯化物，铝、铁、铜和镍的硫酸盐，钴、铁、铜和镍的硝酸盐，加入到水玻璃中（注意不能摇混），则五彩缤纷的"花"就慢慢地生长起来了。

喷雾作画

实验原理：$FeCl_3$ 溶液遇到硫氰化钾（KSCN）溶液显血红色，遇到亚铁氰化钾〔$K_4[Fe(CN)_6]$〕溶液显蓝色，遇到铁氰化钾〔$K_3[Fe(CN)_6]$〕溶液显绿色，遇苯酚显紫色。$FeCl_3$ 溶液喷在白纸上显黄色。实验用品：白纸、毛笔、喷雾器、木架、揿钉。$FeCl_3$ 溶液、硫氰化钾溶液、亚铁氰化钾浓溶液、铁氰化钾浓溶液、苯酚浓溶液。实验步骤：①用毛笔分别蘸取硫氰化钾溶液、亚铁氰化钾浓溶液、铁氰化钾浓溶液、苯酚浓溶液在白纸上绘画。②把纸晾干，钉在木架上。③用装有 $FeCl_3$ 溶液的喷雾器在绘有图画的白纸上喷上 $FeCl_3$ 溶液。

木器或竹器上刻花（字）法

反应原理：稀硫酸在加热时成为浓硫酸，具有强烈的脱水性，使纤维素（$C_6H_{10}O_5)n$ 失水而碳化，故呈现黑色或褐色。洗去多余的硫酸，在木（竹）器上就得到黑色或褐色的花或字。实验步骤：用毛笔蘸取质量分数为 5％的稀硫酸在木器（或竹器）上画花或写字。晾干后把木（竹）器放在小火上烘烤一段时间，用水洗净，在木（竹）器上就得到黑色或褐色的花样或字迹。

蛋白留痕

取一只鸡蛋,洗去表面的油污,擦干。用毛笔蘸取醋酸,在蛋壳上写字。等醋酸蒸发后,把鸡蛋放在稀硫酸铜溶液里煮熟,待蛋冷却后剥去蛋壳,鸡蛋白上留下了蓝色或紫色的清晰字迹,而外壳却不留任何痕迹。这是因为醋酸溶解蛋壳后能少量溶入蛋白。鸡蛋白是由氨基酸组成的球蛋白,它在弱酸性条件中发生水解,生成多肽等物质,这些物质中的肽键遇 Cu^{2+} 发生络合反应,呈现蓝色或者紫色。

紫罗兰的变色实验——酸碱指示剂原理

这个季节正好是有紫罗兰的时候,可以用紫罗兰来做酸碱指示剂。实验操作见新教材(人教版),很有意思的。这个实验简单,现象明显。用菊花做的效果也不错。当初玻义耳就是因为偶然发现这个现象而提出酸碱指示剂这个概念的。

检验含碘食盐成分中的碘

实验原理:含碘食盐中含有碘酸钾(KIO_3),除此之外,一般不含有其他氧化性物质。在酸性条件下 IO_3^- 能将 I^- 氧化成 I_2,I_2 遇淀粉试液变蓝;而不加碘的食盐则不能发生类似的反应。实验用品:试管、胶头滴管、含碘食盐溶液、不加碘食盐溶液、KI 溶液、稀硫酸、淀粉试液。实验步骤:①在 2 支试管中分别加入少量含碘食盐溶液和不加碘食盐溶液,然后各滴入几滴稀硫酸,再滴入几滴淀粉试液。观察现象。②在另一试管中加入适量 KI 溶液和几滴稀硫酸,然后再滴入几滴淀粉试液。观察现象。③将第 3 支试管中的液体分别倒入前 2 支试管里,混合均匀,观察现象。

自制汽水

汽水是由矿泉水或经过煮沸、紫外线照射消毒后的饮用水,充以二氧化碳制成的。属于含二氧化碳的碳酸饮料。工厂制作汽水是通过加压的方法,使二氧化碳气溶解在水里。汽水中溶解的二氧化碳越多,质量越好。市场上销售的汽水,大约是 1 体积水中溶有 1~4.5 体积二氧化碳。有的汽水中除含二氧化碳外,还加入适量白糖、果汁和香精。二氧化碳从体内排出时,可以带走一些热量,因此喝汽水能解热消渴。喝冰镇汽水时,由于汽水的温度更低,溶解的二氧化碳更多(0℃时,二氧化碳的溶解度比 20℃时大 1 倍),有更多的二氧化碳要从体内排出,能带走更多的热量,所以更能降低肠胃的温度。因此,千万不能大量饮用冰镇汽水,以免对肠胃产生强烈的冷刺激,引起胃痉挛、腹痛,甚至诱发肠胃炎。此外,过量的汽水会冲淡胃液,降低胃液的消化能力和杀菌作用,影响食欲,甚至加重心脏、肾脏负担,引起身体不适。在实验室和家庭中也可以自制汽水。取一个洗刷干净的汽水瓶,瓶里加入占容积 80% 的冷开水,再加入白糖及少量果味香精,然后加入 2g 碳酸氢钠,搅拌溶解后,迅速加入 2g 柠檬酸。并立即将瓶盖压紧,使生成的气体不能逸出,而溶解在水里。将瓶子放置在冰箱中降温。取出后,打开瓶盖就可以饮用。

检验尿糖

实验原理:糖尿病患者尿液中含有葡萄糖,含糖量多,则病情重。检验尿液中的含糖量,可以用硫酸铜跟酒石酸钾钠与氢氧化钠溶液配制成的费林试剂的药液来检验。其反应原理与用氢氧化铜悬浊液检验醛基相同。

实验操作:①配制费林试液。取 100mL 蒸馏水,加入 3.5g 硫酸铜晶体($CuSO_4 \cdot 5H_2O$)制成溶液Ⅰ；另取 100mL 蒸馏水，加入 17.3g 酒石酸钾钠（$NaKC_4H_4O_6·4H_2O$）和 6g 氢氧化钠制成溶液Ⅱ。将溶液Ⅰ与溶液Ⅱ分装在两只洁净的带密封塞的试剂瓶中，使用时等体积混合即成费林试液。②检验。用吸管吸取少量尿液（1～2mL）注入一支洁净的试管中，再用另一支吸管向试管中加入 3～4 滴费林试剂，在酒精灯火焰上加热至沸腾，加热后：a. 若溶液仍为蓝色，表明尿液中不含糖，用"－"表示；b. 若溶液变为绿色，表明尿液中含少量糖，用"＋"表示；c. 若溶液呈黄绿色，表明尿糖稍多，用"＋＋"表示；d. 若溶液呈土黄色，表明尿糖较多，用"＋＋＋"表示；e. 若溶液呈砖红色浑浊，说明尿糖很多，用"＋＋＋＋"表示。

蔬菜中维生素 C 的测定

实验原理：淀粉溶液遇到碘会变成蓝紫色，这是淀粉的特性。而维生素 C 能与蓝紫色溶液中的碘发生作用，使溶液变成无色。通过这个原理，可以用来检验一些蔬菜中的维生素 C。实验步骤及现象：在玻璃瓶内放少量淀粉，倒入一些开水，并用玻璃棒搅动成为淀粉溶液。滴入 2～3 滴碘酒，你会发现乳白色的淀粉液变成了蓝紫色。再找 2～3 片青菜，摘去菜叶，留下叶柄，榨取出叶柄中的汁液，然后把汁液慢慢滴入玻璃瓶中的蓝紫色的液体中，边滴入边搅动。这时，你又会发现蓝紫色的液体又变成了乳白色，说明青菜中含有维生素 C。

鞭炮的制作

①配方：硝酸钾 3g、硫黄 2g、炭粉 4～5g、蔗糖 5g、镁粉 1～2g 混合，点燃即爆炸。②反应：反应以 1 硫 2 硝 3 炭的黑色火药为基础（实际质量配比是：硝酸钾占 75%、硫占 10%、炭占 15%）：$2KNO_3+S+3C=\!=\!=K_2S+N_2\uparrow+3CO_2\uparrow$。蔗糖作为气体发生剂以增加响度，镁则为发光剂。试验可在一坩埚中进行。如用硬纸做成筒壳，将原料填入并用导火索（30%硝酸钾溶液浸过的纸卷）点燃，则为爆竹。将若干小爆竹用导火索连接，即为鞭炮，是现代炸弹的前身。

固体酒精

酒精与水可以任意比混溶，醋酸钙只溶于水而不溶于酒精。当饱和醋酸钙溶液注入酒精中时，饱和溶液中的水溶解于酒精中，致使醋酸钙从酒精溶液中析出，呈半固态的凝胶状物质——"胶冻"，酒精充填其中。点燃胶状物时，酒精便燃烧起来。实验用品：药匙、烧杯、量筒、玻璃棒、蒸发皿、火柴。酒精（质量分数 95%以上）、醋酸钙、蒸馏水。实验步骤：①在烧杯中加入 20mL 蒸馏水，再加入适量醋酸钙，制备醋酸钙饱和溶液。②在大烧杯中加入 80mL 酒精，再慢慢加入 15mL 饱和醋酸钙溶液，用玻璃棒不断搅拌，烧杯中的物质开始时出现浑浊，继而变稠并不再流动，最后成为凝胶状。③取出胶冻，捏成球状，放在蒸发皿中点燃。胶冻立即着火，并发出蓝色火焰。

一触即发

实验原理：乙炔通入银氨溶液生成乙炔银沉淀，乙炔银干燥后若受热、摩擦或撞击都会发生爆炸。$C_2H_2+2[Ag(NH_3)_2]OH \longrightarrow C_2Ag_2+2H_2O+4NH_3$；加热 $C_2Ag_2=\!=\!=2C+2Ag$。实验操作：在大试管中装入新制的银氨溶液 15～20mL，向其中通入乙炔气体，立即反应生成灰白色的乙炔银沉淀，继续通入乙炔至反应完全后过滤，洗涤干净滤渣，将滤渣分为绿豆大小的若干撮，放在一张滤纸上在阴凉稳妥处风干。将风干后的乙炔银放在厚书本中，稍用力合上书本即发生爆炸；放在地面用鞋底轻轻一擦也发生爆炸；放在石棉网上微热或用星火接触也发生爆炸。实验注意事项：实验后的残留物一定要及时处理掉以确保安全。

伽伐尼电池的制作

①方法：用一根 5cm 铜丝和一条 2mm 宽的锌片，分别插到土豆或西红柿内；再用耳机的两端接触铜丝和锌片，便能清晰地听到声音。如果把 12 个土豆按上法每个都插入铜片和锌片然后串联，接上电键及 1.5V 的小电珠；合键时电珠被点亮。1780 年意大利的伽伐尼从青蛙腿的触电肌肉收缩发现了生物电，提出了原电池的雏形。②原理：铜锌电池中铜为正极、锌为负极，土豆汁或西红柿汁为电解质溶液，起导电作用。

自动长毛的鸭子

用铝皮剪成一个鸭子形状（兔子、猫、老鼠…），用棉签蘸上 $Hg(NO_3)_2$ 溶液涂在铝皮上，过几分钟后将铝皮上的 $Hg(NO_3)_2$ 擦干。接着就可以看见铝鸭子自动长出白毛出来。实验原理：铝为活泼金属，但由于铝表面有致密的氧化膜，阻止了铝与空气的反应。$Hg(NO_3)_2$ 溶液涂上去后，破坏了致密氧化膜，同时形成 Al-Hg 合金，使得 Al 表面不能再形成致密氧化膜。Al 可以持续和空气中的氧气反应，生成白色 Al_2O_3。注意事项：$Hg(NO_3)_2$ 为剧毒化合物，实验时注意防护措施！

不用电的电灯泡

灯泡中装有镁条和浓硫酸，它们在灯泡内发生激烈的化学反应，引起了放热发光。大家知道，浓硫酸具有强烈的氧化性，尤其是和一些金属相遇时更能显示出它的氧化本领。金属镁又是特别容易被氧化的物质，所以它俩是天生的"门当户对"了，只要一相遇，便立刻发生脱水化学反应：$Mg+2H_2SO_4(浓) = MgSO_4+SO_2\uparrow+2H_2O$；在反应过程中放出大量的热量，使电灯泡内的温度急剧上升，很快地使镁条达到燃点，在浓硫酸充分供给氧的情况下，镁条燃烧得更旺，好像照明弹一样。

烧不着的棉布

棉布是由棉花制成的，棉花主要的化学成分是纤维素分子构成的，它含有碳、氢、氧元素，所以是可燃的物质。布条事先浸过 30% 的磷酸钠溶液，晾干后再浸入 30% 的明矾溶液中，再晾干，这样，布条上就有两种化学药品，磷酸钠和明矾。磷酸钠在水中显碱性，而明矾在水中显酸性，它们反应之后除生成水外，还生成不溶解于水的氢氧化铝。所以实际上棉布条被一层氢氧化铝薄膜包围了，氢氧化铝遇热后又变成了氧化铝和水，就是这层致密的氧化铝薄膜保护了布条，才免于火的袭击。经过这样处理过的棉布在工农业生产和国防建设上都有广泛的应用。

红糖制白糖

实验原理：红糖中含有一些有色物质，要制成白糖，须将红糖溶于水，加入适量活性炭，将红糖中的有色物质吸附，再经过滤、浓缩、冷却后便可得到白糖。实验步骤及现象：称取 5~10g 红糖放在小烧杯中，加入 40mL 水，加热使其溶解，加入 0.5~1g 活性炭，并不断搅拌，趁热过滤悬浊液，得到无色液体，如果滤液呈黄色，可再加入适量的活性炭，直至无色为止。将滤液转移到小烧杯里，在水浴中蒸发浓缩。当体积减少到原溶液体积的 1/4 左右时，停止加热。从水浴中取出烧杯，自然冷却，有白糖析出。

自制指示剂

实验原理：许多植物的花、果、茎、叶中都含有色素，这些色素在酸性溶液或碱性溶液里显示不同的颜色,可以作为酸碱指示剂。实验用品:试管、量筒、玻璃棒、研钵、胶头滴管、点滴板、漏斗、纱布。花瓣(如牵牛花)、植物叶子(如紫甘蓝)、萝卜(如胡萝卜、北京心里美萝卜)、酒精溶液(乙醇与水的体积比为1:1)、稀盐酸、稀NaOH溶液。实验步骤:①取一些花瓣、植物叶子、萝卜等,分别在研钵中捣烂后,各加入5mL酒精溶液,搅拌。再分别用4层纱布过滤,所得滤液分别是花瓣色素、植物叶子色素和萝卜色素等的酒精溶液,将它们分装在3支试管中。②在白色点滴板的孔穴中分别滴入一些稀盐酸、稀NaOH溶液、蒸馏水,然后各滴入3滴花瓣色素的酒精溶液。观察现象。③用植物叶子色素的酒精溶液、萝卜色素的酒精溶液等代替花瓣色素的酒精溶液做上述实验,观察现象。

玻璃棒点燃冰块

玻璃棒能点燃冰块,不用火柴和打火机,只要用玻璃棒轻轻一点,冰块就立刻地燃烧起来,而且经久不息。你如果有兴趣,可以做个实验看看。先在一个小碟子里,倒上1~2小粒高锰酸钾,轻轻地研成粉末,然后滴上几滴浓硫酸,用玻璃棒搅拌均匀,蘸有这种混合物的玻璃棒,就是一只看不见的小火把,它可以点燃酒精灯,也可以点燃冰块。不过,在冰块上事先放上一小块电石,这样,只要用玻璃棒轻轻往冰块上一触,冰块马上就会燃烧起来。原理:冰块上的电石(化学名称叫碳化钙)和冰表面上少量的水发生反应,这种反应所生成的电石气(化学名称叫乙炔)是易燃气体。由于浓硫酸和高锰酸钾都是强氧化剂,它足以能把电石气氧化并且立刻达到燃点,使电石气燃烧,另外,由于水和电石反应是放热反应,加之电石气的燃烧放热,更使冰块融化成的水越来越多,所以电石反应也越加迅速,电石气产生得也越来越多,火也就越来越旺。

白花变蓝花

器具和药品:铁架台、铁夹、蒸发皿、滴管、锌粉、碘片、糨糊。方法:取一只蒸发皿放入2g锌粉和2g碎碘片,拌和均匀,在蒸发皿的正上方吊一朵白纸花,白纸花上涂以面粉糨糊。然后用胶头滴管吸取冷水,加一二滴于混合粉上,立即有紫烟和白雾腾空而起,团团彩云都抢着去拥抱白纸花,把白纸染成蓝花,再熏染一两次,蓝花更加鲜艳、逼真。原理:干态下的碘片和锌粉,常温下不易直接化合,加入少量水作催化剂后,立即剧烈反应生成碘化锌并放出大量的热,使未反应的碘升华成紫烟,水受热汽化,空中冷凝成白雾,碘和白纸花上的面粉接触显蓝色,于是紫烟造出蓝花。

"琥珀"标本的制作

可以选用优质(特级)松香,自己动手制作一块人造琥珀标本,花费不多,操作也不难。现将制作方法介绍如下:把买来的优质松香(用量的多少根据昆虫大小来决定,一般100克左右就能做一块),放在烧杯内,加少量酒精(它们的比例一般采用10:1),用酒精灯加热,不断地用玻璃棒搅拌,直到松香熔化,所含的酒精基本上蒸发就好了,然后,把要做标本的蝴蝶、甲壳虫、小植物放在事先用硬纸折好的小纸盒内(先在折好的纸盒内衬一层蜡纸)。纸盒折成像火柴盒芯子的形状。再把熔化的松香慢慢倒入盒内。当松香凝结变硬以后,撕去纸盒,用快刀小心地削去标本四周多余部分,这是琥珀标本的毛坯,只有上面透明,可以看清楚里面的小昆虫,其余的五面是毛糙、不透明的,看不清里面的小昆虫,还必须经过酒精洗涤,晾干,这样整块人造琥珀通身透明,小昆虫像冬眠般地睡在里面,微细的结构都看得一清二楚,好像一块真的昆虫琥珀一样。装在玻璃盒内,标本就制成功了。

制作不易生锈的铁钉（带有氧化膜）

材料：铁钉。仪器与药品：三脚架，石棉网，酒精灯，烧杯，试管，稀盐酸，稀氢氧化钠，氢氧化钠固体，硝酸钠，亚硝酸钠，蒸馏水。步骤：①先用试管量取适量稀氢氧化钠，把铁钉投进，除去油膜。②再用试管量取适量稀盐酸，把铁钉投进，除去镀锌层，氧化膜和铁锈。③称取 2g 固体氢氧化钠，0.3g 硝酸钠和一角匙亚硝酸钠，在烧杯中溶于 10mL 蒸馏水。④把铁钉投入烧杯中，加热至表面生成亮蓝色或黑色的物质为止。原理：亚硝酸根在中性和碱性环境中有一定的氧化性，在强碱溶液中，与铁反应生成亚铁酸钠（$Na_2Fe_2O_4$）和一水合氨，生成的亚铁酸钠不稳定，在亚硝酸根和铁的作用下在铁表面分解为致密氧化膜。

注意：NaOH 有强烈腐蚀性，并且溶于水时放出大量热。而亚硝酸钠为剧毒物质，做完实验要把手彻底洗干净。

制作"叶脉书签"

实验步骤：①选择外形完整、大小合适、具有网状叶脉的树叶，这是成功的关键，叶脉不硬的就好像煮树叶汤；②用水将树叶刷洗干净，放在约 10％的氢氧化钠溶液中煮沸。当叶肉呈现黄色后取出树叶，用水将树叶上的碱液洗净；③将叶子平铺在瓷砖或玻璃板上，用试管刷或软牙刷慢慢刷去叶肉。将剩下的叶脉放在水中轻轻清洗，稍稍晾干后，夹在书中压平。

自燃——糖与氯酸钾的反应

实验原理：浓硫酸与糖反应时放热，放出的热量能促进氯酸钾的分解，释放出氧气。氧气又进一步氧化糖，糖的氧化放出大量热，大到足以使糖燃烧产生火焰。实验步骤及现象：将糖粉与等量氯酸钾混合均匀放进蒸发皿内，在混合物顶部轻轻地挖一凹痕，向凹痕中滴一滴浓硫酸，即发生自燃。注：这个实验应在通风橱中进行。

指纹检查

实验原理：碘受热时会升华变成碘蒸气。碘蒸气能溶解在手指上的油脂等分泌物中，并形成棕色指纹印迹。实验用品：试管、橡胶塞、药匙、酒精灯、剪刀、白纸、碘。实验步骤：①取一张干净、光滑的白纸，剪成长约 4cm、宽不超过试管直径的纸条，用手指在纸条上用力摁几个手印。②用药匙取芝麻粒大的一粒碘，放入试管中。把纸条悬于试管中（注意摁有手印的一面不要贴在管壁上），塞上橡胶塞。③把装有碘的试管在酒精灯火焰上方微热一下，待产生碘蒸气后立即停止加热，观察纸条上的指纹印迹。

干洗剂

处方及制法：1,1,1-三氯乙烷 60％、汽油 20％、苯 18％、油酸二乙醇酯 2％、油溶性香料少量；将上列各组分放在烧杯或搪瓷杯等容器中混合均匀，装瓶密封保存。用途及用法：用于除去高档毛料衣服的污垢，洗后无需漂洗，不留痕迹，对织物无损，衣服不变形，色泽不改变。洗的方法是用毛刷沾上干洗剂，刷有污垢的地方，然后用拧干的湿毛巾吸走灰尘及污垢。

用皂泡法检验硬水的硬度

实验步骤及现象：将 1g 普通的洗衣皂片溶解在 100mL 酒精中，配成肥皂溶液。取 5mL 蒸馏水或软化水注入试管，向水中加入一滴肥皂液，用塞子塞住试管口，用力振荡试管，若没有出现皂泡，再加入一滴肥皂溶液并振荡。继续滴加肥皂溶液并振荡直到有充足的皂泡产生。记录产生充足皂泡所需的肥皂液的滴数。用此方法便可检验不同硬水的硬度，例如：①碳酸氢钙的稀溶液；②碳酸钙的悬浊液；③自来水；④雨水或储存水；⑤矿泉水；⑥实验室制备的硬水。

小喷泉

用一个带有瓶塞的广口瓶，并端来一盆水和一个空盆，取两根长短不同的细玻璃管，其中较短的玻璃管的一端有喷嘴（如图10-1所示），要求自制一个小喷泉。

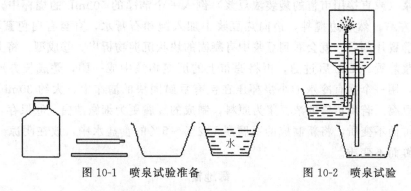

图 10-1　喷泉试验准备　　　　图 10-2　喷泉试验

先在瓶塞上钻上两个直径与玻璃管粗细一样的小孔，把玻璃管插入孔中。然后，在瓶中放适量的水。把带有细玻璃管的瓶塞盖上并拧紧，短管在瓶里伸得长些，长管在瓶里伸得短些。最后把瓶子倒过来。让短管的一端浸在盛满水的盆里，长管的一端放在无水的空盆里（如图10-2所示）。只见盆里的水通过细玻璃管喷射而出，这样，小喷泉就制成了。

蜡烛在水面下燃烧

先把蜡烛牢固地竖立在一个空盆的底上点燃后轻轻地往盆里倒凉水，直至与蜡烛边缘相平为止。一会儿，蜡烛的火焰就降到水面以下了（如图10-3所示）。

图 10-3　蜡烛在水面下燃烧

火山爆发

实验原理：高锰酸钾与甘油混合激烈反应放出大量热，使重铬酸铵分解生成的固体残渣随生成的气体喷出。实验操作：在木板中央堆一方泥土，上面放一坩埚，坩埚周围用泥围堆成一小"山丘"，丘顶坩埚上方为"火山口"。向埋在山丘内的坩埚中央堆放5g高锰酸钾和1g硝酸锶的混合物，此混合物周围堆放10g研细了的重铬酸铵粉末。用长滴管滴加数滴甘油在高锰酸钾上，人离远点，片刻后可见有紫红色火焰喷出，紧接着就有绿色的"火山灰"喷出。

无泥皮蛋配方

3g NaOH，5g NaCl，29.5g Ca(OH)$_2$，2.5g 茶叶，105mL 水，放置大约 25～35 天；60g NaOH，60g NaCl，2g 鞣酸，2g 黄丹粉，1kg 水和 1kg 鸭蛋。

洗发、染发香波

配制方法很多，仅介绍一例：十二烷基硫酸钠 20g（去污剂），过硼酸钠 5g（助去污剂），苯二胺 5g（染色剂），三聚磷酸钠 5g（助染剂），谷氨酸钠 1g（表面活性剂）。将上列各组分别研磨成粉末后拌和均匀即成，存在瓶中密闭保存。用法：本品兼有洗净头发与将白发染黑的双重效果，连续使用 3～5 次就能使白发全部染黑，而不会使皮肤或衣物染上黑色，每次洗发时只需用2g。

自制豆腐

实验步骤：①浸泡：加300mL水浸泡24h（若气温较高时，中间可更换一次水），使黄豆充分膨胀，然后倒掉浸泡水。②研磨：将泡好的大豆放在家用粉碎机内，加入200mL水，进行粉碎。③制浆：将研磨好的豆浆和豆渣一并倒入放有双层纱布的过滤器中抽滤，另取100mL水，分多次冲洗滤饼，充分提取豆渣中的豆浆。滤液即为浓豆浆。④凝固变性：将自制的浓豆浆（或直接用市售的袋装浓豆浆）倒入一个洁净的500mL的烧杯中，用酒精灯加热至80℃左右，然后边搅拌，边向热豆浆中加入饱和石膏水，直至有白色絮状物产生。停止加热，静置片刻后，就会看到豆浆中有凝固的块状沉淀物析出。⑤成型：将上述有块状沉淀物的豆浆静置20min后过滤，再将滤布上的沉淀物集中成一团，叠成长方形，放在洁净的桌面上，用一个盛有冷水的小烧杯压在包有豆腐团块的滤布上，大约30min后，即可制成一小块豆腐。若用市售的浓豆浆为原料，制成的豆腐更为细嫩洁白。⑥保存：为了使制成的豆腐保鲜而不变质，将新制成的豆腐浸于2%～5%的食盐水中，放在阴凉处，可使豆腐数天内保鲜而不变质。

踩地雷

实验仪器：400mL烧杯1只，漏斗架，长颈漏斗，滤纸，100mm量筒，托盘天平、药匙，搅拌用木条1根。药品：碘、浓氨水。实验方法：①"地雷"——碘化氮的制备：称取1～2g碘（最好是粉末状）置于400mL烧杯中，然后注入50～100mL浓氨水，用木条做搅拌棒，不断搅拌以使碘与浓氨水充分反应。反应2min后，过滤，过滤时应尽可能使不溶物聚集在滤纸的圆锥中央。过滤一次后，烧杯内仍残留许多未反应的碘，应将滤液再次倒回原烧杯，以使浓氨水与未反应的碘进一步反应，然后再摇动烧杯，倾出上层滤液过滤。重复以上过滤过程，直至碘与浓氨水充分反应。最后，将烧杯中残留的固体，全部转移到滤纸上。当漏斗中仅剩余少量液体未滤出时，即可将滤纸从漏斗中取出，平铺于一块木板上。这样，"地雷"就制备完成了。②演示：用木条将滤纸上的滤饼拨撒到要进行表演的水泥地面上，晾干30～60min后，即可进行，试验者将发现，当脚踩到该药品时，会发出清脆的爆炸声，并且随着脚步的移动，这种爆炸声将持续不断，致使试验者不知如何是好，犹如身陷地雷阵似的，正是"进亦难，退亦难"。实验原理：①在常温时，碘跟浓氨水反应生成一种暗褐色的物质，通常称之为碘化氮。实际上，该物质是带有不同数量氨的碘化氮的化合物，如$NI_3·NH_3$、$NI_3·2NH_3$等，其化学反应方程式如下：$5NH_3 + 3I_2 =\!=\!= NI_3·NH_3 \downarrow$（暗褐色）$+ 3NH_4I$。②当碘化氮干时，极轻微的触动即引起爆炸。如受振动、碰撞或脚踩时，极易分解发出爆炸声：反应式如下：$2NI_3·NH_3 = 3I_2 + N_2 + 2NH_3$，爆炸时，由于有热量放出，从而使生成的碘变成紫色的碘蒸气。注意事项：①由于碘化氮极易分解、爆炸（甚至在潮湿时）。因此在制备碘化氮及进行实验时，均须小心，而且不可多制，制备的碘化氮必须一次用尽。②鉴于"地雷"晾干后就会容易爆炸，所以，在布置"地雷阵"时，一定要在滤饼湿润时进行，否则，在拨撒过程中就会分解爆炸，那就是"炸弹"，而不是"地雷"了。千万注意安全。

铜丝灭火方法

用粗铜丝或多股铜丝绕成一个内径比蜡烛直径稍小点的线圈，圈与圈之间需有一定的空隙。点燃蜡烛，把铜丝制成的线圈从火焰上面罩下去，正好把蜡烛的火焰罩在铜丝里面，这时空气并没有被隔绝，可是蜡烛的火焰却熄灭了。原理：铜不但有很好的导电性，而且传递热量的本领也是顶呱呱的。当铜丝罩在燃着的蜡烛上时，火焰的热量大部分被铜丝带走，结果使蜡烛的温度大大降低，当温度低于蜡烛的着火点（190℃）时，蜡烛当然就不会燃烧了。

茶水—墨水—茶水

方法：取一杯不满的棕黄色的茶水，用玻璃棒在茶水中搅动一下，大喊一声"变"，此时，茶水立刻变成了蓝色的墨水。接着，又将玻璃棒的另一端在墨水杯里搅动一下，大喊一声"变"，刚刚变成的蓝墨水又变成了原来的茶水了。原理：这是个非常有趣的化学反应。原来玻璃棒的一端事先蘸上绿矾（化学名称叫硫酸亚铁）粉末，另一端蘸上草酸晶体粉末。因为茶水里含有大量的单宁酸，当单宁酸遇到绿矾里的亚铁离子后立刻生成单宁酸亚铁，它的性质不稳定，很快被氧化生成单宁酸铁的络合物而呈蓝黑色，从而使茶水变成了"墨水"。草酸具有还原性，将三价的铁离子还原成二价的亚铁离子，因此，溶液的蓝黑色又消失了，重新显现出茶水的颜色。这种现象在人们生活中也是经常遇到的，当你用刀子切削尚未成熟的水果时，常常看到水果刀口处出现蓝色，有人以为是刀子不洁净所造成的。其实，这种情况同上述茶水变墨水是一样的道理，就是刀子上的铁和水果上的单宁酸发生化学反应的结果。

自制"冰袋"

方法：称取碳酸钠晶体 30g，研细，称取 23g 硝酸铵晶体并研细。先将研细的碳酸钠晶体装入小塑料袋底部，压紧后，用一双卫生筷子夹住塑料袋并用线绳将筷子两端绑住，将碳酸钠封在袋子下半部；然后将研细的硝酸铵装在袋子上半部，再用封口机（或热锯条）将塑料袋封闭，即成"冰袋"。使用时，只要将卫生筷子取下，用手使袋内两种固体粉末充分混合，便可以立即产生低温，袋子最低温度可降至约 0℃。将饮料瓶等用化学冰袋裹住降温，即凉爽可口。原理：几种特殊的铵盐如硝酸铵、氯化铵等，溶于水时具有强烈吸热降温的性质，它们还可以从与其相接触的晶体盐中夺取结晶水而溶解吸热，利用这种性质，可以通过简单地混合两种盐而制冷，制成化学"冰袋"。

水火相容

方法：取一个洁净 100mL 的烧杯，装半杯自来水，用镊子取一小块钾，用滤纸吸去表面的煤油后，投入烧杯中，我们将会看到一个着火的小球在水面上游动，并发出轻微的爆炸声。原理：因为金属钾非常活泼，所以一遇水就发生激烈的化学反应，同时放出大量热，并生成可燃性气体氢气。$2K + 2H_2O == 2KOH + H_2\uparrow$。当金属钾和水反应时，由于钾的熔点很低，被所产生的热量熔化而成球形，又由于产生的热量很快使所产生的氢气达到燃点，所以在水面上形成了一个火球，火球又被所产生的氢气所推动，从而在水面上滚来滚去，形成水火相容的奇妙景象。

美丽的夜空

方法：在一支试管中加入几毫升的无水酒精（95%的酒精也行），再慢慢滴入等量的浓硫酸，在试管的背面衬托一张深蓝色的光纸，摇动几下试管将浓硫酸和酒精混合均匀后，关闭灯光，然后将一些高锰酸钾颗粒缓慢地投入试管中。片刻就可以欣赏这个"液体星光"了。原理：这是由于试管中发生着一系列的化学反应，紫色的高锰酸钾是一种很强的氧化剂，它和浓硫酸作用时，放出了氧气，同时也放出大量的热，这时，高锰酸钾颗粒周围的酒精很快达到燃点而生成耀眼的火花,由于热量对流的作用,这些闪烁的火花还来回移动,因此,在黑暗中看去,有如繁星夜空之景。

晴雨花

方法:先把纸用二氯化钴溶液浸泡后,晾干,然后折成纸花,插在花瓶中,即可做成晴雨花,该晴雨花在天气晴朗的日子里,它是一朵蓝色的花;在将要下雨前,它就变成一朵紫色的花;到了下雨时,它就会变成粉红色的花了。原理:二氯化钴这种物质有个很奇怪的脾气——对水特别敏感,常温下,无水的二氯化钴是蓝色的,但它容易吸收空气中的水分,一旦吸了水,就变成了粉红色钴的络合物了。天气晴朗时,空气中的水分少,二氯化钴难以吸水,呈蓝色的;在下雨前,空气中的水分有所增加,吸收了一小部分水,其中一部分氯化钴变成了钴的络合物,此时蓝红两色混合而呈紫色;当下雨时,空气中水分急剧增加,使花中的二氯化钴全部变成钴的络合物,而呈现出粉红色。根据这瓶晴雨花颜色变化就可以知道天气是晴还是阴了。

小木炭跳舞

方法:取一支试管,里面装入 3~4g 固体硝酸钾,然后用铁夹直立地固定在铁架上,并用酒精灯加热试管。当固体硝酸钾逐渐熔化后,取小豆粒大小木炭一块,投入试管中,并继续加热。过一会儿就会看到小木炭块在试管中的液面上突然地跳跃起来,一会儿上下跳动,一会儿自身翻转,好似跳舞一样,并且发出灼热的红光,有趣极了。原理:小木炭刚放入试管时,试管中硝酸钾的温度较低,还没能使木炭燃烧起来,所以小木炭还在那静止地躺着。对试管继续加热后温度上升,使小木炭达到燃点,这时与硝酸钾发生激烈的化学反应,并放出大量的热,使小木炭立刻燃烧发光。因为硝酸钾在高温下分解后放出氧来,氧立刻与小木炭反应生成二氧化碳气体,气体一下子就将小木炭顶了起来。木炭跳起之后,和下面的硝酸钾液体脱离接触,反应中断了,二氧化碳气体就不再发生,当小木炭由于受到重力的作用落回到硝酸钾上面时,又发生反应,小木炭第二次跳起来。这样的循环往复,小木炭就不停地上下跳跃起来。

黑面包

方法:在 200mL 烧杯中放入 20g 蔗糖,加入几滴水,搅拌均匀。然后再加入 15mL 质量分数为 98% 的浓硫酸,迅速搅拌,热腾腾的黑面包就做成了。原理:白糖和浓硫酸发生了一种"脱水"反应。白糖是一种碳水化合物($C_{12}H_{22}O_{11}$),当它遇到浓硫酸时,白糖分子中的水,立刻被其夺走,可怜的白糖就剩下碳了,变成了黑色。浓硫酸夺过水为己有之后,并不满足,又把白糖中剩下的碳的一部分氧化,生成了二氧化碳气体。$C+2H_2SO_4 =\!=\!= 2H_2O+2SO_2\uparrow+CO_2\uparrow$。由于反应后生成二氧化碳和二氧化硫气体,所以体积越来越大,最后变成蓬松的"黑雪"。在浓硫酸夺水的"战斗"中,是个放热过程,所以发出嗤嗤的响声,并为浓硫酸继续氧化碳的过程提供热量。

济公扇方法

向桌面滴上几滴浓氨水,在葵花扇的上端边沿滴几滴浓盐酸,口称这个扇子是济公所授,具有仙气。然后靠近桌前浓氨水处扇几下,便会出现烟雾腾腾的景象,令观者称奇。原理:浓盐酸和浓氨水都具有挥发性,浓盐酸挥发出的 HCl 气体和浓氨水挥发出的 NH_3 气体二者相遇会生成 NH_4Cl 固体小颗粒而形成白烟。$NH_3+HCl =\!=\!= NH_4Cl$。

火龙写字方法

用浓的硝酸钠溶液写字（粗一些），晾干，表演时，从纸边字痕处点燃，火苗会顺着字体蜿蜒而行，烧出你所写的字来。原理：硝酸盐分解时均会有氧气放出，氧气又会助燃，所以燃着的火苗会顺着硝酸盐所写的字痕燃烧。

冰点鞭炮方法

取一串鞭炮，将一小块钾系在鞭炮的引线上，用冰块触钾，引线很快会引燃，使鞭炮放响。原理：钾能与水剧烈反应：$2K+2H_2O == 2KOH+H_2\uparrow$。反应产生火花并放出大量的热，使鞭炮的引线点燃。

化学密函方法

用酚酞写字，晾干后无字迹，用棉球蘸取稀氨水擦拭，会显出红字；用醋酸铅写字晾干后无字迹，用棉球蘸取硫化钠溶液擦拭会显黑色字体；用稀淀粉溶液在白纸上写字，晾干后无字迹，用碘水（碘和碘化钾的水溶液）涂抹，显出蓝色字迹。原理：前者，因稀氨水呈碱性，遇到酚酞会呈红色，第二个发生的反应为：$Pb(Ac)_2+Na_2S == 2NaAc+PbS$（黑色），最后是因为碘具有特殊性，遇到淀粉会显出蓝色。

灭字灵方法

配制5%的草酸溶液，另取2%的次氯酸钠溶液，用蓝黑墨水在白色的硬纸板上写字。灭字时，先用棉球蘸上述草酸液擦拭，字迹会变浅；再用棉球蘸取次氯酸钠溶液擦拭，字迹便会全部褪去。原理：草酸（$H_2C_2O_4$）为络合剂，与Fe^{3+}形成$H_3[Fe(C_2O_4)_3]$，可除去黑色的鞣酸铁，再加NaClO溶液擦拭时，可漂白蓝色的斑点。

制发酵粉方法

将小苏打和酒石酸氢钠以1∶1的质量比分别研细后混合，再加入揉好的面中，做成馍，蒸出后会又松又软，很可口。原理：酒石酸氢钠与小苏打反应生成CO_2，反应中产生的二氧化碳会使面变得又松又软。

番茄电池方法

取12个番茄放于干燥的玻璃板上，在每个番茄上相距1cm处，分别插上铜片和锌片，制成番茄电池。将12个番茄电池串联相连接，并接上1.5V的小灯泡和电键，形成回路，接通电键，灯泡便会发亮。原理：番茄汁呈酸性，是电解质溶液，插上铜片和锌片连接成闭合回路，从而构成原电池，产生电流，使灯泡发亮。

水火相容

在一个玻璃杯中盛大半杯水，把十几颗氯酸钾晶体放到水底，再用镊子夹取几小粒黄磷放到氯酸钾晶体中。接着用玻璃移液管吸取浓硫酸少许，移注到氯酸钾和黄磷的混合物中，这时水中就有火光发生。水中有火，岂不是"水火相容"吗？原理：在水中放进氯酸钾，氯酸钾是含氧的化合物；再放进黄磷，黄磷极易燃烧，在水里因为与空气中的氧隔绝了，所以没有自燃。但是，加进了浓硫酸，浓硫酸与氯酸钾起作用生成氯酸，氯酸不稳定，放出氧来。氧又与黄磷起反应而燃烧，这种反应特别猛烈，因此在水里也能进行，使得水火同处在一个杯中。磷被氧化生成五氧化二磷，五氧化二磷与水起作用，生成磷酸。

变色溶液

将4g葡萄糖和4g氢氧化钠加入到一个透明的瓶子中，再加入150mL水和亚甲基蓝试液,加盖后振荡,溶液呈蓝色,静置后变成无色,再振荡后变成蓝色,如此可以反复多次。

蜡烛自明

用品:6cm×6cm 木板、30mL 试剂瓶、镊子、滴管。二硫化碳、白磷、蜡烛。原理:将白磷的二硫化碳溶液滴在烛芯上,二硫化碳很快挥发掉,剩下细小的白磷颗粒。白磷与空气接触,激烈地氧化放热,使白磷燃烧起来。白磷燃烧时就把烛芯点着了。操作:取一支点燃过的蜡烛固定在木板上。烛芯要长而松散。在试剂瓶中注入 5mL 二硫化碳,再用镊子夹取一块蚕豆大小的白磷放入二硫化碳中,塞上瓶盖,轻轻摇晃,使白磷溶解成溶液。用滴管吸取少量白磷的二硫化碳溶液,滴到烛芯上。不久,烛芯就自燃起来。注意:白磷等有毒。

铝器表面刻字

①配制腐蚀液:向 150mL 水中加入 30g 硫酸铜晶体与 50g 氯化铁,搅拌制成溶液,此溶液能腐蚀铝。$2Al+3CuSO_4 = Al_2(SO_4)_3+3Cu$;$Al+FeCl_3 = AlCl_3+Fe$。②铝器表面处理:将要刻字的地方用细砂细心擦净,用毛笔蘸油漆写好字,阴干后在字迹笔画周围滴稀盐酸并用蘸稀盐酸的棉花球轻涂,稍待片刻,用干净的布拭去盐酸,擦净表面。③蚀刻:用毛笔蘸取腐蚀液涂在油漆写的字迹及其周围,稍待片刻,用水洗去,再涂一次或多次。最后用清水洗去腐蚀液,用棉花蘸汽油擦去油漆字迹,这时便会看到铝表面出现稍微凸起的字迹。

魔壶

取 7 只尖底高脚酒杯,事先分别加入下列溶液中的一种:5%的硫氰化钾溶液、3%的硝酸银溶液、苯酚溶液、饱和醋酸钠溶液、饱和硫化钠溶液、$1mol·L^{-1}$ 的亚铁氰化钾溶液、40%的氢氧化钠溶液各 1mL 备用。表演时将 7 只高脚杯并排放好,从事先准备好的盛有 500mL 10%的氯化铁溶液的无色透明咖啡壶中,向各杯中依次倒入约 60mL 氯化铁溶液,各杯依次呈现红色、乳白色、紫色、褐色、金黄色、青蓝色、红棕色。实验原理:氯化铁溶液与不同物质反应,生成物的颜色不同。①$FeCl_3+KSCN = [Fe(SCN)]Cl_2+KCl$(红色);②$FeCl_3+3AgNO_3 = 3AgCl\downarrow+Fe(NO_3)_3$(乳白色);③$FeCl_3+6C_6H_5OH \longrightarrow H_3[Fe(C_6H_5O)_6]+3HCl$(紫色);④$FeCl_3+3CH_3COONa \longrightarrow Fe(CH_3COO)_3+3NaCl$(褐色);⑤$2FeCl_3+Na_2S = 2FeCl_2+2NaCl+S\downarrow$(乳黄色);⑥$4FeCl_3+3K_4[Fe(CN)_6] = Fe_4[Fe(CN)_6]_3+12KCl$(蓝色);⑦$FeCl_3+3NaOH = Fe(OH)_3\downarrow+3NaCl$(红棕色)。

粉笔炸弹

实验步骤:取少量氯酸钾放在蒸发皿中,滴入几滴水,使之润湿,然后加入红磷(质量约为氯酸钾的 1/5),用玻璃棒轻轻将混合物调成均匀的糨糊状。用药匙将此糨糊状混合物填入预先挖好的粉笔(粗端)小洞里,并用薄纸将洞口稍加粘封。待 10~20min 后(估计水分已被粉笔吸干),将粉笔(封口朝下)向地面投掷,使药面接触坚硬的地面,即可发出响弹声。这便是制成的粉笔炸弹,可在节目的晚会上使用。实验原理:氯酸钾是强氧化剂,当红磷作为还原剂和氯酸钾混合后,撞击时形成压力能促使两者发生剧烈的氧化还原反应,这便是我们看到的粉笔爆炸的现象。

清水变豆浆,还能再变回来

事先将瓶里的清水中放入少量的明矾(化学名称叫硫酸钾铝)。因为明矾溶解于水,所以瓶中仍然是无色透明的清水。当魔术师第一次喊"变"的时候,由于魔术师轻轻地摇晃一下瓶子，将粘在橡皮塞凹陷处的火碱片（化学名称叫氢氧化钠）的一小部分溶解在清水里。这时，火碱与明矾发生化学反应而生成乳白色的沉淀物氢氧化铝，清水变成乳白色溶液，形如豆浆。反应如下：$2KAl(SO_4)_2 + 6NaOH = 3Na_2SO_4 + K_2SO_4 + 2Al(OH)_3$（乳白色）。当魔术师第二次喊变的时候，她用力地摇荡瓶子几下，这时瓶中的液体又将橡皮塞中凹陷处的全部火碱片溶解掉，火碱和氢氧化铝继续发生化学反应，生成溶解于水的无色的偏铝酸钠，这就使白色"豆浆"又变为清的了。反应如下：$Al(OH)_3 + NaOH = NaAlO_2 + 2H_2O$。魔术师变的这个小戏法，证明了铝的两性。

思考与实践

1. 选择一个科技活动案例进行教学设计，训练科技活动教学设计技能。

2. 选择高一年级为对象，设计1份1年时间的化学科技活动计划方案，训练设计科技活动计划的技能。

3. 详细制作1份某中学一年一次的化学科技活动小组汇报演出节目单，训练组织大型科技活动的技能。

主要参考文献

[1] 中华人民共和国教育部. 普通高中化学课程标准(2017年版). 北京：人民教育出版社，2017.

[2] 中华人民共和国教育部. 全日制义务教育化学课程标准(2017年版). 北京：人民教育出版社，2017.

[3] 潘鸿章. 化学科技活动手册. 北京：学苑出版社，1998.

[4] 吴茂江，马文霞. 化学课外科技活动. 北京：金盾出版社，2013.

[5] 谢均，李珍焱，李昕然. 课外科技活动提升大学生科学素养——以四川大学化学学院为例. 中国高校科技，2018，01-02：145-146.

[6] 王福祺. 开展科技活动实施素质教育——初中化学课外活动尝试. 甘肃教育，2000，9：42-43.

附 录

附录一　化学学科核心素养的水平划分

素养水平	素养1　宏观辨识与微观探析
水平1	能根据实验现象辨识物质及其反应，能运用化学符号描述常见简单物质及其变化，能从物质的宏观特征入手对物质及其反应进行分类和表征，能联系物质的组成和结构解释宏观现象。
水平2	能根据实验现象归纳物质及其反应的类型，能运用微粒结构图式描述物质及其变化的过程，能从物质的微观结构说明同类物质的共性和不同类物质性质差异及其原因，解释同类的不同物质性质变化的规律。
水平3	能从原子、分子水平分析常见物质及其反应的微观特征，能运用化学符号和定量计算等手段说明物质的组成及其变化，能分析物质化学变化和伴随发生的能量转化与物质微观结构之间的关系。
水平4	能依据物质的微观结构，描述或预测物质的性质和在一定条件下可能发生的化学变化，能评估某种解释或预测的合理性；能从宏观与微观结合的视角对物质及其变化进行分类和表征。

素养水平	素养2　变化观念与平衡思想
水平1	能认识到物质运动和变化是永恒的，能归纳物质及其变化的共性和特征，能认识化学变化伴随着能量变化；能根据观察和实验获得的现象和数据概括化学变化发生的条件、特征与规律。
水平2	能从原子、分子水平分析化学变化的内因和变化的本质，能理解化学反应中量变和质变的关系；能从质量守恒，并运用动态平衡的观点看待和分析化学变化；能运用化学计量单位定量分析化学变化及其伴随发生的能量转化。
水平3	形成化学变化是有条件的观念，认识反应条件对化学反应速率和化学平衡的影响，能运用化学反应原理分析影响化学变化的因素，初步学会运用变量控制的方法研究化学反应。
水平4	能从不同视角认识化学变化的多样性，能运用对立统一思想和定性定量结合的方式揭示化学变化的本质特征；能对具体物质的性质和化学变化做出解释或预测，能运用化学变化的规律分析说明生产、生活实际中的化学变化。

素养水平	素养3　证据推理与模型认知
水平1	能从物质及其变化的事实中提取证据，对有关的化学问题提出假设，能依据证据证明或证伪假设；能识别化学中常见的物质模型和化学反应的理论模型，能将化学事实和理论模型之间进行关联和合理匹配。
水平2	能从宏观和微观结合上收集证据，能依据证据从不同视角分析问题，推出合理的结论；能理解、描述和表示化学中常见的认知模型，指出模型表示的具体含义，并运用于理论模型解释或推测物质的组成、结构、性质与变化。

续表

素养水平	素养3　证据推理与模型认知
水平3	能从定性与定量结合上收集证据，能通过定性分析和定量计算推出合理的结论；能认识物质及其变化的理论模型和研究对象之间的异同，能对模型和原型的关系进行评价以改进模型；能说明模型使用的条件和适用范围。
水平4	能依据各类物质及其反应的不同特征寻找充分的证据，能解释证据与结论之间的关系；能对复杂的化学问题情境中的关键要素进行分析以建构相应的模型，能选择不同模型综合解释或解决复杂的化学问题；能指出所建模型的局限性，探寻模型优化需要的证据。

素养水平	素养4　科学探究与创新意识
水平1	能根据教材中给出的问题设计简单的实验方案，完成实验操作，观察物质及其变化的现象，客观地进行记录，对实验现象作出解释，发现和提出需要进一步研究的问题。
水平2	能对简单化学问题的解决提出可能的假设，依据假设设计实验方案，组装实验仪器，与同学合作完成实验操作，能运用多种方式收集实验证据，基于实验事实得出结论，提出自己的看法。
水平3	具有较强的问题意识，能在与同学讨论基础上提出探究的问题和假设，依据假设提出实验方案，独立完成实验，收集实验证据，基于现象和数据进行分析并得出结论，交流自己的探究成果。
水平4	能根据文献和实际需要提出综合性的探究课题，根据假设提出多种探究方案，评价和优化方案，能用数据、图表、符号等处理实验信息；能对实验中的"异常"现象和已有结论进行反思、提出质疑和新的实验设想，并进一步付诸实施。

素养水平	素养5　科学态度与社会责任
水平1	具有安全意识，逐步养成严谨求实的科学态度，不迷信，能自觉抵制伪科学；能列举事实说明化学对人类文明的伟大贡献，主动关心与环境保护、资源开发等有关的社会热点问题，形成与环境和谐共处，合理利用自然资源的观念。
水平2	崇尚科学真理，不迷信书本和权威；具有"绿色化学"观念，能运用所学知识分析和探讨某些化学过程对人类健康、社会可持续发展可能带来的双重影响，并对这些影响从多个方面进行评估。
水平3	具有理论联系实际的观念，有将化学成果应用于生产、生活的意识，能依据实际条件并运用所学的化学知识和方法解决生产、生活中简单的化学问题；在实践中逐步形成节约成本、循环利用、保护环境等观念。
水平4	尊重科学伦理道德，能依据"绿色化学"思想和科学伦理对某一个化学过程进行分析，权衡利弊，作出合理的决策；能针对某些化学工艺设计存在的各种问题，提出处理或解决问题的具体方案。

附录二　学业质量水平

水平	质量描述
1	1-1　能根据物质组成和性质对物质进行分类，形成物质是由元素组成和化学变化中元素不变的观点；能运用原子结构模型说明典型金属和非金属元素的性质；能对常见物质（包括简单的有机化合物）及其变化进行描述和符号表征；能认识离子反应和氧化还原反应的本质，能结合实例书写离子方程式和氧化还原反应化学方程式；能说明常见物质的性质与应用的关系。 1-2　认识化学变化是有条件的，能说明化学变化中的质量关系和能量转化，能从物质的组成、构成微粒、主要性质等方面解释或说明化学变化的本质特征；认识物质的量在化学定量研究中的重要作用，能结合实验或生产、生活中的实际数据，并应用物质的量计算物质的组成和物质转化过程中的质量关系。 1-3　能依据化学问题解决的需要，选择常见的实验仪器、装置和试剂，完成简单的物质性质、物质制备、物质检验等实验；能与同伴合作进行实验探究，如实观察、记录实验现象，能根据实验现象形成初步结论。 1-4　具有安全意识，能将化学知识与生产、生活实际结合，能主动关心并参与有关的社会性议题的讨论，赞赏化学对人类生活和生产所作的贡献；能运用所学的化学知识和方法分析讨论生产、生活中简单的化学问题（如酸雨防治、环境保护、食品安全等），认识化学科学对社会可持续发展的贡献。

续表

水平	质量描述
2	2-1 能从不同视角对典型的物质及其主要变化进行分类；能从原子结构视角说明元素的性质递变规律；能从构成物质的微粒、化学键、官能团等方面说明常见物质的主要性质，能分析物质性质与用途的关系。 2-2 能分析化学变化中的能量吸收或释放的原因；认识化学变化的多样性和复杂性，能分析化学反应速率的主要影响因素；能设计物质转化的方案，能运用化学符号表征物质的变化，能说明化学变化的本质特征和变化规律；能应用质量守恒定律分析物质转化对资源利用的影响。 2-3 能通过实验探究物质的性质和变化规律，能提出有意义的实验探究问题，根据已有经验和资料做出预测和假设，能设计简单实验方案，能运用适当的方法控制反应条件并顺利进行实验；能收集和表述实验证据，基于实验事实得出结论。 2-4 能分析化学科学在开发利用自然资源、合成新物质、保护环境、保障人类健康、促进科技发展和社会文明等方面的价值和贡献；了解在化工生产中遵循"绿色化学"思想的重要性，能从化学视角理解食品安全、环境保护等法律法规，关注化学产品和技术在生产、生活中应用可能产生的负面影响。
3	3-1 能从组成、结构等方面认识无机化合物和有机化合物的多样性，能从物质的组成、性质、官能团、构成微粒和微粒间作用力等多个视角对物质进行分类；能说明物质的组成、官能团和微粒间作用力的差异对物质性质的影响；能从多个角度对化学反应进行分类，认识化学反应的本质；能采用模型、符号等多种方式对物质的结构及其变化进行综合表征。 3-2 能根据反应速率理论和化学平衡原理，说明影响化学反应速率和化学平衡的因素；能运用宏观、微观、符号等方式描述、说明物质转化的本质和规律，能定量分析化学变化的热效应，分析化学能与电能相互转化的原理及其在生产和生活中的应用。能根据解决问题的需要设计无机化合物转化与制备、典型有机化合物的组成结构检测与合成的方案；能分析评估物质转化过程对环境的影响。 3-3 能根据解决问题的需要提出实验探究课题；能设计实验方案探究物质和能量的转化、影响反应速率和化学平衡的因素、有机化合物的主要性质等；能选择合适的实验试剂和仪器装置，控制实验条件、安全、顺利地完成实验；能收集并用数据、图表等多种方式描述实验证据，能基于现象和数据进行分析推理得出合理结论。 3-4 能结合生产和生活实际问题情境说明化学变化中能量转化、调控反应条件等的重要应用，认识有机化合物转化和合成在社会经济可持续发展、提高生活质量等方面的重要贡献；能运用化学原理和方法解释或解决生产、生活中与化学相关的一些实际问题；具有对化学技术推广应用和化学品使用进行风险评估的意识，能分析化学品生产和应用过程中对社会和环境可能发生的影响，能提出降低其负面影响的建议。
4	4-1 能在物质及其变化的情境中，依据需要选择不同方法，从不同角度对物质及其变化进行分析和推断；能根据物质的类别、组成、微粒的结构、微粒间作用力等说明或预测物质的性质，评估所做说明或预测的合理性；能从宏观与微观、定性与定量等角度对物质变化中的能量转化进行分析和表征；能基于物质性质提出物质在生产、生活和科学技术等方面应用的建议和意见。 4-2 能从调控反应速率、提高反应转化率等方面综合分析反应的条件，提出有效控制反应条件的措施；能选择简明、合理的表征方式描述和说明化学变化的本质和规律，能根据化学反应原理预测物质转化的产物，确定检验所做预测的证据；能依化学变化中能量转化的原理，提出利用化学变化实现能量储存和释放的有实用价值的建议，能基于"绿色化学"理念设计无机化合物制备和有机化合物合成的方案，并对方案进行评价和优化；能分析评估物质转化过程对环境和资源利用的影响。 4-3 能列举测定物质组成和结构的实验方法，能根据仪器分析的数据和图表推测简单物质的组成和结构；能在复杂的化学问题情境中提出有价值的实验探究课题，能设计有关物质转化、分离提纯、性质应用等的综合实验方案；能运用变量控制的方法探究并确定合适的反应条件，安全、顺利地完成实验；能用数据、图表、符号等描述实验证据并据此进行分析推理形成结论；能对实验方案、实验过程和实验结论进行评价，提出进一步探究的设想。 4-4 能说明化学科学发展在自然资源利用、材料合成、环境保护、保障人类健康、促进科学技术发展等方面的重要作用；能运用化学原理和方法推广应用和化学品使用进行分析和风险评估；能依据"绿色化学"思想分析某些化学产品生产和应用存在的问题，提出处理或解决化学问题的方案。

附录三　学生必做实验索引

一、必修课程学生必做实验

1. 配制一定物质的量浓度的溶液
2. 铁及其化合物的性质
3. 不同价态含硫物质的转化
4. 用化学沉淀法去除粗盐中的杂质离子
5. 同周期、同主族元素性质的递变
6. 化学反应速率的影响因素
7. 化学能转化成电能
8. 搭建球棍模型认识有机化合物分子结构的特点
9. 乙醇、乙酸的主要性质

二、选择性必修课程学生必做实验

1. 简单的电镀实验
2. 制作简单的燃料电池
3. 探究影响化学平衡移动的因素
4. 强酸与强碱的中和滴定
5. 盐类水解的应用
6. 简单配合物的制备
7. 乙酸乙酯的制备与性质
8. 有机化合物中常见官能团的检验
9. 糖类的性质